의약발명의 명세서 기재요건 및 진보성

의약발명의 명세서
기재요건 및 진보성

이 진 희 지음

경인문화사

서문

이 책은 필자가 2022년 8월 서울대학교에서 법학박사 학위를 받은 논문인 "의약발명의 명세서 기재요건 및 진보성에 관한 연구"를 수정·보완한 것이다.

필자는 2007년부터 2008년까지 대법원, 2017년부터 2020년까지 특허법원에서 근무하면서 다양한 특허사건을 접할 기회가 있었는데, 그 당시 의약발명의 특허법적 보호가 논란의 중심에 있음을 직접 확인할 수 있었다. 그중에서도 특히 의약발명에 특허권을 부여할 것인지, 또한 어느 범위에서 부여할 것인지가 문제 되었다.

이러한 논란의 근저에는 다른 발명과 구분되는 의약발명의 특성이 있다. 즉 의약발명이 인류의 생명과 건강에 직결되는 발명이라는 것인데, 이러한 특성은 특허제도와의 관계에서 양면성을 가진다. 먼저 생명과 건강이라는 인류의 기본적 권리를 위해 그 발명을 누구나 공유할 수 있도록 하는 것이 타당한 측면이 있다. 반면 기술개발이 인류의 생명과 건강에 기여하는 지름길일 수 있는데, 제약산업 분야는 개발비용이 생산비용을 훨씬 초과한다는 점을 고려하면 발명을 특허로써 보호하여 특허법의 궁극적인 목적인 기술발전 촉진 및 산업발전에 이바지할 필요성이 다른 어떤 영역보다도 부각되는 분야이기도 하다. 특허제도의 관점에서 이처럼 상반되는 의약발명의 두 측면은 그 특허법적 보호를 검토하는 각 단계에서 특허를 부여하여 발명을 보호해야 한다는 입장 또는 반대의 입장에 서는 이유 중의 하나가 되고, 의약발명의 특허법적 보호에 관한 논란의 근본적인 원인이 되기도 한다.

최근 법원에서는 의약발명의 범주에 속하는 다양한 유형의 발명과 관련된 개별 특허법적 쟁점들에 대해 몇몇 법리가 선언되었고, 그에 따라 그간의 논의가 상당 부분 정리되었다. 그러나 여전히 논란이 정리되지 않은 영역이 있다. 또한 의약발명의 유형별로 특허요건 등에 대한 판단 기준이 어느 정도 축적된 현 상황에서 개별적으로 제시된 법리들이 의약발명이라는 큰 테두리 내에 포섭되는 각 발명 사이에서 어떤 상관관계를 가지고 있는지를 전체적으로 조망할 필요가 있다. 필자는 이러한 문제의식 아래 의약발명에 관한 특허법적 논의를 체계적으로 정리하기 위한 목적으로 이 연구를 시작하였다.

이 책에서는 구체적으로 의약발명의 특허법적 보호에 관한 논의의 출발점이 될 수 있는 특허권 부여 단계에서의 개별 요건들에 대한 연구를 바탕으로 의약발명을 특허법적으로 보호하는 바람직한 방안을 제시하고자 하였다. 의약발명에 관한 분쟁에서 가장 많이 다투어지는 명세서 기재요건과 진보성에 그 논의를 집중하여 각 발명의 유형별로 타당한 판단 기준이 무엇인지 검토하였으며, 발명의 유형별 상관관계에 대해서도 살펴보았다. 논의의 흐름상 필요한 범위 내에서 특허대상적격성과 신규성의 문제도 함께 보았다.

검토 과정에는 앞서 언급한 의약발명의 상반되는 두 측면을 조화롭게 풀어낼 수 있는 방법이 무엇이고, 의약발명이 속하는 기술분야가 대체로 예측가능성이 떨어진다는 특성이 각 단계에서 어떻게 고려되어야 할 것인지를 살펴보았다. 또한 의약발명의 특허법적 보호와 관련하여 제기되는 우려 중의 하나인 개량신약에 대한 특허권이 에버그리닝(evergreening) 의도로 이용될 수 있다는 점이 개량신약 형태의 의약발명에 대한 명세서 기재요건이나 진보성 등에 관한 판단 기준 설정에서 어떤 의미를 가지고 어떤 기능을 하는 것이 바람직한지도 함께 고민하였다. 이 책에서 각 쟁점별로 필자가 취한 입장에는 이러한 문제에 대한 필자의 결론이 녹아들어 있다.

이 책은 약학을 전공한 후 법조인의 길을 선택한 필자가 두 학문의 접점에 있다고 할 수 있는 의약발명의 특허법리 발전에 조금이라도 기여하고 싶다는 욕심을 가지고 시작한 연구의 결과물이다. 필자에게 주어진 상황에서 연구에 최선의 노력을 다하였으나, 능력의 부족으로 인해 결과물에는 상당 부분 미진한 점들이 있을 것이 염려된다. 이 책을 접한 분들이 주신 지적과 비판을 겸허히 받아들이고 향후 계속적인 연구를 통해 부족한 부분을 보완하겠다는 약속을 드린다. 이 책이 의약발명에 관한 특허법리의 정리와 발전에 조금이라도 도움이 되고, 향후 논의의 진전에 기여하는 바가 있기를 조심스럽게 기대해본다.

마지막으로 이 책의 완성에 이르기까지 많은 도움을 주신 분들께 감사의 마음을 전하고자 한다.

먼저 필자의 박사학위 과정 내내 연구의 방향과 방법의 기초를 다져주시고 논문의 완성까지 이끌어주신 정상조 지도교수님께 진심으로 감사드린다. 또한 심사위원장을 맡으셔서 논문 심사 과정에 아낌없는 조언과 따뜻한 격려를 해주신 박준석 교수님을 비롯하여 바쁘신 중에도 논문 심사를 맡아주시고, 깊은 통찰로 논문의 완성도를 높일 수 있도록 많은 도움을 주신 박상철, 이원복, 정연덕 교수님께 머리 숙여 감사드린다. 필자가 논문을 작성하는 과정에 맞닥뜨린 고민에 대해 기꺼이 시간을 내어 소중한 의견을 주고, 진심 어린 격려를 통해 논문 완성의 원동력이 되어 주었던 법조계, 약업계 선후배와 동료들에게도 감사의 마음을 전한다. 그 고마움을 늘 간직하고 생활하겠다는 말씀을 드리고 싶다.

끝으로 갑자기 법조인의 길을 가겠다는 결심을 말씀드렸을 때부터 지금까지 변함없이 필자를 믿어주시고 든든한 지원자가 되어주신 어머니를 비롯한 가족들에게 마음을 다해 감사드린다.

차례

서문

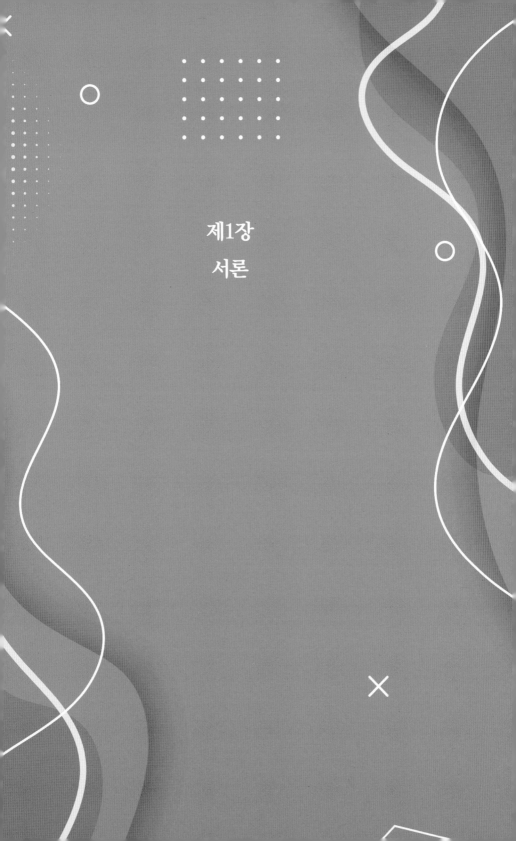

제1장
서론

제1절 연구의 배경

특허제도는 발명을 공개하도록 하고 그에 대한 대가로 특허권을 부여하여 특허권자가 일정기간 독점·배타적 권리를 누리게 하는 것인데, 이는 특허법 제1조에서 명시하는 바와 같이 발명을 보호하여 이를 장려하고 발명의 공개를 통하여 그 이용을 도모함으로써 궁극적으로 기술발전을 촉진하고 산업발전에 이바지하기 위한 것이다.

그런데 특허권에 의한 보호는, 독점적 권리의 약속을 통해 경제적 측면에서 발명에 대한 동기를 제공하기도 하지만 다른 한편으로는 그 독점권이 오히려 발명을 촉진할 수 있는 정보의 흐름을 방해하기도 하는, 양날의 칼과 같은 이중적인 존재이다.[1] 이에 특허권에 의해 발명을 보호하는 것이 특허제도의 궁극적 목적인 기술발전 촉진을 통한 산업발전에 이바지할 수 있는지에 관하여는 이를 부정적으로 바라보는 견해도 있으며, 특히 기술분야별로 평가가 다르다. 즉 기술발전의 속도가 상당히 빠른 전기·전자 분야의 경우 발명에 대해 특정인에게 특허권을 부여하여 장기간 독점권을 누리게 하는 것이 오히려 기술발전에 대한 저해 요소가 된다고 보는 견해가 상당수 존재한다. 반면 발명이 완성되기까지 집중적인 투자가 필요하고, 막대한 시간과 비용의 투입 후에도 결과적으로는 그 개발이 성공보다는 실패로 끝날 확률이 훨씬 높은 의약 관련 발명의 경우 특허권이라는 독점권을 부여함으로써 개발비용을 회수할 기회를 제공하고 이를 통해 발명을 장려할 필요성이 크다는 점에 대해 대체로 견해가 일치하는 것으로 보인다.[2] 즉 개발비용이 제조비용을 훨씬 초과하는 산업 분야에서는 지식재산권이 핵심적인 요소가 되는데, 이러한 점은 제약 분야에서도 마찬가지라고 할 수 있다.[3] 또한 제약산업은

---

1) Mayo v. Prometheus 566 U.S. 66, 92 (2012).
2) 신혜은, "투여용량·용법에 특징이 있는 의약발명의 특허성", 산업재산권 제45호, 한국산업재산권법학회(2014), 43-44면.

특허제도의 작용이 부정적인 측면보다는 긍정적인 측면이 더 많다는 것이 실증적으로 확인된, 몇 안 되는 산업 분야 중의 하나이기도 하다.[4]

다만 구체적인 사건에서 의약 관련 발명을 특허로써 보호할 것인지, 보호범위를 어느 수준에서 인정할 것인지의 문제에 맞닥뜨리게 되면 기술발전의 촉진이라는 특허제도의 목적과 관련하여 우리나라에서 그 기술분야의 발전 상황과 기술분야 자체가 사회적으로 가지는 특수한 의미 역시 비중 있게 논의되는 중요한 고려요소가 된다.

먼저, 특허제도는 기본적으로 국가의 입법정책 문제로서, 그에 따라 제도를 어떻게 운용할 것인지가 결정되는데, 자국 산업을 보호, 육성하는 것이 제도의 중요한 목적 중 하나이므로, 제도를 운용할 때에는 자국의 산업 현황이 고려될 수밖에 없다. 종래 우리나라의 제약산업은 신약 개발자의 입장에 있기보다는 후발주자로서 제네릭 의약품을 생산하는 데에 주력해왔고, 의약품과 관련한 특허제도의 운용에 있어서도 자국 산업 육성이라는 정책적 측면이 상당 부분 고려되었다. 그러나 기술과 시장이 세계화되어 있다는 점에서 다른 나라의 제도 운용 방식과 조화를 이루는 것이 바람직하고, 국내 산업 보호라는 명제에 기대어 특정 기술분야 특허권에 대해 지나치게 소극적인 자세를 취하는 것은 적절치 않을 수 있는 점, 그리고 World Intellectual Property Indicator 2021에 따를 때 2020년도를 기준으로 우리나라의 특허출원건수가 중국, 미국, 일본에 이어 세계 4위로서,[5] 우리나라가 지식재산 전체로 평가할 때에는 더 이상 후발주자의 지위에 있다고 할 수 없는 점 역시 고려될 필요가 있다.

이와 관련하여 대법원 2015. 5. 21. 선고 2014후768 전원합의체 판결의 별개의견과 다수의견에 대한 보충의견이 취한 각각의 입장은 의약 관련 발명의 특허법적 보호에 대한 고민과 논의의 지점을 잘 보여준다. 위 사

---

3) Andrew, V. Trask, "Obvious to Try: A Proper Patentability Standard in the Pharmaceutical Arts", 76 FORDHAM L. REV. 2625, 2629 (2008).

4) Mark A. Lemley, "Expecting the Unexpected", 92 NOTRE DAME L. REV. 1369, 1390 (2017).

5) https://www.wipo.int/edocs/pubdocs/en/wipo_pub_941_2021.pdf (2022. 6. 11. 최종 방문).

건에서는 의약용도발명에서 투여용법과 투여용량을 발명의 구성요소로 보아야 할 것인지가 핵심 쟁점이었고, 이 쟁점은 결국 투여용법·용량에 특징이 있는 의약발명에 대해 특허대상적격성을 인정할 것인지의 문제로 연결된다. 이에 대해 별개의견은 "특허권은 국가의 특허처분에 의하여 특허출원인에게 부여되는 권리이고, 각국의 특허법과 그 법에 따라 특허를 부여할 권리는 나라마다 독립적으로 존재하여 지역적 제한을 지닌다. 우리나라에서 특허의 대상을 어느 범위까지 인정할 것인지의 문제는 우리나라의 경제상황, 해당 산업의 발달 정도 등을 고려하여 정책적으로 결정할 필요성도 있다. 국제적인 기준과 조화를 이루는 것도 중요하지만, 특허법의 기본 이념과 법리를 어떻게 이해하고 해석하느냐에 따라 얼마든지 다르게 볼 수 있는 사항에 대하여 세계에서 가장 높은 수준으로 특허권을 보호하는 법제를 받아들이는 것만이 올바르다는 시각은 마땅히 경계할 만하다."고 한 반면, 다수의견에 대한 보충의견은 "별개의견이 지적하는 바와 같이 어떤 발명을 특허를 부여하는 대상으로 삼을 것인지 여부는 각국의 경제상황과 해당 산업의 발달 정도 등을 고려하여 정책적으로 결정되는 면이 있음을 부인할 수는 없다. 그러나 특허법제의 세계적 통일화라는 흐름과 해당 산업의 장기적인 발전가능성 등의 측면에 비추어 볼 때 대법원이 정책적인 이유를 들어 어떠한 발명의 특허대상성을 원천적으로 부인하는 것 또한 신중을 기하여야 한다."고 하였다. 그런데 이는 비단 의약품의 투여용법·용량에 관한 발명을 특허로써 보호할 것인지의 문제에 국한되는 것이 아니라 의약 관련 발명의 여러 특허법적 쟁점에 내재된 고민을 반영하고 있는 것이다.

다음으로, 의약 관련 발명의 최종적인 용도는 공통적으로 인류 보건에 기여하기 위한 것이고, 그중 상당수 발명은 인간 생존에 필수적이라는 점에서 그러한 발명에 대하여 특허제도가 보장하는 독점권을 폭넓게 인정하는 것이 도덕적, 윤리적 관점에서 타당한지의 의문이 제기되기도 한다. 이는 발명의 실시가 인류의 생명과 건강에 직결되는 의약 관련 발명 특유의 문제라고 할 수 있다. 가까운 예로 최근의 COVID-19 확산은 전 세계 경제뿐만 아니라 인류 보건에 커다란 위협이 되었으며, 이러한 상황은 백신 및 치료제 개발을 통하지 않고서는 해결이 쉽지 않다는 점에 대해서 전문가들 사이에 별다른 이견이 없는 것으로 보인다. 그런데 새롭게 개발되는 백신을 특허로 보호함으로써 특정 제약회사만이 독점적으로 이를 생산하고 판매할 수 있도록 하고, 그에 수반하는 당연한 결과로서 비싼 가격과 제한된 공급망으로 인해 백신 개발에 의한 혜택을 전 인류가 동시적이고 보편적으로 누릴 수 없는 상황이 발생하는 것에 대해서는 비판적인 시각이 상당수 존재한다.[6] 향후에도 인류 보건에 대한 예기치 못한 위험이 언제든지 발생할 수 있고, 그 직접적인 해결책은 신약 개발이 될 것이라는 점 역시 어렵지 않게 예상할 수 있으며, 이와 같은 비판은 반복적으로 제기될 것이다. 이처럼 기술분야로서의 의약은 인류의 가장 근본적인 권리인 생존과 직결되어 있는데, 신약을 특허로써 보호하여 특정인에게 독점시키는 것이 옳은지에 대한 논의의 측면에서 의약 관련 발명에 대한 특허제도는 단순히 기술발전 촉진만으로는 설명할 수 없는 특징이 있다.

이와 같이 의약 관련 발명이 속하는 기술분야는 그 복합적인 특성으로 말미암아 특허제도가 본래의 목적 달성에 크게 기여할 수 있는 영역이면서도 다른 한편으로는 특허제도가 자제되어야 한다는 주장이 제기되기도 하는 기술분야이다. 그에 따라 의약 관련 발명은 서로 긴장관계에 있는 요소들 중 어느 것에 무게 중심을 두고 각 요소의 조화를 추구하는지가 그 발명에 대한 특허법적 보호의 정도에 영향을 미치게 되는 흥미로운 분야이다.

한편 전 세계적인 고령화 추세에 따라 노년기에 오랜 기간 만성 또는

---

6) https://www.project-syndicate.org/commentary/covid19-climate-change-apocalypse-or-cooperation-by-jayati-ghosh-2021-08?barrier=accesspaylog (2022. 6. 11. 최종 방문); https://www.nytimes.com/live/2021/11/12/world/covid-vaccine-boosters-mandates#a-scandal-who-says-the-rate-of-boosters-outstrips-some-poor-countries-vaccinations (2022. 6. 11. 최종 방문).

중증질환에 시달리는 환자들이 증가하고 있는 상황에서 그 치료에 쓰일 수 있는 의약품이 개발되면 대상 환자의 수와 사용 기간에 따른 시장 규모가 크기 때문에 그 의약품은 소위 블록버스터[7] 신약이 될 확률이 상당히 높고, 이러한 신약이 특허에 의해 보호받는 경우 경제적 가치 역시 매우 클 수밖에 없다. 이에 따라 이해관계인들 사이에 해당 특허를 둘러싼 다양한 특허법적 분쟁이 일어나고 있으며, 그 양상도 상당히 치열하다. 실제로 블록버스터 의약품에 관한 특허는 늘 도전의 대상이 되어 왔는데, 그중 몇 가지 의약품만 언급하면, 플라빅스,[8] 리피토,[9] 비아그라,[10] 엘리퀴스[11] 등이 있다. 이는 특허를 통해 얻게 되는 이익이 막대하기 때문이기도 하지만, 한편으로는 우리나라에서 다른 유형의 발명에 비하여 의약 관련 발명에 대한 특허 부여 요건이 엄격하여 그 특허를 무효화할 수 있는 가능성이 상당한 것도 하나의 원인이다. 또한 의약 관련 발명은 물질발명, 의약용도발명, 제형(제제)발명, 선택발명, 결정형 발명 등 실무상 다양한 유형으로 분류할 수 있고, 발명에 특허를 부여할 것인지를 판단하는 단계에서 검토되는 모든 요건, 즉 특허대상적격성부터 시작하여 명세서 기재요건, 신규성 및 진보성에 이르기까지 각 요건이 적극적으로 다투어지고 있기 때문에 구체적인 사건을 통한 특허법리 발전에 가장 큰 기여를 한 기술분야라고 평가될 수 있다.

이러한 점을 고려하면 의약 관련 발명의 특허법적 쟁점을 연구하는 것은 중요한 의미를 가진다.

그런데 지난 몇 년 사이에 의약 관련 발명의 특허법적 쟁점과 관련하

---

7) '블록버스터' 의약품은 전 세계 제약시장에서 연 매출 10억 달러 이상을 달성하는 의약품을 지칭한다. 이러한 의약품은 해당 제약기업 매출 및 수익에 절대적인 비중을 차지한다[https://www.pharmnews.com/news/articleView.html?idxno=105736 (2022. 6. 11. 최종 방문)].

8) 대법원 2009. 10. 15. 선고 2008후736,743 판결 참조.

9) 대법원 2010. 3. 25. 선고 2008후3469,3476 판결 참조.

10) 대법원 2015. 4. 23. 선고 2013후730,2015후727 판결 참조.

11) 대법원 2021. 4. 8. 선고 2019후10609 판결 참조.

여 다수의 의미 있는 대법원 판결들이 선고되었고, 그 과정에 기존의 논란을 정리한 새로운 법리들이 제시되었다. 구체적으로 ① 의약용도발명에서 투여용법과 투여용량이 발명의 구성요소인지에 관한 판결(대법원 2015. 5. 21. 선고 2014후768 전원합의체 판결), ② 투여용법·용량에 특징이 있는 의약용도발명의 진보성 판단 기준에 관한 판결(대법원 2017. 8. 29. 선고 2014후2702 판결), ③ 존속기간이 연장된 의약 관련 발명의 특허권의 효력이 미치는 범위에 관한 판결(대법원 2019. 1. 17. 선고 2017다245798 판결), ④ 대상 질병에 특징이 있는 의약용도발명의 진보성 판단 기준에 관한 판결(대법원 2019. 1. 31. 선고 2016후502 판결), ⑤ 오리지널 의약품의 약제 상한금액 인하에 대한 제네릭 회사의 손해배상의무 인정 여부에 관한 판결(대법원 2020. 11. 26. 선고 2016다260707 판결, 같은 날 선고 2018다221676 판결), ⑥ 선택발명의 진보성 판단 기준에 관한 판결(대법원 2021. 4. 8. 선고 2019후10609 판결), ⑦ 결정형 발명의 진보성 판단 기준에 관한 판결(대법원 2022. 3. 31. 선고 2018후10923 판결) 등을 들 수 있다.

이처럼 의약 관련 발명의 특허법적 쟁점과 관련하여 일정 수준의 판례가 축적된 현시점에 기존의 개별 쟁점들에 대한 논의를 정리하고 이들을 종합하여 의약 관련 발명의 특허법적 보호에 대한 체계를 점검할 필요성이 있다.

한편 의약 관련 발명의 특허분쟁에서는 기존 법리만으로는 명확하게 해결되지 않는 문제들이 있고, 종래 법리가 기술발전을 따라가지 못하여 미처 예상하지 못한 새로운 쟁점이 발생되기도 한다. 이에 대해 구체적인 사건에서는 의약 내지 제약 분야는 예측가능성이 현저히 떨어지는 기술분야라는 점을 부각시키면서 종전의 특허법리를 그대로 적용하거나 준용하면 안 되고 의약 관련 발명을 달리 취급해야 한다는 주장이 종종 제기되기도 한다. 이러한 주장은 주로 의약 관련 발명을 특허로써 보호해야 한다는 입장을 대변한다. 또한 의약 관련 발명을 실제로 실시하기 위해서는 별도로 보건당국의 안전성과 유효성에 대한 심사 등을 거쳐 품목허가를 받을 필요가 있는데, 이에 대해 기술발전을 촉진한다는 목적을 위한 특허제도가 제대로 기능하기 위해서는 제약산업의 실무를 충분히 고려해야 하고, 그에 따라 다른 유형의 발명과 다른 판단 기준을 적용할 필요가 있다는 주장 역시 적지 않게 제기된다.

실무상 이러한 주장을 접하다보면 의약 관련 발명에 특허를 부여할 것인지를 결정하는 과정에서 검토되는 각 요건의 판단 시 다른 유형의 발명과 다른 기준을 적용해야 할 것인지 의문이 들게 된다. 이러한 의문은 의약 관련 발명의 특허법적 분쟁에서 발생하는 다양한 쟁점들을 관통하는 질문이기도 하다.

이에 이 책에서는 의약 관련 발명의 특허법적 보호에 관한 논의의 시작점이라고 할 수 있는 특허 부여 여부의 판단 과정에 검토되는 개별 요건들에 대한 연구를 바탕으로 의약 관련 발명을 특허법적으로 보호하는 바람직한 방안을 제시하고자 한다. 나아가 개별 쟁점에 대해 논하는 과정에 의약 관련 발명은 다른 유형의 발명과 달리 취급되어야 하는지라는 질문에 대한 답도 함께 찾고자 한다.

제2절 연구의 범위

의약 관련 발명의 보호와 관련된 실정법상 제도로는 특허법에 의해 특허권이라는 독점권을 부여하는 것 외에도 다른 법률, 특히 의약 관련 발명의 궁극적인 용도인 의약품의 사용을 위한 허가 관련 일반을 규율하는 약사법에 의한 신약 등의 재심사 제도를 들 수 있다. 신약 등의 재심사 제도의 본래 목적은 발명의 보호와 직접적인 관련이 있다고 하기는 어렵지만, 사실상 신약의 품목허가 이후 일정 기간 제네릭 의약품에 대한 품목허가를 어렵게 함에 따라 실질적으로 해당 신약과 관련된 발명에 독점권을 부여하는 것과 다르지 않은 결과에 이르게 된다.12) 또한 약사법에는 특허법에 의해 규율되는 특허제도와 약사법에 의해 규율되는 의약품 품목허가제도를 연계하여 의약품의 품목허가단계에서 관련된 특허권의 침해 여부를 확인하는 허가-특허 연계제도13)가 있다. 허가-특허 연계제도는 우선판매품목허가라는 인센티브를 통해 제네릭 의약품 회사가 부실한 의약품 특허에 대해 도전을 하도록 촉진하는 측면이 있다. 하지만 다른 측면에서는 의약 관련 발명의 특허권을 침해할 소지가 있는 의약품에 대해 특허권자 등이 특허권침해의 금지 또는 예방 청구의 소를 제기하거나 위 특허와 관련된 권리범위 확인심판을 청구하거나 심판청구의 상대방이 된 후 판매금지 신청을 하는 경우에는 식품의약품안전처장이 품목허가를 할 때 일정 기간 그 의약품의 판매를 금지한다는 점에서 의약 관련 발명을 보호하는 역할도 수행한다고 볼 수 있다.

그러나 실정법상 의약 관련 발명을 보호하는 제도의 핵심에 있는 것은 특허권이므로, 이 책에서는 의약 관련 발명을 특허로써 보호하는 것을 그 논의의 대상으로 하였다.

---

12) 약사법 제32조, 제42조, 의약품의 품목허가·신고·심사 규정 제25조 제2항 제8호, 제27조 제8항 참조.

13) 약사법 제5장의2(제50조의2 내지 제50조의12) 참조.

한편 의약 관련 발명의 특허법적 보호에 관하여는 특허 부여 측면과 부여된 특허권의 효력 측면에서의 논의가 가능하다. 특허대상적격성, 명세서 기재요건, 신규성, 진보성은 투여 부여 단계에서 문제가 되는 요건들로서 이들에 대한 논의는 특허 부여 측면에서의 논의에 해당한다. 특허권의 효력 측면에서의 논의는 그 효력이 미치는 범위가 어떠한지, 어떤 경우에 그 효력이 제한되는지 등에 관한 것인데, 의약 관련 발명에서는 주로 특허법 제96조에 의한 특허권의 효력 제한이나 특허법 제106조 이하에 규정된 강제실시권에 관한 논의가 이에 해당하는 의미 있는 논의가 될 수 있다. 앞서 제1절에서 언급한 대법원 판결 중 ①, ②, ④, ⑥, ⑦은 특허 부여 측면에 관련되는 것이고, ③, ⑤는 부여된 특허권의 효력과 관련된 것이다.

이 책에서는 의약 관련 발명에 대한 특허법적 보호의 출발점이 되는 특허 부여 측면에서의 논의에 초점을 맞추고자 한다. 특히 구체적인 분쟁에서 가장 많이 다투어지는 명세서 기재요건과 진보성에 논의를 집중하되, 명세서 기재요건과 진보성에 관한 본격적인 논의에 앞서 특허권에 의한 보호의 첫 관문이 되는 특허대상적격성에 관해 검토하며, 진보성에 관한 논의와 관련된 범위에서 신규성 문제도 간략히 살펴본다.

제3절 책의 체계 및 연구의 방법

제2장에서는 이 책에서 사용할 용어로서 의약발명을 정의하고, 그 유형을 분류하며, 의약발명의 특성을 이해하는 데에 도움이 되는 범위 내에서 의약품의 개발과정을 살펴본다.

제3장 이하에서는 의약발명에 대한 특허 부여 여부 판단 과정에서 문제 되는 각 요건을 실무상 통용되는 발명의 유형에 따라 특허대상적격성, 명세서 기재요건, 신규성 및 진보성의 범위에서 검토하되, 특허대상적격성은 의약발명의 특허법적 보호의 첫 진입장벽 역할을 한다는 측면에 초점을 맞추어 살펴보고, 그 쟁점이 상대적으로 크게 부각되지 않는 신규성은 별도의 장으로 분류하지 않으며 진보성과의 관계에서 논하는 것으로 갈음한다.

먼저 제3장에서는 의약발명의 특허대상적격성에 관하여 검토한다. 특허대상적격성에 관한 논의는 의약발명을 특허로써 보호하는 것이 도덕적, 윤리적으로 타당한지의 논의와도 맞닿아 있다.

제4장에서는 명세서 기재요건에 관하여 논한다.

제5장에서는 주로 진보성에 관하여 논하면서 신규성과의 관계도 검토하되, 각 논의는 논란이 많은 유형의 발명에 집중한다.

제4장, 제5장에서 의약발명의 유형별 요건에 관한 논의는 기존의 국·내외 논의 및 축적된 판례들을 정리하는 것에서 출발한다. 나아가 판례나 학설상 제시된 쟁점별 판단 기준의 타당성을 평가하며, 종래의 판단 기준이 적절하지 않거나 법리가 정립되지 아니하여 아직 판단 기준이 명확하지 않은 요건에 대해서는 바람직한 기준을 제시하고자 한다. 종전에는 의약발명 중 의약용도발명, 선택발명, 결정형 발명을 특수한 유형의 발명으로 분류하여 명세서 기재요건과 진보성 측면에서 서로 대동소이한 기준을 적용해야 한다는 입장이 상당히 유력하였는데, 위 발명들의

관계를 재검토하고자 한다. 최근 대법원 2019후10609 판결, 2018후10923 판결에서 선택발명 및 결정형 발명의 진보성 판단 기준에 대하여 설시한 것과 관련하여 그 의미를 고찰한다. 또한 종래 이들 발명과 유사한 진보성 기준이 제시되어 왔던 의약용도발명 등의 진보성 판단 기준을 재정립할 필요성이 없는지 검토하며, 그 과정에 외국에서의 실무 태도 및 논의를 살펴 시사점을 얻고자 한다. 이러한 논의의 연장선상에서 위와 같은 유형의 발명의 명세서 기재요건 및 진보성 판단에서 발명의 효과가 어떤 역할을 하는지 검토하고, 물건의 발명으로서의 의약발명에서 발명의 효과가 갖는 의미가 무엇인지를 명확히 하고자 한다.

제4장, 제5장에서 특수한 유형의 발명으로 분류되는 발명들에 관해 논하는 과정에는 이들과 명세서 기재요건 및 진보성에 관한 판단 기준이 관련된 범위에서 수치한정발명에 대해서도 함께 살펴본다.

제5장 의약발명의 진보성에 관한 논의의 마지막 부분에서는 의약발명에 특허를 부여하여 보호하는 과정에 일반적인 발명과 다른 판단 기준이 적용되어야 한다는 주장의 핵심에 있는 '성공에 대한 합리적 기대가능성'이 무엇이고, 향후 우리 실무에서 어떤 역할을 하는 것이 바람직한지를 비교법적 검토를 통해 논하고자 한다.

제6장에서는 위와 같은 검토를 종합하여, 특허 부여 단계에서 의약발명이 다른 유형의 발명과 달리 취급될 필요가 있는지, 상대적으로 예측가능성이 떨어진다는 기술분야의 특징이 명세서 기재요건과 진보성을 중심으로 한 의약발명의 개별 요건에 관한 판단 기준에 어떻게 반영될 수 있는지를 논함으로써, 궁극적으로 특허 부여 단계에서 의약발명을 특허로써 보호하는 바람직한 방향을 제시하고자 한다.

제2장
의약발명의 의의 및 유형

제1절 의약발명의 의의

특허 실무상 '의약' 또는 '의약발명'이라는 용어가 폭넓게 사용되고 있으나, 이들은 특허법적으로 명확하게 정의된 개념이 아니다. 다만 특허법 제96조 제2항은 '사람의 질병의 진단·경감·치료·처치 또는 예방을 위하여 사용되는 물건'을 '의약'이라고 지칭한다.

특허청의 기술분야별 심사실무가이드에서는 '의약'은 사람을 포함한 동물의 질병을 진단, 치료, 경감, 처치 또는 예방할 목적으로 사용하는 물품으로, 기구, 기계 및 장치류, 화장품류, (건강)식품류를 제외한다고 하고,14) '의약발명'이란 의약을 발명의 구성요소로 하고, 이 의약의 용도가 직접 혹은 간접적으로 인체에 관여되는 발명을 말하며, 표현상 의약발명이 아닌 것처럼 되어 있어도 실질적으로 의약발명의 내용을 포함하고 있는 경우에 이를 의약발명으로 본다.15) 또한 의약발명에 해당하는 것인지는 청구범위에 의약으로서의 용도를 기재하고 있는지에 따라 판단한다. 청구범위에서 의약으로서의 용도를 명확하게 기재하고 있지 않은 경우에도 발명의 설명에 기재된 내용이 의약으로서의 용도를 포함하고, 이러한 사항들이 향후에 보정을 통해 의약으로서의 권리범위에 영향을 미칠 수 있는 경우에는 의약발명으로 취급한다.16)

약사법에서는 제2조에서 '의약품'을, ① 대한민국약전에 실린 물품 중 의약외품이 아닌 것, 또는 ② 사람이나 동물의 질병을 진단·치료·경감·처치 또는 예방할 목적으로 사용하는 물품 중 기구·기계 또는 장치가 아닌 것, 또는 ③ 사람이나 동물의 구조와 기능에 약리학적 영향을 줄 목적으로 사용하는 물품 중 기구·기계 또는 장치가 아닌 것 중 어느 하나에 해당하는 물품이라고 정의한다. 또한 '신약'이란 화학구조나 본질 조

---

14) 특허청, 기술분야별 심사실무가이드(2022. 1.), 5102면.
15) 특허청, 기술분야별 심사실무가이드(2022. 1.), 5101면.
16) 특허청, 기술분야별 심사실무가이드(2022. 1.), 5103면.

성이 전혀 새로운 신물질의약품 또는 신물질을 유효성분으로 함유한 복합제제 의약품으로서 식품의약품안전처장이 지정하는 의약품이라고 정의한다.

이처럼 '의약'에 대해 특허법은 사람의 질병과 관련된 것에 국한하여 지칭하고 있는 반면, 특허청의 기술분야별 심사실무가이드 및 약사법에서는 사람을 포함한 동물의 질병에 관한 것으로 정의하고 있다는 점에서 차이를 보이고 있다.

그러나 국내 특허법적 분쟁에서 논의의 의미를 가지는 '의약'은 대부분 사람의 질병에 관련된 것이므로, 이 글에서 '의약'이라 함은 특별한 언급이 없는 한 '사람의 질병의 진단·경감·치료·처치 또는 예방을 위하여 사용되는 물건'으로 국한하여 본다. 그렇다면 '의약발명'은 위와 같은 '의약' 개념에서 출발하여 '사람의 질병의 진단·경감·치료·처치 또는 예방을 위하여 사용되는 물건에 관한 발명'이라고 이해할 수 있는데, 실무에서도 사람의 질병의 진단·경감·치료·처치 또는 예방을 위하여 사용되는 물건과 관련된 발명을 통칭하여 '의약발명'이라 언급하고 있는 것으로 보인다.

이하 이 책에서 '의약발명'이라 함은 발명의 구체적인 유형을 불문하고 사람의 질병의 진단·경감·치료·처치 또는 예방을 위하여 사용되는 물건과 관련된 발명, 즉 의약과 관련된 발명을 통칭하는 것으로 한다. 관련성의 의미는 청구범위에서 의약의 용도를 기재하고 있는 경우와 발명의 설명에서 청구범위에 기재된 물질의 유용성 내지 용도로서 의약용도를 언급하고 있는 경우를 포함한다.

제2절 의약발명의 유형

Ⅰ. 의약품의 개발과정

특정 의약물질과 관련된 발명은 출원자가 어떠한 형태로 발명을 출원하는지에 따라 다양한 유형으로 특허등록이 이루어지고 있는데, 이는 의약품 개발과정의 특수성과도 밀접한 관련이 있다. 즉 의약품 개발의 최종적인 목적은 보건당국의 허가를 받아 의약품으로 판매하는 것이기 때문에 의약품 개발과정에서 행해지는 일련의 절차는 의약품 품목허가에 필요한 자료를 구비하기 위한 목적이 크다고 할 수 있으며, 허가요건을 충족하기 위해서는 오랜 기간에 걸쳐 여러 단계의 실험을 거칠 수밖에 없다. 이와 같이 다수의 절차를 거치는 과정에 다양한 유형의 의약발명 출원이 이루어지게 된다. 실제로 1988년부터 2005년까지 품목허가를 받은 938개 의약품에 관한 미국 FDA의 오렌지북에 기재된 특허권을 분석한 자료에 의하면, 위 938개 의약품 중 67%가 하나 이상의 등재된 특허권을 가지고 있으며, 관련 특허권이 22개에 이르는 의약품도 있고, 하나의 신약이 개발되는 과정에 평균 2.97개의 특허권이 등록되었다.[17]

후보 물질을 발굴하여 단계별 연구를 거치고, 관계 법령에서 정한 요건을 충족하는 자료를 구비하여 보건당국의 허가를 받은 후 시판에 이르기까지의 의약품 개발과정은 의약발명에 대한 특허제도와 구분된다. 하지만 허가-특허 연계제도[18]와 같이 양 제도가 일정 부분 연계되어 있

---

17) Lisa Larrimore Ouellette, "How many Patents Does It Take To Make a Drug - Follow-on Pharmaceutical Patents and University Licensing", 17 MICH. TELECOMM. & TECH. L. REV. 299, 311, 314, 315 (2010).

18) 약사법 제5장의2 "의약품에 관한 특허권의 등재 및 판매금지 등" 이하에서는 제50조의2 내지 제50조의12에서 품목허가를 받은 의약품에 관한 특허권이 특허목록에 등재된 후 등재의약품의 안전성·유효성에 관한 자료를 근거로 의약

기도 하고, 앞서 언급한 바와 같이 의약발명의 유형이 의약품 개발과정과 관련되어 있다는 점에서 의약품 개발과정을 검토하는 의의를 찾을 수 있다. 이하에서는 의약발명의 유형을 이해하는 데에 필요한 범위 내에서 의약품 개발과정을 개괄적으로 살펴본다. 허가요건을 포함하여 의약품 개발과정은 대부분의 국가에서 대동소이하므로, 우리나라 약사법에 따른 의약품 개발과정을 기준으로 설명한다.[19)]

1. 신약 후보 물질 발굴

새로운 물질을 합성하거나 천연물로부터 분리한 특정 물질의 화학구조를 확인하고 그 효능을 검색하여 신약 후보 물질을 선정하는 단계이다. 통상 이 과정에서 물질특허를 출원하게 된다.

2. 비임상시험

사람의 건강에 영향을 미치는 시험물질의 성질이나 안전성에 관한 각종 자료를 얻기 위하여 실험실과 같은 조건에서 동물·식물·미생물과 물리적·화학적 매체 또는 이들의 구성 성분으로 이루어진 것을 사용하여 실시하는 시험을 말한다.[20)] 즉 사람을 대상으로 하는 임상시험 전에 그 약물의 안전성과 유효성에 대한 정보를 얻기 위해 동물 등을 대상으

품의 품목허가를 신청하는 경우 그 허가절차에서 신약에 관한 특허침해여부를 확인하는 절차에 관해 규정하고 있다.

19) 이하의 내용은, 이진희, "의약용도발명의 특허성–투여용법·용량에 특징이 있는 의약용도발명을 중심으로–", 서울대학교 대학원 법학석사학위논문(2017. 2.), 7-10면; 이혜진, "의약용도발명의 특허법적 쟁점", 사법논집 제61집, 법원도서관 (2016), 312-315면; 식품의약품안전처, 의약품 품목 허가·심사 절차의 이해, 의약품 가이드북 시리즈 1(2017. 7.), 4-17면; 식품의약품안전처, 신약 등의 재심사 업무 가이드라인(2021. 11.), 1-9면의 각 내용을 요약 및 정리한 것이다.

20) 약사법 제2조 제16호 참조.

로 실험을 수행하는 단계이다. 전임상시험(Pre-clinical Trial)이라고도 한다. 이 단계에서는 약물의 안전성을 확인하기 위해 실험동물에 약물을 투여하여 독성이나 부작용이 관찰되지 않는 최대 안전 용량을 측정한다. 또한 약물의 유효성을 확인하기 위해 시험관 내 실험(in vitro test)과 질환 모델 동물실험(in vivo test) 등을 실시한다. 대상 질병에 특징이 있는 의약용도발명의 대부분은 이 단계에서 약물의 유효성을 확인한 상태로 특허출원된다.

3. 임상시험계획승인신청

임상시험은 의약품의 안전성과 유효성을 증명할 목적으로, 해당 약물의 약동(藥動)·약력(藥力)·약리·임상적 효과를 확인하고 이상반응을 조사하기 위하여 사람을 대상으로 실시하는 시험이다.[21] 비임상시험을 통해 안전성과 유효성이 검증된 물질에 대해 임상시험을 수행하기 위해 식품의약품안전처에 임상시험계획승인신청을 한다.

4. 임상시험(Clinical Trial)

의약품 품목허가를 위한 임상시험은 통상 제1상부터 제3상까지 진행된다. 임상시험 단계에 진입한 의약물질 중 일부만 제3상까지의 임상시험을 끝마치고 의약품으로 제조판매품목허가 또는 수입품목허가를 받게 된다.

가. 제1상 임상시험(Phase I Clinical Trial)

소수의 건강한 지원자에게 약물을 투여하여 약물의 안전성을 검증하

---

21) 약사법 제2조 제15호 참조.

고 혈중약물농도, 소실반감기, 대사속도, 배설속도 등의 약물동태에 관한 정보를 얻기 위하여 실시하는 시험이다. 의약물질이 항암제와 같이 상당한 독성을 가지고 있는 것으로 예상되는 경우의 제1상 임상시험은 그 질병을 가진 환자를 대상으로 하여 진행될 수 있다.

나. 제2상 임상시험(Phase 2 Clinical Trial)

소수의 환자를 대상으로 비교적 단기간에 유효성을 검증하는 임상시험이다. 즉 개발 중인 의약물질의 대상 질환자를 상대로 단기투약에 따른 임상적 효과를 확인하고, 적정 투여용법·용량을 결정하며, 부작용을 검토하기 위해 실시한다.

다. 제3상 임상시험(Phase 3 Clinical Trial)

의약품 품목허가를 위하여 제2상 임상시험에서 얻어진 의약품의 안전성·유효성 확증을 목적으로 예상 적응증과 대상 환자군을 상대로 실시하는 대규모의 임상시험이다. 제2상 임상시험에서 결정된 적절한 투여용량에 근거하여 안전성과 유효성 측면에서 기존의 치료제와 의약물질을 비교·검토하고, 치료약물로 시판할 경우 필요한 수준의 정보, 즉 효능, 효과, 용법, 용량, 사용상의 주의사항 등을 결정한다. 의약물질의 투여용법·용량에 특징이 있는 의약용도발명은 통상 제2상, 제3상 임상시험 결과를 토대로 이루어진다.

5. 신약에 대한 품목허가

원칙적으로 위와 같은 임상시험을 모두 마친 후 임상시험성적에 관한 자료를 포함한 안전성과 유효성에 관한 자료 등을 제출하여 식품의약품안전처장으로부터 품목허가를 받는다.

　다만 이에 대한 예외로서 조건부 허가와 긴급사용승인 제도가 있다. 즉 약사법은 일정한 경우에 치료적 확증 임상시험(제3상 임상시험) 자료를 정해진 기간 내에 제출할 것을 조건으로 허가하는 임상3상 조건부 허가를 규정하고 있다.[22] 또한 2021. 3. 9. 법률 제17922호로 제정되어 같은 날 시행된 「공중보건 위기대응 의료제품의 개발 촉진 및 긴급 공급을 위한 특별법」은 제11조에서 조건부 품목허가를 규정하는 외에 제12조에서 약사법 등에 따른 품목허가를 받지 아니한 의약품 등을 제조 또는 수입하게 하여 공급하게 하는 처분인 긴급사용승인에 관해 규정한다. 최근 일부 COVID-19 치료제에 대해 위 법률에 근거하여 긴급사용승인 처분이 이루어진 바 있다.

6. 제4상 임상시험(Phase 4 Clinical Trial)

　약사법에서는 신약 등에 대하여 시판 후 초기에 불특정 다수인을 대상으로 광범위한 사용 경험을 체계적으로 수집하여 평가하는 신약 등의 재심사 제도[23]를 규정하고 있다. 이는 의약품 개발과정에서 나타나지 않았던 약물 부작용, 중대한 부작용 및 기타 안전성·유효성에 영향을 미치는 요인 등을 확인하여, 알려지지 아니한 약물유해반응 등을 의약품 허가사항에 반영하기 위한 것이다. 신약의 조사기간은 허가 후 6년이다. 제4상 임상시험은 품목허가를 받은 자가 위와 같은 재심사 기간 중 의약품의 안전성·유효성에 관한 정보를 수집하기 위해 품목허가사항에 대한 임상적 효과 관찰 및 이상사례 조사를 위하여 실시하는 시험으로서, 시판 후 임상시험(Post-marketing Clinical Trial)이라고도 한다.

---

22) 약사법 제35조 제2항 참조.
23) 약사법 제32조, 제42조 등 참조.

II. 의약발명의 구체적인 유형

실제로 이루어지는 특허출원 및 등록 형태를 기준으로 의약발명이 취할 수 있는 발명의 형태를 구분하면 아래와 같은 유형 중 하나에 해당하게 된다. 아래 유형 중 선택발명이나 결정형 발명의 경우 주로 화합물 발명에서 문제 되는 것으로서 이들 발명이 의약발명에 국한되어 나타나는 유형은 아니다. 하지만 선택발명이나 결정형 발명에 관한 특허분쟁에서 문제 되는 대다수 발명은 의약물질에 관한 것이고, 실무적으로도 위 유형의 발명이 주로 의약발명과 관련하여 논의되고 있는 실정이다. 따라서 이들을 의약발명에 대한 특허권 부여 단계에서의 각 요건에 관한 논의에 포함시킬 필요가 있다. 또한 물질발명은 의약발명이 취할 수 있는 형태 중 가장 기본적인 형태이다. 따라서 이 글에서는 이들을 의약발명의 한 유형으로 분류하여 검토한다.

1. 물질발명

화학식 등으로 특정되는 물질 자체를 특허의 대상으로 하는 것이다. 의약발명이 취할 수 있는 발명의 형태 중 가장 기본적인 것인데, 물질발명 형태의 의약발명에 대해서는 구체적인 분쟁에서 이를 의약과 무관한 일반적인 물질발명과 구분하여 그 특허요건을 특별히 문제 삼는 경우를 찾기 어렵다.

물질발명 형태의 의약발명은 그 물질의 종류에 따라, 합성한 화합물 또는 자연에서 정제 분리한 저분자 화합물을 유효성분으로 하는 화합물 의약발명, 자연계에 존재하는 동물, 식물, 미생물 등을 가공, 수치(修治) 또는 추출하여 얻은 산물을 유효성분으로 하는 천연물 의약발명, 생물체에서 유래된 물질을 원료 또는 재료로 하여 제조한 바이오 의약발명으로 세분화할 수 있다.[24]

2. 의약용도발명

의약용도발명은 의약물질이 가지는 특정의 약리효과라는 미지의 속성의 발견에 기초하여 의약으로서의 효능을 발휘하는 새로운 용도를 제공하는 발명이라고 설명된다. 또한 의약이라는 물건에 의약용도를 부가한 의약용도발명은 의약용도가 특정됨으로써 해당 의약물질 자체와는 별개로 물건의 발명으로서 새롭게 특허의 대상이 될 수 있다는 것이 우리 실무의 태도이다. 즉 물건의 발명 형태로 청구범위가 기재되는 의약용도발명에서는 의약물질과 그것이 가지고 있는 의약용도가 발명을 구성하는 것이고, 여기서의 의약용도는 의료행위 그 자체가 아니라 의약이라는 물건이 효능을 발휘하는 속성을 표현함으로써 의약이라는 물건에 새로운 의미를 부여할 수 있는 발명의 구성요소가 된다는 것이다.[25]

의약용도발명이라는 형태가 가능한 이유는, 의약물질의 주류를 이루는 화학물질의 경우 다양한 속성을 가지고 있기 때문에 특정 물질의 과거에는 알려지지 않았던 성질을 새롭게 발견할 수 있고, 이러한 성질을 이용한 특정한 용도를 발명의 대상으로 삼을 수 있기 때문이다.[26]

의약용도발명의 유형은 크게 대상 질병에 특징이 있는 의약용도발명과 투여용법·용량에 특징이 있는 의약용도발명으로 구분할 수 있다.

실무상으로는 통상 의약용도발명과 선택발명, 결정형 발명을 일련의 특수한 유형의 발명으로 지칭하면서 명세서 기재요건, 진보성 등을 함께 논하기도 하는데, 의약용도발명과 아래 5.항의 결정형 발명은 청구범위 기재 형식 자체에 의한 분류인 반면, 아래 4.항의 선택발명은 선행발명과의 대비에 의해 비로소 확정되는 상대적인 개념이라는 점에서 구분된다.

---

24) 특허청, 기술분야별 심사실무가이드(2022. 1.), 5103-5104면.
25) 대법원 2015. 5. 21. 선고 2014후768 전원합의체 판결 참조.
26) 이진희, "의약용도발명의 명세서 기재요건 및 진보성", 특허법원 개원 20주년 기념논문집, 특허소송연구 특별호, 특허법원(2018), 139면.

3. 제형(제제)발명

대법원은 제형발명 또는 제제발명을 구체적으로 정의하고 있지 않다. 특허청의 기술분야별 심사실무가이드에서는 제형발명보다 포괄적인 의미에서 의약품 제제발명에 관하여 정의하고 있다. 즉 의약품 제제발명이란 약물을 투여에 적합한 형태로 제조한 것으로, 물질적인 조작을 통하여 제형화하거나 제제학적 성질을 개선한 것을 말한다. 전통적인 의약품 제형과 의약품 제제 분야에서 통상 '약물 전달 시스템(Drug Delivery System, DDS)'이라고 불리는 기술에 관한 발명이 이에 속한다.[27] 예를 들어, 의약물질의 서방형 제제 또는 경피흡수 제제 등에 관한 발명이 이에 해당할 수 있다.

엄밀히 보면, 제형발명은 구체적으로 정제, 캡슐과 같이 완제의약품의 특정한 형태에 관한 발명을 지칭하는 것인 데 비해, 제제발명은 특정한 제형뿐만 아니라 의약품의 최종적인 형태에 관한 발명을 일반적으로 지칭하는 보다 포괄적인 개념이라는 점에서 구분될 수 있다. 그러나 이하에서는 반드시 필요한 경우를 제외하고는 두 개념을 특별히 구분하지 않고 제형(제제)발명으로 언급하면서 함께 논한다.

한편 실제 의약발명의 청구범위 중에는 의약용도발명과 제형(제제)발명의 특징을 모두 포함하는 형태를 종종 발견할 수 있어 제형(제제)발명과 의약용도발명의 구분이 다소 모호할 수도 있다. 그러나 개념상 의약용도발명은 의약용도를 발명의 필수적인 구성요소로 하는 것에 비해 제형(제제)발명은 발명의 대상이 의약품의 특정한 제형 또는 의약품의 최종적인 형태로서, 그 개념상 의약용도가 필수적 구성요소가 아니며, 법원 역시 두 발명의 유형을 구분하여 각 요건을 판단한다는 점[28]에서 두 유형의 발명을 구별하는 실익이 있다.

---

27) 특허청, 기술분야별 심사실무가이드(2022. 1.), 5104면.
28) 대법원 2018. 10. 25. 선고 2016후601 판결 등 참조.

4. 선택발명

선행 또는 공지의 발명에 구성요건이 상위개념으로 기재되어 있고 그 상위개념에 포함되는 하위개념을 구성요건 중의 전부 또는 일부로 하는 발명을 말한다.[29] 선택발명은 그 개념상 물건의 발명 형태뿐만 아니라 방법의 발명 형태로도 가능하다. 다만 이 글에서 의약발명에 관하여 논하는 범위 내에서는 물건의 발명 형태로 한정하여 검토한다.

한편 물건의 발명 형식을 취하면서 선택발명으로 분류되는 발명의 출원 및 등록 형태는 그 자체가 특별한 형식이 있는 것이 아니라 일반적인 물질발명의 경우와 동일하다. 그런데 구체적인 사건에서 신규성, 진보성 등의 특허요건이 문제 되었을 경우 대비 대상으로 제시된 선행발명과의 관계에서 상위개념과 하위개념의 관계에 있게 되면 나중에 출원된 하위개념에 해당하는 발명을 선택발명이라고 지칭하는 것이다.

실무상 선택발명으로 취급되는 유형의 하나는 광학이성질체[30] 발명이다. 법원은 이를 라세미체[31]와의 관계에서 선택발명에 해당한다고 보고 있다.[32]

---

29) 특허법원, 지적재산소송실무, 제4판, 박영사(2019), 263면(윤주탁 집필 부분).

30) '광학이성질체(거울상 이성질체, enantiomer, 에난티오머)'는 같은 분자식을 가지지만 서로 거울상의 이미지를 가짐으로써 입체구조가 겹쳐질 수 없는 입체이성질체를 의미한다. 광학이성질체는 편광면을 통과하는 빛을 회전시키는 방향에 따라 시계방향으로 회전시키는 우선성(D 또는 +), 시계반대방향으로 회전시키는 좌선성(L 또는 -)으로 구분되거나, S, R 두 종류로 나누어 명명되기도 한다(화학백과 등 참조).

31) '라세미체(racemate)'는 우회전성을 갖는 광학이성질체와 좌회전성을 갖는 광학이성질체가 같은 양으로 이루어진 광학비활성의 혼합물을 의미한다(생명과학대사전 등 참조).

32) 대법원 2009. 10. 15. 선고 2008후736,743 판결; 대법원 2010. 3. 25. 선고 2008후3469,3476 판결 등 참조.

5. 결정형 발명

일반적으로 파라미터 값의 분석치에 의하여 특정되는 화합물의 결정형을 청구범위로 하는 발명이다.[33] 판례는 의약화합물 분야에서 선행발명에 공지된 화합물과 화학구조는 동일하지만 결정 형태가 다른 특정한 결정형의 화합물을 청구범위로 하는 발명을 결정형 발명이라고 언급하고 있는데,[34] 결정형 발명이 의약화합물 분야에 국한되는 것은 아니다. 화합물의 결정형(crystal form)이란 공간상에 특정 화합물의 원자가 규칙적으로 반복 배열되어 나타나는 공간적 정렬상태를 말하고, 반복 배열되는 기본단위가 되는 입체구조를 결정격자라고 한다. 결정형은 이러한 반복 형태를 가지지 않는 무정형(amorphous form)과 상반되는 개념이다. 결정다형(polymorph)은 결정의 화학적 구성은 같지만, 한 결정의 기본 단위인 격자 내의 구조가 다른 결정들을 말하고, 이와 같이 화합물이 하나 이상의 결정형 상태로 존재할 수 있는 현상을 다형성(polymorphism)이라 한다.[35] 결정형 발명의 청구범위는 예를 들어, 'DSC 분석에 의해 탐지된 197℃ 내지 201℃의 범위의 융점, 파장 Kα에서 X-선 회절패턴의 유의성 있는 피크의 거리, (I/I$_0$) 비율 및 2θ 각도가 아래 표(생략)와 같은 것을 특징으로 하는 분리된 레르카니디핀 염산 결정형(I)'과 같이 구성된다.[36]

DSC 분석법(Differential Scanning Calorimetry, 시차주사열량측정 분석법) 및 XRD 분석법(X-Ray Diffractiometry, X선 회절 분석법)이 결정형을 특정하기 위한 파라미터 값의 도출에 많이 사용된다. DSC 분석으로 수화물인지 무수물인지 확인하고 그 융점을 알 수 있으며, XRD 분석으로 결정

---

33) 특허법원, 위의 책(주 29), 268면(윤주탁 집필 부분).
34) 대법원 2022. 3. 31. 선고 2018후10923 판결 참조.
35) 유영선, "결정형 발명의 진보성 판단 기준", 자유와 책임 그리고 동행: 안대희 대법관 재임기념 논문집, 사법발전재단(2012), 903면.
36) 대법원 2011. 7. 14. 선고 2010후2865 판결에서 문제 되었던 결정형 발명의 청구범위 중 제24항이다.

다형의 구조를 최종적으로 확인할 수 있다.[37]

Ⅲ. 의약발명과 수치한정발명의 관계

수치한정발명은 발명의 구성요건 중 온도나 배합비율과 같이 일정한 범위를 가지는 구성요소에 관하여 그 범위를 수치로 한정한 발명을 의미한다. 수치한정발명이 공지된 발명이 가지는 구성요소의 범위를 수치로써 한정하여 표현하는 방식으로는, ① 수치한정발명의 과제 및 효과가 공지된 발명의 연장선상에 있고 수치한정의 유무에서만 차이가 있는 경우, ② 수치한정이 공지된 발명과는 상이한 과제를 달성하기 위한 기술수단으로서의 의의를 가지고 그 효과도 이질적인 경우, ③ 수치한정이 보충적인 사항에 불과한 경우 등이 있다.[38] 즉 청구범위의 기재형식에 의하여 일단 포괄적으로 수치한정발명으로 분류된 후, 진보성과 같은 특허요건 판단 단계에서 제시된 선행발명과의 관계에서 수치가 어떤 의미를 갖는지에 따라 다시 위와 같은 3가지 유형으로 세분화된다.

수치한정발명은 화합물 발명이나 의약발명 분야에 국한된 발명의 유형이 아니라 다양한 기술분야에서 폭넓게 활용되는 발명의 유형이고, 물건의 발명뿐만 아니라 방법의 발명 형태로도 구성된다. 또한 실무상 이를 의약발명의 일종으로 분류하지도 않는다. 다만 의약용도발명 중 투여용법·용량에 특징이 있는 의약용도발명의 경우 청구범위에서 투여주기 또는 투여용량을 수치로 한정한다는 점에서 수치한정발명의 일종으로 볼 수 있다. 또한 제형(제제)발명의 경우에도 청구범위에 일정한 구성요소가 수치로 한정된 경우에는 수치한정발명으로서의 특성을 보유하고

---

37) 유영선, "의약발명의 유형별 특허요건의 비교·분석", 특허소송연구 제6집, 특허법원(2013), 156면.
38) 특허법원, 위의 책(주 29), 257면(윤주탁 집필 부분); 대법원 2010. 8. 19. 선고 2008후4998 판결 참조.

있다고 할 수 있다. 이처럼 의약발명의 유형 중 상당수는 수치한정발명과 밀접한 관련을 가지고 있다. 나아가 이 책에서 의약발명의 유형으로 분류한 의약용도발명, 선택발명, 결정형 발명에 수치한정발명까지 포함하여 이들을 기존에 공지되어 있던 물질에 대하여 일정한 요건 아래 예외적으로 특허를 부여하는 일련의 특수한 유형의 발명으로 보고 그 특허요건 등에 관해 공통적인 기준을 적용하는 견해들도 다수 존재한다.[39]

IV. 검토

II.항에서 검토한 의약발명의 구체적 유형은 법에 규정된 것이 아니며, 발명의 출원 및 등록 형태에 따라 실무적으로 통용되는 유형을 나열한 것이다. 한편 신규 물질을 물질발명의 형태로 출원하여 등록하는 경우를 제외하고, 기존에 알려진 물질을 전제로 하여 출원하는 발명의 경우에는 출원자가 청구범위를 하나의 발명 유형에 해당하는 형식으로 구성하는 경우도 있지만, 다양한 유형의 특성을 포함하도록 한정하여 구성할 수 있다. 이에 따라 발명이 여러 유형의 실질을 겸유하는 경우도 생기게 된다. 이는 청구범위를 어떻게 구성할 것인지는 법이 허용하는 범위 내에서 전적으로 출원자의 의사에 달린 것이고, 공지된 물질을 전제로 하는 개량발명의 경우 선행기술에 의해 특허등록이 거절되거나 등록된 특허가 추후 특허분쟁에서 무효로 될 가능성을 낮추기 위한 특허 전략상 청구범위에 다양한 특징적 구성요소를 포함하도록 구성할 수도 있다는 점에 따른 결과이기도 하다. 예를 들어, 출원발명의 청구범위가 '고지혈증 치료제 용도의 A 화합물'인 경우를 가정할 때, 만일 출원발명의 A 화합물이 제시된 선행발명과의 관계에서 하위개념에 해당하는 경우라

---

39) 유영선, 위의 논문(주 37), 145, 161면; 강경태, "선택발명의 제문제", 사법논집 제46집, 법원도서관(2008), 34-35면.

면, 위 발명은 선택발명에 해당한다고 볼 수 있으면서도 그 청구범위에
특정한 의약용도를 포함하고 있어 의약용도발명으로도 볼 수 있는데, 이
는 발명이 여러 유형의 실질을 겸유할 수 있는 하나의 예라고 할 수 있다.

이와 같이 실무상 의약발명이 하나의 유형에만 해당하는 것이 아니
라 동시에 여러 유형에 해당하는 경우도 종종 확인할 수 있다. 하지만
판례가 명세서 기재요건이나 진보성 판단 기준을 의약발명의 유형별로
제시하고 있다. 뿐만 아니라 개별 분쟁에서 해당 발명의 진보성과 같은
특허요건의 충족 여부는 그 사건에서 제시된 선행발명과의 관계에서 해
당 발명이 어느 유형의 발명에 해당하는지에 따라 판단 기준이 채택될
수 있다. 이러한 점들을 고려하면 의약발명의 유형을 개별적으로 분류하
는 것은 의약발명의 특허 부여 단계에서 각 요건에 관한 논의의 전제로
서 여전히 의미 있는 과정이고, 각 유형의 발명별로 판단 기준의 핵심적
내용을 파악할 필요도 있다.

이하에서는 의약발명의 특허 부여 단계에서 논의되는 개별 요건을
명세서 기재요건과 진보성을 중심으로 각 유형별로 검토하되, 앞서 본
바와 같이 의약발명의 여러 유형과 밀접한 관련이 있는 수치한정발명에
대해서도 의약발명의 논의에 필요한 범위 내에서 함께 논한다(새롭게
창출한 물리적, 화학적, 생물학적 특성값을 이용하거나 복수의 변수 사
이의 상관관계를 이용하여 발명의 구성요소를 특정한 파라미터 발명[40]
은 넓은 의미에서 수치한정발명의 일종으로 분류된다. 그런데 해당 기술
분야에서 사용빈도가 아주 낮거나 발명자가 창출한 파라미터만이 파라
미터발명으로 취급된다.[41] 이 책에서 수치한정발명을 논하는 주된 이유
는 의약발명 중에는 투여용법·용량에 특징이 있는 의약용도발명과 같이
수치한정발명의 성질을 띠는 발명의 유형이 존재한다는 점과 의약용도
발명, 선택발명, 결정형 발명에 수치한정발명까지 포함하여 이들을 특수

---

40) 대법원 2021. 12. 30. 선고 2017후1298 판결 참조.
41) 김창권, "수치한정발명의 진보성 및 기재요건", 특허법원 개원 20주년 기념논
　　문집, 특허소송연구 특별호, 특허법원(2018), 214면.

한 유형의 발명으로 분류하는 견해들이 있기 때문인데, 이 경우에 문제되는 대부분의 수치한정은 사용빈도가 아주 낮거나 발명자가 창출한 파라미터를 전제로 한 것은 아니므로, 이 책에서는 일반적인 수치한정발명에 관하여만 논한다).

제3장

의약발명의 특허대상적격성

제1절 문제의 소재

구 특허법(1986. 12. 31. 법률 제3891호로 개정되기 전의 것) 제4조는 특허를 받을 수 없는 발명의 일종으로 '화학방법에 의하여 제조될 수 있는 물질의 발명'(제3호)과 '화학물질의 용도에 관한 발명'(제5호)을 규정하였다. 이에 의하여 화학물질발명 형태의 의약발명과 화학물질의 용도에 관한 발명 형태의 의약용도발명은 특허 대상에서 제외되었으나, 특허 개방정책 도입의 일환으로 1986. 12. 31. 법 개정을 통해 위 규정이 삭제되었다.

현행 특허법은 제2조에서 특허의 대상인 발명을 정의하는 한편, 제32조에서 공공의 질서 또는 선량한 풍속에 어긋나거나 공중의 위생을 해칠 우려가 있는 발명에 대해서는 특허를 받을 수 없다고 규정함으로써 발명 일반에 보편적으로 적용되는 특허를 받을 수 없는 발명에 대해 정하고 있을 뿐, 그 외에 의약발명의 특허대상적격성에 관해 특별히 취급하는 규정을 두고 있지는 않다. 따라서 현행법 규정에 의할 때 의약발명의 특허대상적격성이 특별하게 취급되어야 할 근거는 없다.

실무상으로는 종래 의약용도발명 중 투여용법·용량에 특징이 있는 발명의 특허대상적격성이 논란이 된 바 있다. 그러나 대법원 2015. 5. 21. 선고 2014후768 전원합의체 판결이 의약용도발명에서 투여용법과 투여용량을 발명의 구성요소로 보아야 한다고 선언함으로써 투여용법·용량에 특징이 있는 의약용도발명의 특허대상적격성이 인정되는 것과 같은 결과에 이른 후에는 실무적으로 의약발명의 특허대상적격성이 대체로 긍정되는 경향을 보이고 있다. 따라서 현재로서는 특정한 유형의 의약발명에 대해 그 특허대상적격성을 인정할 것인지라는 측면에서의 논의는 그다지 활발하지 않으며, 큰 의미를 갖기도 어렵다.

다만 다음과 같은 측면에서 의약발명의 특허대상적격성과 관련한 논의의 필요성이 있다.

먼저, 의약용도발명에 특허대상적격성을 인정하는 것과 관련하여, 의약용도발명이 '발견'에 불과하여 발명성을 충족하지 못하지만 이에 대해 특허를 부여하여 보호하는 것이 실무례라고 설명하는 것이 다수의 입장인 것으로 보인다. 그런데 만일 의약용도발명이 '발견'에 해당한다면 이에 대해 특허대상적격성을 인정하는 현재의 실무가 특허법 제2조 발명의 정의 규정의 해석과 조화를 이룰 수 있는지 의문이 제기될 수 있다.

다음으로, 현행법 규정에만 근거하면 특허대상적격성 문제에 관하여 의약발명이 다른 유형의 발명과 크게 다르다고 보기는 어렵지만, 의약발명이 인간의 생명과 건강에 직결된다는 기술적 특성 때문에 특허를 부여하여 특정인에게 독점시키는 것이 타당한지의 논의가 지속되었다. 이러한 문제의식은 의료행위에 관한 발명에 대해서도 마찬가지로 존재하였다. 이에 의료행위에 관한 발명에 대해서는 의약발명과 달리 발명의 구체적인 내용에 대한 검토 없이 그 기술분야 자체가 산업상 이용가능성이 없다고 보고 발명에 특허를 부여하지 않음으로써 결과적으로 의료행위에 관한 발명의 특허대상적격성을 부정하는 것과 다름없는 실무가 정착된 상황이다. 즉 특허법 제29조 제1항의 산업상 이용가능성이라는 특허요건이 의료행위에 관한 발명 전체의 특허에 대한 진입장벽 역할을 하고 있다. 그런데 의료행위에 관한 발명 중 의약을 사용한 의료행위에 관한 발명, 즉 의약을 이용한 치료방법 발명은 의약용도발명과 동전의 양면 관계에 있다고 할 수 있기 때문에 그 특허대상적격성에 관한 논의는 의약용도발명의 특허대상적격성에 관한 논의와 실질이 크게 다르다고 할 수 없다. 이에 의약발명의 특허대상적격성에 관한 논의의 연장선상에서 의약을 사용한 의료행위에 관한 발명을 포함하여 의료행위에 관한 발명 자체를 산업상 이용가능성이 없다고 평가하고 실질적으로 특허대상에서 배제하는 결과를 초래하는 현 실무가 타당한지, 이러한 관점이 의약용도발명에 대해 특허를 부여하는 실무와 논리적 정합성이 있는지도 검토할 필요가 있다.

나아가 입법 당시의 기술수준에서 상정 가능한 형태의 발명을 전제로 만들어진 특허법은 기술발전의 속도를 따라가거나 이를 반영하는 데에 어느 정도 한계가 있을 수밖에 없다. 또한 의약기술의 지속적인 발전에 따라 현재로서는 예상하기 쉽지 않은 형태의 의약발명이 향후 출현할 가능성도 있다. 한편 새로운 유형의 의약발명의 특허법적 보호와 관련하여서는 그 발명에 특허대상적격성이 인정될 것인지가 가장 먼저 검토된다. 따라서 의약발명의 특허대상적격성에 대해 어떤 의미를 부여하는 것이 타당한지를 일반론으로서 검토하는 것은 장차 새로운 유형의 의약발명에 대해 특허법적으로 어떤 보호를 할 것인지에 관한 논의의 출발점이 될 수 있다.

이처럼 의약발명의 특허대상적격성과 관련한 논의는, 현재 실무와 해석의 타당성을 검토하고, 향후 새롭게 등장할 수 있는 유형의 발명을 특허로써 보호할 것인지를 결정하는 첫 관문으로서 특허대상적격성이라는 요건의 운용 방향성을 살필 필요가 있다는 점에서 그 의미를 찾을 수 있다.

이하에서는 의약발명, 그중에서도 의약용도발명에 관한 현재의 실무가 위 발명이 '발견'임에도 불구하고 특허대상적격성을 인정하는 것인지 검토한다. 이에 덧붙여 의약발명과 밀접한 관련이 있는 의약을 사용한 의료행위에 관한 발명에 대하여 산업상 이용가능성이 사실상 특허대상적격성의 역할을 하고 있는 실무가 의약용도발명에 관한 실무와의 균형관계상 적절한지 논한다. 이러한 논의의 전제로서 발명의 특허대상적격성에 대한 논의 및 실무례에 관한 비교법적 검토를 통해 우리 실무에 주는 시사점을 찾고자 한다. 또한 우리 입법체계 아래에서 향후 출현할 수 있는 새로운 유형의 발명을 포함하여 의약발명에 대한 특허대상적격성 요건의 바람직한 운용 방안을 제시하고자 한다.

제2절 비교법적 검토

의약발명을 포함하여 발명 전반의 특허대상적격성에 관한 각국의 규정 및 실무는 아래와 같다.

Ⅰ. 미국

1. 특허법

특허법(35 U.S.C.) 제100조 정의규정에서는 발명을 발명 또는 발견을 의미하는 것으로 규정한다. 제101조에서는 특허를 받을 수 있는 발명(Inventions patentable)이라는 제목 아래 누구든지 신규하고 유용한 방법, 기계, 제조물, 조성물(composition of matter) 및 이들에 대한 새롭고 유용한 개량을 발명하거나 발견한 사람은 이 법에 규정된 조건과 요건에 따라 그에 대해 특허를 받을 수 있다고 규정한다.42) 그 외에는 특허대상적격성에 대한 별도의 규정을 두고 있지 않다. 의약발명의 특허대상적격성에 관해서도 별다른 규정이 없다. 다만 의사의 의료행위에 대해 특허권의 효력을 제한하는 규정이 있는데, 제287조(c)에서 의사의 수술 등과 같은 의료행위에 의한 특허침해에 대해서는 침해금지나 손해배상청구소송을 제기할 수 없도록 일정한 제한을 두고 있다. 면책의 대상이 되는 의료행위에는 특허받은 물질을 사용하거나 조성물의 특허받은 용도를 그

---

42) 35 U.S.C. § 101 Whoever invents or discovers any new and useful process, machine, manufacture, or composition of matter, or any new and useful improvement thereof, may obtain a patent therefor, subject to the conditions and requirements of this title [번역은 한국지식재산연구원 해외법령 미국편 참조. https://www.kiip.re.kr/law/list. do?bd_gb=statute&bd_cd=1&bd_item=0 (2022. 6. 11. 최종 방문)].

특허에 위반하여 사용하는 것은 포함되지 않는다.

2. 판례의 태도 및 분석

연방대법원은 특허로 보호받을 수 있는 대상에 대해 규정하는 특허법 제101조가 내재적으로 자연법칙(laws of nature), 자연현상(natural phenomena) 및 추상적 아이디어(abstract ideas)를 제외한다고 해석해왔다. 이들이 과학 및 기술 연구의 기본적 도구이기 때문에 특허권을 부여하여 특정인이 위 도구를 독점할 수 있게 하는 것은 혁신을 촉진하기보다는 오히려 저해하는 것이고, 이는 특허법의 가장 주된 목적을 좌절시키는 것이기 때문이라고 설명한다.[43] 그중 의약발명과 관련성이 있는 사례들은 아래와 같다.

가. Mayo Collaborative Services v. Prometheus Laboratories, Inc.[44]

1) 사건의 개요

Prometheus는 크론병, 궤양성 대장염과 같은 자가면역질환에 대한 치료제인 싸이오퓨린(thiopurine)[45]을 체내에 투여하였을 때의 대사산물인 6-MMP(6-methyl-mercaptopurine)와 6-TG(6-thioguanine)의 양을 측정하여 치료효능을 최적화하는 방법에 관한 2개의 미국 특허(제6,355,623호, 제6,680,302호)에 대해 독점적이고 배타적인 실시권을 가지고 있었는데, 두 발명의 특허대상적격성이 문제 되었다.

제6,355,623호 특허의 청구범위 제1항[46]은 다음과 같이 구성되어 있다.

---

43) Mayo Collaborative Services v. Prometheus Laboratories, Inc. 566 U.S. 66 (2012); Alice Corp. Pty. Ltd. v. CLS Bank Intern. 573 U.S. 208 (2014).

44) 566 U.S. 66 (2012).

45) 화합물의 한글 표기와 관련하여서는, 대한화학회(KCS) 홈페이지의 유기화합물 명명법을 참고하였다[http://new.kcsnet.or.kr/iupacname (2022. 6. 11. 최종 방문)].

면역매개 위장관 질환의 치료 효능을 최적화하는 방법으로서, 아래와 같은 단계를 포함한다.

(a) 면역매개 위장관 질환을 갖는 환자에게 6-TG를 공급하는 약물의 투여(administering)

(b) 면역매개 위장관 질환을 갖는 환자에서 6-TG의 레벨을 결정(determining) 여기에서(wherein) 6-TG 레벨이 8×10^8 적혈구 당 230pmol보다 낮을 경우에는 그 후에 투여되는 약물의 양을 증가시켜야 함을 의미하고, 여기에서(wherein) 6-TG 레벨이 8×10^8 적혈구 당 400pmol보다 높을 경우에는 약물의 투여량을 감소시켜야 함을 의미한다.

2) 판단

연방대법원은 다음과 같은 이유로 이 사건 발명의 특허대상적격성을 부정하였다.

특정 대사물질의 혈중농도와 싸이오퓨린의 용량이 약효를 나타내지 않거나 독성을 유발하는 것 사이의 상관관계는 자연법칙으로서 그 자체는 특허대상적격성이 없다. 방법 발명에 이러한 상관관계를 독점화하려는 시도가 아닌 이러한 법칙의 응용(application)에 해당하는 부가적인 특성이 없으면 그 방법은 특허를 받을 수 없다. 이 사건 발명의 3단계(administering step, wherein clauses, determining step)는 그 자체가 자연법

---

46) A method of optimizing therapeutic efficacy for treatment of an immune-mediated gastrointestinal disorder, comprising: (a) administering a drug providing 6-thioguanine to a subject having said immune-mediated gastrointestinal disorder; and (b) determining the level of 6-thioguanine in said subject having said immune-mediated gastrointestinal disorder, wherein the level of 6-thioguanine less than about 230 pmol per 8×10^8 red blood cells indicates a need to increase the amount of said drug subsequently administered to said subject and wherein the level of 6-thioguanine greater than about 400 pmol per 8×10^8 red blood cells indicates a need to decrease the amount of said drug subsequently administered to said subject.

칙은 아니지만, 청구항의 성질을 특허 가능한 자연법칙의 응용으로 전환
(transform)시킬 정도로 충분하지 않다.

특허를 받을 수 없는 자연법칙을 특허를 받을 수 있는 자연법칙의 응
용으로 전환시키기 위해서는 자연법칙 그 자체가 아니라 실질적으로 그
이상의 것임을 보여주기에 충분한 발명적 개념(inventive concept)이 포함
되어야 한다. 그런데 wherein clause는 단순히 자연법칙을 언급하는 것이
고, 의사들이 치료방법을 결정할 때 실험결과를 고려할 것을 제안하고
있을 뿐이다. determining step은 특정한 방법의 제시 없이 단지 환자의
대사체 농도를 측정한다는 것인데, 대사체 농도를 결정하는 방법은 그
기술분야에서 잘 알려져 있는 것이기 때문에, 이 단계는 단순히 의사에
게 잘 이해되고, 일상적이며, 전형적인 종래의 방법을 사용할 것을 제시
하는 것이다. 이러한 행위는 특허를 받을 수 없는 자연법칙을 특허를 받
을 수 있는 위 법칙의 응용으로 전환시키기에 충분치 않다. 결국 위 3단
계는 그 기술분야에서 연구자들에 의해 이미 사용되었던, 잘 이해되고,
일상적이며, 전형적인 종래의 활동 외에 자연법칙에 특별한 것을 부가하
지 않는다.

나. Association for Molecular Pathology v. Myriad Genetics, Inc.[47]

Myriad Genetics는 인간의 유방암과 난소암 발병 위험을 급격하게 증
가시키는 변이 유전자인 BRCA₁, BRCA₂의 정확한 위치와 염기서열을 발
견한 후 이를 기초로 다수의 특허를 취득하였다. 연방대법원에서는 그
특허 중 자연적으로 존재하는 위 DNA 단편(segment)을 인간의 다른 유전
자로부터 분리해낸 것에 대해 특허법 제101조에 따라 특허대상적격성이
인정되는지가 문제 되었으며, 합성하여 만들어 낸 DNA(complementary
DNA)의 특허대상적격성도 논의되었다. cDNA는 자연에 존재하는 DNA

---

47) 569 U.S. 576 (2013).

단편(segment)과 동일한 단백질을 코딩하는 유전 정보를 가지고 있지만 자연적으로 존재하는 DNA 단편(segment)에 있는 부위 중 단백질을 코딩하지 않는 부분이 생략되어 있다. 연방대법원은 자연적으로 존재하는 DNA 단편(segment)의 경우 자연의 산물(product of nature)로서 단순히 이를 분리해냈다는 이유만으로 이에 대해 특허대상적격성을 인정할 수 없지만, cDNA의 경우 자연적으로 존재하는 것이 아니기 때문에 이에 대해 특허대상적격성이 인정된다고 판단하였다.

다. Exergen Corp. v. Kaz USA, Inc.[48)]

1) 사건의 개요

동맥, 바람직하게는 관자동맥 위의 피부 온도를 측정함으로써 사람의 심부(deep body) 체온을 정확하게 계산하기 위한 비침습적인 방법과 기기에 관한 2개의 미국 특허(제6,292,685호, 제7,787,938호)의 특허권자인 Exergen이 Kaz의 기기에 의해 자신의 특허권이 침해되었다고 주장하면서 소를 제기하였다. 이에 대해 Kaz는 위 특허발명의 청구항에는 청구항 기재 발명을 특허를 받을 수 있는 발명으로 전환시키기에 충분한 발명적 개념이 없으므로 특허법 제101조에 의해 그 특허가 무효라고 주장하였다.

2) 판단

CAFC는 이 사건에서 특허를 받을 수 없는 자연법칙 등을 특허를 받을 수 있는 발명으로 전환시키는 데에 필요한 발명적 개념이 존재하는지를 다음과 같이 구체적으로 판단하였다.

부가된 요소가 종전에 해당 분야에서 채용되었던 잘 이해되고, 일상적이며, 전형적인 것이라면 이러한 요소는 발명적 개념을 구성하지 않는다. 이 사건 발명은 심부 체온이라는 자연현상을 측정하기 위한 것이다.

---

48) 725 Fed. Appx. 959 (Fed. Cir. 2018).

그런데 위 측정 개념이 자연현상에 관한 것이고 추상적이라고 하더라도, 이 사건 발명에서의 측정 방법은 잘 이해되고, 일상적이며, 전형적인 종래의 방법이 아니라 새로운 기술로서 청구항을 특허를 받을 수 있는 발명으로 전환시키기에 충분한 것이다. 즉 발명자는 오랜 시간과 비용을 투자한 실험 끝에 관자동맥 온도와 심부 체온 사이의 관계를 나타내는 계수(coefficient)를 결정하였고, 이러한 발견을 통상적이지 않은 체온 측정 방법에 포함시킴으로써 청구항을 특허를 받을 수 있는 발명으로 전환시켰다.

라. 분석

연방대법원은 발명의 특허대상적격성과 관련하여, 먼저 문제가 된 발명이 특허를 받을 수 없는 자연법칙, 자연현상, 추상적 아이디어 중 어느 하나에 관한 것인지를 판단한다. 다음으로 발명이 이에 해당할 경우 그 성질을 특허를 받을 수 있는 응용으로 전환시키기에 충분한 발명적 개념(inventive concept)이 포함되어 있는지를 검토하는 과정을 거쳐 발명적 개념이 인정된다면 특허대상적격성을 인정하고 있다.

그런데 방법 발명의 특허대상적격성이 부정되었던 Mayo Collaborative Services v. Prometheus Laboratories, Inc. 사건에 대해 미국에서도 의약품의 투여용법·용량 발명은 자연법칙에 해당한다는 이유로 그 특허대상적격성이 부정된 사안이라고 해석하는 견해[49]가 있다. 그러나 의약품의 특정한 용법·용량 발명과 그러한 용법·용량 도출의 근거가 되는 약물의 체내 대사 또는 작용기전 그 자체는 구분되어야 한다. 위 사건에서 연방대법원은 의약품의 투여용법·용량(dosing regimen)이 자연법칙이라는 일반원칙을 선언한 바 없다. 위 사건에서는 '특정 대사물질의 혈중농도와 싸

---

49) 나종갑, "나쁜 지적재산권의 재림(II)-대법원 2015. 5. 21. 선고 2014후768 전원합의체 판결-", 산업재산권 제64호, 한국산업재산권법학회(2020), 8면.

이오퓨린 용량이 약효를 나타내지 않거나 독성을 유발하는 것 사이의
상관관계'가 자연법칙이라고 하였을 뿐이다.[50] 일반적으로 특정 약물은
인체에서 일정한 대사과정을 거쳐 생성된 대사체의 작용으로 약효 또는
독성을 나타내는 것인데, 약물의 투여량 대비 특정 대사체의 생성 정도
의 상관관계, 나아가 대사체가 수용체와 결합하여 약효를 나타내는 현상
그 자체는 약물이 인체 내에서 거치게 되는 대사작용과 작용기전에 따
른 결과이다. 연방대법원이 그에 대해 자연법칙이라고 한 것이고, 이 점
은 타당하다. 그런데 실무에서 통상 의약품의 투여용법·용량 발명이라
고 언급되는 것들은 이러한 상관관계 그 자체를 나타내는 것이 아니라
이를 이용하여 구체적인 용법·용량을 제시하는 발명들이다. 이에 비해
Prometheus의 방법 발명은 특정한 투여용법·용량을 제시하고 있지 않다
는 점에서 전형적으로 완성된 형태의 투여용법·용량 발명에 해당한다고
보기는 어렵다. 청구항에는 싸이오퓨린 약물의 대사물질인 6-TG의 농도
와 약효 또는 독성 발현과의 상관관계라는 자연법칙에 근거하여 약물의
용량을 조절하기 위한 일응의 기준이 제시되어 있을 뿐이고, 그러한 상
관관계를 구체적으로 응용하여 약물을 어떠한 용법과 용량으로 투여하
는 것인지가 전혀 특정되어 있지 아니하다. 이에 연방대법원도 위 방법
발명의 각 단계가 자연법칙 그 자체는 아니지만 청구항의 성질을 자연
법칙의 응용으로 전환시킬 정도로 충분하지 않다고 평가한 것이다. 위
방법 발명은 투여용법·용량에 관한 발명의 관점에서 본다면 투여용법·
용량을 결정하기 위한 자연법칙 내지 추상적인 수준의 아이디어를 제공
하는 것에 불과하다고 볼 여지가 충분하다.

　　오히려 의약품의 투여용법·용량 발명에 대해 방법 발명 형식으로 특
허를 받을 수 있다는 것이 미국 실무에서의 일반적인 태도이고, 그 특허
대상적격성에 대해 별다른 논란이 없는 것으로 보인다.[51] 예를 들어, 의

---

50) 132 S. Ct. 1289, 1291, 1296, 1297 (2012).
51) Martin J. Adelman, Randal R. Rader, Gordon P. Klancnik, Patent Law in a nutshell
　　(2nd edition), West, 66 (2013); 유영선, 위의 논문(주 37), 163면.

약품의 투여용법·용량 발명에 대한 구체적인 분쟁에서는 Fosamax®를 1주일에 1회 투여하는 방법,[52] 이반드로네이트 150mg을 1개월에 1회 투여하는 방법,[53] Copaxone®을 1주일 동안 각 투여 간격을 하루 이상으로 유지하면서 3회 투여하는 방법[54] 등에 관해 기본적으로 그 발명의 특허대상적격성이 인정됨을 전제로 자명성이 문제 되어 다투어진 바 있다.

3. 심사기준(Manual of Patent Examining Procedure, MPEP)

USPTO는 법원의 판결을 심사기준에 반영함으로써 USPTO의 심사와 법원의 판결이 조화를 이루도록 하고 있는데,[55] 특허대상적격성에 대해 다음과 같이 설명한다.

특허대상적격성을 판단하기 위해서는 두 가지 기준이 있다. 즉 (a) 청구된 발명이 특허법 제101조에 규정된 발명의 4가지 범주-방법, 기계, 제조물, 조성물-중 하나에 해당하여야 한다. 또한 (b) 청구된 발명이 사법적 예외(judicial exception)에 해당하지 않아야 한다. 사법적 예외는 법원이 특허법에 규정된 발명의 4가지 유형의 범위 밖에 있다거나 예외에 해당한다고 판단한 사항들로서, 추상적 아이디어, 자연법칙, 자연현상(자연의 산물을 포함한다)에 한정된다.[56] 사법적 예외와 관련하여 추상적 아이디어, 자연법칙, 자연현상 외에도 물리현상, 자연의 산물, 과학 법칙 등과 같은 다양한 용어가 사용되어 왔다.[57]

---

52) Merck & Co. v. Teva Pharmaceuticals USA, Inc., 395 F.3d 1364 (Fed. Cir. 2005).
53) Hoffman-La Roche Inc. v. Apotex Inc. 748 F.3d 1326 (Fed. Cir. 2014).
54) In re Copaxone Consolidated Cases 906 F.3d 1013 (Fed. Cir. 2018).
55) 최승재·김영기·박현우, 신미국특허법, 법문사(2020), 98면.
56) USPTO, MPEP § 2104 III.
57) USPTO, MPEP § 2106.04.

II. 유럽연합

1. 유럽특허조약(European Patent Convention, EPC)[58]

EPC 제52조(2)(a)에서는 발견(discoveries), 과학 이론(scientific theories), 수학적 방법(mathematical methods)은 발명이 될 수 없다고 규정한다.

수술 또는 치료요법에 의해 인간이나 동물을 치료하는 방법 및 인간이나 동물에게 행해지는 진단 방법에 대해서는 EPC 1973 제52조(4)에서 산업상 이용가능한 발명이 아니라고 규정하였다가, 그 후 EPC를 개정하여 제52조(4)를 삭제하였다. 대신 특허대상적격성에 대한 예외조항인 제53조에서 위 방법을 제53조(c)로 추가하여 이에 대해 특허권이 부여되지 않는다고 규정하면서, 다만 이 규정은 그 방법에 사용되는 물건, 특히 물질이나 조성물에는 적용되지 않는 것으로 하였다. 한편 제54조(4), (5)에서 어떤 물질이나 조성물이 신규하지 않은 경우에도 그 물질이나 조성물의 제1 의약용도 또는 제2 의약용도가 신규한 경우에는 그 용도를 위한 물질이나 조성물의 특허대상적격성이 부정되지 않는다고 규정하고 있으므로, 어떤 물질이나 조성물의 제1, 2 의약용도발명은 물건의 발명으로 보호된다.

2. 심사기준(Guidelines for Examination in the EPO)

발견(discoveries)과 관련하여, 공지 물질의 새로운 특성(property)을 밝혀내는 것은 단순한 발견에 불과하고 이러한 발견은 기술적 효과(technical effect)가 없으므로 EPC 제52조(1)의 발명에 해당하지 않는다. 그러나 그 특성이 실용적인 용도(practical use)로 사용된다면 특허를 받을 수 있는 발명을 구성한다. 자연에 존재하는 알려지지 않은 물질을 찾아

---

58) 이하 'EPC'라고 한다.

내는 것 역시 단순한 발견이어서 특허를 받을 수 없지만, 그 물질이 기술적 효과를 나타낸다는 것을 보일 수 있다면 특허를 받을 수 있다.[59]

공지의 물질이나 조성물이 인간이나 동물의 수술, 치료요법 또는 진단 방법에 사용된다는 것이 종전에 개시된 바 없다면 그 물질이나 조성물을 해당 용도로 특허를 받을 수 있다. 공지의 물질이나 조성물이 종전에 인간이나 동물에 대한 수술, 치료요법 또는 진단 방법에 사용되는 것이 개시되었더라도, 제2의 또는 추가적인 수술, 치료요법 또는 진단 방법의 용도가 신규하고 진보성이 있다면 그 물질의 해당 용도로 특허를 받을 수 있다.[60]

Ⅲ. 일본

일본 특허법은 우리 특허법과 체계가 거의 동일하다. 제2조에서 발명을 자연법칙을 이용한 기술적 사상의 창작 중 고도한 것으로 정의하고 있으며, 제32조에서 공공의 질서, 선량한 풍속 또는 공중의 위생을 해칠 우려가 있는 발명에 대해서는 특허를 받을 수 없다고 규정한다.

일본 특허법에는 의료행위를 특허 보호의 대상으로부터 명시적으로 제외하는 규정이 없지만, 실무상 '의료업은 산업이 아니다'라는 해석에 근거하여 인간을 수술·치료 또는 진단하는 방법은 '산업상 이용할 수 있는 발명'에 해당하지 아니하여 특허를 받을 수 없는 것으로 처리한다.[61]

특허·실용신안 심사기준에서는 의약발명은 의약용도로 특정되기 때문에 인간에 대한 투여·도포와 같은 적용을 예정한 것이지만, 물의 발명이므로 인간을 수술·치료 또는 진단하는 방법에 해당하지 않고, 산업상 이용가능한 발명에 해당한다고 규정한다.[62] 이처럼 의약용도발명에 대

---

59) EPO, Guidelines for Examination in the EPO, Part G, Chapter Ⅱ, 3.1.

60) EPO Guidelines for Examination in the EPO, Part G, Chapter Ⅱ, 4.2.

61) 이혜진, 위의 논문(주 19), 325면.

해서 물건의 발명 형태로 특허가 부여될 수 있는 일본의 실무는 현재 우리 특허 실무와 사실상 동일하다. 한편 일본에서는 용도발명 자체에 대한 논의로서 용도에 의해 특정된 물건의 발명은 방법의 발명과의 구별을 모호하게 한다는 비판이 있는 것으로 보인다. 그럼에도 불구하고 심사기준에서 용도발명을 물건의 발명으로 한 취지에 대해 방법의 발명으로 하면 효과가 한정적이고, 용도발명을 인정하는 의미가 감소하기 때문에 정책적으로 물건의 발명으로 한 것이라고 이해하는 견해가 있다.63)

---

62) JPO, Examination Handbook for Patent and Utility Model in Japan, Annex B, Chapter 3.
63) 中山信弘, 特許法, 第4版, 弘文堂(2019), 147면.

제3절 국내 논의

I. 의약용도발명이 발견에 해당하는지에 관한 문제

1. 도입

'발명'을 '자연법칙을 이용한 기술적 사상의 창작으로서 고도한 것'이라고 정의하는 특허법 제2조에서 비롯되는 특허대상적격성의 문제는 '발견'이 '발명'의 정의규정에 포함될 수 있는지이다. 이와 관련하여 의약용도발명이 발견에 해당함에도 불구하고 예외적으로 특허대상적격성이 인정되는 것인지에 대한 논의가 있다.

특허법 제2조 정의규정에 따른 발명의 개념요소 중, '창작'의 사전적 의미는 '방안이나 물건 따위를 처음으로 만들어 냄 또는 그렇게 만들어 낸 방안이나 물건'[64]이다. 미국 특허법은 제100조, 제101조에서 발명의 개념에 발견이 포함되고, 발명 또는 발견이 특허를 받을 수 있다고 명시적으로 규정하고 있는데, 이에 반해 우리 특허법은 발명에 발견이 포함된다고 별도로 정의하고 있지 않다. 이러한 상황에서 창작의 사전적 의미에 의할 때 발견이 발명에 포함되기는 어렵다. 이와 관련하여 어떤 물질을 새롭게 발명하였다기보다는 공지 물질의 새로운 속성을 발견한 것에 의한 발명, 즉 의약의 새로운 용도에 관한 의약용도발명의 경우 이를 우리 특허법상 발명의 개념요소인 '창작'의 범주에 포함시킬 수 있는지의 문제가 있다. 예를 들어, 기존에 말라리아 치료에 사용되던 하이드록시 클로로퀸을 COVID-19 치료제라는 새로운 용도로 개발하는 것을 상정한다면, 이는 하이드록시 클로로퀸이라는 물질 자체를 발명한 것이 아니라 그 물질의 새로운 용도를 발굴한 것인데, 이를 창작이라는 개념요소

---

64) 국립국어원, 표준국어사전.

로 포섭할 수 있는지의 문제가 발생하게 된다.

이하에서는 의약용도발명의 실체에 대한 국내 논의의 타당성을 검토한 후 특허제도의 운용 방향 측면에서 발견의 특허대상적격성 문제를 어떻게 다루는 것이 바람직한지도 함께 본다.

2. 실무 및 관련 논의

우리 법원은 대상 질병에 특징이 있는 의약용도발명의 경우에도 이를 발명의 범주에 포함시켜 특허대상적격성을 인정한다. 학설상으로도 특허대상적격성을 인정하는 것 자체를 문제 삼기보다는 용도발명이란 물건이 갖는 어떤 특정한 용도의 새로운 발견에 관하여 특허를 부여하는 것으로서 그 실체는 '발견'에 불과하여 발명성을 충족하지 못하지만, 이에 관하여 특허를 부여하여 보호하는 것이 각국의 실무례라고 설명하는 견해들[65]이 있을 뿐이다.

반면 그 연장선상에 있는 투여용법·용량에 특징이 있는 의약용도발명의 경우 특허대상적격성이 최근까지 문제 되어 논의되었다. 즉 종전에 대법원은 공지의 의약물질의 투여주기와 단위투여량을 특징으로 하는 조성물 발명에 대하여 이와 같은 특징적 구성은 조성물인 의약물질을 구성하는 부분이 아니라 의약물질을 인간 등에게 투여하는 방법이어서 특허를 받을 수 없는 의약을 사용한 의료행위이거나, 조성물 발명에서 비교대상발명과 대비 대상이 되는 그 특허청구범위[66] 기재에 의하여 얻

---

65) 유영선, 위의 논문(주 37), 153면; 손천우, "경피투여라는 투여용법을 제공하는 의약용도발명의 진보성에 대한 판단 기준", 대법원판례해설, 제114호, 법원도서관(2018), 393면.

66) 종래 특허법에서는 '특허청구범위'라는 용어가 사용되었는데, 2014. 6. 11. 법률 제12753호로 일부 개정된 특허법에 의해 '청구범위'로 용어가 변경되었다. 이에 따라 위와 같은 개정 전의 특허법이 적용되는 사건에 관한 판결에서는 '특허청구범위'라는 용어를 사용하고 있다. 이하에서는 판결 원문에서 '특허청구범위'라는 용어를 사용하였더라도 이를 모두 현재의 용어인 '청구범위'로 변경

어진 최종적인 물건 자체에 관한 것이 아니어서 진보성을 판단할 때 고
려할 수 없다고 한 바 있다.[67] 이는 결론적으로 의약의 투여주기와 단위
투여량에 관한 발명이 특허대상에 해당하지 않는다는 것과 같은 입장이
다. 그러나 대법원은 그 후 2014후768 전원합의체 판결[68]로 종전의 입장
을 변경하여, 공지의 의약물질의 새로운 투여용법·용량에 대한 발명 역
시 의약용도발명의 일종으로 그 발명이 신규성과 진보성 등의 특허요건
을 충족하는 경우에 특허로써 보호될 수 있음을 분명히 하였다. 이에 따
라 실무상으로는 투여용법·용량에 특징이 있는 의약용도발명의 특허대
상적격성 자체에 관한 문제가 더 이상 발생하지 않을 것으로 예상된다.

대법원의 위와 같은 태도에 대해 학설상으로는 의약용도발명에서 용
도의 범위를 어떻게 볼 것인지의 문제와 관련하여 굳이 용도를 좁게 한
정하지 말고 가급적 범위를 넓혀 인정하고, 그 특허성 유무를 특허요건
심사에서 따져 결정하는 것이 유용한 용도발명을 장려하고 의약산업 발
전에 기여할 수 있다고 보아 긍정적으로 평가하는 견해[69]가 있다. 반면
의약의 용법·용량이 특허의 대상인 발명이 되기 위해서는 자연법칙을
이용한 것이어야 하는데, 위 판결은 그에 관한 논의를 생략한 채 특허요
건을 판단하여 특허를 부여할 수 있다고 함으로써, 새로운 창작이 아닌
자연현상의 발견에 특허를 부여하는 것으로 부당하다는 비판이 있기도
하다.[70]

하여 기재한다.
67) 대법원 2009. 5. 28. 선고 2007후2926 판결 참조.
68) 대법원 2015. 5. 21. 선고 2014후768 전원합의체 판결 참조.
69) 최상필, "산업상 이용가능성과 의약용도발명의 보호범위", 동아법학 제81호, 동
    아대학교 법학연구소(2018), 137면.
70) 나종갑, 위의 논문(주 49), 45, 66-68, 79-81면.

3. 검토

우리 특허법의 정의규정에 따르면, '발명'은 물건이나 방안을 처음으로 만드는 것이고, 방안이란 방법을 의미하는 것이므로, 결국 물건이나 방법을 처음으로 만드는 것에 해당하지 않는 발견이 발명에 포함된다고 볼 수는 없을 것이다. 그렇다면 대다수의 학설이 설명하는 것처럼 의약용도발명이 발견에 해당하여 특허법상 발명의 정의 개념에 포섭될 수 없음에도 불구하고 우리 실무가 이에 대해 예외적으로 특허대상적격성을 인정하는 것으로 이해해야 하는지 본다.

의약용도발명은 그 구성요소가 유효성분 및 의약용도이고, 의약용도발명의 구성요소로서 의약용도란 물질이 가지는 속성 또는 특성 그 자체가 아니라 그로부터 질병 또는 약효와 관련된 구체적인 용도에 이른 경우를 의미한다.[71] 이러한 의약용도발명에 대해 공지 물건의 새로운 용도를 발견한 것이라고 이해할 여지도 있으나, 이를 조금 더 면밀하게 검토하면 의약용도발명은 종전에 알려지지 않았던 속성의 발견에 기초하여 새로운 쓰임새를 제공하는 발명, 즉 물건의 쓰임새를 제공하는 발명이다. 의약용도발명은 예를 들어, 어떤 물질이 가지는 ACE inhibitor 또는 Ca++ Channel blocker라는 속성의 발견에 그치는 것이 아니라 한 단계 더 나아가 이러한 속성을 이용하여 혈압강하제 또는 고혈압치료제라는 새로운 쓰임새, 즉 방안을 만들어낸 것이라고 할 수 있다. 물건의 쓰임새를 제공하는 발명이라는 것은 대상 질병에 특징이 있는 의약용도발명뿐만 아니라 투여용법·용량에 특징이 있는 의약용도발명의 경우에도 마찬가지이다. 의약용도발명은 본질적으로 방법 발명의 특징을 가지고 있다고 할 수 있다.

그런데 이러한 발명을 치료방법 발명의 형식으로 출원하는 경우 의약을 사용한 의료행위에 관한 발명에 해당하는 것으로 보아 특허를 부

---

71) 윤경애, "의약용도발명의 특허요건", 『특허판례연구』, 개정판, 박영사, 2012, 192면.

여하지 않는 실무상의 제한 때문에 의약용도발명이라는 물건의 발명 형식을 택하다 보니 물건의 발명으로서의 의약용도발명이 발명인지 또는 발견인지에 대한 의문이 제기된다. 달리 말해 의약용도발명은 청구범위가 물건의 발명 형식을 취하고 있으므로 물건의 발명 관점에서 평가할 수밖에 없는데, 물건을 새롭게 만들어 낸 것이 아니라 그 물건의 용도가 새로운 것이고, 물건의 발명인 이상 이를 물건을 이용한 방법을 새롭게 만들어 낸 것이라고 볼 수도 없으니 물건의 새로운 용도를 발견한 것이라고 이해하고, 그에 따라 발견임에도 불구하고 특허대상적격성이 인정되는 것이라는 논리구조를 취하게 되는 것이다.

그러나 의약용도발명의 본질은 그 물질을 이용한 치료방법의 발명, 즉 새로운 방법의 발명에 보다 가깝다.[72] 'A라는 물질을 이용하여 고혈압을 치료하는 방법'이라는 발명을 상정한다면 이는 방법의 발명의 일종이 되는데, 이 경우에는 방법을 발견한 것이 아니라 방법을 발명한 것이라고 이해하는 것이 일반적일 것이다. 그런데 같은 발명에 대해 '고혈압 치료제 용도의 A 물질'이라는 용도발명의 형식을 취하면 발견으로 이해하고 있다. 같은 발명에 대해 청구범위의 기재 형식을 방법의 발명으로 할 것인지 물건의 발명으로 할 것인지에 따라 이것이 발명인지 발견인지에 대한 평가가 달라지는 것은 타당하지 않다. 의약용도발명은 단지 물건의 관점에서 보았을 때 그 물건의 새로운 속성의 '발견'이라는 측면이 부각될 뿐이다. 물건을 이용한 방법 발명은 기본적으로 그 물건의 속성을 이용하는 것을 전제한 것인데, 물건의 관점에서는 그러한 속성을 발견한 것처럼 보이는 것이다. 궁극적으로 의약용도발명을 '발견'이라고 보는 것은 발명의 실질과 그 형식 사이의 괴리에서 비롯되는 문제이다.

결국 의약용도발명의 실질은 단순한 '발견'이 아니라 의약물질을 이용한 새로운 방법 발명에 해당하는 것임에도 물건의 발명이라는 형식 때문에 순수한 발견과 새로운 물질의 창작 사이의 경계선상에 있는 것

---

72) 이진희, 위의 논문(주 19), 19-20면; 신혜은, 위의 논문(주 2), 75-76면.

과 같은 모호함이 생기는 것이다. 따라서 의약용도발명의 본질을 단순한 '발견'이라고 이해하거나 이에 대해 특허대상적격성을 인정하는 실무를 특허법 제2조 정의 규정에 대한 예외로서 '발견'에 대해 특허대상적격성을 인정하는 것이라고 이해할 수는 없다.

이 부분 논의를 더 진전시키면 발견에 대해서는 특허대상적격성을 부정해야 하는지의 문제에 도달하게 된다. 이 문제는 향후 새로운 유형의 의약발명에 대한 특허대상적격성 심리와도 관련되어 있는데, 비교법적 검토를 통해 시사점을 얻을 수 있다.

미국 특허법은 명시적으로 발견을 발명에 포함하고 있는 반면, 유럽연합에서는 이를 제외하고 있으므로, 일응 서로 상반되는 입장을 취한다고 볼 여지도 있다. 그러나 구체적으로 살펴보면, 미국 연방대법원은 특허법 제101조의 해석에 의해 자연법칙, 자연현상, 추상적 아이디어에 대해서는 특허를 부여하지 않고 있으므로, 미국에서도 자연현상이나 자연의 산물을 발견한 것 그 자체에 대해서는 특허를 받을 수 없다. 즉 어떤 물질의 속성은 자연현상 내지 자연법칙의 일종으로도 볼 수 있으므로 그 속성을 발견한 것에 대하여 특허를 부여할 수는 없을 것이나, 이러한 속성을 이용한 새로운 방법을 발명하면 방법의 발명으로서 특허대상적격성이 인정될 수 있다. 연방대법원이 Mayo Collaborative Services v. Prometheus Laboratories, Inc. 사건에서 언급한 것처럼 문제가 된 청구항이 특허를 받을 수 없는 자연법칙, 자연현상, 추상적 아이디어 중 어느 하나에 관한 것인지를 결정한 후, 청구항에 그 성질을 특허를 받을 수 있는 응용으로 전환시키기에 충분한 발명적 개념(inventive concept)이 포함되어 있는지를 검토하는 과정을 거치고, 만일 발명적 개념이 인정된다면 그 발명의 특허대상적격성이 인정된다. 또한 유럽연합의 경우 EPC에서 발견 자체에 대해서는 특허대상적격성을 인정할 수 없다고 규정하면서도 발견의 특허대상적격성과 관련하여 상세히 설명하고 있는 심사기준에서는 새로 발견된 특성이 실용적인 용도로 사용된다면 특허를 받을 수 있는 발명을 구성한다고 본다.

이에 비추어 보면 미국이나 유럽연합의 특허대상적격성에 대한 입장은 원칙적으로 미국의 경우 발견에 대해 특허대상적격성을 인정할 수 있다는 것에서 출발하고, 유럽연합의 경우 부정하는 입장에서 출발한다는 점에서 그 시작점이 다르지만, 각각 일정한 예외를 인정함으로써 실제 구체적인 사건에서 특허대상적격성을 인정할 것인지의 결론에는 별다른 차이가 없는 구조이다.73) 어느 나라나 자연의 산물을 순수하게 발견한 것 자체에는 특허를 부여할 수 없다는 것인데, 이러한 입장은 타당하다. 우리 특허법 해석상으로도 순수한 발견은 제2조의 발명에 해당할 수 없을 것이다.

다만 발견과 발명이 이론적으로는 서로 구분되는 개념임에도 불구하고, 실무적인 관점에서는 순수한 발견이 아닌 이상 발견과 발명의 경계가 분명하지 않을 수도 있다.74) 의약용도발명도 그 예의 하나이다. 즉 물건 속성의 발견이 구체적으로 어떤 실용적인 방안으로 발현된 경우, 이를 방법의 발명 관점에서 보면 새로운 방법을 발명했다고 할 수 있지만, 물건의 발명 관점에서는 발명이라고 설명하기 어려운 부분이 존재하는 것이다. 한편 기술발전 촉진이라는 특허제도의 목적을 고려한다면 발견의 속성을 일부 갖는다고 하여 일률적으로 이를 특허대상에서 제외할 논리필연적인 이유는 없고, 기술발전에 기여하였다면 기여한 범위 내에서 특허를 부여하여 이를 장려할 필요성도 있다. 나아가 법률은 그 속성상 기술발전을 뒤따를 수밖에 없고 이를 선도하기 어렵기 때문에 기술발전에 따른 새로운 기술을 특허의 대상으로 포섭할 수 있는지가 명확

---

73) 박준석, "우리 특허법상 발명의 개념에 관한 고찰", 『법학』, 제54권 제3호(2013), 823-824면.

74) 발명과 발견을 구분하는 것은 과학기술의 발전에 따라 유동적이고 명확하지 않으며, 모든 발명은 잠재적으로 자연 상태에 존재하기 때문에 발견과 발명의 구분은 엄격하게 양자택일적으로 해석되어서는 안 된다는 견해(송영식 외 6인, 『지적소유권법(上)』, 제2판, 육법사, 2013, 218-219면)도 같은 입장으로 이해된다.

하지 않은 상황도 언제든지 발생 가능하다. 이런 모호함 때문에 새로운 기술을 특허권에 의한 보호 대상에서 처음부터 제외하는 것은 타당하지 않다. 따라서 특허대상적격성 자체는 엄격하게 규율하지 않는 것이 기술발전과 입법 사이의 간극을 메울 수 있는 바람직한 방향이 될 수 있다.

결국 발명에 대해 특허 부여 여부를 심리하는 과정에서는 자연의 산물을 단순히 발견한 것에 불과하고 향후 누구든지 연구의 토대로 삼을 필요가 있어 특정인에게 독점시키는 것이 타당하지 않다고 명확하게 판단되는 경우를 제외하고는 일단 특허법 제2조 발명의 개념에 포함되는 것으로 볼 필요가 있다. 이와 같이 특허대상적격성에 대해 유연한 입장을 취하는 방식으로 특허제도의 문호를 열어두는 것이 제도의 효율적인 운용 방안이 될 수 있다. 또한 기술발전의 촉진이라는 특허제도의 목적에도 충실하게 된다. 발명과 발견의 경계선에 위치한 새로운 출원대상들에 대해 특허법 제2조 발명의 개념 중 '자연법칙의 이용'이라는 기준을 활용하여 출원대상이 자연법칙 그 자체에 해당하여 발명에서 배제되어야 하는지를 확인한 후 그것을 발명에서 제외하는 미국식의 소극적 배제기준이 더 유용하다는 견해75)도 같은 입장인 것으로 보인다.

뿐만 아니라 특허 부여 단계에서의 심리의 중심을 명세서 기재요건이나 진보성과 같은 요건에 두면 향후 새로운 유형의 발명이 출현한 경우에도 이해관계인들 입장에서 안정적이고 예측가능한 특허제도의 운용방법이 될 수 있고, 위 요건에 대한 적절한 심리를 통해 특허권이 부당하게 확대 적용되는 것도 방지할 수 있다. 현재의 실무 역시 특허대상적격성의 문제로 특허 등록을 거절하거나 등록을 무효로 하는 방식을 취하기보다는 신규성이나 진보성 등 다른 특허요건의 문제에 심리를 집중하고 있는 것으로 보이고, 이러한 방식이 특허제도의 바람직한 운용 방향이라고 생각된다.

---

75) 박준석, 위의 논문(주 73), 827-828면.

II. 특허대상적격성과 관련된 문제
: 의료행위에 관한 발명의 산업상 이용가능성

1. 논의의 필요성

산업상 이용가능성은 특허법 제29조에 규정된 특허요건 중의 하나로서 그 자체가 특허대상적격성의 문제라고 보기는 어렵다. 다만 실무적으로 의약을 사용한 의료행위에 관한 발명을 포함하여 의료행위에 관한 발명에 대해서는 산업상 이용가능성이 사실상 특허대상적격성 요건과 같이 활용되고 있는데, 의약을 사용한 의료행위에 관한 발명은 의약용도발명과 동전의 양면 관계에 있으므로, 의료행위에 관한 발명의 산업상 이용가능성 문제를 의약발명의 특허대상적격성과 관련된 문제로 함께 논의한다.

2. 판례의 태도

대법원은 의료행위에 관한 발명에 대해 1991. 3. 12. 선고 90후250 판결에서 사람의 질병을 진단, 치료, 경감하고 예방하거나 건강을 증진시키는 의약이나 의약의 조제방법 및 의약을 사용한 의료행위에 관한 발명은 산업에 이용할 수 있는 발명이라 할 수 없으므로 특허를 받을 수 없는 것이라고 한 바 있다. 대법원은 그 후 2014후768 전원합의체 판결에서 의료행위에 관한 발명이 특허의 대상에서 제외되므로(대법원 1991. 3. 12. 선고 90후250 판결 참조), 사람의 치료 등에 관한 방법 자체를 특허의 대상으로 하는 방법의 발명으로서 의약용도발명을 허용할 수 없다는 기존의 입장을 재차 확인한 바 있다.

3. 특허청 심사기준[76]

산업상 이용할 수 있는 발명에 해당하지 않는 대표적인 유형에는 의료행위가 포함된다. 의료행위로서 산업상 이용할 수 있는 발명에 해당하지 않는 유형은, ① 인간을 수술, 치료 또는 진단하는 방법의 발명, ② 의료인에 의한 의료행위가 아니더라도 발명의 목적, 구성 및 효과 등에 비추어 보면 인간의 질병을 치료, 예방 또는 건강상태의 증진 내지 유지 등을 위한 처치방법의 발명, ③ 청구항에 의료행위를 적어도 하나의 단계 또는 불가분의 구성요소로 포함하고 있는 방법의 발명, ④ 인체를 처치하는 방법이 치료효과와 비치료효과를 동시에 가지는 경우 치료효과와 비치료효과를 구별 및 분리할 수 없는 방법이 있다.

인간의 수술, 치료 또는 진단에 사용하기 위한 의료기기 그 자체, 의약품 그 자체 등은 산업상 이용할 수 있는 발명에 해당한다.

4. 학설상 논의[77]

의료행위에 관한 발명은 사람의 질병을 진단·치료·경감·처치하고 예방하거나 건강을 증진시키는 방법에 관한 발명을 의미한다. 학설상으로는 의료행위가 국민 건강 및 인간의 존엄성과 직결된 문제이고, 특허권 때문에 의료행위가 제대로 이루어지지 못하는 것은 비인도적이라는 점[78] 등을 고려하여 의료행위에 관한 발명에 대해서는 정책적으로 특허권 자체를 제한하거나 특허권을 부여하더라도 그 효력범위를 제한하여야 한다는 것으로 견해가 어느 정도 일치되어 있는 것으로 보인다.

다만 산업상 이용가능성을 부정함으로써 특허권을 부여받을 수 없도

---

76) 특허청, 특허·실용신안 심사기준(2021. 12. 30.), 3109-3112면.
77) 이하의 내용은, 이진희, 위의 논문(주 19), 37-39면을 요약하고 일부 보완한 것이다.
78) 정상조·박성수 공편, 특허법 주해 I, 박영사(2010), 418면.

록 하는 방식에 대하여는 대체로 논리적으로 타당하지 않다는 입장이다. 구체적으로는, 어떠한 산업에서라도 이용가능성이 있다면 원칙적으로 산업상 이용가능성이 부정되어서는 안 될 것이라고 주장하면서, 특허권을 제한하는 논리로 산업상 이용가능성을 부정하는 방식을 취하는 것은 타당하지 않다는 견해가 있다.[79] 또한 산업에서 발명이 사용될 수 있는 지의 관점에서 본다면 의료방법 발명의 산업상 이용가능성을 부정하는 것은 의문이며, 의료방법 발명의 일반적인 특허성 부정은 체계적인 관점에서 볼 때 특허법 제32조의 불특허사유에 규정하는 것이 타당하다는 견해가 있다.[80] 판례가 향후에도 의료행위에 관해 권리부여가능성을 부정하는 입장을 그대로 유지한다고 하더라도 한국에서도 의료는 점차 중요산업이 되고 있으므로, 의료발명이 '산업상 이용가능성'이 없다는 논리는 합리적인 설명이 되기 어렵다는 견해도 있다. 이 견해는 권리부여 가능성 부정의 논거로 특허법 제32조의 공서양속 조항으로 처리하거나 아예 불특허대상 규정을 신설하는 것을 제안한다. 나아가 독점권 부여의 외연을 사전에 분명하게 제시하여 발명가에게 동기부여를 명확히 한다는 특허법 목적에 조금이라도 더 충실한 것은 후자의 방법이라고 한다.[81] 의료행위에 관한 발명을 산업상 이용가능성이 없다고 보는 것은 무리한 해석이므로 특허법 제32조의 공익이나 윤리적 이유를 근거로 특허를 부여하지 않는 것이 바람직하다는 견해도 있다.[82]

---

79) 신혜은, "의약용도발명의 효율적 보호방안에 관한 연구", 창작과 권리 제55호, 세창출판사(2009), 11면.

80) 송영식 외 6인 공저, 위의 책(주 74), 340면.

81) 박준석, "의약에 관한 특허법의 통합적 검토-유전자원의 문제를 포함하여-", 저스티스 제128호, 한국법학원(2012), 238-239면.

82) 윤권순, "의료발명의 특허성에 대한 비판적 고찰", 창작과 권리 제14호(1999), 5면.

5. 검토

의료행위에 관한 발명에 대해 산업상 이용가능성의 문제로 특허를
부여하지 않는 실무의 태도는 산업상 이용가능성을 특허요건의 하나로
둔 입법취지에 부합한다고 보기 어렵다. 산업상 이용가능성을 특허요건
으로 한 것은 특허제도가 산업발전에 이바지함을 최종의 목적으로 하기
때문에 발명이 산업상 이용될 수 있어야 특허로써 보호하는 의미가 있
다는 것이다.83) 그런데 의료분야도 넓은 의미에서는 산업에 해당하고,
특히 신약 개발을 전제로 한 제약산업은 고부가가치 산업으로 분류된다.
의료행위에 관한 발명이 어떤 의미에서 산업상 이용가능성이 없다는 것
인지 논리적인 설명이 쉽지 않다.84) 학설상으로도 의료행위에 관한 발
명에 대해 특허를 부여하지 않는 결론 측면에서의 타당성과 별개로 그
논거로 산업상 이용가능성을 문제 삼는 실무에 대해서는 비판적인 시각
이 다수 존재한다. 대법원 2014후768 전원합의체 판결에서 의료행위에
관한 발명은 특허의 대상에서 제외된다는 종전 대법원 90후250 판결을
인용하면서도 의료행위에 관한 발명이 산업상 이용할 수 있는 발명이라
할 수 없다는 부분을 함께 언급하지 않은 점도 이러한 문제의식이 반영
된 결과라고 이해된다.

또한 논의를 의약발명과 밀접한 관련이 있는 의약을 사용한 의료행
위에 관한 발명에 국한하여 본다면, 대상 질병에 특징이 있는 의약용도
발명이나 투여용법·용량에 특징이 있는 의약용도발명에 대해 특허대상
적격성을 인정하고 있는 현재의 실무를 고려할 때, 이들 발명과 의약물
질을 사용한 의료행위에 관한 발명을 달리 취급하는 것은 균형이 맞지
않다. 이들 발명 사이에 본질적인 차이가 있다고 보기 어렵고, 청구범위
를 물건의 발명의 형식으로 구성하였는지 또는 방법의 발명의 형식으로

---

83) 특허법원, 위의 책(주 29), 223면(윤주탁 집필 부분).
84) 이진희, 위의 논문(주 19), 41면.

구성하였는지의 차이가 있을 뿐이다. 청구범위를 방법의 발명 형식으로 구성하면 산업상 이용가능성이 없고, 물건의 발명의 형식으로 구성하면 산업상 이용가능성이 있다고 보는 것 역시 논리가 일관되지 못하다.

특허청 심사기준에서 의료행위가 포함된 발명의 심사 시 유의사항으로서, 의료행위는 인간의 존엄 및 생존에 깊이 관여되어 있는 점, 모든 사람은 의사의 도움을 통하여 질병을 진단, 치료, 경감 또는 예방할 수 있는 의료방법을 선택하고 접근할 수 있는 권리가 보호되어야 한다는 점, 의료행위에 관한 발명을 특허 대상으로 하게 되면 의사가 의료행위를 수행함에 있어 특허의 침해 여부를 신경 쓰게 되어 의료행위에 대한 자유로운 접근이 어렵게 되는 점을 감안하여 의료방법 발명을 심사하여야 한다고 규정85)하고 있는 것처럼, 의료행위에 관한 발명에 대해 특허를 부여하지 않는 것은 기본적으로 인간의 존엄과 생존의 관점에서 특허권에 의해 의사의 치료행위가 위축되거나 제한되어서는 안 된다는 취지를 반영한 것으로 이해된다. 이러한 취지 자체는 타당하다.

그런데 보호범위 측면에서 검토하더라도 물건의 발명의 보호범위가 방법의 발명의 경우보다 포괄적이다. 의약용도발명에 대해 물건의 발명 형식으로 특허를 부여하고 있는 점을 고려하면, 방법의 발명에 대해 특허를 부여하지 않는 것을 통해 달성할 수 있을 것으로 예상되는, 의사의 치료행위에 대해 특허권을 행사할 수 없도록 하겠다는 효과 역시 별로 없다고 할 것이다.

의료기기를 이용한 의사의 치료행위와 관련하여서도, 의료기기 자체에 특허를 부여하고 있으므로 의료기기를 이용한 치료방법에 대해 특허를 허용하지 않더라도 의료기기를 이용한 의사의 치료행위에 대해 이론상으로는 의료기기에 관한 특허권의 효력이 미칠 수밖에 없다. 이는 결국 의사의 치료행위에 대한 제약으로 작용할 수 있다는 점에서 같은 문제가 있다. 다만 의료기기 등과 관련된 논의는 이 책의 주제를 벗어나므

---

85) 특허청, 특허·실용신안 심사기준(2021. 12. 30.), 3117면.

로 구체적으로 논하지 않는다.

근본적으로 위 문제는 의료행위와 관련된 발명을 특허로 보호하는 것, 조금 더 구체적으로는 특정인에게 독점적이고 배타적인 권리를 주는 것이 타당하지 않은 측면을 특허법의 어떤 이론으로 뒷받침할 것인지의 문제이다.

미국은 특허를 부여하되 일정한 경우 그 효력을 제한하는 방법으로 이를 다루며, 유럽연합은 별도의 불특허사유로 규정하고 있다. 일본은 우리와 같은 방식으로 취급한다. 어떤 방식을 취하든지 의료행위에 관한 발명을 독점적이고 배타적으로 실시하는 것에 대해 어느 정도 제한이 필요하다는 점에 관해서는 각국의 입장이 일치한다. 의료행위와 관련된 발명에 대한 특허권을 일정 범위에서 제한할 필요성이 있다는 점은 분명하다.

그런데 우리 실무에서 의료행위에 관한 발명에 대해 산업상 이용가능성 요건이 활용되는 것은 현행법의 한계를 극복하기 위한 임시방편이다. 즉 위 발명에 대해 불특허사유로 하거나 특허권의 효력을 제한하는 명시적인 규정이 없음에도 불구하고 특허권을 제한할 필요성을 충족시키기 위해 도입된 것이라고 할 수 있는데, 산업상 이용가능성을 부정하는 것은 논리적으로 문제가 있음은 앞서 본 바와 같다. 또한 의약물질을 사용한 의료행위에 관한 발명을 우회하는 효과가 있는 의약용도발명에 대해 특허를 부여하는 실무와도 조화를 이루지 못한다. 현재의 특허시스템에서도 이론적으로는 의약용도발명의 특허권을 침해하는 의료행위를 한 의사에 대해 침해소송을 제기할 수 있는 길이 열려 있지만 이를 실행하지 않을 뿐이다. 이러한 점들을 고려하면 의료행위에 관한 발명에 대해 산업상 이용가능성 요건을 활용하여 특허를 부여하지 않음으로써 달성할 수 있는 부분이 무엇인지 그 설명이 쉽지 않다.

따라서 이 문제와 관련하여서는 규율 방안의 개선을 위한 검토가 필요하다. 신규성, 진보성 판단 단계에서 발명의 가치에 대한 합리적인 평가를 한 후 특허요건을 충족하는 발명에 대해서는 이를 보호하고 장려하는 것이 인류 보건에 기여할 수 있다는 점에서, 현재와 같이 해석에 의해 의료행위에 관한 발명의 특허대상적격성을 일률적으로 부정하는 것과 같은 결론에 이르기보다는 의사의 치료행위 등에 대해 특허권의 효력이 미치지 않도록 그 범위를 제한하는 방식으로 입법이 이루어지는 것이 바람직하다.[86] 이는 의약용도발명에 대해 특허대상적격성을 인정하는 실무와 조화를 이룰 수 있으며, 의사의 치료행위를 특허권 침해로부터 자유롭게 하겠다는 관점에서 보았을 때 의약용도발명에 특허권을 부여하는 현재 상황에서 존재하는 법적 공백도 메울 수 있다는 점에서 그 타당성이 뒷받침된다.

---

86) 이진희, 위의 논문(주 19), 41-43면.

제4절 소결론

　의약발명, 그리고 의약발명의 일종인 의약용도발명과 그 실질이 같다고 평가할 수 있는 의약을 사용한 의료행위에 관한 발명의 특허대상적격성과 관련된 논의는 사실상 크게 두 가지 측면에서의 검토이다. 하나는 의약발명 중 표면적으로는 새로운 물질을 창작한 것이 아니라 물질에 원래부터 존재하던 속성을 새롭게 발견한 것에 해당한다고 볼 수도 있는 의약용도발명을 특허법 제2조에 규정된 발명의 범주에 포함시키는 것이 특허법 해석상 적절한지에 관한 논의이다. 이와 관련된 검토는 향후 출현할 수 있는 새로운 의약발명 유형의 특허대상적격성에 관한 논의에도 시사점을 줄 수 있다. 다른 하나는 인간의 생명과 건강에 직결되는 발명에 특허권을 부여하여 특정인이 독점·배타적인 권리를 누리도록 하는 것이 타당한 것인지에 관한 논의이다. 이 부분 논의는 직접적으로는 물건의 발명으로서 의약발명에 관한 논의라기보다는 방법의 발명으로서 의료행위에 관한 발명에 대한 것이지만 의약물질을 사용한 의료행위에 관한 발명은 의약용도발명과 동전의 양면 관계에 있다는 점에서 위 논의가 의약발명의 특허대상적격성에 관한 논의와 밀접하게 관련되어 있으므로 이 장에서 함께 검토하였다.

　먼저, 의약용도발명은 그 실질이 의약물질을 이용한 새로운 방법 발명에 해당하는 것임에도 의약을 사용한 의료행위에 관한 발명, 즉 의약을 이용한 치료방법 발명에 대해서는 특허를 부여하지 않는 실무상의 제약으로 인해 물건의 발명이라는 형식을 취하게 된 것이다. 그 결과 실질과 형식 사이에 괴리가 발생되고, 이 발명을 물건의 발명 관점에서 '발견'이라고 평가하는 견해들이 존재한다. 그러나 의약용도발명의 본질은 물질의 새로운 속성의 발견에 기초하여 그 속성의 쓰임새인 방법을 발명한 것으로서 순수한 '발견'과는 구분되는 것이므로, 이에 대해 특허를 부여하는 것이 특허법 제2조에 대한 예외라고 해석할 수 없다. 나아가 의약발명에 대한 특허대상적격성 요건의 운용 방향성과 관련하여서는 비교법적 검토 결과 및 실무상 발명과 발견의 경계가 모호한 점, 그리고 향후 기술발전에 따라 그 성격이 명확하게 규정되기 쉽지 않은 새로운 유형의 발명이 얼마든지 출현할 수 있는 점 등을 종합할 때, 아래와 같은 결론에 이르게 된다. 즉 향후 새롭게 나타날 수 있는 의약발명이 순수한 자연법칙의 발견에 불과하여 인류가 공유해야 할 기술발전의 토대에 해당하는 경우를 제외한다면, 그 특허대상적격성을 폭넓게 인정하는 것이 바람직하다. 그 후 명세서 기재요건이나 진보성 단계에서의 적절한 심리를 통해 기술의 가치를 평가하여 특허에 의한 보호대상으로 삼을 것인지를 결정할 수 있도록 한다면 이해관계인들 입장에서 안정적이고 예측가능한 특허제도의 운용 방법이 될 수 있다.

다음으로, 의약발명의 특허대상적격성과 밀접한 관계가 있는 문제로서 의료행위에 관한 발명에 대해 산업상 이용가능성이 없는 발명이라고 평가하고 사실상 이에 대해 특허대상적격성을 부정하는 실무는 논리적으로 타당하지 않다. 또한 의사의 치료행위가 제한되지 않도록 하겠다는 목적 달성 측면에서 보더라도 현재 상황에서도 의약용도발명에 대해 부여되는 특허에 의한 법적 공백이 생길 수 있는 점을 고려할 때 그 목적을 달성할 수 있는지에 관한 의문이 있다. 나아가 발명에 대해 특허권에 의한 보호 자체를 거절하는 것보다는 발명을 특허제도의 테두리 내에 두면서 필요한 경우 효력 범위의 제한을 통해 그 기술을 공유할 수 있는 길을 열어 놓는 것이 특허제도에 의한 기술 발전 촉진의 필요성과 공익적 측면에서 기술 공유의 필요성을 조화롭게 충족시키면서 인류 보건에 기여할 수 있는 방법이기도 하다. 따라서 의료행위에 관한 발명에 특허를 부여함으로써 의사의 치료행위가 제한될 우려가 있다는 점은 일률적으로 특허를 부여하지 않는 방법이 아니라 특허권의 효력 단계에서 그 범위의 제한으로 해결하는 것이 보다 바람직하다.

제4장
의약발명의 명세서 기재요건

제1절 문제의 소재

특허를 받으려는 사람은 특허법 제42조에 따라 특허출원서를 특허청장에게 제출하여야 하는데, 그 특허출원서에는 발명의 설명·청구범위를 적은 명세서와 필요한 도면 및 요약서를 첨부하도록 되어 있다.

청구범위와 발명의 설명으로 구성된 명세서가 출원공개되고 특허공보에 게재되면 제3자는 이것을 기술문헌으로서 이용하게 된다. 특허권자뿐만 아니라 제3자도 특허발명에 대한 실시권을 얻어서 그 발명을 실시할 수 있어야 하므로, 명세서에 적는 발명의 설명은 통상의 기술자가 그 발명을 쉽게 실시할 수 있도록 명확하고 상세하게 적어야 한다는 것은 당연한 요건이다.[87] 또한 공개된 범위 내에서 특허권이라는 독점권이 주어지는 것이 타당하다는 점에서 청구범위에 기재된 내용은 발명의 설명에 의해 뒷받침되어야 하고, 통상의 기술자가 특허로 보호받고자 하는 발명의 범위를 정확하게 인식하기 위해서는 청구범위가 명확하고 간결하게 적혀 있어야 한다.

이에 특허법 제42조 제3항에서는 발명의 설명이 갖출 요건, 제4항에서는 청구범위가 갖출 요건에 대해 구체적으로 규정하고 있다. 실무상으로는 제3항의 기재요건을 실시가능 요건, 제4항의 기재요건을 뒷받침 요건 및 명확성 요건이라 하고, 이들을 통틀어 명세서 기재요건이라 칭한다.

의약발명은 특허 실무상 명세서 기재요건에 관해 가장 치열한 공방이 오가는 기술분야 중 하나이고, 그에 따라 법원이 명세서 기재요건의 판단 기준을 제시하는 계기가 된 사건의 상당수는 의약발명에 관한 분쟁이었다고 해도 과언이 아니다. 현재 의약발명의 명세서 기재요건에 관한 판례가 상당한 정도로 축적되어 있기는 하지만, 그 요건과 관련하여 여전히 기준이 명확하게 정리되지 않은 부분이 있다.

---

87) 임석재·한규현, 특허법, 박영사(2017), 146-147면.

한편 명세서의 중요한 기능 중 하나인 통상의 기술자가 명세서를 통해 특허발명을 쉽게 실시할 수 있어야 한다는 측면에서는 의약발명의 유형에 따라 그 발명을 실시한다는 것의 구체적 의미가 같지 않기 때문에 의약발명의 각 유형별로 요구되는 명세서 기재의 정도가 달라진다. 법원도 개별 사건에서 문제가 된 발명의 유형별로 명세서 기재요건에 관한 판단 기준을 제시하고 있다. 그런데 의약발명의 명세서 기재요건 충족 여부가 문제 되는 사건에서 발명의 출원인 또는 특허권자 측은 우리 법원의 명세서 기재요건이 미국 등 다른 나라에서 요구하는 기준보다 지나치게 엄격하여 부당하다는 주장을 거의 예외 없이 하고 있으며, 현재의 실무에 대해 지나치게 엄격한 기준이라는 비판적 시각도 존재한다.

이에 제4장에서는 아래와 같은 사항들에 대해 논의하고자 한다.

먼저, 우리 실무상 의약발명의 유형별 명세서 기재요건의 판단 기준을 살피되, 구체적인 분쟁에서 주로 다투어지는 실시가능 요건을 중심으로 검토한다. 검토 과정에서 필요한 경우에는 뒷받침 요건과 명확성 요건도 함께 본다. 또한 비교법적으로 미국, 유럽연합, 일본의 명세서 기재요건에 관한 규정 및 실무를 확인하여, 명세서의 기능적인 측면에서 대상 질병에 특징이 있는 의약용도발명이나 선택발명의 명세서 기재요건에 관한 현 실무의 판단 기준이 적정한지, 만일 개선되어야 할 부분이 있다면 구체적인 개선방안이 무엇인지를 논하고자 한다.

다음으로, 의약발명 중 아직 명세서 기재요건에 관한 판단 기준이 명확하지 아니한 투여용법·용량에 특징이 있는 의약용도발명, 결정형 발명에 대해서는 바람직한 판단 기준을 제시하고자 한다.

의약발명의 명세서 기재요건을 논함에 있어서는 의약발명과 밀접한 관련이 있는 수치한정발명도 함께 검토하되, 수치한정발명 중 물건의 발명 형태를 취하는 경우만을 논의의 대상으로 한다.

나아가 의약발명의 명세서 기재요건으로서 실시가능 요건과 뒷받침 요건의 관계에 대해 검토하고자 한다. 개별 의약발명 사건에서는 명세서 기재요건으로서의 실시가능 요건과 뒷받침 요건이 명확히 구분되지 않은 채 혼재되어 주장되는 경우가 종종 있는데, 이는 의약발명에서 위 요건들의 역할과 관계가 명확하게 정리되지 않았기 때문이라고 생각된다. 의약발명에서 이들 요건이 기능하는 바가 각각 무엇인지 살피고, 외국에서는 이들을 어떻게 구분하고 있는지를 검토하여 이들의 바람직한 관계 정립에 대한 시사점을 얻고자 한다.

제2절 명세서 기재요건 일반론

Ⅰ. 의의

특허출원 시 제출하는 명세서는 크게 2가지 기능을 수행한다. 첫 번째 기능은 발명을 상세히 설명하여 공개하는 것인데, 출원하고자 하는 발명이 속하는 기술분야에서 종래기술이 갖는 문제점 중 어떠한 문제를 해결하기 위한 것인지, 그 문제를 해결하기 위한 구성과 그로 인한 효과가 무엇인지에 대하여 필요한 모든 것을 기술하여 통상의 기술자가 이를 쉽게 이해하고 실시할 수 있도록 하는 것이다. 명세서의 두 번째 기능은 보호범위를 설정하는 것인데, 출원인이 발명의 설명에 기재한 발명 중에서 어느 범위까지 보호받고자 하는지를 명확히 함으로써 일반 대중에게 특허권의 존재를 고지하고, 특허권의 정당한 보호범위를 분명하게 확정하는 것이다. 이는 일반대중에게 특허침해행위를 미리 예상하고, 회피할 수 있도록 공정한 기회를 부여한다는 중요한 의미가 있다.[88] 결국 기술의 공개는 발명의 설명에 의하여 이루어지고, 권리로서의 한계는 청구범위에 기재된 사항에 의하여 정해진다고 할 수 있다.[89] 현행 특허법상 명세서 기재요건의 구체적 내용은 아래와 같다.

---

88) 정상조·박성수 공편, 위의 책(주 78), 510면.
89) 윤선희(교정저자 박태일, 강명수, 임병웅), 특허법, 제6판, 법문사(2019), 378면.

Ⅱ. 개별 요건

1. 실시가능 요건

대법원은 발명의 설명에 통상의 기술자가 그 발명을 쉽게 실시할 수 있도록 명확하고 상세하게 적을 것을 규정하는 특허법 제42조 제3항의 실시가능 요건에 관하여, 위 규정은 특허출원된 발명의 내용을 제3자가 명세서만으로 쉽게 알 수 있도록 공개하여 특허권으로 보호받고자 하는 기술적 내용과 범위를 명확하게 하기 위한 것이므로, 위 조항에서 요구하는 명세서 기재의 정도는 통상의 기술자가 출원 시의 기술수준으로 보아 과도한 실험이나 특수한 지식을 부가하지 않고서도 명세서의 기재에 의하여 당해 발명을 정확하게 이해할 수 있고 동시에 재현할 수 있는 정도라고 본다.[90]

대법원이 명세서 기재 정도에 관하여 제시하는 '당해 발명을 정확하게 이해할 수 있고 동시에 재현할 수 있는 정도'의 '재현'이 어떤 의미를 가지는 것인지에 대해, 물건의 발명을 전제할 경우 이론적으로는 '물건 자체의 생산, 사용 등'을 의미하는 것으로 이해하는 입장(형식적 재현설) 과 '명세서에 기재된 효과를 가지는 물건의 생산, 사용 등'을 의미하는 것으로 이해하는 입장(실질적 재현설)이 가능할 수 있는데, 기술분야에 따라 발명의 설명의 기재 정도에 차이가 있을 뿐 모든 발명은 그로 인한 효과의 발생을 전제로 특허권이라는 독점·배타권이 부여된다고 보아야 할 것이라는 점을 근거로 후자가 타당하다는 견해가 있다.[91]

대법원은 명칭을 '일정 소량의 시료를 빠르게 도입할 수 있는 시료도 입부를 구비한 바이오센서'로 하는 발명의 설명이 실시가능 요건을 충족

---

90) 대법원 2005. 11. 25. 선고 2004후3362 판결; 대법원 2006. 11. 24. 선고 2003후 2072 판결; 대법원 2011. 10. 13. 선고 2010후2582 판결 등 참조.
91) 구민승, "물건의 발명의 실시가능 요건에 있어서 발명의 효과의 재현 정도", 대 법원판례해설 제108호, 법원도서관(2016), 362, 366면.

하는지가 문제 된 사안에서, '물건의 발명'의 경우에 발명의 '실시'란 물건을 생산, 사용하는 등의 행위를 말하므로, 물건의 발명에서 통상의 기술자가 특허출원 당시의 기술수준으로 보아 과도한 실험이나 특수한 지식을 부가하지 않고서도 발명의 설명에 기재된 사항에 의하여 물건 자체를 생산하고 사용할 수 있고, 구체적인 실험 등으로 증명이 되어 있지 않더라도 특허출원 당시의 기술수준으로 보아 통상의 기술자가 발명의 효과의 발생을 충분히 예측할 수 있다면, 실시가능 요건을 충족한다고 설시한 바 있다.[92] 이는 실질적 재현성의 입장을 취한 것으로 평가된다.[93]

2. 뒷받침 요건

종전에는 특허법에 실시가능 요건만이 규정되어 있었는데, 특허법이 1990. 1. 13. 법률 제4207호로 전부 개정되면서 보호받으려는 사항을 적은 청구항이 발명의 설명에 의하여 뒷받침되어야 한다는 특허법 제42조 제4항 제1호의 뒷받침 요건이 도입되었다.

대법원은 뒷받침 요건의 취지에 관하여 다음과 같이 설명한다.

구 특허법(2007. 1. 13. 법률 제8197호로 개정되기 전의 것, 이하 같다) 제42조 제4항 제1호는 특허출원서에 첨부된 명세서의 발명의 상세한 설명[94]에 기재되지 아니한 사항이 청구항에 기재됨으로써 출원자가 공개하지 아니한 발명에 대하여 특허권이 부여되는 부당한 결과를 막으려는 데에 취지가 있다. 따라서 구 특허법 제42조 제4항 제1호가 정한 명세서

---

92) 대법원 2016. 5. 26. 선고 2014후2061 판결 참조.
93) 특허법원, 위의 책(주 29), 335면(이정석 집필 부분).
94) 종래 특허법에서는 '발명의 상세한 설명'이라는 용어가 사용되었는데, 2014. 6. 11. 법률 제12753호로 일부 개정된 특허법에 의해 '발명의 설명'으로 용어가 변경되었다. 이에 따라 위와 같은 개정 전의 특허법이 적용되는 사건에 관한 판결에서는 '발명의 상세한 설명'이라는 용어를 사용하고 있다. 이하에서는 판결 원문에서 '발명의 상세한 설명'이라는 용어를 사용하였더라도 이를 모두 현재의 용어인 '발명의 설명'으로 변경하여 기재한다.

기재요건을 충족하는지는 위 규정 취지에 맞게 특허출원 당시의 기술수준을 기준으로 하여 통상의 기술자의 입장에서 청구범위에 기재된 발명과 대응되는 사항이 발명의 설명에 기재되어 있는지에 의하여 판단하여야 하므로, 특허출원 당시의 기술수준에 비추어 발명의 설명에 개시된 내용을 청구범위에 기재된 발명의 범위까지 확장 또는 일반화할 수 있다면 청구범위는 발명의 설명에 의하여 뒷받침된다.[95]

3. 명확성 요건

대법원은 명확성 요건의 취지에 관하여 다음과 같이 설명한다.

특허발명의 청구항에 '발명이 명확하고 간결하게 기재될 것'을 요구하는 특허법 제42조 제4항 제2호의 취지는 같은 법 제97조의 규정에 비추어 청구항에는 명확한 기재만이 허용되는 것으로서 발명의 구성을 불명료하게 표현하는 용어는 원칙적으로 허용되지 않으며, 나아가 청구범위의 해석은 명세서를 참조하여 이루어지는 것에 비추어 청구범위에는 발명의 설명에서 정의하고 있는 용어의 정의와 다른 의미로 용어를 사용하는 등 결과적으로 청구범위를 불명료하게 만드는 것도 허용되지 않는다.[96]

III. 비교법적 검토

1. 미국

특허법(35 U.S.C.) 제112조가 특허명세서(Specification)에 대해 규정하

---

95) 대법원 2016. 5. 26. 선고 2014후2061 판결 참조.
96) 대법원 2006. 11. 24. 선고 2003후2072 판결 참조.

고 있는데, 발명의 설명과 관련하여서는 제112조(a)[97])에서 '명세서는 해당 발명에 대한 서면기재(written description) 및 그 발명이 속하거나 이와 가장 근접하게 관련된 분야의 숙련된 사람이 해당 발명을 제조하고 이용할 수 있도록 충분하고 명확하고 간결하며 정확한 용어로 해당 발명을 제조하고 사용하는 방식과 공정을 포함하여야 하고, 발명자가 해당 발명의 수행을 위한 최적의 실시례라고 생각하는 것을 개시하여야 한다.'라고 규정하고 있다. 즉 특허법 제112조(a)는 서면기재 요건, 실시가능 요건, 최적 실시례 요건이라는 세 가지 요건을 제시하고 있는데, 이들은 서로 독립된 요건이다. 또한 제112조(b)[98])에서는 청구항의 명확성 요건에 관해 규정하고 있다.

미국 특허법의 명세서 기재요건은 통상의 기술자가 특허명세서를 보고 그 기술된 내용에 따라 출원된 내용을 재현하여 이를 똑같이 만들고 사용할 수 있도록 하기 위한 것이다. 특허는 공개의 대가이므로, 공개가 적절하게 이루어지지 못하면 이에 대한 대가인 특허를 허여할 수 없게 된다.[99])

가. 실시가능 요건(Enablement Requirement)

특허출원인은 통상의 기술자가 특허명세서를 보고 기술된 내용에 따라 출원된 내용을 재현하여 이를 똑같이 만들고 실시할 수 있도록 기재

---

97) (a) The specification shall contain a written description of the invention, and of the manner and process of making and using it, in such full, clear, concise, and exact terms as to enable any person skilled in the art to which it pertains, or with which it is most nearly connected, to make and use the same, and shall set forth the best mode contemplated by the inventor or joint inventor of carrying out the invention.

98) (b) The specification shall conclude with one or more claims particularly pointing out and distinctly claiming the subject matter which the inventor or a joint inventor regards as the invention.

99) 최승재·김영기·박현우, 위의 책(주 55), 270면.

하여야 하고, 해당 발명을 구현하여 제조하는 방법과 사용하는 방법을 모두 개시하여야 한다. 위와 같은 실시가능 요건의 의의를 감안하면 중요한 판단 기준이 되는 것이 과도한 실험의 요부이다.[100]

CAFC는 In re Wands 판결[101]에서 과도한 실험 요건의 충족 여부에 관한 판단 기준을 제시하였다. 그 8가지 요소는 (i) 청구범위의 폭(The breadth of the claims), (ii) 발명의 본질(The nature of the invention), (iii) 선행기술의 수준(The state of the prior art), (iv) 해당 기술분야의 통상의 기술자의 기술수준(The level of one of ordinary skill), (v) 해당 기술분야의 예측가능성 정도(The level of predictability in the art), (vi) 발명자가 제공한 지침의 정도(The amount of direction provided by the inventor), (vii) 실시례의 존재(The existence of working examples), (viii) 개시 내용에 기초하여 그 발명을 제조하거나 사용하기 위해 필요한 실험의 양(The quantity of experimentation needed to make or use the invention based on the content of the disclosure)이다.[102]

실시가능 요건을 충족하기 위해서는 단순히 청구항에 기재된 범위 중 어느 한 부분을 재현하는 것만으로는 충분하지 않고 청구항의 전체에 걸쳐 과도한 실험 없이 재현할 수 있어야 한다.[103]

나. 서면기재 요건(The Written Description Requirement)

서면기재 요건은 출원 당시 개시되지 않은 대상에 대해 추후에 청구항을 추가하면서 우선권을 주장하는 것을 방지하는 것, 즉 출원자가 그의 최초 개시를 그 후에 개발된 발명까지 청구하는 것으로 끊임없이 업

---

100) 최승재·김영기·박현우, 위의 책(주 55), 271면.
101) 858 F.2d. 731, 737 (Fed. Cir. 1988).
102) USPTO, MPEP § 2164.01(a).
103) 설민수, "특허명세서 기재요건과 특허발명의 범위에 관한 한국과 미국의 비교법적 연구", 인권과 정의 제435호, 대한변호사협회(2013), 44면; In re Wright, 999 F.2d 1557, 1561, 1564 (Fed. Cir. 1993).

데이트하는 것을 방지하기 위한 것으로서 우선권에 대한 감시기능을 한다. 따라서 출원자는 최초의 명세서가 뒷받침하거나 그 발명의 보유를 보여준 범위 내에서만 새로운 청구항을 추가할 수 있다.[104]

실시가능 요건은 특허권의 존속기간이 만료되면 발명이 지나친 실험 없이 제조되고 사용될 수 있도록 하는 것을 목적으로 하는 반면, 서면기재 요건은 출원일 현재 청구된 발명의 외연을 정하는 역할을 한다.[105] CCPA[106]는 실시가능 요건이 서면기재 요건과 구별되는 요건이라고 설시한 바 있고,[107] CAFC 역시 서면기재 요건은 실시가능 요건과 구별되는 별도의 개념으로서 출원 시점에 특허발명을 실제로 보유했음을 보여주어야 위 요건을 충족하는 것이라는 취지로 여러 차례 설시한 바 있다.[108] 즉 실시가능 요건의 경우 통상의 기술자가 해당 발명을 생산하고 사용할 수 있도록 명세서에 그 발명에 관한 충분한 정보가 포함되어 있는지를 판단하는 것이다. 반면 서면기재 요건의 목적은 단순히 그 발명을 어떻게 생산하고 사용하는 것인지를 설명하는 것보다 광범위하고, 출원인이 청구된 발명을 실제로 발명했다는 점을 보여주어야 하는 것으로서, 통상의 기술자 입장에서 출원인이 출원 당시 그 발명을 보유하고 있

---

104) Martin J. Adelman, Randal R. Rader, Gordon P. Klancnik, 위의 책(주 51), 234-236면.
105) 최승재·김영기·박현우, 위의 책(주 55), 279면.
106) CCPA는 연방관세및특허항소법원(U.S. Court of Customs and Patent Appeals)을 지칭한다. CCPA는 연방의회가 1982년에 연방법원개선법(Federal Courts Improvement Act, FCIA)을 수립하여 CAFC(Court of Appeals for the Federal Circuit)를 창설하기 전에 연방관세법원(U.S. Customs Court, USCC)과 특허청(Patent and Trademark Office, PTO) 결정에 대한 불복사건의 관할을 가지고 있던 법원이다[박준석, "미국 연방특허항소법원(CAFC)의 정체성(正體性) 및 관련 번역에 대한 고찰", 법조 제69권 제1호(통권 제739호), 법조협회(2020), 446-447면; https://www.law.cornell.edu/wex/court_of_customs_and_patent_appeals(2022. 6. 11. 최종 방문)].
107) In re Ruschig, 379 F.2d 990 (C.C.P.A. 1967).
108) Regents of the University of California v. Eli Lilly & Co. 119 F.3d 1559 (Fed. Cir. 1997); University of Rochester v. G.D. Searle & Co., 358 F.3d 916, 921 (Fed. Cir. 2004); Metabolite Labs. v. Lab. Corp. of Am. Holdings, 370 F.3d 1354, 1366 (Fed. Cir. 2004); Ariad Pharmaceuticals, Inc. v. Eli Lilly & Co., 598 F.3d 1336 (Fed. Cir. 2010).

었음을 합리적으로 판단할 수 있어야 한다.[109]

다. 최적 실시례 요건(The Best Mode Requirement)

특허제도는 발명에 특허권을 부여함으로써 특허권자의 기술공개에 대한 대가를 제공하는 것이다. 그런데 다른 한편으로는 특허권의 존속기간이 만료되었을 때에 공공 영역에 있는 사람들이 그 발명을 개시된 것과 같이 실시할 수 있을 뿐만 아니라, 존속기간이 만료된 특허권의 권리자와 상업적으로 대등한 지위에서 시장경쟁을 할 수 있도록 할 필요가 있다. 특허권자가 기술을 공개하면서도 정작 경쟁의 핵심이 되는 부분을 의도적으로 누락하는 것을 억제하기 위해 최적의 실시례를 기재할 것을 요구한다. 실시가능 요건은 청구항에 기재되는 사항들이 일반인들도 그대로 실시할 수 있는 것을 목적으로 하지만, 최적의 실시례 요건은 그 실시가 최선의 실시여야 한다는 것까지 요구한다는 점에서 구별된다.[110]

라. 청구항의 명확성 요건

특허법 제112조(b)에 규정된 청구항의 명확성 요건은 특허법 제112조(a)의 요건과는 별개이고 구분된다.[111] 명확성 요건의 기본 목적은 청구항의 범위를 명확히 하여 일반 대중에게 특허침해로 되는 경계를 확실히 알리는 데에 있다. 명확성 요건은 그 청구항이 법령에서 요구되는 합리적인 정도의 명확성과 정확성에 관한 기준 요건을 충족하는지를 묻는 것이고, '보다 적합한' 용어나 표현이 가능하였는지를 묻는 것이 아니다.

---

109) Martin J. Adelman, Randal R. Rader, Gordon P. Klancnik, 위의 책(주 51), 237면; 이진희, "선택발명의 명세서 기재요건", 사법 제50호, 사법발전재단(2019), 488-489면; 설민수, 위의 논문(주 103), 46면.
110) 최승재·김영기·박현우, 위의 책(주 55), 276-277면.
111) USPTO, MPEP § 2174.

청구항이 위 요건에 부합하는지를 검토할 때에는 청구항을 전체로 고려하여 통상의 기술자가 청구항의 범위를 인식할 수 있는지, 그에 따라 제3자에게 특허침해로 되는 사항을 명확하게 경고하여 위 규정에서 요구되는 고지기능을 다하였는지를 살핀다.[112) 청구항이 올바르게 해석되었을 때 통상의 기술자에게 식별가능한 의미를 갖는다면 명확성 요건을 충족하는 것이며, 합리적인 노력으로 청구항을 해석하였음에도 식별가능한 의미를 알 수 없고 그 청구항의 의미가 해결할 수 없는 모호한 상태로 남을 경우에만 그 청구항이 불명확하다고 판단된다.[113)

2. 유럽연합

EPC는 제83조(Disclosure of the invention)[114)에서 발명의 설명은 통상의 기술자가 실시할 수 있을 정도로 해당 발명을 충분히 명확하고 완전하게 개시하여야 한다고 규정하며, 제84조(Claims)[115)에서 청구항은 보호받고자 하는 사항을 분명히 해야 하고, 명확하고 간결해야 하며, 발명의 설명에 의하여 뒷받침되어야 한다고 규정한다.[116) 이는 충분한 개시 요건, 명확성 요건, 뒷받침 요건을 정하고 있는 것이다.

가. 충분한 개시 요건

EPC 제83조의 발명이 충분히 개시되었다는 점은 발명의 설명이 통상

---

112) 이해영, 미국 특허법, 제5판, 한빛지적소유권센터(2020), 422-423면.

113) Metabolite Labs. v. Lab. Corp. of Am. Holdings, 370 F.3d 1354, 1366 (Fed. Cir. 2004).

114) Article 83 Disclosure of the invention: The European patent application shall disclose the invention in a manner sufficiently clear and complete for it to be carried out by a person skilled in the art.

115) Article 84 Claims: The claims shall define the matter for which protection is sought. They shall be clear and concise and be supported by the description.

116) 정상조·박성수 공편, 위의 책(주 78), 521, 541면.

의 기술자가 해당 분야의 통상의 지식을 고려하여 발명을 재현할 수 있을 만큼 충분한 정보를 제공하는지가 핵심이다(T 466/05, T 586/94, T 245/98, T 859/06).[117]

통상의 기술자가 해당 발명을 쉽게 실시할 수 있는 적어도 하나의 방법이 명확하게 개시되어 있어야 하고(T 292/85), 그 방법이 청구된 발명의 전 범위에 걸쳐 그 발명을 실시할 수 있도록 하는 경우에만 개시가 충분한 것으로 인정된다(T 409/91). 개시가 충분하다는 것은 통상의 기술자가 청구항에 해당하는 모든 실시형태를 얻을 수 있는 것을 의미한다(T 1727/12). 청구된 발명이 재현 불가능한 것, 즉 청구된 발명이 목적으로 하는 효과를 가져올 수 없는 것은 진보성 요건과 관련될 수도 있고, 충분한 개시 요건과 관련될 수도 있다. 만약 효과가 청구항에 기재되어 있는 경우라면 이는 충분한 개시 요건의 결여이고, 효과가 청구항에 기재되어 있지 않고 발명이 해결하고자 한 과제의 일부라면 진보성의 문제가 된다(G 1/03, T 2001/12).[118]

나. 뒷받침 요건

청구항이 발명의 설명에 그 발명의 필수적인 구성으로 기재되어 있는 요소를 포함하지 않은 경우에는 발명의 설명과 일관되지 못한 것이고, 그러한 청구항은 EPC 제84조에서 요구하는 발명의 설명에 의해 뒷받침되지 않는 것이다(T 133/85, T 2001/12).

EPC 제84조는 청구항이 발명의 모든 필수 요소를 나타낼 것을 요구하는 것으로 해석된다. 청구항이 기술적인 관점에서 이해할 수 있어야 할

---

117) 'T'는 'Decisions of the Technical Board of Appeal(기술항고심판부의 결정)'을 의미한다.

118) 'G'는 'Decisions and Opinions of the Enlarged Board of Appeal on Referrals(확대항고심판부의 결정)'을 의미한다[https://www.epo.org/law-practice/case-law-appeals/recent/t122001eu1.html (2022. 6. 11. 최종 방문)].

뿐만 아니라 발명의 대상을 명확하게 정의해야 한다는 것, 즉 발명의 모든 필수적인 구성을 나타내야 한다는 것을 의미한다. 발명의 필수적인 구성이란 발명이 해결하고자 하는 기술적 과제의 해결, 즉 그 발명의 효과를 얻기 위해 필수적인 요소이다(T 32/82, T 2001/12).

특허는 발명의 설명에 의해 개시된 발명이 해당 분야에 기술적으로 기여한 부분을 보호하는 것으로, 특허에 의한 독점권이 통상의 기술자가 특허 명세서를 읽은 후에도 실시할 수 없는 범위까지 확대되는 것은 배제되어야 한다[T 409/91(OJ 1994, 653), T 435/91(OJ 1995, 188)].[119]

출원발명이 출원서에 규정된 과제를 해결할 수 있는지 의심이 들 경우의 결과는 두 가지로 나누어 볼 수 있다. 먼저 청구항에서 과제의 해결을 위해 발명의 설명에 개시되어 있는 구성들을 구체적으로 명시하지 못하였을 때에는, 발명의 정의와 관련하여 청구항과 발명의 설명이 일치되지 않는 것으로서 청구항이 발명을 구체적으로 명시하기 위해 필수적인 구성을 포함하지 않는다는 이유로 EPC 제84조 위반이 문제될 수 있다. 다음 위 경우에 해당하지는 않지만 발명의 설명에서 주장된 내용과 무관하게 선행기술과 대비한 결과 그 출원발명이 실제로 출원서에 정의되어 있는 과제를 해결할 수 있는지에 관해 객관적인 의심이 드는 경우에는 EPC 제56조의 진보성 문제가 제기될 수 있다(T 400/98, T 2001/12).

다. 명확성 요건

명확성 요건과 충분한 개시 요건의 관계 및 경계는 다음과 같이 설명될 수 있다.

청구항에 사용된 용어의 모호함은 경우에 따라서는 EPC 제83조 개시의 충분성 위반 문제가 될 수 있으나, 제84조의 명확성 요건 위반과도 관련되어 있다. 청구항 용어의 모호함으로 인해 제83조 개시의 불충분성

---

119) 'OJ'는 'The Official Journal of the EPO'를 의미한다.

이 문제 되기 위해서는 그 모호함 때문에 통상의 기술자가 발명을 실시할 수 없어야 한다. 모호함으로 인해 통상의 기술자가 자신이 실시하고 있는 것이 그 특허발명에 포함되는지를 알 수 없게 되는 것은 청구항의 범위와 관련된 것이고, 이는 제84조 청구항의 명확성 요건의 문제일 뿐, 제83조 개시의 충분성 문제는 아니다(T 1250/08). 개시가 충분하지 않다는 것을 보이기 위해 청구항이 명확하지 않다는 것만을 보이는 것은 일반적으로 불충분하고, 발명이 전체로서 통상의 기술자가 명세서와 기술상식에 의하여 그 발명을 실시할 수 없게 한다는 점을 보여주어야 한다 (T 417/13).

특정한 실시 형태가 청구항에 의해 금지된 영역인지를 알 수 있다는 것은 그 청구항이 충분히 명확하여 제84조를 충족시킬 수 있는지의 문제이다. 제83조는 청구항에 의해 부여되는 보호의 범위에 관해서는 언급하고 있지 않다(T 482/09). 청구항에 의해 금지된 영역의 문제는 제83조의 문제로 다루어져서는 안 되고, 제84조 청구항의 명확성 요건의 문제라는 것이 최근 EPO 심판부의 지배적인 견해이다(T 619/00, T 943/00, T 396/02, T 1033/02, T 466/05, T 1250/08, T 593/09, T 2290/12, T 1811/13, T 647/15).[120]

3. 일본

특허법 제36조 제4항에서 '발명의 상세한 설명의 기재가 경제산업성령으로 정하는 바에 따라 그 발명이 속한 기술분야에서 통상의 지식을 가진 자가 실시할 수 있을 정도로 명확하고 충분하게 기재한 것일 것'이라고 규정하여 실시가능 요건을, 제36조 제6항 제1호에서 '특허를 받으려고 하는 발명이 발명의 상세한 설명에 기재한 것일 것'이라고 규정하여 뒷받침 요건을 각 언급하고 있다. 제36조 제6항 제2호에서 '특허를 받

---

120) EPO, Case Law of the Boards of Appeal, 9th Edition(2019. 7.), Part II, C.6.6.4.; Part II, C.8.2.

고자 하는 발명이 명확할 것', 제3호에서 '청구항마다 기재가 간결할 것' 이라고 규정하여 청구항의 명확성 요건에 관해 언급하고 있다.121) 이는 우리 특허법의 실시가능 요건과 뒷받침 요건 및 명확성 요건에 관한 규정과 거의 동일한 체계라고 할 수 있다.

---

121) 번역은 한국지식재산연구원 해외법령 일본편 참조[https://www.kiip.re.kr/law/list.do?bd_gb=statute&bd_cd=3&bd_item=0(2022. 6. 11. 최종 방문)].

제3절 의약용도발명

I. 판례의 태도 및 분석

의약용도발명의 경우 종래 대상 질병에 특징이 있는 의약용도발명 형태에 대해서만 특허권이 부여되어 오다가 대법원 2014후768 전원합의체 판결에 의하여 투여용법과 투여용량 역시 발명의 구성요소에 해당하게 됨에 따라 투여용법·용량에 특징이 있는 의약용도발명의 형태로도 특허권을 부여받을 수 있게 되었다. 이에 따라 실무상 투여용법·용량에 특징이 있는 의약용도발명의 명세서 기재요건 등에 대한 검토가 필요하다. 그 논의 과정에는 종래 대상 질병에 특징이 있는 의약용도발명의 명세서 기재요건에 관한 법리 등이 투여용법·용량에 특징이 있는 의약용도발명에 어떻게 반영될 수 있는지, 또는 두 유형의 발명의 판단 기준에 어떤 차이점이 있는지도 문제 된다. 이러한 점을 고려하여 이하 의약용도발명에 관한 논의는 대상 질병에 특징이 있는 의약용도발명과 투여용법·용량에 특징이 있는 의약용도발명을 구분하여 각 유형에 따라 그 요건을 별도로 검토하는 방식을 취한다.

1. 대상 질병에 특징이 있는 의약용도발명

의약용도발명은 특정 물질과 그것이 가지고 있는 의약용도가 발명을 구성한다(대법원 2014. 5. 16. 선고 2012후3664 판결 참조).

청구항의 명확성 요건과 관련하여서는, 의약의 용도발명에 있어서는 특정 물질이 가지고 있는 의약의 용도가 발명의 구성요건에 해당하므로 발명의 청구범위에는 특정 물질의 의약용도를 대상 질병 또는 약효로 명확히 기재하는 것이 원칙이나, 특정 물질의 의약용도가 약리기전만으로 기재되어 있다 하더라도 발명의 설명 등 명세서의 다른 기재나 기술상식에 의하여 의약으로서의 구체적인 용도를 명확하게 파악할 수 있는 경우에는 청구항의 명확성 요건을 충족하는 것으로 볼 수 있다(대법원 2009. 1. 30. 선고 2006후3564 판결 참조).

실무상으로는 의약용도발명에서 청구항의 명확성 요건이나 뒷받침 요건보다는 실시가능 요건의 충족 여부가 주로 문제 된다. 나아가 위 요건을 충족하기 위하여 발명의 설명에 의약물질의 약리효과에 관하여 원칙적으로 어느 수준으로 기재되어 있어야 하는지, 이에 대한 예외 상황은 무엇인지를 파악하는 것이 핵심이다.

가. 약리데이터 등이 나타난 시험례의 필요 여부

1) 종래 입장: 대법원 1996. 7. 30. 선고 95후1326 판결

가) 사건의 개요

이 사건 출원발명은 포유동물에 있어서 호중구에 의한 엘라스타제의 방출을 저해하기 위한 테니댑(Tenidap) 및 그의 약학적으로 허용되는 염기염에 관한 것이다. 발명의 설명에 테니댑 및 그의 염이 포유동물에 있어서 호중구에 의한 엘라스타제의 방출 그 자체를 저해하고 엘라스타제-매개질환 및 기능부전을 치료하는 데에 유용하다는 등의 약리효과가 기재되어 있었다. 투여량, 투여방법 및 시험방법도 기재되어 있었으나, 약리효과에 대한 시험방법의 기재는 그 과정만이 기재되어 있을 뿐 그에 따라 달성되는 시험 결과 내지 구체적인 데이터 등의 기재가 없었다. 즉 의약용도발명에 해당하는 이 사건 출원발명의 명세서에 약리효과에 관한 약리데이터 등의 기재 없이 약리효과가 정성적으로만 기재되어 있었는데, 이 사건 출원이 명세서 기재요건 중 실시가능 요건 위배를 이유로 거절되자, 출원인이 이에 대해 불복한 사건이다.

나) 판단

대법원은 특허청항고심판소의 원심결과 달리 실시가능 요건의 위배가 없다고 판단하였는데, 구체적인 내용은 아래와 같다.

특허출원 명세서에 있어서 통상의 기술자가 그 내용을 명확하게 이해하고 인식하여 재현할 수만 있다면 그 효과를 확증하기에 충분한 실험 데이터가 기재되어 있지 않다고 하여도 그 명세서의 기재는 적법하다. 의약품의 발명에 있어서는 그 약리효과에 대한 기재가 있으면 충분하고 그에 대한 실험 데이터나 시험 성적표의 기재는 명세서의 필수적 기재요건은 아니다. 다만 특허청 심사관은 통상의 기술자가 출원 당시의 기술수준으로 보아 명세서에 기재된 용도(효과)가 나타나는지 의심스러운 경우에만 비로소 별도의 시험 성적표나 실험 데이터 등의 제출을 요구할 수 있다. 출원인은 이 사건 항고심 계속 중에 진술서란 명칭으로 시험 성적표를 제출하고 있음을 알 수 있으므로, 이 사건 출원발명의 출원명세서에는 그 기재불비[122]가 없다.

2) 현재 입장: 대법원 2001. 11. 30. 선고 2001후65 판결[123]

가) 사건의 개요

명칭을 '부신피질자극호르몬 유리인자(CRF) 길항제로서의 피롤로피리미딘을 함유하는 약학 조성물'로 하는 이 사건 출원발명은, CRF에 의해 유도되는 1종 이상의 질병을 치료 또는 예방하기 위한 치료 효과량의 화학식 1의 화합물을 포함하는 약학 조성물에 관한 것으로서, 의약의 용도발명에 해당한다. 그런데 이 사건 출원발명의 최초 명세서에는 약리효

---

122) 명세서의 '기재불비'는 법률용어는 아니지만, 특허심사·심판 및 소송실무에서 특허법 제42조 제3, 4, 8항에 규정된 명세서 기재요건을 갖추지 못한 경우, 즉 명세서 기재요건 위배의 경우를 뜻하는 용어로 사용된다[특허법원, 위의 책 (주 29), 345면(이정석 집필 부분) 참조.

123) 같은 날 선고된 대법원 2000후3005 판결 및 대법원 2000후2958 판결도 모두 같은 취지이다.

과와 관련하여, 화학식 I의 화합물의 포괄적인 유용성, 즉 피롤로피리미딘을 함유하는 약학조성물로 치료할 수 있는 질병의 종류만이 나열되고, 화학식 I의 화합물의 전체적인 IC_{50} 값의 범위가 약 0.2 나노몰 내지 약 10 마이크로몰의 범위라고 단순히 범위로 기재되어 있었다.

이 사건에서는 이러한 기재가 의약용도발명에서 실시가능 요건을 충족시킬 수 있을 정도로 약리효과가 기재되어 있는 경우에 해당하는지가 문제 되었다.

나) 판단

대법원은 위와 같은 기재가 의약용도발명으로서의 약리효과를 충분히 나타내는 것이 아니라는 원심 판단을 수긍하면서, 의약용도발명의 실시가능 요건을 충족하기 위한 약리효과의 기재에 관해 다음과 같이 설시하였다.

일반적으로 기계장치 등에 관한 발명에 있어서는 특허출원의 명세서에 실시례가 기재되지 않더라도 통상의 기술자가 발명의 구성으로부터 그 작용과 효과를 명확하게 이해하고 용이하게 재현할 수 있는 경우가 많다. 그러나 이와는 달리 이른바 실험의 과학이라고 하는 화학발명의 경우에는 당해 발명의 내용과 기술수준에 따라 차이가 있을 수는 있지만 예측가능성 내지 실현가능성이 현저히 부족하여 실험데이터가 제시된 실험례가 기재되지 않으면 통상의 기술자가 그 발명의 효과를 명확하게 이해하고 용이하게 재현할 수 있다고 보기 어려워 완성된 발명으로 보기 어려운 경우가 많다. 특히 약리효과의 기재가 요구되는 의약의 용도발명에 있어서는 그 출원 전에 명세서 기재의 약리효과를 나타내는 약리기전이 명확히 밝혀진 경우와 같은 특별한 사정이 있지 않은 이상 특정 물질에 그와 같은 약리효과가 있다는 것을 약리데이터 등이 나타난 시험례로 기재하거나 또는 이에 대신할 수 있을 정도로 구체적으로 기재하여야만 비로소 발명이 완성되었다고 볼 수 있는 동시에 명세서의 기재요건을 충족하였다고 볼 수 있을 것이다. 이와 같이 시험례의 기재가 필요함에도 불구하고 최초 명세서에 그 기재가 없던 것을 추후 보정에 의하여 보완하는 것은 명세서에 기재된 사항의 범위를 벗어난 것으로서 명세서의 요지를 변경한 것이다.

3) 분석

의약용도발명의 실시가능 요건을 충족하기 위하여 약리효과에 관한 약리데이터 등의 기재가 필요한지와 관련하여, 대법원 95후1326 판결 및 뒤이은 대법원 1996. 10. 11. 선고 96후559 판결에서는 의약품의 발명에 있어서는 원칙적으로 그 약리효과에 대한 기재가 있으면 충분하고 그에 대한 실험데이터나 시험성적표의 기재는 명세서의 필수적 기재요건이 아니라고 하였다. 이와 같은 판례에 대해서는 일반적인 발명, 특히 기계장치 등에 관한 발명에 통용되는 이론에 근거한 것으로 의약용도발명에 있어서의 특수성을 감안하지 않은 것이라는 비판이 있었다.[124]

그런데 대법원 2001후65 판결은 원칙적으로 특정 물질에 그와 같은 약리효과가 있다는 것을 약리데이터 등이 나타난 시험례로 기재하거나 또는 이에 대신할 수 있을 정도로 구체적으로 기재해야 하고, 출원 전에 명세서 기재의 약리효과를 나타내는 약리기전이 명확히 밝혀진 경우와 같은 특별한 사정이 있을 경우에만 예외로 취급하였다. 이러한 입장은 종전의 대법원 95후1326 판결과 결론이 명백히 배치되는 것이지만, 발명의 구체적인 내용이 달라서 사안이 다르다는 이유로 전원합의체를 거치지 않고 사실상 판례를 변경하는 결과에 이르렀다.[125]

그 후 대법원 2006. 2. 23. 선고 2004후2444 판결, 대법원 2007. 3. 30. 선고 2005후1417 판결, 대법원 2007. 7. 26. 선고 2006후2523 판결, 대법원 2015. 4. 23. 선고 2013후730,2015후727 판결, 대법원 2021. 4. 29. 선고 2017

---

124) 최성준, "의약의 용도발명에 있어서의 약리효과 기재 정도", LAW & TECHNOLOGY 제2호, 서울대학교 기술과법센터(2005), 136면.
125) 최성준, 위의 논문(주 124), 137면.

후1854 판결 등에서 대법원 2001후65 판결과 같은 취지의 설시가 반복되고 있으며, 이는 현재 확립된 판례의 태도라고 할 수 있다.

정량적인 약리데이터로 인정될 수 있는 자료의 유형을 판례가 명시적으로 언급한 바는 없다. 그 유형을 획일적으로 규정지을 수는 없으며, 구체적인 사안에 따라 달라질 수 있기는 하지만, 판례는 약리데이터 자료로서 임상시험 자료 외에 동물실험 자료 또는 시험관 내 실험 결과도 제출할 수 있다고 보는 것으로 이해된다.[126]

한편 대법원이 언급하는 '약리데이터 등이 나타난 시험례에 대신할 수 있을 정도의 구체적 기재'란 '약리데이터'를 대신할 수 있을 만한 정량적인 기재를 의미하는 것으로 봄이 타당하다는 견해가 있다. 즉 '효과'를 수치적으로 측정하여 데이터로 표시하는 약리데이터를 제시하는 정도는 아니지만, 임상시험 또는 동물실험이나 시험관 내 실험을 실제로 실시하여 약리효과를 확인하였음이 명확하게 드러나고, 이를 통하여 통상의 기술자가 쉽게 해당 발명을 실시할 수 있다고 평가할 만한 기재여야 한다는 것이다. 그러한 의미에서 '정량'적이라고 표현할 수 있다. 그런데 이 견해는 실제로 약리데이터 등이 나타난 시험례를 대신할 수 있는 구체적 기재를 인정하기는 매우 어렵다고 본다.[127]

나. 약리기전이 명확히 밝혀진 경우의 의미

판례가 실시가능 요건과 관련하여 약리효과에 관한 정량적 기재가 필요하지 않은 예외적인 상황으로 제시하는, 명세서 기재의 약리효과를 나타내는 약리기전이 명확히 밝혀진 경우가 무엇을 의미하는지를 파악할 수 있는 구체적인 사안들은 아래와 같다.

---

126) 이진희, 위의 논문(주 26), 147면.
127) 박태일, "의약의 용도발명에서 특허출원 명세서의 기재 정도", 대법원판례해설 제104호, 법원도서관(2015), 311-312면.

1) 대법원 2015. 4. 23. 선고 2013후730,2015후727 판결

가) 사건의 개요

명칭을 '임포텐스 치료용 피라졸로피리미디논'으로 하는 특허발명 중 정정청구된 청구범위 제5항(이하 '정정발명'이라고 한다)은 실데나필이 가지고 있는 발기성 기능장해에 대한 치료 또는 예방효과에 관한 발명으로서 의약용도발명에 해당한다. 명세서에는 특히 바람직한 화합물로서 실데나필을 포함하는 9종의 화합물이 열거되어 있고, 그 약리효과와 관련하여 다음과 같은 내용 등이 기재되어 있었다.

> ‣ 본 발명의 화합물은 시험관 내에서 실험되어 PDE Ⅴ의 강력하고 선택적인 억제제인 것으로 밝혀졌다.
> ‣ 사람에 있어서 특정의 특히 바람직한 화합물을 단일 투여량 및 다중 투여량으로 자원자 연구를 통하여 경구적으로 시험하였다.
> ‣ 또한 지금까지 수행되었던 환자 연구로부터 특히 바람직한 화합물 중 1종이 임포텐스 사람에 있어서 발기를 유발시킴을 확인하였다.

이 사건에서는 위 정정발명이 약리효과의 명세서 기재 정도와 관련하여 실시가능 요건을 충족하는지가 문제 되었다. 그 과정에 위와 같은 명세서 기재가 약리효과를 확인할 수 있는 약리데이터 등이 나타난 시험례 또는 이를 대신할 수 있을 정도의 구체적인 기재가 있는 경우에 해당하는지, 나아가 위 정정발명이 명세서 기재의 약리효과를 나타내는 약리기전이 명확히 밝혀져서 정량적 기재가 필요하지 않은 경우에 해당하는지가 논의되었다.

나) 판단

대법원은, 정정발명의 출원 전에 실데나필의 발기성 기능장해에 대한 치료 또는 예방효과에 관한 약리기전이 명확히 밝혀져 있었다고 보기 어렵고 정정발명의 명세서에 실데나필의 발기성 기능장해의 치료 또는 예방효과를 확인할 수 있는 약리데이터 등이 나타난 시험례 또는 이를 대신할 수 있을 정도의 구체적인 기재가 있다고 볼 수 없다는 등의 이유로 정정발명이 명세서 기재요건을 충족하지 못하였다고 본 원심판단이 정당하다고 하였다.

특히 실데나필의 발기성 기능장해에 대한 치료 또는 예방효과에 관한 약리기전이 명확히 밝혀져 있었는지와 관련하여, 위 용도발명의 출원 전에 실데나필이 PDE V(phosphodiesterase V)에 대한 선택적이고 강력한 억제제이고, 인간 음경해면체에 PDE V가 존재하는 점 등이 알려져 있었지만, PDE V 억제제가 발기성 기능장해의 치료 또는 예방효과를 나타낸다는 점이 명확하게 밝혀졌다고 보기는 어렵기 때문에 위 출원 전에 실데나필의 발기성 기능장해에 대한 치료 또는 예방효과에 관한 약리기전이 명확히 밝혀졌다고 보기 어렵다고 하였다.

다) 분석

이 사건 정정발명은 실데나필의 발기성 기능장해에 대한 치료 또는 예방효과라는 약리효과에 근거한 의약용도발명이다. 이 사건은 명세서 기재의 약리효과를 나타내는 약리기전이 명확히 밝혀졌다는 것이 어떤 의미인지 이해하기 좋은 사안이다. 즉 이 사건에서는 실데나필이 명세서 기재의 약리효과를 나타내는 약리기전이 명확히 밝혀졌다고 하기 위해서 첫 번째 단계로서 실데나필이 PDE V에 대한 선택적 억제제인 점, 두 번째 단계로서 PDE V 억제제가 발기성 기능장해의 치료 또는 예방효과를 나타낸다는 점이 모두 밝혀져야 한다고 보았다. 그런데 두 번째 단계가 명확하게 밝혀지지 않았기 때문에 이 사건 정정발명의 출원 전에 실데나필의 발기성 기능장해에 대한 치료 또는 예방효과에 관한 약리기전이 명확히 밝혀진 경우에 해당하지 않는다고 결론을 내린 것이다.

2) 대법원 2021. 4. 29. 선고 2017후1854 판결

가) 사건의 개요

명칭을 '5-HT$_{1A}$ 수용체 서브타입 작용물질'로 하는 이 사건 발명(특허번호 제0763288호)은 청구범위 제1항에 기재된 아래 화학식 1의 카르보스티릴 화합물(이하 '이 사건 화합물'이라 한다)이 세로토닌 수용체 서브타입인 5-HT$_{1A}$ 수용체에 작용물질(agonist) 활성을 갖는다는 성질에 기초한 것이다.

⟨화학식 1⟩
식중 카르보스티릴 골격 내의 3-위치와 4-위치 간의
탄소-탄소 결합은 단일 또는 이중 결합임

이 사건 발명은 5-HT$_{1A}$ 수용체 서브타입과 관련된 중추 신경계의 장애로서 양극성 장애가 있는 환자의 치료라는 새로운 의약용도를 발명의 대상으로 삼고 있다. 그런데 발명의 설명에는 이 사건 화합물의 강력한 부분적 5-HT$_{1A}$ 수용체 작용물질이 양극성 장애 등을 유도하는 5-HT$_{1A}$ 수용체 서브타입과 관련된 중추 신경계의 다양한 장애에 유용하다고 기재되어 있을 뿐이고, 이 사건 화합물에 그와 같은 약리효과가 있다는 것이 약리데이터 등이 나타난 시험례로 기재되어 있지 않으며, 그러한 시험례를 대신할 정도의 구체적인 기재도 없다.

이 사건 발명의 명세서 기재요건, 그중 실시가능 요건의 충족 여부가 문제 되었다. 구체적으로는 명세서 기재의 약리효과를 나타내는 약리기전이 출원 전에 명확히 밝혀졌다는 등의 특별한 사정이 존재하여 약리효과를 약리데이터 등이 나타난 시험례로 기재할 필요가 없는 경우인지가 쟁점이 되었다.

특허권자는, ㉮ 이 사건 발명의 우선권 주장일 당시 5-HT$_{1A}$ 수용체 작용물질의 우울증 치료효과에 대한 약리기전이 확립되어 있었고, ㉯ 단극성 우울증과 양극성 우울증은 그 약리기전이 동일하며, ㉰ D$_2$ 수용체 길항물질의 양극성 장애 조증 치료효과에 대한 약리기전도 명확히 밝혀져 있었다고 주장하였다. 이에 따라 이 사건 발명의 아리피프라졸[128])의 경우 D$_2$ 수용체에 대한 길항작용을 함으로써 양극성 조증 치료효과가 있고, 5-HT$_{1A}$ 수용체 작용물질로 작용함으로써 양극성 우울증 치료효과가 있다는 점에 관한 약리기전이 명확히 밝혀진 경우에 해당한다는 취지로 주장하였다.

나) 판단

대법원은 이 사건 발명의 우선권 주장일 당시 5-HT$_{1A}$ 수용체 작용물질 활성이 단극성 우울증에 약리효과를 나타낸다는 약리기전이 명확히 밝혀져 있었더라도 5-HT$_{1A}$ 수용체 작용물질 활성이 양극성 우울증에 약리효과를 나타낸다는 약리기전까지 명확하게 밝혀졌다고 볼 수는 없다고 하였다. 또한 D$_2$ 수용체 길항물질 등의 활성과 5-HT$_{1A}$ 수용체 작용물질 활성이 함께 발휘되어 양극성 장애에 약리효과를 나타낸다는 약리기전이 명확히 밝혀졌다고 볼 만한 자료도 없어, 그 우선권 주장일 전에 명세서에 기재된 약리효과를 나타내는 약리기전이 명확히 밝혀졌다고 할 수 없다는 이유로 이 사건 발명이 실시가능 요건을 충족하지 못하였다고 판단하였다.

---

128) 이 사건 화합물 중 '7-{4-[4-(2,3-디클로로페닐)-1-피페라지닐]부톡시}-3,4-디히드로카르보스티릴'을 지칭한다.

다) 분석

양극성 장애라는 대상 질병에 특징이 있는 의약용도발명의 일종인 이 사건 발명에서, 약리효과를 나타내는 약리기전이 명확히 밝혀졌다고 하기 위해서는 이 사건 화합물이 5-HT$_{1A}$ 수용체 서브타입에 작용 활성이 있다는 점, 나아가 5-HT$_{1A}$ 수용체 서브타입 작용 활성이 양극성 장애의 양극성 우울증에 효과를 나타낸다는 점이 모두 밝혀져야 한다. 대법원은 이 사건에서 두 번째 단계가 밝혀지지 않았다는 점에 주목하여 명세서 기재 약리효과를 나타내는 약리기전이 명확히 밝혀지지 않은 경우에 해당한다고 판단한 것이다.

한편 이 사건 발명의 등록특허공보 중 발명의 설명에는 "본 발명에서의 화합물이 5-HT$_{1A}$ 수용체 서브타입에서 작용물질 활성을 갖는다는 것은 보고되지 않았다"고 기재되어 있는데, 이러한 기재에 의하면 이 사건 화합물은 첫 번째 단계도 밝혀지지 않은 것이라고 볼 수 있다. 따라서 이 사건 발명은 어느 모로 보나 명세서 기재의 약리효과를 나타내는 약리기전이 밝혀지지 않은 경우에 해당한다. 다만 첫 번째 단계와 관련하여서는 발명의 설명에 이 사건 화합물 중 아리피프라졸의 5-HT$_{1A}$ 수용체에 대한 부분적 작용물질 활성에 관한 실험 후 그에 관한 데이터가 정량적으로 기재되어 있었다. 이 사건의 심판 단계에서 특허심판원은 5-HT$_{1A}$ 수용체에 대한 부분적 작용물질 활성이 단극성 우울증 완화에 유용하다는 것이 공지되어 있었고, 단극성 우울증과 양극성 장애의 우울증의 약리기전이 동일하다는 것이 널리 알려진 사실이라고 전제한 후, 위 실험자료에 주목하여 발명의 설명에 아리피프라졸이 양극성 장애에 약리효과가 있다는 것이 약리데이터 등이 나타난 시험례로 기재되어 있는 경우에 해당하여 명세서 기재요건을 충족한다고 판단한 바 있다.[129] 그러나 특허심판원이 전제한 사실과 달리 대법원의 설시처럼 이 사건 화합물이 약리효과를 나타내는 약리기전의 두 번째 단계인 5-HT$_{1A}$ 수용체 작

---

129) 특허심판원 2016. 10. 28. 자 2015당1002호 심결 참조.

용물질 활성이 양극성 장애의 양극성 우울증에 효과를 나타낸다는 점이 명확히 밝혀지지 않은 상황이다. 이러한 상황이라면 발명의 설명에 약리효과를 나타내는 약리기전의 첫 번째 단계에 관한 정량적 데이터가 기재되어 있다고 하더라도 두 번째 단계에 관한 정량적 데이터가 제시되지 않은 이상, 명세서 기재요건을 충족하였다고 볼 수는 없다.

3) 대법원 2003. 10. 10. 선고 2002후2846 판결

가) 사건의 개요

명칭을 '포르모테롤 및 부데소나이드의 신규 배합물'로 하고, β-2 효능제인 포르모테롤과 소염제인 부데소나이드의 혼합물을 기관지 확장작용과 소염작용이라는 약리활성에 기초하여 호흡기질환 치료용으로 사용하기 위한 의약용도발명의 실시가능 요건 충족 여부가 문제 된 사안이다.

나) 판단

대법원은 이 사건 출원발명의 우선권 주장일 이전에 해당 기술분야에서 β-2 효능제와 소염제의 복합요법이 기관지 확장작용과 소염작용이라는 약리활성에 의해 천식 등의 호흡기질환 치료용도로서 사용됨이 이미 알려져 있었고, 선행발명에 포르모테롤이 β-2 효능제의 예시로서, 부데소나이드가 소염제인 스테로이드의 예시로서 각 기재되어 있었다는 이유로, 우선권 주장일 이전에 이 사건 출원발명의 약리기전이 밝혀져 있었다고 보았다.

다) 분석

이 사건은 두 약물의 혼합물 내지 병용투여 형태로 구성된 의약용도발명에서 어떤 경우에 명세서 기재의 약리효과를 나타내는 약리기전이 명확히 밝혀졌다고 볼 것인지에 관한 사안이다. 이 사건에서 법원은 혼합물을 구성하는 약물의 개별적인 약리기전이 밝혀졌을 뿐만 아니라 개별 약물의 각 상위개념인 β-2효능제와 소염제를 병용투여 하였을 때의 약리효과에 관한 약리기전이 밝혀진 경우에 명세서 기재의 약리효과를 나타내는 약리기전이 명확히 밝혀졌다고 인정하였다.

병용투여 내지 조합투여 형식의 의약용도발명과 관련하여서는 대법원 2002후2846 판결을 아래 두 사건과 대비하여 분석할 필요가 있다.

먼저, 대법원 2007. 3. 30. 선고 2005후1417 판결이다. 대법원은 명칭을 '암로디핀 및 아토르바스타틴을 함유하는 치료적 배합물'로 하는 출원발명의 경우 우선일 전에 그 개개 활성성분인 암로디핀의 약리기전과 아토르바스타틴의 약리기전이 개별적으로 공지되었다거나 암로디핀과 로바스타틴을 병용하는 경우 동맥경화증 등의 질환에 효과가 있다는 사실이 공지되었다는 사정만으로는 출원발명의 암로디핀과 아토르바스타틴의 배합물에 관한 약리기전이 명확하게 밝혀졌다고 할 수 없음에도 불구하고 명세서에 그 배합물의 약리효과에 관하여 약리데이터 등이 나타난 시험례로 기재하거나 이에 대신할 수 있을 정도로 구체적으로 기재하지 아니하고 있으므로 명세서가 실시가능 요건을 충족하지 못한다고 본 원심을 수긍하였다.

다음으로, 대법원 2007. 7. 26. 선고 2006후2523 판결이다. 이 사건은 청구범위 중 제1항이 '(a) 탁소테르 또는 이의 유도체 및 (b) 시스플라틴 또는 카르보플라틴인 백금배위 복합체의 조합을 포함하며, 상기 조합이 치료적 상승작용을 하는 신생질병(neoplastic disease)의 치료에 사용하기 위한 제약학적 조성물'로 구성된 발명의 실시가능 요건 충족 여부가 문제 된 사안이다. 대법원은 출원발명을 구성하는 성분인 탁소테르와 시스플라틴 또는 카르보플라틴이 각각 항암제로서 효과가 있다는 사실이 우선권 주장일 이전에 공지되어 있다는 사정만으로는 '탁소테르 또는 이의 유도체'와 '시스플라틴 또는 카르보플라틴 백금배위 복합체'를 조합하여 투여하는 경우 이를 단독으로 투여하였을 때보다 상승된 약리효과를 나타낼 것인지는 통상의 기술자가 쉽게 예측할 수 없으므로, 출원발명은 우선권 주장일 이전에 그 약리기전이 밝혀졌다고 할 수 없다고 보았다.

대법원 2005후1417 판결에서는 상위개념으로서 칼슘채널차단제와 HMG-CoA 환원효소억제제의 병용사용에 따른 약리기전이 밝혀진 것이 아니라 칼슘채널차단제의 일종인 암로디핀과 HMG-CoA 환원효소억제제의 일종인 로바스타틴의 병용 사용에 따른 약리효과가 공지되었을 뿐인 경우에는 암로디핀과 아토르바스타틴의 배합물에 관한 약리기전이 밝혀지지 않은 것으로 보았다. 대법원 2006후2523 판결에서는 개별 항암제의 약리효과가 밝혀진 것만으로는 조합 사용에 따른 약리기전이 밝혀졌다고 볼 수 없다고 본 것이다.

결국 대법원은 약물의 혼합물 내지 병용투여 형태의 의약용도발명과 관련하여 약리효과를 나타내는 약리기전이 명확히 밝혀졌다는 의미에 대해 개별 약물의 약리기전 내지 효과가 공지된 것만으로는 부족하고 그 개별 약물의 혼합물 내지 병용투여 자체의 약리기전이 밝혀진 경우이거나 개별 약물을 포함하는 상위개념의 혼합물 내지 병용투여의 약리기전이 밝혀진 경우에 약리효과를 나타내는 약리기전이 명확히 밝혀진 것으로 본다고 이해할 수 있다.

2. 투여용법·용량에 특징이 있는 의약용도발명

대상 질병에 특징이 있는 의약용도발명에서의 판례의 입장에 의하면, 의약용도발명의 실시가능 요건을 충족하기 위해서는 원칙적으로 약리효과에 관한 정량적 기재가 필요하고, 예외적으로 약리효과를 나타내는 약리기전이 명확히 밝혀진 경우와 같은 특별한 사정이 있으면 정성적 기재로도 충분하다. 투여용법·용량에 특징이 있는 의약용도발명에서 어떤 경우에 약리효과를 나타내는 약리기전이 명확히 밝혀진 경우와 같은 특별한 사정이 있다고 할 것인지 문제 된다.

그런데 현재까지 의약용도발명의 유형 중 새로운 투여용법·용량을 개발한 경우에 대한 명세서 기재요건이 정면으로 문제된 대법원 사례를 찾기는 쉽지 않다. 다만 의약용도발명에서 투여용법과 투여용량을 발명의 구성요소로 보아야 한다고 선언함으로써 투여용법·용량에 특징이 있는 의약용도발명의 특허대상적격성이 인정되는 결과에 이른 대법원 2014후768 전원합의체 판결 이후 일부 하급심에서 위 문제를 다루었다. 실무의 흐름을 파악하기 위하여 그 내용을 검토한다.

가. 특허법원 2017. 2. 17. 선고 2016허5026 판결

1) 사건의 개요

이 사건은 'TNF-알파 저해제에 대해 부적절한 반응을 하는 환자에서의 자가면역 질환의 치료법'을 발명의 명칭으로 하는 의약용도발명이 명세서 기재요건, 그중 실시가능 요건을 충족하였는지가 문제 된 사안이다.

청구범위 제1항은 'CD$_{20}$에 결합하는 항체를 포함하는 제약 조성물 및 메토트렉세이트(MTX)를 포함하는 치료학적 조합물이며, 상기 제약 조성물 내 상기 항체가 CD$_{20}$과 결합하는 경우 인간의 B 세포를 파괴하거나 고갈시키고, 상기 제약 조성물 내 상기 항체 1,000mg이 TNFα-저해제에 대해 부적절한 반응을 경험하는 인간에게 2회 투여로 투여되고, 제1 투여가 치료 1일에 투여되고 제2 투여가 치료 15일에 투여되는 것인, 류마티스성 관절염 치료용 치료학적 조합물'로 구성되어 있다.

2) 판단

법원은 명세서에 'TNFα-저해제에 대해 부적절한 반응을 경험하는 인간'이라는 치료 대상에 대하여 의약물질인 'CD$_{20}$ 항체와 메토트렉세이트 조합물'을 그 특정된 투여용량·투여주기로 투여하는 경우 '류마티스성 관절염 치료'라는 약리효과가 있다는 것이 약리데이터 등이 나타난 시험례로 기재되거나 이에 대신할 수 있을 정도로 구체적으로 기재되어야 할 것이고, 다만 위와 같은 약리효과를 나타내는 약리기전이 명확히 밝혀진 경우와 같은 특별한 사정이 있는 경우에는 예외라는 취지로 그 기준을 설시하였다. 나아가 법원은 이 사건 발명에 대하여는 약리효과를 나타내는 약리기전이 명확히 밝혀져 있지 않음에도 불구하고 명세서에 약리효과에 관하여 약리데이터 등이 나타난 시험례 또는 이에 대신할 구체적인 기재가 없다는 이유로 명세서 기재요건을 충족하지 못한다고 판단하였다.[130]

3) 분석

이 사건 발명의 출원 전에 CD_{20} 항체와 메토트렉세이트는 각각 류마티스성 관절염 치료에 사용되어 왔고, 이들을 병용할 경우 상승된 치료 효과가 있다는 점도 선행기술을 통해 알려져 있었던 것으로 보인다. 그런데 법원은 이 경우에도 이 사건 발명이 약리효과를 나타내는 약리기전이 명확히 밝혀져 있지 않다고 하였다. 이는 투여용법·용량에 특징이 있는 의약용도발명에서 약리효과를 나타내는 약리기전이 명확히 밝혀졌다는 의미가 청구범위에 특정된 용법과 용량으로 투여하는 경우의 약리효과를 나타내는 약리기전이 명확히 밝혀졌다는 것임을 전제로 한 것이라고 볼 수 있다.

나. 서울중앙지방법원 2021. 9. 30. 선고 2018가합542057 판결[131]

1) 사건의 개요

명칭을 '골다공증 치료 및 예방용 비스포스폰산'으로 하고 청구범위가 ① 150mg의 이반드로네이트, ② 매월 1회 경구 투여, ③ 골다공증의 예방 및 치료라는 3가지의 구성요소로 이루어져 있는 투여용법·용량에

---

130) 이에 대하여는 대법원 2017후714 사건으로 상고가 제기되었으나, 위 상고는 2017. 7. 11. 심리불속행으로 기각되었다.
131) 위 판결은 항소 없이 그대로 확정되었다.

특징이 있는 의약용도발명에 대한 침해금지청구소송에서, 침해되었다고 주장되는 특허발명이 무효로 될 것임이 명백한지가 문제 되었다. 소송에서 피고에 의해 주장된 무효사유 중의 하나는 이 사건 특허발명이 투여용법·용량에 특징이 있는 의약용도발명의 실시가능 요건을 충족하지 못한다는 것이다. 이에 대해 특허권자인 원고는 이 사건 특허발명의 약리기전이란 이반드로네이트가 골다공증 치료효과를 나타내기 위해 생체 내에서 나타내는 생리활성 작용인 파골세포 억제작용을 말하는 것으로, 이는 투여용법·용량의 한정으로 변하는 것이 아니며, 이 사건 특허발명이 골다공증 질환을 예방·치료하는 약리효과에 관한 약리기전이 그 출원 전에 명확히 밝혀져 있었다고 주장하였다.

2) 판단

법원은 투여용법·용량을 부가한 의약용도발명의 명세서 기재요건에 관하여 그 출원 전에 '명세서 기재의 투여용법·용량으로써 발휘될 수 있는 약리기전이 명확히 밝혀진 경우'와 같은 특별한 사정이 없다면 특정 투여용법·용량에 그와 같은 약리효과가 있다는 것을 약리데이터 등이 나타난 시험례로 기재하거나 또는 이에 대신할 수 있을 정도로 구체적으로 기재하여야만 명세서 기재요건을 충족한 것이라는 법리를 설시하였다. 또한 이러한 법리의 근거로 특정 투여용법·용량을 부가하기 전 당해 유효성분의 대상 질병에 관한 의약용도가 개시되어 있다는 사정만으로 그 투여용법·용량으로 투여하는 경우의 약리효과까지 통상의 기술자에게 자명하다고 보는 해석은 그러한 투여용법·용량을 대상 질병 또는 약효에 관한 의약용도와 본질이 같은 별도의 구성요소로 인정하는 대법원 2014후768 전원합의체 판결의 취지와 맞지 않다는 점을 지적하였다. 또한 의약으로 사용될 수 있는 물질은 사용태양에 따라서 약(藥)이 될 수도 있고 독(毒)이 될 수도 있는 양면성을 가지고 있으며, 동일한 유효성분이라고 하더라도 적절한 투여용법과 투여용량으로 사용되면 질병의 치료나 예방 등에 효과를 발휘하지만 과도하거나 부적절하게 사용되면 오히려 인체에 해를 끼칠 수도 있으므로, 통상의 기술자가 당해 유효성분이 당해 질병에 효능을 발휘할 수 있음을 알고 있다고 하더라도 어떠한 투여용법·용량으로 투여하더라도 그 유효성분이 그 질병에 효능을 가질 것인지의 여부까지 당연히 알고 있다고 볼 수는 없다는 점을 들었다.

　　법원은 위 법리를 기초로 실시가능 요건의 충족 여부에 관한 판단에 나아갔다. 먼저, 발명의 설명에 약리효과를 구체적으로 기재하고 있는지에 관하여, 약리효과를 정성적으로만 나타내고 있을 뿐, 150mg의 이반드로네이트를 매월 1회 경구 투여하는 구성에 골다공증을 예방 또는 치료하는 약리효과가 있음을 약리데이터 등이 나타난 시험례로 기재하거나 또는 이에 대신할 수 있을 정도로 구체적으로 기재한 경우에 해당하지 않는다고 보았다. 또한 약리효과의 구체적 기재에 대한 예외를 인정할 만한 특별한 사정이 있는지 검토하면서, 이 사건 특허발명의 투여용법·용량에 명세서 기재의 약리효과를 나타내는 약리기전이 명확히 밝혀진 경우와 같은 특별한 사정이 있다고 보기 어렵다고 보았다. 한편 약리기전이 명확히 밝혀지지 않았더라도 약리효과가 명확히 밝혀진 경우에는 이를 약리기전이 명확히 밝혀진 경우와 같은 특별한 사정으로 볼 수 있지만, 이 사건의 경우 특허발명의 출원 전에 고용량의 이반드로네이트를 투여하여 '한 달 동안' 약리효과가 유지될 것임이 명확히 밝혀져 있었다고 볼 수 없으므로, 약리효과에 관한 약리기전이 명확히 밝혀진 경우와 동일시 할 만한 특별한 사정 역시 인정할 수 없다고 보았다. 법원은 결국 이 사건 특허발명은 기재불비로 인하여 그 권리범위가 부정된다는 이유로, 원고의 청구를 기각하였다.

3) 분석

　　이 사건은 투여용법·용량 발명에서 약리효과를 나타내는 약리기전이 명확히 밝혀졌다는 것은 그 유효성분 자체의 약리기전과 구분되는 것으로서 청구범위에 기재된 특정한 투여용법·용량에 따른 약리기전이 명확히 밝혀져야 한다는 의미라는 점, 약리기전이 불분명하더라도 약리효과 자체가 명확히 밝혀진 경우에는 약리기전이 밝혀진 경우와 같은 특별한 사정으로 볼 수 있다는 점을 분명하게 선언하였다는 측면에서 의미가 있다.

다. 그 외 하급심 판결

특허법원 2022. 7. 8. 선고 2021허3772 판결[132]에서는 명칭을 '정맥 내 항바이러스 치료'로 하고, 청구범위 제1항이 '300mg 내지 400mg의 페라미비르 또는 그의 제약상 허용되는 염을 포함하는, 단 1회 인간의 정맥 내 투여에 의해 인간에서 계절성 인플루엔자 감염을 치료하기 위한 인간의 정맥 내 투여용 제약 조성물'로 구성된 발명이 명세서 기재요건 중 실시가능 요건을 충족하는지가 문제 되었다. 법원은 동물 및 인간에 있어 페라미비르의 계절성 인플루엔자 감염증 치료용도가 이 사건 발명의 우선일 전에 이미 공지되어 있었으므로, 이 사건 발명은 공지된 페라미비르의 용도에 대하여 페라미비르 300mg 내지 400mg을 정맥으로 단 1회 투여한다는 특정한 투여용법·용량을 부가한 것을 기술적 특징으로 하는 의약용도발명에 해당한다고 보았다. 또한 투여용법·용량을 부가한 의약용도발명의 명세서 기재요건에 관하여 앞서 본 특허법원 2016허5026 판결과 서울중앙지방법원 2018가합542057 판결의 설시를 인용하면서 투여용법·용량을 부가한 의약용도발명에서는 그 출원 전에 명세서 기재의 투여용법·용량으로써 발휘될 수 있는 약리기전이 명확히 밝혀진 경우와 같은 특별한 사정이 없다면, 청구항에 기재된 의약물질을 그 특정 투여용법·용량으로 투여하는 경우 약리효과가 있다는 것이 약리데이터 등이 나타난 시험례로 기재되거나 또는 이에 대신할 수 있을 정도로 구체적

---

132) 위 판결은 상고 없이 그대로 확정되었다.

으로 기재되어야만 실시가능 요건을 충족하였다고 볼 수 있다고 하였다. 나아가 위 법리에 기초한 구체적인 판단에서는 이 사건 발명의 우선일 전에 명세서 기재의 투여용법·용량으로써 발휘될 수 있는 약리기전이 명확히 밝혀져 있었다는 점을 인정할 수 없고, 발명의 설명에는 발명의 약리효과가 있다는 것이 약리데이터 등이 나타난 시험례로 기재되거나 이에 대신할 수 있을 정도로 구체적으로 기재되어 있다고 할 수 없어 이 사건 발명의 설명이 실시가능 요건을 충족하지 못하였다고 판단하였다.

II. 특허청 심사기준 및 특허심판원 실무

1. 심사기준[133]

의약용도발명은 그 출원 전에 명세서 기재의 약리효과를 나타내는 약리기전이 명확히 밝혀진 경우와 같은 특별한 사정이 있지 않은 이상 명세서에 의학적 용도(질병, 투여용법·용량, 대상 환자군 등의 모든 한정된 구성 포함)를 뒷받침하기 위한 약리효과를 출원 시에 기재하여야 한다. 약리효과는 원칙적으로 임상시험에 의해서 뒷받침되어야 하나 발명의 내용에 따라서는 임상시험 대신에 동물실험이나 시험관 내 실험으로 기재해도 좋다.

의약용도발명의 명세서에는 원칙적으로 유효량, 투여방법에 대한 사항이 출원 시에 기재되어야 하고, 청구범위에 기재된 유효성분이 약리효과를 나타낸다는 것을 명확하게 알 수 있도록 기재되어야 한다.

유효성분이 둘 이상인 의약용도발명도 출원 시 명세서의 청구범위에 기재된 유효성분의 조합이 나타내는 약리효과가 구체적으로 기재되어야 한다.

---

133) 특허청, 기술분야별 심사실무가이드(2022. 1.), 5201-5204면.

2. 특허심판원 실무

서울중앙지방법원 2018가합542057 침해금지소송에서 실시가능 요건 충족 여부가 문제 되었던 특허발명에 대해 위 소송과 별도로 특허심판원에 등록무효심판이 제기되었다. 특허심판원은 이를 2020당777 사건 등으로 심리한 후 2021. 3. 23. 자로 심결을 하였다. 위 심판에서는 투여용법·용량에 특징이 있는 의약용도발명인 이 사건 특허발명의 무효사유로서 실시가능 요건 측면에서 명세서 기재불비 및 진보성 부정 등이 주장되었다.

특허심판원은 이 사건 특허발명의 우선권 주장일 이전에 이반드론산이 뼈 흡수를 억제하는 약리작용을 통해 병리적으로 증가된 뼈 흡수를 특징으로 하는 질환의 예방 또는 치료용도로 사용될 수 있음이 이미 알려져 있었으므로, 그 우선권 주장일 이전에 이반드론산의 약리기전이 밝혀져 있었다고 보았다. 이에 따라 특허심판원은 정량적인 효과데이터가 없더라도 통상의 기술자가 이 사건 특허발명을 쉽게 이해하고 재현할 수 있다는 이유로, 실시가능 요건 측면에서의 명세서 기재불비 주장을 배척하였다.

다만 이 사건 특허발명의 진보성과 관련하여 구성상 선행발명들과 차이를 보이는 이반드론산 월 1회 150mg 경구 투여 구성이 선행발명들로부터 쉽게 도출될 수 있는 정도이고 그 효과도 충분히 예측할 수 있으므로 진보성이 부정된다고 판단하여, 결론적으로는 이 사건 특허발명이 무효라고 판단하였다.[134]

---

134) 이에 대해 특허권자가 특허법원 2021허3369호로 심결취소소송을 제기한 바 있으나, 2021. 10. 14. 소를 취하하였다.

Ⅲ. 학설상 논의

투여용법·용량에 특징이 있는 의약용도발명의 실시가능 요건과 관련하여 어느 경우에 명세서 기재의 약리효과를 나타내는 약리기전이 명확히 밝혀졌다고 할 수 있는지에 관해 직접적인 논의를 찾기는 쉽지 않으나, 이론적으로 두 가지 견해가 가능하다.

이는 의약물질 자체가 대상 질병에 대해 약리효과를 나타내는 약리기전과 특정 투여용법·용량에 의해 약리효과를 나타내는 약리기전을 동일하게 볼 것인지 또는 이들을 구분할 것인지의 문제라고 할 수 있다. 먼저 의약물질이 대상 질병에 대해 약리효과를 나타내는 약리기전이 밝혀지거나 그 물질의 약리효과 자체가 명확히 밝혀졌다면, 해당 투여용법·용량에 관한 약리기전 역시 명확히 밝혀진 경우와 같은 특별한 사정이 있다고 보아 약리효과에 관한 정성적인 기재만으로 실시가능 요건을 충족한다고 보는 견해가 있을 수 있다. 반면 의약물질이 대상 질병에 대해 약리효과를 나타내는 약리기전과 의약물질을 특정한 투여용법·용량으로 투여한 경우에 약리효과를 나타내는 약리기전을 별개로 보는 견해가 있을 수 있다. 이 견해는 대상 질병에 대해 약리효과를 나타내는 약리기전이 밝혀지거나 그 물질의 약리효과가 명확히 밝혀졌다고 하더라도 이러한 사정만으로는 특정한 투여용법·용량으로 투여한 경우에 약리효과를 나타내는 약리기전이 밝혀졌다고 할 수 없어 그 약리효과를 확인할 수 있는 약리데이터 등이 기재된 시험례의 기재가 필수적이라고 보게 된다.[135] 앞서 본 하급심 판결들은 후자의 입장을, 특허심판원은 전자의 입장을 취한 것으로 이해할 수 있다.

---

135) 이진희, 위의 논문(주 26), 149-150면.

IV. 비교법적 검토

1. 미국

실시가능 요건의 충족과 관련하여, 실시례(working example)가 없다는 것은 예측가능성이 떨어지고 기술발전이 이루어지지 않은 분야에서 특히 고려되어야 할 요소이다. 실시가능 요건과 관련된 요소들을 검토할 때 만일 다른 요소들이 모두 그 발명이 실시가능하다는 것의 근거가 되는 상황이라면, 실시례가 없다는 것 자체만으로 발명이 실시가능 요건을 충족하지 못하게 되는 것은 아니다. 즉 실시례가 없다는 점만으로 출원발명에 대해 실시가능 요건 결여를 이유로 출원을 거절해서는 안 된다. 시험관 내 실험이나 동물 모델 분석과 청구된 방법 사이의 상관관계는 실시례의 존부 문제와 관련되어 있다. 발명의 설명에 개시된 시험관 내 실험이나 동물 모델 실험이 청구된 방법 발명과 상관관계가 있다면 위 실험은 실시례가 될 수 있으며, 상관관계의 존부는 선행기술 수준에 의해 결정된다.[136)

약물이나 의료기기의 실험 및 개발 시 사람에 대한 실험이 부적절한 경우에는 동물 실험이나 시험관 내 실험 자료에 의해 실시가능 요건이 충족될 수 있다.[137) 사람에 대한 완전한 안전성과 유효성 심사는 FDA에 의해 이루어지도록 남겨두는 것이 보다 적절하고, 특허법은 특허절차 내에서 인간을 대상으로 하는 시험을 요구하지 않는다.[138)

2. 유럽연합

EPC 제83조의 충분한 개시 요건과 관련하여, 청구항에 기술적 효과가

---

136) USPTO, MPEP § 2164.02.
137) Edwards Lifesciences AG. v. Corevalve, Inc., 699 F.3d 1305, 1309 (Fed. Cir. 2012).
138) Scott v. Finney, 34 F.3d 1058, 1063 (Fed. Cir. 1994).

표현되어 있는 경우 청구항에 기재된 전 범위에서 그 효과가 달성되는
지의 문제는 개시의 충분성 문제이다. 이러한 접근 방식은 특히 EPC 제
54조(4), (5)에 따른 용도-한정 물건의 청구항(purpose-limited product claim)
과 같이 치료 효과가 청구항의 특성으로서 포함되어 있는 청구항에 적
용된다(T 1823/11).

　　의약용도발명의 우선일 당시 통상의 기술자에게 이미 알려져 있는
것이 아니라면, 출원서에는 그 물질이 청구된 치료용도에 적합하다는 것
을 개시해야 한다. 발명의 설명에 아직 확인되지 않은 화합물에 대한 가
능한 의약용도를 모호하게 제시하는 정도에 불과하다면 출원 이후 보다
상세한 증거를 제출하여 개시의 불충분성을 보완할 수 없다(T 0609/02).

　　한편 치료용도에서 개시가 충분하다고 평가되기 위해 반드시 임상시
험 결과가 필요하다거나 또는 적어도 동물실험 결과가 필요한 것은 아
니다. 그러나 이러한 자료가 필수적이지 않다는 것이 제약과 관련된 발
명에서 발명의 설명에 단순히 '화합물 X가 질병 Y의 치료에 사용될 수
있다'는 표현만으로 충분한 개시요건을 충족할 수 있다는 것을 의미하지
는 않는다. 청구된 화합물이 선행기술에 의해 인식되어 있거나 출원발명
자체에서 제시된 그 질병 특이적인 대사 기전(metabolic mechanism)에 직
접적인 효과가 있다는 것을 알 수 있는 실험 결과 등과 같은 어느 정도
의 정보는 제공되어야 한다. 시험관 내 실험을 통해 제약학적 효과를 보
인 경우라도 통상의 기술자 입장에서 이러한 효과가 직접적이고 분명하
게 치료용도를 반영한다고 이해될 경우 또는 이러한 생리학적 활성
(physiological activities)과 질병 사이에 명백하고 확립된 상관관계가 있는
경우에는 충분할 수도 있다. 이러한 내용이 출원서에 기재되어 있다면
추후의 증거들이 그 성분의 약학적 용도와 관련한 출원서의 사실들을
뒷받침하는 자료로 고려될 수 있다. 그러나 그 추가 증거 자체는 출원서의
개시의 충분성을 확립하기 위해 고려될 수는 없다(T 0609/02, T 0433/05).

V. 검토

1. 약리효과에 관한 정량적 기재 필요 여부

의약용도발명의 실시가능 요건을 충족하기 위해서는 명세서에 원칙적으로 약리효과에 관한 정량적 기재가 필요하다고 보아야 하고, 그와 같은 입장에 서 있는 대법원의 태도 역시 타당하다. 그 이유는 다음과 같다.

먼저 명세서의 기능적인 측면이다. 특정한 발명에 특허를 부여하는 것은 새로운 기술적 진보를 영업비밀로 유지하면서 독식하는 것이 아니라 일반에 공개하여 공유한 것에 대한 대가로서의 성격이 있다. 따라서 이때 요구되는 공개의 정도는 통상의 기술자가 명세서 기재를 통해 그 발명을 쉽게 실시할 수 있을 정도의 것이어야 한다. 그런데 의약용도발명은 의약물질 자체가 아닌 의약물질의 새로운 용도를 제시한 것에 가치를 인정하여 특허를 부여하는 것이므로, 통상의 기술자가 명세서 기재만으로 해당 용도에 그 화합물을 사용할 수 있어야 한다. 한편 화학발명의 경우에는 기계장치 등에 관한 발명과 달리 예측가능성 내지 실현가능성이 현저히 부족하여 실험데이터가 제시된 실험례가 기재되지 않으면 통상의 기술자가 그 발명의 효과를 명확하게 이해하고 쉽게 재현할 수 있다고 보기 어려운 특성이 있다. 또한 분자구조가 비슷한 유사 화합물 사이에서도 화학적 성질이 다른 경우가 많아 약리적 효과를 단순히 추정하는 것은 약리적 효과가 확인된 것이라고 볼 수 없다(대법원 2001. 11. 27. 선고 99후2143 판결 참조). 이에 따라 명세서 기재의 약리효과를 나타내는 약리기전이 명확히 밝혀진 경우와 같은 특별한 사정이 없는 한 단순히 특정 질병에 효과가 있다는 정성적인 기재만 있고 실험데이터가 제시되지 않는다면 통상의 기술자는 그 화학물질이 해당 의약용도에 구체적으로 어떠한 효과가 있는지를 이해하기 어렵고, 결과적으로 화

학물질을 그 의약용도에 쉽게 사용할 것을 기대할 수 없게 된다.[139)]

또한 의약용도발명의 완성이란 그 물질의 새로운 용도를 발굴하는 것인데, 그러한 용도를 찾는 과정에 효과를 확인하기 위한 실험이 수반될 수밖에 없으므로 출원자 역시 어떠한 형태로든 그와 같은 실험 없이 특정 물질의 의약용도를 확인하여 출원한다는 것은 불가능한 점, 실무상 정량적인 약리데이터를 임상시험 자료에 국한하지 않는 점을 고려하면 이러한 기준이 출원자에게 가혹하다고 할 수도 없다. 오히려 위와 같은 실험 자료 없이 의약용도발명을 출원한다는 것은 특정 물질이 해당 의약용도에 효과가 있는지를 출원인 스스로도 확인해보지 않는 상태에서 단지 용도에 대한 추정이라는 아이디어 수준에서 그 권리를 선점하고자 하는 시도에 불과하다.

나아가 비교법적인 측면에서, 미국이나 유럽연합에서는 우리 실무처럼 실시가능 요건의 충족을 위해 원칙적으로 약리효과를 정량적 데이터의 형태로 나타내는 것이 필요하다고 명확하게 선언하고 있지는 않으며, 특히 미국에서는 실시례가 없다는 이유만으로 실시가능 요건 결여로 판단해서는 안 된다고 하는 점에서 차이가 있기는 하다. 이러한 차이는 적어도 일반론으로는 우리 실무보다 유연한 입장을 취하고 있는 것으로 평가될 수 있다. 그러나 유럽연합에서 치료용도의 개시가 충분하다고 평가되기 위해서는 실험 결과 등과 같은 어느 정도의 정보는 제공되어야 한다든가, 시험관 내 실험 결과라도 이러한 효과가 직접적이고 분명하게 치료용도를 반영한다고 이해되면 개시의 충분성 요건을 충족할 수 있다고 언급하는 점을 고려하면 구체적인 사건에서는 어느 형태로든 약리효과에 관한 실험 자료를 필요로 하는 것과 다르지 않고, 실질에 있어서는 우리 실무와 별다른 차이가 없게 된다. 미국 기준에 의하더라도 약리효과를 나타내는 약리기전이 명확히 밝혀지지 않은 경우에 아무런 실시례가 없다면 이는 실시례의 존부를 제외한 나머지 고려요소들 역시 그 발

---

139) 이진희, 위의 논문(주 26), 147-148면.

명이 실시가 불가능하다는 점을 보여주는 방향으로 작용하게 되므로 마찬가지이다. 결국 비교법적 측면에서 우리 실무가 균형을 잃었다거나 지나치게 엄격하다고 할 수 없다.

2. 약리기전이 명확히 밝혀졌다는 의미 및 이때 요구되는 약리효과의 기재 정도

'명세서 기재의 약리효과를 나타내는 약리기전이 명확히 밝혀졌다'는 의미는, 특정 물질이 갖는 약리활성이 밝혀지고 나아가 그 약리활성에 의해 발휘되는 의약용도까지 두 가지가 모두 밝혀진 경우를 의미한다.[140] '약리효과를 나타내는 약리기전이 명확히 밝혀진 경우'란 추론 가능성만으로는 부족할 뿐만 아니라 단순한 공지의 정도를 넘어서 해당 분야에 그러한 약리기전이 정립되어 있음을 의미하는 것으로 보는 것이 타당하다.[141] 의약용도발명의 명세서에 약리효과에 관한 정량적 기재를 요구하는 이유를 고려하면, 이와 같이 약리효과를 나타내는 약리기전이 명확히 밝혀진 경우와 같은 특별한 사정이 있을 때에는 통상의 기술자 입장에서 약리효과에 관한 실험자료로서 정량적 기재가 없더라도 그 효과를 쉽게 이해하고 그 의약물질을 해당 용도에 사용할 수 있을 것이다. 이때에는 약리효과에 관한 정성적인 기재만으로도 실시가능 요건을 충족할 수 있게 된다.

3. 투여용법·용량에 특징이 있는 의약용도발명의 경우

투여용법·용량에 특징이 있는 의약용도발명의 명세서 기재요건에 관하여 아직까지 실무상 확립된 입장이 없는 것으로 보인다. 기본적으로는

---

140) 이진희, 위의 논문(주 26), 148면.
141) 박태일, 위의 논문(주 127), 311면.

같은 유형의 발명인 대상 질병에 특징이 있는 의약용도발명에서 제시한 기준이 적용되는 것이 타당하다. 그런데 대상 질병에 특징이 있는 의약용도발명에서 명세서 기재요건에 관한 중요한 기준이 되는 '명세서 기재의 약리효과를 나타내는 약리기전'이 투여용법·용량에 관한 발명에서는 무엇을 의미하는지가 이 유형의 발명에 대한 구체적인 기준을 설정할 때에 핵심적인 문제가 된다.

이론상 두 가지 경우의 수가 있다. 특정 의약물질이 약리효과를 나타내는 약리기전이라고 이해하거나, 특정 의약물질을 청구범위에 기재된 투여용법·용량으로 투여한 경우에 약리효과를 나타내는 약리기전이라고 이해하는 것이다. 특허법원 2016허5026 판결, 서울중앙지방법원 2018가합542057 판결 및 특허법원 2021허3772 판결은 후자의 견해를, 특허심판원 2020당777 심결은 전자의 견해를 취한 바 있다.

그런데 의약용도발명에서 실시가능 요건을 충족시키기 위해 실험데이터가 제시된 실험례를 요구하는 취지는 예측가능성이 현저히 떨어지는 의약분야에서 약리효과를 나타내는 약리기전이 명확히 밝혀졌다는 등의 특별한 사정이 없다면 통상의 기술자가 그와 같은 실험데이터 없이 그 발명의 의약용도를 정확하게 이해하고 쉽게 재현할 수 없기 때문이다.

이와 같은 관점에서 본다면, 투여용법·용량에 특징이 있는 의약용도발명에서 통상의 기술자가 인식할 수 있어야 할 대상은 그 특정한 투여용법·용량에 따른 약리효과이다. 그렇다면 명세서 기재의 약리효과를 나타내는 약리기전이란 단순히 대상 질병에 대해 효과를 나타내는 약리기전이 아니라 해당 물질을 청구범위에 특정된 투여용법·용량으로 투여했을 때 약효를 나타내는 약리기전이라는 의미로 보는 것이 타당하다. 따라서 이 경우에는 해당 물질이 약리효과를 나타내는 약리기전이 밝혀졌다는 것만으로는 특별한 사정이 없는 한 투여용법·용량 발명의 구체적인 약리기전이 밝혀진 것은 아니라고 보아야 한다. 그에 따라 청구범위에 기재된 투여용법·용량을 투여한 경우의 약리데이터 등이 나타난 시험례로 기재하거나 또는 이에 대신할 수 있을 정도로 구체적으로 기재하여야만 명세서의 기재요건을 충족하였다고 볼 수 있다.

출원인 입장에서도 청구범위를 특정한 투여용법·용량으로 한정하는 것은 위 투여용법·용량을 이용한 실험을 실시한 후 이에 근거하여 도출할 수 있는 것이고, 그러한 실험 없이 특정한 투여용법·용량으로 청구범위를 한정한다는 것은 스스로 위 구성과 그에 따른 효과를 확인해보지 않은 상태에서 아이디어 수준으로 추정하는 것과 다르지 않다는 점에서 위와 같은 약리데이터를 요구하는 것이 가혹하다고 볼 수도 없다.

대법원이 병용투여 또는 조합투여 방식의 의약용도발명에 대한 명세서 기재요건에 관한 사안에서 개별 약물의 약리기전이 밝혀졌더라도 병용투여 또는 조합투여의 약리기전이 밝혀졌는지를 고려하여 명세서 기재요건을 충족하기 위한 효과의 기재 정도를 결정하는 것 역시 의약용도발명의 청구범위에 기재된 그 구성 자체의 약리기전이 밝혀져야 약리효과를 나타내는 약리기전이 명확히 밝혀진 경우라고 보는 것인데, 같은 맥락이라고 이해할 수 있다.

결론적으로 투여용법·용량에 특징이 있는 의약용도발명의 실시가능 요건을 충족하기 위해서는 해당 물질을 청구범위에 특정된 투여용법·용량으로 투여했을 때 약효를 나타내는 약리기전이 명확히 밝혀진 경우와 같은 특별한 사정이 없다면, 그 투여용법·용량에 따른 약리효과를 약리데이터 등이 나타난 시험례로 기재하거나 또는 이에 대신할 수 있을 정도로 구체적으로 기재하여야 한다.

제4절 그 외 의약발명 및 수치한정발명

Ⅰ. 제형(제제)발명

1. 판례의 태도 및 분석

제형(제제) 발명의 명세서 기재요건에 관한 판단 기준을 직접적으로 제시한 사건을 찾기는 쉽지 않다. 그런데 대법원 2018. 10. 25. 선고 2016후601 판결은 제형(제제)발명의 실시가능 요건에 대한 판단 기준을 제시하였다는 점[142]에서 의미가 있다.

가. 사건의 개요

이 사건 발명은 명칭을 '옥트레오티드 및 2종 이상의 폴리락티드-코-글리콜리드중합체를 포함하는 서방형 제제'로 하는 서방형 제제에 관한 발명이다. 청구범위 제1항은 '활성성분으로서의 옥트레오티드 또는 그의 제약상 허용되는 염과 2종의 상이한 폴리락티드-코-글리콜리드 중합체 (PLGA)를 포함하는, 마이크로입자 형태의 서방형 제약 조성물로서, 상기 2종의 PLGA 중 1종은 락티드:글리콜리드 단량체 비율이 75:25이며 다른 1종은 락티드:글리콜리드 단량체 비율이 100:0 내지 40:60이고, PLGA의 고유 점도(inherent viscosity)가 클로로포름 중에서 0.9dl/g 미만이며, 2종의 PLGA의 락티드:글리콜리드 단량체 비율이 서로 상이하고, 상기 2종의 PLGA는 직쇄이며, 상기 2종의 PLGA 각각의 중량이 2종의 PLGA 전체 중량의 적어도 30%이고, 각 마이크로입자는 상기 2종의 PLGA 중 1종만을

---

142) 손천우, "서방형 제제에 관한 제형발명의 명세서 기재요건", 대법원 판례해설 제118호, 법원도서관(2019), 618면.

포함하고 있어 마이크로입자들이 두 가지 조성을 갖는 것인, 서방형 제약 조성물'로 구성되어 있다.

발명의 명세서에는 이 사건 발명에 따른 서방형 제약 조성물의 제조례가 기재되어 있다. 또한 위 조성물을 토끼에게 투여하여 96일 동안 옥트레오티드의 혈장농도를 측정한 실험 방법과 실험 데이터가 기재되어 있는데, 투여 후 3일부터 89일까지는 옥트레오티드의 혈중농도가 0.2ng/ml 이상으로 유지되었다.

이 사건에서는 서방형 제제에 관한 발명의 실시가능 요건의 충족 여부가 문제 되었다.

나. 판단

대법원은 물건의 발명으로서 제형(제제)발명의 실시가능 요건에 관하여 다음과 같은 기준을 제시하였다.

'물건의 발명'의 경우 그 발명의 '실시'라고 함은 그 물건을 생산, 사용하는 등의 행위를 말하므로, 물건의 발명에서 통상의 기술자가 특허출원 당시의 기술수준으로 보아 과도한 실험이나 특수한 지식을 부가하지 않고서도 발명의 설명에 기재된 사항에 의하여 물건 자체를 생산하고 이를 사용할 수 있고, 구체적인 실험 등으로 증명이 되어 있지 않더라도 특허출원 당시의 기술수준으로 보아 통상의 기술자가 발명의 효과 발생을 충분히 예측할 수 있다면, 실시가능 요건을 충족한다고 볼 수 있다 (대법원 2016. 5. 26. 선고 2014후2061 판결 등 참조).

이 사건에서는 구체적으로 발명의 설명에 발명의 효과를 인정할 수 있을 정도의 기재가 있는지가 쟁점이 되었다.[143] 즉 앞서 본 법리에서 제시하는 바와 같이 발명의 설명 기재를 통해 통상의 기술자가 발명의 효과 발생을 충분히 예측할 수 있어 실시가능 요건을 충족하는지가 문

---

143) 손천우, 위의 논문(주 142), 587면.

제 된 것이다.

대법원은 명세서에 이 사건 발명에 따른 서방형 제약 조성물의 제조 례가 기재되어 있고, 위 조성물을 토끼에게 투여하여 89일 동안 옥트레 오티드의 혈장농도를 측정한 실험 방법과 실험 데이터가 기재되어 있는 데, 명세서 기재와 같이 토끼에 옥트레오티드의 적정량을 투여한 후 측 정한 혈중농도가 약 3개월 동안 일정 수준 이상 지속적으로 유지되었다 면, 통상의 기술자가 그 결과를 토대로 사람에 대해서도 혈중농도가 비 슷한 기간 동안 지속적으로 유지될 것이라고 추론하는 것이 가능하고, 비슷한 방법으로 재현할 수 있을 것이라고 하였다. 나아가 이러한 점들 을 종합하면 통상의 기술자가 출원 당시의 기술수준을 기준으로 하여 이 사건 발명의 청구범위 제1항에 기재된 서방형 제약 조성물을 생산·사 용할 수 있고, 발명의 효과를 충분히 예측할 수 있는 이상, 사람에 대한 임상시험 결과나 대상 질병에 대한 직접적인 치료효과 및 단일 중합체 만을 함유하는 제제와의 비교실험결과 등이 제시되지 않았더라도 실시 가능 요건은 충족되었다고 판단하였다.

다. 분석

이 사건 발명의 청구범위 제1항은 신규한 조성물을 청구하는 물건의 발명이다. '3개월 이상 서방성 효과를 발휘'한다는 점을 구성요소로 하고 있지 아니하고, 공지된 약물인 옥트레오티드의 서방성을 향상시키기 위 한 제형(제제)발명이라고 할 수 있다. 이 사건에서 대법원의 입장은 활 성물질이 얼마나 서서히 방출되는지 및 혈장농도의 변동이 적은지를 명 세서의 효과로 기재하면 실시가능 요건을 충족하는 것이고, 그 물건과 연관된 발명의 효과는 명세서 기재요건이 아닌 진보성 국면에서 판단되 어야 한다는 것으로 이해된다.[144]

---

144) 손천우, 위의 논문(주 142), 603, 615면.

2. 특허청 심사기준[145]

의약품 제제발명은 물건의 발명으로, 물건의 발명인 의약품 제제를 생산·사용할 수 있으면 그 발명을 실시할 수 있다. 따라서 의약품 제제발명이 일반적인 제제화 기술에 의하여 그 제제를 생산할 수 있고 이를 투여하여 의약으로 사용할 수 있다고 판단되며 명세서의 기재로부터 발명의 약제학적 효과를 충분히 예측할 수 있는 경우에는 명세서 기재불비라고 할 수 없다. 그러나 목적하는 제형이 제조된 것이 확인되지 않거나 의약품 제제를 이루는 기술적인 구성을 구체적으로 기재하지 않고 그러한 구성에 의해 나타나는 효과만으로 기재한 경우에는 쉽게 실시할 수 없고, 발명의 설명에 의해 뒷받침되지도 않는 것이어서 허용될 수 없다.

제제의 물리적 형태 또는 부형제 등에 특징이 있는 의약품 제제발명은 새로운 의약용도와 관련이 없어서 의약으로서의 활성성분을 구성으로 하지만 명세서에 그 제제의 약리효과를 반드시 기재할 필요는 없다. 다만 제제에 따른 효과를 기재할 때 약리 또는 치료 효과로도 기재할 수 있다.

3. 검토

학설상 제형(제제)발명을 일반적인 물건의 발명과 구분하여 그 명세서 기재요건에 관하여 독자적으로 논의하는 입장을 찾기는 어렵다. 판례는 제형(제제)발명의 실시가능 요건에 관하여 일반적인 발명의 명세서 기재요건에 관한 대법원 2014후2061 판결에서 제시한 기준을 인용하였는데, 이는 제형(제제)발명에 대해 일반적인 물건의 발명과 동일한 기준을 적용하고자 하는 태도로 이해된다.

제형(제제)발명은 물건의 발명의 일종이고, 단지 제제를 구성하는 유

---

145) 특허청, 기술분야별 심사실무가이드(2022. 1.), 5206-5208면.

효성분이 의약물질에 해당하는 것일 뿐이다. 그런데 제형(제제)발명의 청구항에는 의약물질이 구성요소 중의 하나로 포함되어 있다는 점에서 의약용도발명과 유사하게 명세서 기재요건, 그중에서도 실시가능 요건에 관하여 일반발명에 비해 보다 엄격한 기준이 적용되어야 하는 것이 아닌지 의문이 제기될 수 있다.

이러한 의문에 대한 답은 실시가능 요건의 판단 기준인 쉽게 실시할 수 있다는 것이 제형(제제)발명에서 어떤 의미를 갖는지를 확인하는 것에서 찾을 수 있다. 먼저 제형(제제)발명은 청구항에 특정한 의약용도가 기재되어 있지 않다는 점에서 의약용도발명과 구분된다. 또한 제형(제제)발명을 실시한다는 것은 곧 그 유효성분을 포함하는 제형(제제) 자체를 생산하고 사용하는 것일 뿐이고, 실시의 개념에 특정한 의약용도에 사용하는 것이 포함되지 않는다. 이 점을 고려하면 단순히 제형(제제)발명의 유효성분이 의약물질이라는 사정만으로 제형(제제)발명의 실시가능 요건을 충족하기 위해 약리효과를 확인할 수 있는 약리데이터 등이 나타난 시험례 등이 필요하다고 할 수는 없다.

따라서 제형(제제)발명은 원칙적으로 일반적인 물건의 발명의 경우와 마찬가지 기준에 따라 실시가능 요건 등 명세서 기재요건을 판단하여야 한다. 이러한 관점에서 제형(제제)발명에 관해 일반적인 발명의 실시가능 요건과 동일한 판단 기준을 제시한 대법원의 태도는 타당하다.

다만 제형(제제)발명 중에는 서방형 제제 등과 같이 그 제형(제제)의 의미 자체가 약물의 방출조절이라는 일정한 약제학적 효과를 내포하는 경우가 있다. 이때에는 발명의 설명에 방출조절과 같은 약제학적 효과에 관한 데이터 등이 제시되어야 통상의 기술자가 청구범위에 기재된 그 발명의 서방성이라는 약제학적 효과를 인식하면서 이를 실시할 수 있을 것이다. 그러나 이는 의약용도발명에서 약효를 확인해야 하는 것과는 다른 의미이고 서로 구분되어야 한다. 제형(제제)발명에서 약제학적 효과와 관련되어 필요한 효과의 명세서 기재 정도는 '통상의 기술자가 발명의 효과 발생을 충분히 예측할 수 있을 수준의 기재'라는 일반론의 적용에 의한 구체화가 얼마든지 가능하다. 따라서 제형(제제)발명에 대해서는 의약용도발명의 경우와 달리 일반적인 발명과 구분되는 별도의 실시가능 요건을 둘 필요성은 없다고 보는 것이 타당하다.

II. 선택발명

1. 판례의 태도 및 분석

종래 선택발명에 관한 분쟁에서는 진보성 부정 여부가 핵심 쟁점이었다. 그에 따라 명세서 기재요건, 그중에서도 실시가능 요건이 직접적으로 문제 되어 대법원에서 그 판단 기준을 제시한 사건은 대법원 2007. 9. 6. 선고 2005후3338 판결 외에 찾기 어렵다.

그런데 최근 구성의 곤란성에 의해서도 진보성이 부정되지 않을 수 있다는 취지로 선택발명의 진보성 판단 기준을 제시한 대법원 2021. 4. 8. 선고 2019후10609 판결의 파기환송심에서 선택발명의 명세서 기재요건 충족 여부가 쟁점이 되어 그에 대한 판단이 이루어졌다. 따라서 위두 사건의 구체적인 내용 및 의미에 대해서 검토할 필요가 있다.

가. 대법원 2007. 9. 6. 선고 2005후3338 판결

대법원은 선택발명의 실시가능 요건에 관하여, 선택발명은 선행발명이 선택발명을 구성하는 하위개념을 구체적으로 개시하지 아니하고, 선택발명에 포함되는 하위개념들 모두가 선행발명이 갖는 효과와 질적으로 다른 효과를 갖고 있거나, 질적인 차이가 없더라도 양적으로 현저한 차이가 있는 경우에 한하여 특허를 받을 수 있는 것인바, 선택발명의 설명에 그와 같은 효과가 있음을 구체적으로 확인할 수 있는 비교실험자료 또는 대비결과까지 기재하여야 하는 것은 아니라고 하더라도 통상의 기술자가 선택발명으로서의 효과를 이해할 수 있을 정도로 명확하고 충분하게 기재하여야 명세서 기재요건이 구비되었다고 할 수 있다는 기준을 제시하였다.

나아가 선택발명인 이 사건 특허발명의 설명에 이 사건 특허발명이 선행발명인 비교대상발명에 비하여 '매우 우수하다'는 점만을 대비하여 기재하고 있는 것만으로는 통상의 기술자가 선택발명이 비교대상발명에 비하여 질적으로 다른 또는 양적으로 현저한 효과를 가진다는 사실을 이해할 수 있을 정도로 명확하고 충분하게 기재하였다고 할 수 없어 명세서 기재요건 중 실시가능 요건에 위배하였다고 판단하였다.

나. 특허법원 2021. 8. 19. 선고 2021허2779 판결[146]

선행발명과의 관계에서 선택발명에 해당하는 아픽사반의 진보성이 부정된다는 이유로 그 등록을 무효로 한 심결에 대한 심결취소소송의 상고심에서 대법원은 2019후10609 판결로 그 발명의 진보성이 부정되지 않는다는 취지로 파기환송하였다. 환송 후 원심에서는 명세서 기재요건 중 실시가능 요건을 충족하는지와 진보성이 부정되는지가 모두 문제 되었다. 이 중에서 실시가능 요건 충족 여부에 관한 판단 부분만을 살펴보면 아래와 같다.

특허법의 실시가능 요건 규정에 따라 발명의 설명에 공개하여야 하는 것은 청구범위에 기재된 발명이고, 특허발명이 명세서 기재불비에 해당하는지 여부는 그 명세서 자체를 대상으로 하여야 한다.

이 사건 발명과 같이 본질적으로 물건의 발명에 해당하는 선택발명의 경우, 통상의 기술자가 과도한 실험이나 특수한 지식을 부가하지 않

---

146) 위 판결은 상고 없이 2021. 9. 10. 확정되었다.

고서도 명세서의 기재에 의하여 당해 발명을 정확하게 이해할 수 있고 동시에 재현할 수 있는 정도의 기재가 있으면 되고, 발명의 효과 부분에 있어서도 그 효과를 인식할 수 있는 정도의 기재가 있거나 효과를 추론할 수 있는 기재가 있으면 위 규정에서 정한 명세서의 기재요건을 충족한 것으로 봄이 타당하다.

그런데 이 사건 발명의 명세서에는 아픽사반에 이를 수 있는 화학반응식이 구체적으로 기재되어 있고, 통상의 기술자는 위 명세서 기재로부터 아픽사반의 제조 반응 원리를 쉽게 이해할 수 있다. 또한 명세서의 실시례에는 아픽사반의 구체적 제조 과정이 기재되어 있고, 아픽사반의 구조를 확인할 수 있는 NMR 피크(peak) 값도 구체적으로 기재되어 있으므로, 통상의 기술자는 아픽사반의 제조방법과 그에 따른 아픽사반의 생성을 정확하게 이해할 수 있고, 아픽사반을 실제 제조할 수 있을 것으로 보인다. 나아가 통상의 기술자는 이 사건 발명의 개선된 혈액응고인자 Xa 억제활성 및 선택성 보유, 다른 약물들과 동시에 투여될 수 있는 병용투여 효과에 관한 명세서 기재로부터 아픽사반의 효과를 명확하게 이해할 수도 있다.

이와 같은 점들을 종합하면, 통상의 기술자는 이 사건 발명의 명세서로부터 아픽사반의 산업적 유용성과 관련된 아픽사반의 구조, 제조 과정 및 그 효과까지 정확하게 이해하고 재현할 수 있으므로, 이 사건 발명의 명세서에는 기재불비의 무효사유가 있다고 볼 수 없다.

다. 대법원 2005후3338 판결 및 특허법원 2021허2779 판결의 분석

1) 대법원 2005후3338 판결[147]

대법원 2005후3338 판결은 선택발명의 명세서 기재요건 중 실시가능 요건에 관하여 두 가지 측면에서 기준을 제시하였다. 즉 발명의 설명에

---

147) 이진희, 위의 논문(주 109), 496-499면 부분을 요약하여 정리한 것이다.

는 ① 통상의 기술자가 '선택발명으로서의 효과'를 이해할 수 있을 정도
로 명확하고 충분하게 기재하여야 한다는 점과 ② 선행발명에 비하여 질
적으로 다른 또는 양적으로 현저한 차이가 있는 효과가 있음을 구체적
으로 확인할 수 있는 비교실험자료 또는 대비결과의 기재까지 필요한
것은 아니라는 점이다. 먼저 통상의 기술자가 '선택발명으로서의 효과'
를 이해할 수 있을 정도로 명확하고 충분하게 기재하여야 한다는 점은
선택발명이 선행발명에 비하여 질적으로 다른 또는 양적으로 현저한 차
이가 있는 효과를 가진다는 사실을 이해할 수 있을 정도로 명확하고 충
분하게 기재할 것을 요구한 것으로 볼 수 있다. 선택발명의 경우에는 실
시가능 요건을 충족하기 위한 명세서 기재 정도로서 일반적으로 요구되
는 '발명을 정확하게 이해할 수 있다'는 것이 '선택발명으로서의 효과를
이해할 수 있다'는 것이라는 취지이다. 다음 선행발명에 비하여 질적으
로 다른 또는 양적으로 현저한 차이가 있는 효과가 있음을 구체적으로
확인할 수 있는 비교실험자료 또는 대비결과까지 기재하여야 하는 것은
아니라는 점에 관하여 본다. 이 부분의 의미가 동질의 현저한 효과의 경
우 정량적 기재 자체가 필요하지 않다는 것인지, 아니면 정량적 기재는
필요하지만 그 내용이 비교실험자료일 필요는 없다는 것인지에 대해 명
시적으로 언급되어 있지는 않다. 그런데 비교실험자료 또는 대비결과와
정량적 기재는 구분되는 것으로서, 선행발명과 대비하는 비교실험자료
의 형태가 아니라 선택발명 자체의 효과에 관하여 얼마든지 정량적으로
기재할 수 있다는 점을 고려하면, 대법원 2005후3338 판결에서는 비교실
험자료가 없더라도 명세서 기재요건이 충족될 수 있다는 부분까지만 언
급하였을 뿐, 동질의 현저한 효과와 관련한 정량적 기재의 필요성 유무
에 관하여는 그 어떤 기준도 제시하지 않았다고 보는 것이 타당하다.

　그런데 대법원 2005후3338 판결에 대해서는, ① 선택발명은 원칙적으
로 중복발명에 해당하지만 예외적으로 우수한 효과를 가진 하위개념의
발명에 특허성을 인정하는 것에 그 본질이 있는 점, ② 그에 따라 효과

의 현저성은 선택발명의 기술적 과제의 해결수단이라고 평가할 수 있는
점, ③ 선택발명에서 실시가능 요건을 충족하기 위해 필요한 효과의 기
재 정도가 의약용도발명에서와 같이 실험데이터를 요구하는 정도까지는
아니라고 하더라도, 일반적인 물질발명에서 요구되는 유용성 기재의 정
도를 넘어서서 선행발명에 비하여 현저한 효과가 있음에 대한 명확한
기재를 함으로써 통상의 기술자가 선택발명으로서의 의의와 가치를 이
해할 수 있도록 하여야 한다는 점 등이 반영된 것이라는 취지로 설명되
고 있다.[148]

　이러한 사정들을 종합하면, 결국 대법원 2005후3338 판결은 선택발명
의 명세서에는 선행발명에 비해 질적으로 다른 또는 양적으로 현저한
차이가 있는 선택발명의 효과를 이해할 수 있을 정도로 명확하고 충분
하게 기재하여야 하는데, 다만 그 방법으로 비교실험자료까지 필요한 것
은 아니라는 점을 명확히 선언한 것이다. 나아가 정량적 기재 자체도 필
수는 아니라는 점과 효과의 명확하고 충분한 기재라는 것은 일반 화학
물질발명과 같은 정도가 아니고 이에 비해 보다 구체적이어서 추후 선
행발명과의 효과 대비가 가능한 정도이어야 한다는 점을 포함하고 있는
것으로 이해된다.

2) 특허법원 2021허2779 판결

　선택발명이 구성의 곤란성에 의해서도 진보성이 부정되지 않을 수
있다는 취지의 대법원 2019후10609 판결의 환송 후 원심인 특허법원 2021
허2779 판결에서는 선택발명의 명세서 기재요건, 그중 실시가능 요건에
대해 '발명의 효과를 인식할 수 있는 정도의 기재 또는 효과를 추론할
수 있는 기재'가 있으면 이를 충족한다고 설시하였다.

　특허법원 2021허2779 판결은 두 가지 측면에서 의미가 있다. 먼저 명

---

148) 김운호, "선택발명의 명세서 기재요건", 대법원판례해설 제74호, 법원도서관
(2008), 136, 139-142면.

세서 기재의 대상을 '선택발명의 효과'가 아닌 '발명의 효과'로 하였다는 점이다. 즉 명세서에는 선행발명에 비해 이질적이거나 양적으로 현저한 차이가 있는 효과를 기재해야 하는 것이 아니라 그 발명 자체의 효과를 기재하면 족하다는 것으로 명세서에 기재할 효과를 명확히 한 것이다. 다음 선택발명에서 실시가능 요건의 충족을 위해 필요한 효과의 기재 정도가 '효과를 인식 내지 추론할 수 있는 정도'라는 것인데, 이는 '효과를 명확하고 충분하게 기재'할 것을 요구했던 대법원 2005후3338 판결에서 제시된 기준보다 완화된 것이다. 만일 위 특허법원 판결에 대해 상고가 제기되었다면 대법원에서 선택발명의 명세서 기재요건의 판단 기준에 관해 그 입장을 명확히 하는 새로운 판시를 하였을 가능성이 높다.

2. 특허청 심사기준

심사기준에는 선택발명의 명세서 기재요건에 관하여 특별한 규정을 두고 있지 않으며, 화합물 발명 일반에 적용되는 기준을 정하고 있을 뿐이다.

실시가능 요건 충족 여부 심사를 위해 기본적으로 고려할 사항은 다음과 같다. 즉 물건의 발명인 경우 평균적 기술자가 그 물건을 생산하는 것이 가능하도록 필요한 사항을 명확하고 상세하게 기재하여야 한다. 물건을 제조하는 것이 가능하려면 통상적으로 그 제조방법을 구체적으로 기재할 필요가 있다. 또한 그 물건이 발명의 설명 전체 기재로부터 명확히 파악될 필요가 있으며, 이를 위해 물건을 특정하기 위한 기술 사항들이 각각 어떤 역할과 작용을 하는지 함께 기재될 필요가 있다. 평균적 기술자가 청구항에 기재된 물건을 사용 가능하도록 상세하게 기재하여야 한다. 물건이 사용 가능하려면 어떤 사용이 가능한가에 대하여 기술적으로 의미 있는 특정의 용도를 구체적으로 기재할 필요가 있다. 나아가 특수한 경우로서 화학분야 물질발명의 경우에는 평균적 기술자가 출원 시의 기술상식으로 명세서에 개시된 화학반응을 쉽게 이해할 수 있는 경우를 제외하고는 그 물질 자체를 표현하는 것 외에도 그 화학물질을 쉽게 재현하기 위한 구체적인 제조방법이 필수적으로 기재되어야 한다.[149)]

화합물 발명의 경우 발명의 설명에 화합물의 확인자료 및 제조방법에 대하여 기재되어 있어야 하고 신규 화합물 발명의 경우 기술적 수단을 구체화한 실시례를 기재하여야 한다. 청구범위가 포괄적으로 기재되어 있을 때는 명세서 및 출원 시의 기술상식에 근거하여 발명의 구체적인 내용을 통상의 기술자가 알 수 있는 경우를 제외하고, 그룹별로 대표적인 실시례를 기재하여야 한다. 또한 하나 이상의 기술적으로 의미가 있는 유용성을 기재하여야 한다.[150)]

3. 학설상 논의

선택발명의 진보성에 관한 대법원 2019후10609 판결이 선고되기 전에 선택발명의 명세서 기재요건, 그중 구체적으로 실시가능 요건을 충족시키기 위해 발명의 설명에 선택발명의 효과를 어느 정도로 기재하여야 하는지에 관하여는 다양한 견해가 있었다. 이러한 견해들의 전제는 실무상 선택발명의 진보성은 현저한 효과가 있을 경우에 한하여 부정되지 않는다는 것이다. 그런데 대법원 2019후10609 판결이 선택발명의 경우에도 구성의 곤란성에 의해 진보성이 부정되지 않을 수 있다고 명확히 선언함으로써 이러한 논의의 전제가 더 이상 유지될 수 없게 되었다. 그에 따라 종전의 논의가 갖는 의미는 제한적일 수밖에 없다. 다만 선택발명의 명세서 기재요건에 관한 논의는 결정형 발명과 같은 다른 특수한 유형의 발명의 명세서 기재요건에 관한 논의와도 일정 부분 관련되어 있다. 따라서 각 견해의 논거를 비롯하여 다른 유형의 발명의 명세서 기재

---

149) 특허청, 특허·실용신안 심사기준(2021. 12. 30.), 2303-2305면.
150) 특허청, 기술분야별 심사실무가이드(2022. 1.), 9204, 9206, 9207면.

요건에 관한 논의를 파악하는 데에 도움이 되는 범위에서 이를 검토한다.

선택발명의 실시가능 요건 충족을 위해 요구되는 효과의 명세서 기재에 관하여는 아래와 같은 견해들이 있는데, 이는 주로 선택발명이 선행발명과 동질의 효과를 가지고 있을 경우에 대한 논의이다.[151]

가. 정성적인 기재로 충분하다는 견해

1) 선택발명에서 청구하는 것은 '물질 A'일 뿐이고 '선택발명인 물질 A'가 아니므로, 발명의 설명에 '물질 A'의 화학구조식, 제조방법 및 정성적 효과(산업적 유용성을 확인할 수 있는 정도) 등을 기재하면 명세서 기재요건을 충족한 것으로 보아야 하고, '물질 A'가 선택발명으로서 현저한 효과가 있는지 여부를 확인할 수 있는 정량적 효과가 반드시 최초 출원 명세서에 기재되어 있어야 하는 것은 아니라는 견해가 있다. 이 견해는 나아가 선택발명에서 명세서 기재요건을 충족하기 위한 필요적 기재요건과 진보성을 인정받기 위한 현저한 효과의 입증요건은 목적과 판단방법이 서로 다른 것이라고 한다. 이 견해는 위와 같은 입장을 취하는 논거로 다음과 같은 점들을 제시한다. 즉 ① 실시가능 요건에 관한 특허법 규정에 따라 발명의 설명에 공개하여야 하는 것은 청구범위에 기재된 발명이고, 일반적으로 화합물 발명의 경우에는 최초 출원 명세서에 그 화합물의 화학구조식, 제조방법 및 유용성 등을 기재하는 것이 요구되는 점, ② 특허발명이 명세서 기재불비에 해당하는지 여부는 그 명세서 자체를 대상으로 하여야 하는 점, ③ 선택발명으로서의 현저한 효과가 인정되는지 여부는 선행발명과의 대비에 의해서만 파악될 수 있는데 이는 발명의 진보성이 인정되는지 여부를 판단할 때 검토하면 족하다는 점 등이다.[152]

---

151) 이하의 내용은, 이진희, 위의 논문(주 109), 502-507면을 요약 및 정리하고, 일부 내용을 추가한 것이다.

152) 강춘원, "선택발명과 명세서 기재불비", 특허판례연구 개정판, 박영사(2012),

2) 선택발명의 청구범위는 '물질 A'일 뿐이지 '특정의 효과를 가지는 물질 A'가 아니므로, 명세서에 '물질 A'의 화학구조식, 제조방법 및 정성적 효과 등을 기재하면 명세서 기재요건을 충족한 것으로 보아야 한다는 견해가 있다. 이 견해는 '물질 A'가 선택발명으로서 현저한 효과가 있는지를 확인할 수 있는 정량적 효과까지 요구해서는 안 된다는 점에 비추어 볼 때 선택발명에서 동질의 현저한 효과와 관련하여 정량적인 기재가 없더라도 기재불비로 보지 않는 대법원 2005후3338 판례의 태도가 타당하다고 한다.[153] 이 견해가 요구하는 정성적인 기재가 유용성 정도의 수준인지 아니면 대법원 2005후3338 판결에서 제시한 선택발명으로서의 효과에 관한 명확하고 충분한 기재 정도를 의미하는 것인지는 명확하지 않다.

나. 정량적인 기재가 필요하다는 견해

1) 선택발명에서 '특별하고도 현저한 효과'는 일반발명에 있어서의 '구성'과 같은 성질을 가지는 것으로 볼 수 있기 때문에, 이를 명세서에 기재함에 있어서도 일반발명의 구성과 같은 정도로 명확하고 충분하게 기재하여야 할 필요가 있고, 따라서 선택발명이 선행발명에 비하여 이질적인 효과를 가지는 경우에는 정성적으로 기재해도 되지만, 동질의 효과에 있어서는 원칙적으로 정량적인 기재가 필요하다는 견해이다. 이 견해는 위와 같은 입장을 취하는 구체적인 논거로, ① 선택발명은 원래 선행발명과 중복특허로서 특허를 부여받을 수 없지만 선행발명에 구체적으로 개시되지 않은 것을 조건으로 선행발명이 미처 인식하지 못한 특별하고도 현저한 효과를 발견한 것에 특별한 가치를 인정하여 특허성을 부여하는 발명이라는 점, ② 따라서 발명자는 선행발명과 차별되는 위

384-387면.
153) 유영선, 위의 논문(주 37), 150면.

구성을 발견함으로써 선택발명을 완성하게 되는 점, ③ 선택발명의 가치는 선행발명의 다수의 실시가능태양 중에서 특별히 일부를 '선택'한 것에 있으므로, 선택발명에 있어서 실시가능 요건은 다수의 실시태양 중에서 '선택발명을 쉽게 선택할 수 있는지'에 의하여 판단하여야 하고, 이는 통상의 기술자가 선택발명의 특별하고도 현저한 효과를 쉽게 인식할 수 있는지에 의하여 결정되므로, 선택발명의 특별하고도 현저한 효과는 선택발명을 쉽게 실시할 수 있기 위한 요건으로 볼 수 있는 점, ④ 결국 선택발명에서 특별하고도 현저한 효과는 일반발명에서 구성과 같은 성질을 가지면서 동시에 선택발명을 쉽게 실시하도록 하는 요건이며, 발명의 구성 및 실시가능성은 명세서 자체에 명확하고도 충분하게 기재되어 있어야 하는 점 등을 제시하고 있다.154)

   2) 선택발명의 명세서 기재요건에 대한 대법원 판례의 태도가 대법원 2009. 10. 15. 선고 2008후736,743 판결의 내용대로 확립되었다고 이해하면서 그 태도가 비교법적 틀에서도 적정하다고 평가하는 견해가 있다.155) 그런데 대법원 2008후736,743 판결에서는 선택발명의 진보성이 부정되지 않기 위해서는 선택발명에 포함되는 하위개념들 모두가 선행발명이 갖는 효과와 질적으로 다른 효과를 갖고 있거나 질적인 차이가 없더라도 양적으로 현저한 차이가 있어야 하고, 이때 선택발명의 발명의 설명에는 선행발명에 비하여 위와 같은 효과가 있음을 명확히 기재하여야 하며, 위와 같은 효과가 명확히 기재되어 있다고 하기 위해서는 선택발명의 발명의 설명에 질적인 차이를 확인할 수 있는 구체적인 내용이나, 양적으로 현저한 차이가 있음을 확인할 수 있는 정량적 기재가 있어야 한다고 설시한 바 있다. 결국 이 견해는 선행발명과 동질의 효과를 가지는 선택발명의 명세서 기재요건을 충족하기 위해서는 효과에 관해 정량적인 기재가 필요하다는 입장으로 이해할 수 있다.

---

154) 강경태, 위의 논문(주 39), 30-31, 39-42면.
155) 조영선, "명세서 기재요건으로서의 발명의 효과", 인권과 정의 제427호, 대한변호사협회(2012), 106, 109면.

다. 선행발명에 비해 특별하고도
현저한 효과를 명확하게 기재해야 한다는 견해

통상의 기술자가 선택발명의 '특별하고도 현저한 효과'를 인식할 수 있도록 발명의 설명을 기재해야 선택발명의 명세서 기재요건을 충족한다는 견해이다. 그 이유로 제3자가 선행발명에 구체적으로 개시된 화학물질 대신에 선택발명을 선택하여 실시하는 것은 선택발명이 선행발명에 비하여 가지는 '특별하고도 현저한 효과' 때문이므로 이러한 효과가 명세서에 명확하게 기재되어 있지 않다면 제3자가 선택발명의 가치와 의의를 알 수 없어 굳이 선행발명을 두고 선택발명을 실시하지 않을 것이라는 점을 들고 있다. 즉 선택발명의 명세서에 선행발명에 비해 '특별하고도 현저한 효과'가 명확하게 기재되어야 통상의 기술자가 그 발명을 쉽게 실시할 수 있다는 것이다. 그런데 동질의 효과를 가지는 경우에 필요한 기재의 정도와 관련하여서는 정성적 기재와 함께 구체적인 실험방법과 조건들이 제시되어 있는 경우 등에 있어서 정량적인 기재가 없더라도 통상의 기술자가 그 기재를 통하여 선행발명의 효과보다 양적으로 현저하게 우수하다는 점을 예측할 수 있다면 효과의 기재가 명확하다고 볼 수 있다고 한다.[156] 이 견해는 선택발명의 특별하고도 현저한 효과를 인식할 필요가 있다고 보는 점에서는 나.항 견해와 같은 입장이지만 그 방법으로서 정량적 기재가 반드시 필요한 것은 아니라고 보는 점에서 나.항 견해와 구분되고, 선택발명으로서의 현저한 효과를 인식할 수 있어야 한다는 점을 명확히 한 점에서 가.항 견해와도 구분된다고 할 수 있다.

라. 개별적 사안에 따라 달리 판단해야 한다는 견해

선행기술과의 관계에서 선택발명의 지위에 있는 출원의 명세서에 그

---

156) 신혜은, "선택발명의 명세서상 효과 기재요건", 창작과 권리 제68호, 세창출판사(2012), 21, 23, 27, 30면.

선택으로 인한 효과 기재가 미흡한 경우, 출원인이 출원 당시 그 출원을
선택발명으로 인지하였는지에 따라 신규성·진보성 또는 기재불비 중 어
느 것을 적용할 것인지 결정해야 한다는 견해이다. 이 견해는 명세서에
선택발명임을 명확하게 기재하고 있는 경우에는 출원인이 발명을 완성
할 당시 선택발명임을 인지하였음이 상당하고, 그러한 선택의 효과를 명
세서에 기재하지 아니한 것은 기재불비에 해당한다고 본다. 반면 명세서
기재를 전체적으로 살펴보아도 선택발명임을 출원인이 인지하였다고 보
기 어려운 경우에는 해당 발명은 일반적인 발명의 기술적 사상에 의해
출원된 것이어서, 출원인은 자신이 완성한 발명의 범위 내에서 제3자가
이해하고 반복 재현할 수 있을 정도로 기재하면 족하고, 효과는 신규성
및 진보성의 법리로 다루어야 한다는 입장이다.[157)]

4. 명세서 기재요건으로서 효과 기재와 진보성 판단을 위한 효과 기재의 관계에 관한 논의

선택발명의 명세서 기재요건에 관한 논의는 위 3.항과 같이 명세서
기재요건 자체에 대한 것도 있지만, 명세서 기재요건과 선택발명의 진보
성의 관계에 초점을 맞추어 이루어지기도 한다. 즉 종래 선택발명은 그
효과가 현저할 경우에만 진보성이 부정되지 않는다는 전제 아래 효과가
명세서에 어느 정도 기재되어야 진보성 판단에 고려할 수 있는지가 문
제 되었는데, 이때 요구되는 효과의 기재 정도가 명세서 기재요건으로도
기능하게 되는지에 관한 논의가 이에 해당한다.

이러한 논의가 전개된 배경의 중심에는 선택발명의 진보성이 쟁점이
되었던 대법원 2009. 10. 15. 선고 2008후736,743 판결, 대법원 2010. 3. 25.
선고 2008후3469,3476 판결과 대법원 2012. 8. 23. 선고 2010후3424 판결의

---

157) 박길채, "효과 기재가 흠결된 선택발명의 진보성 및 기재불비 판단", 지식재산
21 제105호, 특허청(2008), 137-138, 140면.

설시가 있다. 즉 위 대법원 판결들이 선택발명의 진보성에 대해 판단하면서, 선택발명의 진보성이 부정되지 않기 위해서는 선택발명에 포함되는 하위개념들 모두가 선행발명이 갖는 효과와 질적으로 다른 효과를 갖고 있거나 질적인 차이가 없더라도 양적으로 현저한 차이가 있어야 하고, 이때 발명의 설명에는 질적인 차이를 확인할 수 있는 구체적인 내용이나, 양적으로 현저한 차이가 있음을 확인할 수 있는 정량적 기재가 있어야 한다고 설시한 부분의 해석이 문제 된 것이다. 특히 동질의 현저한 효과와 관련하여 정량적 기재를 필요로 한다는 부분이 실시가능 요건의 기준으로도 작용할 수 있는지가 논의되었는데, 이는 발명의 설명에 기재하는 효과와 관련하여 명세서의 실시가능 요건을 충족하기 위한 기재 정도와 진보성 판단 단계에서 효과로서 고려의 대상이 되기 위해 필요한 기재 정도가 같다고 볼 수 있는지의 문제라고 할 수 있다.[158] 아래 Ⅲ.항에서 검토하는 결정형 발명에서도 이와 유사한 논의가 있다.

이에 대해서는, ① 명세서 기재요건과 진보성 판단 기준은 모두 통상의 기술자가 선택발명의 특별하고도 현저한 효과를 인식할 수 있는지 여부이므로 요구되는 기재 수준이 동일한 것으로 보아야 할 것이라는 견해가 있다. 이 견해는 명세서에 효과를 정량적으로 기재할 것을 요구하는 진보성에 관한 대법원 2008후736,743 판결의 기준이 선택발명의 실시가능 요건을 충족하기 위한 기준으로도 작용한다고 본다.[159] ② 대법원 2008후736,743 판결과 대법원 2008후3469,3476 판결은 모두 선택발명의 진보성 판단 기준에 관한 것이지만, 진보성 판단의 기초가 되는 효과를 발명의 설명의 기재요건이 되는 효과와 연결 짓고 있음을 감안하면 선택발명의 명세서 기재요건에 대한 대법원의 태도가 위 판례의 내용대로 확립되었다고 보아 무방할 것이라는 견해도 있다.[160] 이 견해 역시 진보성 판단에 고려되기 위한 효과의 명세서 기재 정도가 실시가능 요건을

---

158) 이진희, 위의 논문(주 109), 499면.
159) 신혜은, 위의 논문(주 156), 8, 30-31면.
160) 조영선, 위의 논문(주 155), 109면.

충족하기 위한 효과의 기재 정도와 동일한 것으로 본다고 할 수 있다. 이 견해는 발명의 설명의 기재요건 판단과 관련하여 효과는 발명의 설명을 읽는 제3자가 그 발명이 가지는 고유한 기술적 의미를 알 수 있어야만 발명을 반복 재현하거나 이를 우회 또는 개량하는 발명을 수행할 수 있다는 측면에서 기능하게 된다고 한다.161) 이러한 입장은 결국 발명의 설명이 실시가능 요건을 충족하기 위해서는 통상의 기술자가 그 발명의 고유한 기술적 의미를 파악할 수 있는 수준으로 효과가 기재되어야 한다는 것으로 이해된다. 나아가 선택발명의 경우 통상의 기술자가 해당 발명의 기술적 의미를 이해할 수 있는 정도의 효과 기재는 질적인 차이를 확인할 수 있는 구제적인 내용이나 양적으로 현저한 차이가 있음을 확인할 수 있는 정량적 기재라고 보는 것이다. ③ 명세서 기재요건과 발명의 효과 인정이라는 두 가지 문제에 있어서 판단 기준은 모두 통상의 기술자가 선택발명의 특별하고도 현저한 효과를 인식할 수 있는지 여부이므로, 명세서 기재요건으로서 효과 기재 정도와 진보성 판단에서 고려되기 위해 필요한 효과의 기재 수준은 동일한 것으로 보아야 한다는 견해162) 역시 대법원 2008후736,743 판결 등에서 요구한 양적으로 현저한 차이가 있음을 확인할 수 있는 정량적 기재가 실시가능 요건의 충족을 위한 기준으로 작용하는 것으로 본다.

반면 선택발명의 진보성 판단에 고려되는 효과에 관한 명세서 기재 정도와 명세서 기재요건 충족 여부를 판단하기 위한 효과의 기재 정도는 그 수준을 다르게 파악함이 타당하고, 대법원 2008후736,743 판결은 진보성 관련 설시로만 이해해야 한다는 견해가 있다. 이 견해는 만일 양자의 수준을 같게 볼 경우에는 어떤 선택발명이 그 명세서에 동질이나 양적으로 현저한 두 개의 효과를 기재하면서 그중 하나는 정량적으로, 다른 하나는 정성적으로 기재한 경우, 그중 정량적으로 기재되어 있는

---

161) 조영선, 위의 논문(주 155), 96면.
162) 강경태, 위의 논문(주 39), 45면.

효과의 현저성이 인정되어 특허를 받을 수 있음에도 정성적으로만 기재되어 있는 다른 효과에 의해 기재불비로 되어 특허를 받을 수 없게 된다는 문제점이 생길 수 있다는 점을 지적한다.[163]

그런데 최근 대법원 2019후10609 판결에서는 선택발명의 진보성에 대해 판단하면서 특허발명이 선행발명에 비하여 이질적이거나 양적으로 현저한 효과를 가지고 있는 경우에 발명의 진보성이 부정되지 않고, 효과의 현저성은 특허발명의 명세서에 기재되어 통상의 기술자가 인식하거나 추론할 수 있는 효과를 중심으로 판단하여야 한다고 하였다. 이러한 설시가 종전 대법원 2008후736,743 판결 등과 어떤 차이가 있는지 검토할 필요가 있다.

먼저 대법원 2019후10609 판결에서 명세서에 효과가 어느 정도 기재되어야 이를 선택발명의 진보성 판단에 고려할 수 있는지에 관해 제시한 기준인 '명세서에 기재되어 통상의 기술자가 인식하거나 추론할 수 있는 효과'가 무엇을 의미하는지가 문제 된다. 즉 종전 대법원 2008후736,743 판결 등에서 설시한 바와 같이 '질적인 차이를 확인할 수 있는 구체적인 내용이나 양적으로 현저한 차이를 확인할 수 있는 정량적, 기재'를 의미하는 것인지, 아니면 '일반적인 물건의 발명에서 진보성 판단에 고려되는 효과와 같은 정도의 기재'가 필요하다는 의미인지가 파악되어야 한다. 그런데 대법원 2019후10609 판결에서는 대법원 2002. 8. 23. 선고 2000후3234 판결을 인용하면서 위와 같이 설시하였고, 대법원 2000후3234 판결은 선택발명과 무관한 일반발명에 관한 사안이었다는 점에 비추어 보면 후자의 의미로 보인다.

또한 대법원 2019후10609 판결과 종전 대법원 2008후736,743 판결 등의 설시를 대비하면, 대법원 2008후736,743 판결 등에서는 진보성에 관해 판단하면서도 '발명의 설명에 정량적 기재가 있어야 한다'는 표현을 사용함으로써 문언 자체에 의해 명세서 기재요건으로 인식될 여지가 있었

---

163) 유영선, 위의 논문(주 37), 153면.

다. 반면 대법원 2019후10609 판결에서는 위와 같이 표현하지 않고 진보성을 판단할 때 단순히 어느 효과를 고려할 수 있는지에 대해서만 설시함으로써, 진보성과 관련된 언급이 명세서 기재요건으로까지 확장되어 해석되는 것을 경계한 것으로 이해된다.

결론적으로 명세서 기재요건으로서의 효과 기재와 진보성 판단을 위한 효과 기재의 관계에 관한 논의는 선택발명은 그 효과가 현저한 경우에만 진보성이 부정되지 않는다는 것을 기본 전제로 하여 진보성 판단에 고려할 효과에 해당하기 위해 명세서에 일정한 수준으로 효과가 기재되어야 한다는 종전 대법원 판결의 설시를 어떻게 해석할 것인지, 즉 이를 명세서 기재요건으로까지 확장하여 해석할 것인지의 문제에서 비롯되었던 측면이 있다. 그런데 최근 대법원 2019후10609 판결의 설시에서는 선택발명이 구성의 곤란성에 의해서도 진보성이 부정되지 않을 수 있다는 점을 분명히 하였고, 현저한 효과에 의해 진보성이 부정되지 않는 경우에도 진보성 판단에 필요한 효과의 기재 정도에 관해 일반적인 발명과 차이를 두지 않았다. 나아가 그 기재 정도가 명세서 기재요건으로까지 확장되어 해석될 여지가 있는 표현 자체를 사용하지 않은 점까지 고려한다면, 현재는 어느 모로 보나 위와 같은 논의의 전제가 성립되기 어려운 상황이라고 할 수 있다.

5. 비교법적 검토

가. 미국

미국 실무에서는 상위개념, 하위개념 대신에 속(genus), 종(species)이라는 용어를 사용하고 선택발명이라는 용어는 거의 사용하지 않고 있다.[164] 또한 선택발명의 개념 자체를 인식하고 있기는 하지만 이를 달리

---

164) 손천우, 선택발명의 특허성에 관한 연구, 박영사(2022), 212-213면.

취급하지 않고 일반발명의 특허성 판단 기준을 적용하고 있다.[165] 그 연장선상에서 선택발명의 명세서 기재요건에 관하여도 효과 기재와 관련한 특별한 요건을 두고 있지는 않은 것으로 보인다.

나. 유럽연합

EPO 심사기준은 선택발명의 진보성 판단에 관하여 규정하고 있으나,[166] 명세서 기재요건으로서 충분한 개시와 관련하여서는 발명의 일반적인 개시 요건으로 해당 발명을 실시할 수 있는 적어도 하나의 방법을 구체적으로 기재하여야 한다는 점[167]과 청구항에 기재된 기술적 효과가 달성되지 않아 발명의 재현가능성이 없는 경우에는 EPC 제83조의 충분한 개시 요건에 근거하여 그 출원이 거절되어야 하고, 청구항에 기재되지 않은 효과로서 해결해야 할 과제의 일부에 해당하는 때에는 진보성 측면에서 문제 된다는 점[168] 등을 언급하고 있을 뿐, 선택발명을 특별히 취급하고 있지는 않다.

다. 일본

일본특허청의 심사기준은 실시가능 요건과 관련하여 선택발명에 적용되는 특유한 요건을 규정하고 있지 않으며, 다만 화학물질발명의 경우에 그 물건을 사용할 수 있어야 한다는 점과 관련하여 하나 이상의 특정한 기술적으로 의미 있는 용도를 기재하여야 한다고 언급하고 있을 뿐이다.[169]

---

165) 박영규, "선택발명의 신규성·진보성 판단을 위한 선행기술의 인정범위", 지식재산연구 제14권 제4호, 한국지식재산연구원(2019), 175면.

166) EPO, Guidelines for Examination in the EPO, Part G, Chapter VII, 12.

167) EPO, Guidelines for Examination in the EPO, Part F, Chapter III, 1.

168) EPO, Guidelines for Examination in the EPO, Part F, Chapter III, 12.

6. 검토

가. 선택발명의 명세서 기재요건에서의 핵심 쟁점

선택발명의 명세서 기재요건과 관련하여서는 주로 실시가능 요건의 충족 여부가 문제 되는데, 선택발명의 효과를 어느 정도 기재하여야 위 요건을 충족할 수 있는지가 논의의 핵심이다. 이러한 논의는 선택발명의 진보성 판단에서 효과가 가지는 의미와 밀접하게 관련되어 있다.

나. 진보성 판단에 고려할 수 있는 효과에 해당하기 위해 필요한 기재 정도와 명세서 기재요건을 충족하기 위해 필요한 효과 기재 정도의 관계

종전에 대법원 2008후736,743 판결 등의 해석과 관련하여 선택발명의 진보성 판단에 고려하기 위한 효과의 기재 정도와 명세서 기재요건을 충족하기 위한 효과의 기재 정도를 동일시하는 견해들이 다수 존재했고, 이러한 견해들은 선택발명에서 명세서 기재요건의 충족 및 진보성과 관련한 효과 인정은 모두 통상의 기술자가 명세서에 의해 선택발명의 특별하고도 현저한 효과를 인식할 수 있는지 여부에 의해 결정된다고 보았다. 선택발명의 경우 명세서 기재요건과 진보성 판단 기준을 사실상 구분하지 않는 입장이라고 할 수 있다.

그런데 명세서 기재요건은 특허발명의 실시를 독점하는 것에 대한 대가로서 그 발명에 대해 충분한 공개가 이루어져야 한다는 측면에서 요구되는 것이고, 진보성 요건은 기술적 진보를 이루어 기술발전에 기여한 발명에 대해서만 독점권을 준다는 측면에서 요구되는 것이다. 이처럼 명세서 기재요건과 진보성 요건은 기능하는 바가 서로 상이한 독립된 요건이라고 할 수 있다. 그에 따라 각 요건의 충족 여부는 그 기능이 충

---

169) JPO, Examination Guidelines, Part II, Chapter 1, Section 1, 3.1.1.

실히 수행되었는지의 관점에서 개별적으로 평가되어야 함이 원칙이다. 따라서 논리적으로 실시가능 요건을 충족하기 위한 효과의 기재 정도와 진보성 판단 단계에서 고려할 효과에 해당하기 위한 명세서 기재의 정도가 같은 수준이어야 할 이유는 없다. 또한 진보성 판단을 위한 평가의 대상이 되기 위해 효과가 명세서에 기재되어야 하는 정도가 실시가능 요건을 충족하기 위한 기준으로 그대로 적용될 수도 없다고 보아야 한다.[170]

선택발명의 진보성에 관한 종전 대법원 2008후736,743 판결 등의 설시 내용 역시 별도로 명세서 기재요건임을 명시하지 않고 있는데, 단지 일부 표현상 모호한 점만으로 이를 진보성에 관한 것에서 더 나아가 명세서 기재요건으로까지 확장하여 해석할 만한 타당한 근거는 없다.

또한 최근 대법원 2019후10609 판결에서는 선택발명의 효과가 현저하면 진보성이 부정되지 않는데, 효과의 현저성은 명세서에 기재되어 통상의 기술자가 인식하거나 추론할 수 있는 효과를 중심으로 판단하여야 한다고 하였을 뿐, 명세서에 그러한 효과가 기재되어 있어야 한다는 표현을 사용하지 않았다. 이는 종전 대법원 2008후736,743 판결 등과 대비할 때 진보성 판단에 고려되기 위해 필요한 효과의 명세서 기재 정도가 명세서 기재요건으로까지 해석될 여지가 있는 표현을 제외한 것이다. 명세서 기재요건으로서 효과 기재와 진보성 판단에 고려하기 위한 효과의 명세서 기재에 대한 평가가 별개라는 점을 명확하게 한 것으로 보인다. 물론 대법원 2019후10609 판결에 의하더라도 진보성 판단에 고려되기 위해 명세서에 효과를 어느 정도 기재하여야 하는지의 문제가 여전히 발생할 수는 있지만, 이 문제는 진보성 판단 영역에 국한된 것이고, 명세서 기재요건과는 무관하다.

요약하자면, 발명의 진보성 판단에 고려할 효과에 해당하기 위해 그 효과가 명세서에 어느 정도 기재되어야 하는지의 문제와 발명의 실시가능 요건을 충족하기 위해 효과가 명세서에 어느 정도 기재되어 있어야

---

170) 이진희, 위의 논문(주 109), 501면.

하는지의 문제는 서로 구분되는 별개의 것이다.

다. 실시가능 요건 충족을 위해 필요한 효과의 기재 정도[171]

명세서 기재요건 자체로 평가할 때 실시가능 요건 충족을 위해 명세서에 효과를 어느 수준으로 기재해야 하는지 본다.

실시가능 요건을 충족하기 위해서는 발명을 정확하게 이해하고 동시에 재현, 즉 실시할 수 있어야 한다. 그런데 청구항에 기재된 발명의 유형에 따라 실시의 의미가 달라지므로, 실시가능 요건의 충족 여부를 판단하기 위해서는 청구항에 의해 특정되는 발명의 유형을 파악할 필요가 있다. 한편 화학물질발명의 경우 물건의 발명의 일종으로서 원칙적으로 발명의 설명에 그 물질의 화학구조식, 제조방법 및 산업적 유용성을 확인할 수 있는 정도의 효과 기재가 있으면 이를 생산하고 사용하는 등으로 실시할 수 있으므로 실시가능 요건을 충족한다는 것에 대해 대체로 견해가 일치한다.

실무상 선택발명에 해당하는 발명의 대부분은 화학물질발명으로서 청구항 기재에 의해 파악되는 발명의 유형이 일반 화학물질발명과 마찬가지로 물건의 발명이다. 그럼에도 불구하고, 발명의 설명에 그 효과를 어느 정도 기재하여야 실시가능 요건을 충족할 수 있는지에 대해 다양한 견해가 있다. 그중 실시가능 요건을 충족하기 위하여 요구되는 효과의 기재 정도에 관하여 일반적인 화학물질발명의 경우보다 엄격한 기준을 제시하는 견해의 근저에는 선택발명은 본질적으로 중복발명에 해당하여 특허를 받을 수 없는 것이지만 기초발명의 활용과 개선을 촉진하기 위하여 상위개념인 선행발명이 인식하지 못한 우수한 효과를 가진 하위개념으로 이루어진 발명에 관하여 예외적으로 특허를 부여하는

---

171) 이하의 내용은, 이진희, 위의 논문(주 109), 512-514면을 요약 및 정리하고, 일부 내용을 추가한 것이다.

것[172])이라는 관념이 자리하고 있는 것으로 보인다. 이에 따라 그 구체적인 논거로 선택발명의 특별하고도 현저한 효과는 선행발명과 차별화되는 선택발명의 구성에 해당하며 발명자가 이를 발견함으로써 선택발명이 완성된다는 점을 제시한다. 또한 선택발명의 가치는 선행발명의 다수의 실시가능태양 중에 특별히 일부를 선택한 것에 있는데 통상의 기술자가 선택발명이 선행발명에 비하여 특별하고도 현저한 효과를 갖는다는 것을 인식할 수 있어야 그 선택발명을 선택하여 실시할 수 있다는 점을 제시한다. 이러한 입장은 선택발명의 진보성이 부정되지 않기 위한 기준과도 밀접하게 관련되어 있다. 즉 선행발명과 차별화되는 현저한 효과가 선택발명으로서의 의의와 가치이고, 이를 근거로 선택발명에 대해 특허가 부여되는 것인데, 통상의 기술자가 발명의 설명을 통해 선택발명의 의의와 가치를 인식할 수 있어야 실시가능 요건을 충족하는 것이고 일반 화학물질발명과 같이 단순히 유용성을 기재하는 것만으로는 효과기재가 충분치 않다는 논리구조를 취한다.[173]

이러한 입장은 다음과 같은 점에서 타당하지 않다.

먼저, 명세서 기재는 통상의 기술자가 발명의 설명을 통해 그 발명을 정확하게 이해하고 재현하기 위해 필요한 것이다. 그런데 통상의 기술자는 발명의 설명 기재를 통해 물건의 발명에 해당하는 선택발명의 경우 무엇을 대상으로 한 발명이고, 그 대상을 어떻게 제조할 수 있으며 어떤 유용성을 갖는 것인지를 인식할 수 있으면 이를 충분히 실시할 수 있다. 선택발명이 선행발명에 비하여 이질적인 효과를 가지고 있거나 동질의 경우 현저한 효과를 가지고 있다는 점을 인식하여야 이를 실시할 수 있는 것은 아니다. 결국 선행발명과 차별화되는 현저한 효과라는 것은 명세서 기재요건 단계가 아니라 진보성 단계에서 선택발명에 특허를 부여할 것인지를 판단하기 위해 고려될 요소 중 하나일 뿐이다.

---

172) 특허법원, 위의 책(주 29), 263면(윤주탁 집필 부분).
173) 강경태, 위의 논문(주 39), 30-31, 39-42면.

다음으로, 발명의 완성이라는 측면에서도 물건의 발명인 선택발명은 유용성을 가지는 물질을 제조하여 그 존재를 확인하는 것 자체로 완성되는 것이다. 선택발명에 대해 이질적이거나 동질의 현저한 효과까지 확인하여야 발명이 완성된다고 보는 입장은 이러한 효과를 선택발명의 구성으로 보기 때문인 것으로 생각된다. 그런데 발명의 구성에 해당하는지는 청구항 기재로부터 파악되는 것이다. 물건의 발명인 선택발명은 청구항에 효과를 포함하고 있지 않으므로, 그 효과를 선택발명의 구성으로 볼 수는 없다.

뿐만 아니라 최근 선고된 대법원 2019후10609 판결에서 선택발명의 경우에도 일반적인 발명과 마찬가지로 구성의 곤란성에 의해서 진보성이 부정되지 않을 수 있다는 입장을 명확히 선언하였다. 이로써 선행발명과 차별화되는 현저한 효과만이 선택발명을 특별히 특허로써 보호하는 것을 정당화할 수 있는 유일한 가치라는 전제는 더 이상 성립할 수 없게 되었다. 위 판결에 따르면, 예를 들어 A라는 선택발명은 선행발명과의 관계에서 구성의 곤란성이 있어 진보성이 부정되지 않을 수 있고, 다른 한편 B라는 선택발명은 효과의 현저성이 있어 진보성이 부정되지 않을 수도 있다. 그런데 효과에 관한 구체적인 기재를 요구하는 입장에서도 선택발명이 구성의 곤란성에 의해 진보성이 부정되지 않는 A 발명의 경우에는 명세서에 효과에 관한 특별한 기재 형식을 요구할 근거가 없다. 그렇다면 선택발명이라는 같은 범주에 포함되는 경우에도 그 발명이 어떤 근거로 진보성이 부정되지 않는지에 따라 명세서 기재요건이 달라지는 결과가 초래될 수 있다.

이러한 결과는 진보성 판단에 명세서 기재요건 판단이 종속되고, 선택발명 일반에 적용될 수 있는 명세서 기재요건 판단 기준의 설정이 어려워진다는 문제점이 있다. 구체적인 분쟁에서 진보성 유무 판단은 선행발명을 전제로 하는 상대적인 것으로서 어떤 발명이 선행발명으로 제시되는지에 따라 결론이 달라질 수 있는 유동적인 것이지만, 명세서 기재요건은 선행발명과의 대비가 아닌 대상 발명의 명세서 기재 그 자체에 의해 발명을 충분히 공개하였는지가 획일적으로 판단되는 것이다. 따라서 출원자 입장에서는 발명의 출원 당시 자신이 기재한 청구범위를 기초로 할 때 명세서를 어느 정도 기재하여야 그 요건을 충족할 수 있는지를 명확히 알고 있어야 할 필요가 있다. 그런데 향후 진보성이 문제될 경우 어떤 점을 근거로 진보성이 부정되지 않을 수 있는지에 따라 요구되는 명세서 기재의 정도가 달라질 우려가 있어, 결과적으로 출원자는 발명의 출원 당시를 기준으로 할 때 명세서 기재요건 충족을 위해 필요한 기재의 정도를 확정할 수 없게 된다. 결국 선택발명이 구성의 곤란성에 의해서도 진보성이 부정되지 않을 수 있다는 판례의 태도를 전제로 한다면, 명세서 기재요건으로서 현저한 효과에 관한 정량적 기재 내지 구체적 기재를 요구하는 견해는 명세서 기재요건의 충족 여부가 진보성 판단에 종속되고, 유동적인 상태에 있게 된다는 점에서 부당하다.

결론적으로 선행발명과 차별화되는 현저한 효과라는 선택발명의 의의와 가치는 진보성 단계에서 선택발명에 특허를 부여할 것인지를 판단하기 위해 고려할 요소 중의 하나이고, 본질적으로 물건의 발명에 해당하는 선택발명은 그 산업적 유용성 정도를 확인할 수 있는 범위 내에서 효과를 정성적으로 기재하면 실시가능 요건을 충족한다고 보아야 한다. 다만 출원인 입장에서는 명세서 기재요건을 충족하더라도 효과 기재 누락으로 인해 진보성 판단에서 그 효과가 고려될 수 없고, 그로 인해 진보성에 관하여 유리한 판단을 받을 수 없게 되는 위험을 피하기 위해 명세서에 해당 발명의 개발과정에서 파악한 효과를 자세히 기재할 수는 있다. 그러나 이는 어디까지나 진보성 단계에서 고려될 수 있는 효과에 해당하기 위한 것으로서, 명세서 기재요건을 충족하기 위해 출원인에게 요구되는 명세서 기재의 정도와는 다른 차원의 문제이다.

III. 결정형 발명

1. 판례의 태도 및 분석

대법원이 결정형 발명의 명세서 기재요건에 관하여 정면으로 설시한 사례를 찾기는 어렵다. 다만 결정형 발명의 진보성이 문제되었던 대법원 2011. 7. 14. 선고 2010후2865 판결에서는 특별한 사정이 없는 한 선행발명에 공지된 화합물이 갖는 효과와 질적으로 다른 효과를 갖고 있거나 질적인 차이가 없더라도 양적으로 현저한 차이가 있는 경우에 한하여 진보성이 부정되지 않고, 이때 결정형 발명의 설명에는 선행발명과의 비교실험자료까지는 아니라고 하더라도 위와 같은 효과가 있다는 것이 명확히 기재되어 있어야만 진보성 판단에 고려될 수 있다고 설시한 바 있다.

결정형 발명의 진보성에 관한 대법원 2010후2865 판결이 결정형 발명의 명세서 기재요건과 어떻게 연관되어 해석될 수 있는지는 선택발명에 관한 대법원 판결들과 대비하여 검토할 필요가 있다.

먼저, 대법원 2010후2865 판결에서는 결정형 발명이 선행발명이 갖는 효과와 질적으로 다른 효과를 갖고 있거나 양적으로 현저한 차이가 있는 효과를 갖고 있다는 것이 발명의 설명에 명확히 기재되어야 진보성 판단에 고려할 수 있다고 하였다. 반면 선택발명의 진보성에 관한 대법원 2008후736,743 판결 등에서는 발명의 설명에 선행발명이 갖는 효과와 질적인 차이를 확인할 수 있는 구체적 내용이나 양적으로 현저한 차이가 있음을 확인할 수 있는 정량적 기재가 있어야 한다고 하였다. 이처럼 결정형 발명이나 선택발명에 관한 사안 모두 실질적으로는 진보성 판단에 고려할 효과에 해당하기 위해 효과가 명세서에 어느 정도 기재되어 있어야 하는지를 언급하면서도 그 표현방식을 달리하였다. 즉 선택발명 사안에서는 그 효과가 발명의 설명에 기재되어 있어야 한다고 하여 명세서 기재요건으로까지 해석될 수 있는 여지가 상당했다. 결정형 발명 사안에서는 효과가 명세서에 기재되어야 그 효과를 진보성 판단에 고려할 수 있다고만 언급하였는데, 이러한 표현은 선택발명의 경우와 비교하여 명세서 기재요건으로까지 확장하여 해석될 가능성이 상대적으로 낮다고 할 수 있다.

다음으로, 진보성에 고려할 효과의 명세서 기재 정도와 관련하여서도 선택발명에 관한 대법원 2008후736,743 판결에서는 질적인 차이를 확인할 수 있는 구체적 내용이나 양적으로 현저한 차이가 있음을 확인할 수 있는 정량적 기재를 요구했다. 반면 결정형 발명에 관한 대법원 2010후2865 사안에서는 선행발명과의 비교실험자료까지는 아니라고 하더라도 이질적이거나 양적으로 현저한 차이가 있는 효과가 있다는 것이 명확히 기재되는 수준을 요구함으로써 선택발명의 경우와 대비하여 다소 완화된 추상적인 기준을 제시하였다. 결정형 발명에 관한 위 기준은 선택발명의 실시가능 요건에 관하여 효과의 명확하고 충분한 기재를 요구했던 대법원 2005후3338 판결과 거의 동일한 수준인 것으로 보인다.

한편 최근 결정형 발명의 진보성이 문제 되었던 대법원 2022. 3. 31. 선고 2018후10923 판결에서는, 종전 대법원 2010후2865 판결 등에서 특별한 사정이 없는 한 효과의 현저성을 가지고 결정형 발명의 진보성을 판단한 것은 구성이 곤란한지 불분명한 사안에서 효과의 현저성을 중심으로 진보성을 판단한 것이라고 그 의미를 확인하였다. 나아가 결정형 발명의 진보성은 구성의 곤란성과 현저한 효과를 종합적으로 고려하여 판단해야 한다는 취지로 설시하면서, 결정형 발명의 효과가 선행발명 화합물의 효과와 질적으로 다르거나 양적으로 현저한 차이가 있는 경우에는 진보성이 부정되지 않는데, 결정형 발명의 효과의 현저성은 그 발명의 명세서에 기재되어 통상의 기술자가 인식하거나 추론할 수 있는 효과를 중심으로 판단하여야 한다고 하였다. 대법원 2018후10923 판결 역시 진보성 판단에 고려할 효과의 명세서 기재 정도에 대해 언급하고 있으나 명세서에 그 효과가 기재되어야 한다는 등의 표현을 사용하지 않음으로써 이를 명세서 기재요건으로까지 확장하여 해석할 가능성을 배제시켰다.

결국 결정형 발명의 진보성에 관한 대법원 2010후2865 판결이나 최근 대법원 2018후10923 판결은 모두 결정형 발명의 명세서 기재요건에 관하여는 언급하지 않은 것으로 이해하는 것이 타당하다.

2. 특허청 심사기준

화합물 발명은 발명의 설명에 화합물의 확인자료 및 제조방법에 대하여 기재하여야 하는데, 화합물 발명의 일종인 결정다형 발명의 경우 화합물의 확인자료로서 XRD(X-Ray Diffractiometry, X선 회절분석) 데이터를 통해 결정다형임을 알 수 있도록 기재하여야 한다.[174] 효과 기재의 필요성에 관하여는 특별한 기준을 제시하지 않고 있다.

3. 학설상 논의

결정형 발명에 대해서는 선택발명과 유사하게 현저한 효과에 의해서만 진보성이 부정되지 않을 수 있다는 것이 종래 다수의 견해였다. 이처럼 결정형 발명의 진보성 판단 기준이 상당히 엄격했기 때문에 결정형 발명에 관한 논의의 무게 중심은 진보성에 치우쳐 있었다. 그 결과 결정형 발명의 명세서 기재요건 자체에 관한 독자적인 논의를 찾기는 어렵다. 다만 결정형 발명을 선택발명과 마찬가지로 특수한 유형의 발명으로 분류하면서 종전 선택발명의 명세서 기재요건에 관한 논의의 연장선상에서 결정형 발명의 진보성 판단에 고려하는 효과에 해당하기 위해 필요한 효과의 명세서 기재 정도가 실시가능 요건과 같은 명세서 기재요건으로서의 역할도 하는지라는 문제에 대한 논의가 있다.

이에 대해서는 대법원 2010후2865 판결의 설시 중 결정형 발명에 선

---

174) 특허청, 기술분야별 심사실무가이드(2022. 1.), 9204-9205면.

행발명과 질적으로 다른 효과 또는 양적으로 현저한 차이가 있는 효과가 있다는 것이 발명의 설명에 명확히 기재되어야 한다는 부분이 진보성 판단에 고려할 수 있는 효과에 해당하기 위해 필요한 기재의 정도이면서 명세서 기재요건을 충족하기 위해 요구되는 효과의 기재 정도에도 해당하여 양 기준이 동일하다는 취지의 견해가 있다.[175]

이와 같이 진보성 판단과 명세서 기재요건을 연결 짓는 견해는 결정형 발명의 경우 현저한 효과가 있을 때에만 진보성이 부정되지 않는다는 것을 전제로 한다. 그런데 최근 대법원 2018후10923 판결에서 결정형 발명도 구성의 곤란성에 의해 진보성이 부정되지 않을 수 있다고 확인한 점을 고려하면, 명세서에 효과를 일정 수준으로 기재하여야 명세서 기재요건을 충족할 수 있다는 견해는 그 논의의 전제를 상실하였다고 할 수 있다.

4. 검토

동일한 화학구조의 화합물은 생체 내에서 동일한 약리기전에 따른 약리효과를 나타내지만, 약물의 저장 안정성이나 생체이용률의 개선을 위해 결정다형에 관한 연구가 행해지고 있으며, 그 연구의 결과물이 결정형 발명이다. 이러한 결정형 발명의 명세서 기재요건 자체에 대한 국내 판례나 논의를 찾기는 쉽지 않다.

이는 결정형 발명을 선택발명과 함께 특수한 유형의 발명으로 분류하고 결정형 발명에 관한 논의에 선택발명의 각 요건에 관한 논의를 상당 부분 차용하게 되면서 그 독자적 논의의 필요성에 대한 인식이 높지 않았기 때문이다. 다른 한편으로는 종래 결정형 발명의 진보성에 대해 현저한 효과가 있을 경우에만 진보성이 부정되지 않는다는 관점에서 특

---

175) 권동주, "결정형 발명의 진보성 판단 기준에 관한 판례 분석", 특허법원 개원 20주년 기념논문집, 특허법원(2018), 185면.

허분쟁이나 논의가 상대적으로 진보성에 집중되었기 때문으로 이해된다.

이에 따라 결정형 발명의 명세서 기재요건에 관한 논의의 실질적 출발점은 결정형 발명의 진보성 판단 기준이었다. 진보성 판단 기준이 명세서 기재요건에 관한 논의를 촉발시킨 경우라고 할 수 있다. 즉 결정형 발명의 진보성이 부정되지 않기 위해서는 일정한 수준의 효과가 필요하다는 학설 및 그와 같은 입장을 취하는 것으로 이해되었던 종전 판례를 출발점으로 하여 이러한 효과와 명세서 기재요건을 어떻게 연결 지을 것인지의 문제가 논의의 시작이자 끝이라고 할 수 있다. 그 논의는 앞서 선택발명에서 검토한 것과 동일선상에서, 발명의 진보성 판단에 고려하기 위한 효과에 해당하기 위해 효과가 명세서에 어느 정도 기재되어 있어야 하는지의 문제와 실시가능 요건 등 명세서 기재요건을 충족하기 위한 효과의 기재 정도의 문제를 동일하게 파악할 것인지에 집중되어 있다. 이는 결정형 발명과 선택발명의 유사성에 치중하여 선택발명에 관한 논의를 사실상 그대로 가져온 것이라고 할 수 있다.

그런데 진보성 판단 시에 고려할 수 있는 효과에 해당하기 위해 명세서에 그 효과가 어느 정도 기재되어야 하는지의 문제를 진보성과 역할을 달리하는 별도의 독립한 요건인 명세서 기재요건으로까지 그 적용범위는 확대하여서는 안 된다. 결정형 발명의 진보성에 관한 대법원 2010후2865 판결이나 최근 대법원 2018후10923 판결은 그 표현상 선택발명에서 위와 같은 논의에 한 원인을 제공했던 대법원 2008후736,743 판결의 문언과 달리 진보성 판단에 고려할 효과에 해당하기 위해 필요한 기재의 정도를 명세서 기재요건으로까지 확장하여 해석할 만한 여지를 주고 있지도 않다.

그렇다면 결정형 발명의 명세서 기재요건은 명세서 기재요건 자체의 측면에서 평가할 필요가 있다. 이 부분에 대해 명시적인 논의를 찾기는 어렵지만, 이론적으로는 선택발명과 마찬가지로 효과에 관한 정량적 기재 등 구체적 기재를 요구하는 견해와 정성적 기재로 족하다는 견해가 있을 수 있고, 정량적 기재를 요구하는 견해의 전제는 결정형 발명의 진보성이 효과의 현저성에 의해서만 부정되지 않을 수 있다는 것이다. 그런데 결정형 발명도 구성의 곤란성에 의해 진보성이 부정되지 않을 수 있다는 점을 명확히 확인한 최근 대법원 2018후10923 판결을 고려하면, 결정형 발명의 효과에 관한 정량적 기재 등 효과의 구체적 기재가 명세서 기재요건 충족을 위해 필요하다는 견해의 전제는 상실된다.

명세서 기재요건의 충족 여부는 명세서의 기능에 충실하게 통상의 기술자가 물건의 발명인 결정형 발명의 유용성을 인식하면서 이를 제조하여 그 존재를 확인하고 이를 사용할 수 있는지에 의해 판단되어야 한다.

또한 명세서 기재요건의 충족 여부는 선행발명과의 관계에서 판단되는 진보성과 달리 명세서 기재 자체에 의해 판단되는 것이고, 판단 대상이 되는 특정한 발명에 대해서는 발명의 진보성이 부정되지 않는 이유가 무엇인지와 상관없이 하나의 일관된 기준이 있어야 한다. 그래야만 출원자 입장에서도 발명의 출원 당시 자신이 기재한 청구범위를 기초로 할 때 명세서를 어느 정도 기재하여야 그 요건을 충족시킬 수 있는지를 명확히 알 수 있게 된다. 이와 관련하여 명세서 기재요건 충족 여부가 위와 같이 일관된 기준에 의해 결정되어야 한다는 원칙과 명세서 기재요건으로서 정량적 기재를 요구하는 입장이 결합되면, 결정형 발명이 선행발명과의 관계에서 구성의 곤란성에 의해 진보성이 부정되지 않는 경우에 부당한 결론에 이르게 된다. 즉 결정형 발명은 선행발명과의 관계에서 구성의 곤란성에 의해 진보성이 부정되지 않는데, 진보성 판단 시 고려되지 않은 발명의 효과를 명세서에 충분히 기재하지 않았다는 이유로 명세서 기재요건을 충족하지 못한다는 결론에 이를 수 있는 것이다.

결론적으로 결정형 발명의 명세서 기재요건을 충족하기 위한 효과의 기재 정도를 일반적인 화학물질발명과 달리 볼 이유는 없다. 결정형 발명은 발명의 설명에 제조방법 및 그에 대한 실시례, 결정형 발명의 생성을 확인할 수 있는 확인자료, 물건의 발명으로서의 유용성을 확인할 수 있는 수준의 효과가 기재되어 있으면 명세서 기재요건을 충족한다고 보아야 한다.

Ⅳ. 관련 논의: 수치한정발명176)

1. 판례의 태도 및 분석

수치한정에 임계적 의의가 있거나 상이한 기술과제를 달성하기 위한 수단으로서 기술적 특징이 있는 경우 효과 기재와 명세서 기재불비의 관계에 대해 직접적으로 언급한 사례를 찾기는 어렵다.

다만 대법원은 2011. 10. 13. 선고 2010후2582 판결에서, 구성요소의 범위를 수치로써 한정하여 표현한 발명의 경우, 그러한 수치한정이 단순히 발명의 적당한 실시 범위나 형태 등을 제시하기 위한 것으로서 그 자체에 별다른 기술적 특징이 없어 통상의 기술자가 적절히 선택하여 실시할 수 있는 정도의 단순한 수치한정에 불과하다면, 그러한 수치한정에 대한 이유나 효과의 기재가 없어도 통상의 기술자로서는 과도한 실험이나 특수한 지식의 부가 없이 그 의미를 정확하게 이해하고 이를 재현할 수 있을 것이므로, 이런 경우에는 명세서에 수치한정의 이유나 효과가 기재되어 있지 않더라도 구 특허법(2007. 1. 3. 법률 제8197호로 개정되기 전의 것) 제42조 제3항에 위배된다고 할 수 없다고 설시하였다. 이는 수치한정발명의 명세서 기재불비 판단 기준에 관한 명확한 법리를 설시한

---

176) 수치한정발명은 제2장 제2절 Ⅲ.항에서 언급한 바와 같이 실무상 의약발명의 일종으로 분류되지는 않지만, 의약발명 중에는 투여용법·용량에 특징이 있는 의약용도발명과 같이 수치한정발명의 성질을 띠는 발명의 유형이 존재하는 등 수치한정발명과 의약발명은 서로 일정한 관련이 있으므로, 의약발명의 명세서 기재요건 논의와 관련된 범위 내에서 수치한정발명의 명세서 기재요건에 관하여도 검토한다.

최초의 판례로 평가된다.[177] 이 사건은 조성물 발명에서 조성물을 구성하는 개별 성분들을 혼합한다는 것에 기술적 특징이 있을 뿐, 그 조성비에 대한 수치한정 자체에는 별다른 기술적 특징이 없는 단순한 수치한정발명의 경우에 대해 수치한정의 이유나 효과의 기재가 없어도 실시가능 요건에 위배되지 않는다고 판단한 것이다.

그 후 수치한정발명의 명세서 기재불비와 관련하여 대법원 2015. 9. 24. 선고 2013후525 판결에서는, 구성요소의 범위를 수치로 한정하여 표현한 물건의 발명에서도 청구범위에 한정된 수치범위 전체를 보여주는 실시례까지 요구되는 것은 아니지만 통상의 기술자가 출원 시의 기술 수준으로 보아 과도한 실험이나 특수한 지식을 부가하지 않고서는 명세서의 기재만으로 수치범위 전체에 걸쳐 물건을 생산하거나 사용할 수 없는 경우에는 실시가능 요건을 충족하지 못한다는 기준을 설시하였다. 나아가 이 사건에서 통상의 기술자가 출원 시의 기술 수준으로 보아 과도한 실험이나 특수한 지식을 부가하지 않고서는 명세서의 기재만으로 이 사건 제1항 발명의 청구범위에 한정된 수치범위 전체에 걸쳐 그 물건을 생산할 수 없으므로, 실시가능 요건을 충족하지 못하였다고 판단하였다. 이 사건은 수치한정발명의 유형 중 공지된 발명과 상이한 과제를 해결하기 위한 수단으로 수치한정이 채택된 경우에 관한 것이다. 이 사건에서는 물건의 발명인 수치한정발명의 생산 측면에서 실시가능 요건을 판단하였고, 수치한정에 관한 효과 미기재가 명세서 기재불비에 해당하는지에 관하여는 판단이 이루어진 바 없다.

2. 학설상 논의

수치한정발명의 명세서 기재요건에 관하여는 그 기술적 의의 및 효

---

177) 유영선, "수치한정발명의 기재불비 판단 기준", 대법원판례해설 제90호, 법원
    도서관(2012), 642면.

과 기재와 명세서 기재불비의 관계가 논의의 핵심이며, 구체적인 내용은 아래와 같다.

1) 명세서 전체 기재에 비추어 수치한정에 기술적 특징이 있다고 보이는 발명에서 해당 수치범위 전부에서 현저하거나 이질적인 효과가 나타나는지 또는 그와 같은 수치범위가 달성 가능한 것인지가 명확하게 기재되어 있지 아니한 경우에는 실시가능 요건 위배 또는 뒷받침 요건 위배의 문제가 발생할 수 있다는 견해가 있다. 이 견해는 다만 모든 수치범위에 관한 실시례를 일일이 제시하는 것은 어렵기 때문에 해당 수치범위에 해당하는 특성의 전체적으로 일관된 방향성이 입증되는 정도라면 실시가능 요건을 충족하는 것으로 볼 수 있을 것이고, 실시례의 기재 자체만을 기재불비의 절대적 요건으로 볼 것은 아니며 명세서 전체의 기재에 의하여 통상의 기술자가 해당 발명을 쉽게 이해하고 재현할 수 있는지의 관점에서 파악해야 할 문제라고 한다.[178]

2) 수치한정의 기술적 의의가 명확히 기재되어야 명세서 기재요건을 충족하고, 명세서에 기재된 임계적 효과는 발명 전체의 진보성을 인정받을 수 있을 정도여야 한다는 견해가 있다. 이 견해는 수치한정발명이 가지는 고유한 효과는 실험데이터 등에 의하여 명백히 인식할 수 있는 정도로 기재되어야 하며 이는 선택발명의 명세서 기재요건과 마찬가지라고 한다.[179]

3) 명세서에 수치한정의 이유나 효과의 기재가 없는 경우 일률적으로 실시가능 요건 위반의 기재불비에 해당하거나 해당하지 않는다고 할 수 없으므로 이를 구분할 판단 기준의 마련이 필요하며, 수치한정 자체에 기술적 특징이 있는지가 그 기준이 된다는 견해가 있다. 이 견해는 수치한정 자체에 기술적 특징이 있는 경우 그 기술적 특징이 무엇이고 그로 인하여 어떠한 효과가 있는지 명세서에 기재되어 있지 않으면 통상의 기술자가

---

178) 김창권, 위의 논문(주 41), 244-246면.
179) 조영선, 특허법 3.0, 제7판, 박영사(2021), 188면.

이를 이해하고 재현하기는 어려울 것이므로 기재불비로 본다. 반면 수치
한정 자체에 별다른 기술적 특징이 없어 통상의 기술자가 적절히 선택하
여 실시할 수 있는 단순한 수치한정에 불과하다면 수치한정의 이유나 효
과에 대한 기재가 없어도 기재불비가 아니라고 본다.[180]

4) 물건의 발명에서 한정된 수치범위 전체에 걸쳐 그 물건을 쉽게 생산 또는
사용할 수 있도록 발명의 설명에 기재되지 않은 경우에는 실시가능 요건
위반이 될 수 있다는 견해가 있다. 이 견해는 특히 물건의 사용 가능성과
관련하여, 청구범위에 한정된 수치범위가 일정한 효과를 도출하는 데에
기술적 의의가 있는 수치한정발명에서 그 수치범위 전체의 작용 효과에
관하여 발명의 설명에 명확하고 상세하게 기재되어 있지 아니한 경우에
는 통상의 기술자가 그 수치범위 전체에 걸쳐서 쉽게 사용할 수가 없어서
실시가능 요건을 충족하지 못하게 된다고 한다.[181]

5) 수치한정발명은 선택발명과 같이 일반발명의 기준에 의하면 신규한 물건
으로 인정받을 수 없기 때문에 특허성이 부정되어야 함에도 산업상 유용
성 때문에 특별한 요건을 전제로 특허성을 인정하는 발명이라고 이해하
는 견해가 있다. 이 견해는 수치한정발명에서는 발명으로서의 가치를 부
여할 수 있는 특별한 요건, 즉 한정된 수치의 가치를 확인할 수 있는 '임
계적 의의'가 일반발명에 있어서 '발명의 구성'과 같은 성질을 가지고, 발
명자가 출원 당시 이를 확인하는 것이 '발명의 완성'에 해당하기 때문에
출원 당시 명세서에 이들이 명확하게 기재될 것이 엄격하게 요구된다고
한다.[182]

6) 수치한정발명을 한정된 수치범위 자체에 별다른 기술적 특징이 없어 통
상의 기술자가 적절히 선택하여 실시할 수 있는 정도의 단순한 수치한정

---

180) 유영선, 위의 논문(주 177), 634-635면.
181) 정택수, "수치한정발명과 명세서 기재요건", 특허소송연구 제7집, 특허법원
(2017), 596, 600-601면.
182) 강경태, 위의 논문(주 39), 34-35면.

인 부진정 수치한정과 임계적 의의가 있거나 현저한 양적 또는 이질적 차이를 가져오는 등의 진정 수치한정으로 나누어 각 유형별 명세서 기재요건을 달리 볼 수 있다는 견해가 있다. 이 견해는 수치를 대상으로 한 청구범위의 해석에 의해 수치한정발명의 유형이 분류될 수 있는데, 기재요건이 쟁점이 되어 수치한정의 성격을 파악할 때에는 명세서 그 자체로 파악해야 한다는 입장이다. 이는 진보성이나 균등 관계 판단은 선행발명과의 관계에서 법적 평가를 함을 전제로 하고 있으나, 기재요건 충족에 대한 판단은 선행발명을 상정할 수 없기 때문이라고 한다. 또한 명세서 자체로 파악한 결과 부진정 수치한정으로 해석된다면 실시가능 요건, 뒷받침 용건의 판단에서는 진정 수치한정의 발명보다 다소 완화된 기준이 적용될 것이라고 한다.183)

3. 특허청 심사기준

청구범위의 명확성 요건과 관련하여, 발명이 명확하고 간결하게 기재되지 않은 유형의 하나로서, 수치한정발명에서 '~이상', '~이하', '0~10'과 같이 상한이나 하한의 기재가 없는 수치한정이나 0을 포함하는 수치한정을 한 경우, 또는 '120~200℃, 바람직하게는 150~180℃'와 같이 하나의 청구항 내에서 이중으로 수치한정을 한 경우를 예시하는 것184) 외에 수치한정발명의 명세서 기재요건에 관한 별도의 기준이 제시되어 있지는 않다.

---

183) 구성진, "수치한정발명에서 수치한정의 해석과 그 적용", 저스티스 제191호, 한국법학원(2022), 200, 217면.
184) 특허청, 특허·실용신안 심사기준(2021. 12. 30.), 2407-2409면.

4. 비교법적 검토

가. 미국

심사기준에서 수치한정발명의 명세서 기재요건에 관해 특별히 다루고 있지는 않으며, 수치한정과 관련된 표현에 따른 명확성 요건의 충족 여부를 검토하는 정도로 보인다.[185]

나. 유럽연합

통상의 기술자가 명세서의 개시 내용과 해당 분야의 기술상식에 의해 청구된 발명의 전 범위에 걸쳐 그 발명을 실시할 수 있어야 충분한 개시요건이 충족된다. 이 요건과 관련하여 발명의 필수 구성(feature)이 파라미터로 표현되어 있는 경우에는 통상의 기술자가 발명에 개시된 내용 전체와 기술상식 등에 의해 과도한 어려움 없이 청구된 발명에 이르는 기술 수단을 확인할 수 있을 정도로 그 파라미터가 충분히 정의되었는지가 문제 된다. 충분한 개시 요건은 통상의 기술자가 청구범위에 포함되는 모든 실시례를 실질적으로 실시할 수 있다는 것을 상정하는데, 충분한 개시 요건의 관점에서 통상의 기술자가 초기 실패에 대한 평가를 통해 성공에 이르는 직접적이고 필수적인 정보를 발견할 수 있는 한 합리적인 범위의 시행착오가 허용된다. 이러한 시행착오 전략은 초기 실패에 대한 평가를 통해 필수적이고 직접적으로 성공에 이르는 방법을 파악할 수 있을 경우에만 통상의 기술자가 과도한 어려움 없이 청구된 발명의 모든 실시례를 얻을 수 있도록 만든다(T 61/14).

---

185) 좌승관, "특허법상 명세서의 기재요건에 관한 연구-화학관련분야의 발명을 중심으로-", 충남대학교 대학원 법학박사학위논문(2020. 2.), 143면.

다. 일본

지적재산고등재판소의 판례 동향을 분석하면, 수치한정 자체에 기술적 특징이 있는 경우에는 그에 관한 이유나 효과의 기재가 없을 때에는 기재불비로 판단하는 것으로 요약된다. 반면 수치한정 자체에 기술적 특징이 없는 경우에는 그에 관한 이유와 효과의 기재가 없더라도 통상의 기술자가 발명의 과제해결원리에 대해 인식할 수 없는 것이 아니므로 기재불비가 아니라고 판단하는 것으로 요약된다.186)

5. 검토

실무상 수치한정발명은 통상 3가지 유형으로 구분되는데, 수치한정발명의 명세서 기재요건에 관한 논의는 주로 수치한정발명의 과제 및 효과가 공지된 발명의 연장선상에 있고 수치한정의 유무에서만 차이가 있는 경우 및 수치한정이 공지된 발명과는 상이한 과제를 달성하기 위한 기술수단으로서의 의의를 가지고 그 효과도 이질적인 경우를 대상으로 한다. 위 두 유형의 경우 명세서에 발명의 기술적 의의와 효과를 어느 정도 기재하여야 명세서 기재요건을 충족할 수 있는지가 논의되는 것이다. 특히 수치한정발명의 과제 및 효과가 공지된 발명의 연장선상에 있고 수치한정의 유무에서만 차이가 있는 유형의 수치한정발명은 청구범위에 표시된 수치범위의 의미 및 수치한정을 전후로 한 효과의 차이와 관련하여 명세서에 어느 정도로 수치한정의 기술적 의의와 효과, 구체적 실시례를 기재하여야 명세서 기재요건을 충족할 수 있는지가 실무상 빈번한 쟁점이 되고 있다.187)

판례는 수치한정발명과 관련하여 뒷받침 요건을 별도로 언급하지 않

---

186) 유영선, 위의 논문(주 177), 627-631면.
187) 김창권, 위의 논문(주 41), 238면.

으며, 학설 중에서도 실시가능 요건과 뒷받침 요건을 명확하게 나누어 논의하는 견해를 찾기 쉽지 않다. 실무상 주로 문제 되는 것은 실시가능 요건이므로 이하에서는 실시가능 요건에 초점을 맞추어 검토한다.

우선 수치한정발명의 기술적 의의 및 효과 기재와 명세서 기재요건의 관계에 관한 판례의 입장은 분명하지 않다. 수치한정발명의 실시가능 요건 충족 여부에 관한 대법원 2010후2582 판결 및 대법원 2013후525 판결은 수치한정이 보충적 사항에 불과한 경우에 대한 것이거나 수치한정발명의 생산 측면에서의 검토이어서 수치한정발명의 기술적 의의 및 효과의 명세서 기재 문제를 정면으로 다루지는 않았다. 수치한정발명의 진보성에 관한 대법원 2007. 11. 16. 선고 2007후1299 판결에서 "출원발명이 공지된 발명과 과제가 공통되고 수치한정의 유무에서만 차이가 있는 경우에는 그 출원발명의 명세서에 한정된 수치를 채용함에 따른 현저한 효과 등이 기재되어 있지 않다면 특별한 사정이 없는 한 그와 같이 한정한 수치범위 내외에서 현저한 효과의 차이가 생긴다고 보기 어렵다"고 설시한 바 있다. 그러나 이는 진보성에 관한 언급일 뿐, 명세서 기재요건 충족을 위해 현저한 효과의 기재를 요구한 것으로 해석되지는 않는다. 다수의 학설은 수치한정발명이 위 유형에 해당할 경우에는 명세서에 임계적 효과가 실험데이터에 의해 명백히 인식될 수 있을 정도로 기재되어야 한다는 등 통상적인 물건의 발명의 경우와 비교하여 엄격한 기준을 제시하고 있다.

하지만 수치한정발명도 수치로 한정된 물건의 발명이므로, 그 발명이 실시가능 요건을 충족하는지는 원칙적으로 명세서가 통상의 기술자로 하여금 과도한 실험이나 특수한 지식을 부가하지 않고서도 한정된 수치범위 내의 그 물건을 생산하고 사용할 수 있도록 기재되어 있는지를 평가하여야 한다. 청구범위에 그 수치범위에 걸친 용도나 효과가 별도로 기재되어 있지 않은 이상, 수치한정을 전후로 하여 효과의 현저한 차이를 명확하게 확인할 수 있는 기재가 추가적으로 있어야만 실시가능 요건을 충족하는 것은 아니다.

한편 명세서 기재요건에 관해 상대적으로 엄격한 기준을 제시하는 견해들도 수치한정이 보충적인 사항에 불과한 경우에 대해서는 기술적 의의 및 효과에 관해 이러한 구체적인 기재를 요구하지 않는다. 이는 명세서 기재에 대해 엄격한 기준을 적용하는 출발점이 선행발명과 차별화되는 수치한정발명의 기술적 특징이 명세서를 통해 확인될 수 있어야 명세서 기재요건을 충족한다는 것이기 때문이다. 이러한 전제에 의할 때 수치한정 자체가 선행발명과 차별화되는 기술적 특징이 아닌 경우에는 이에 대해 명세서에 엄격한 수준으로 기재를 요구할 근거가 없게 된다.

그런데 수치한정발명을 3가지 유형으로 분류하는 실무상의 태도는 진보성과 관련한 구분이고, 실제로 개별 수치한정발명이 어떤 유형에 속하는지의 문제는 선행발명과의 대비를 통해 그 기술적 가치를 상대적으로 평가한 것에 따른 구분이다. 이에 따라 청구범위가 수치로 한정된 발명은 개별 사건에서 진보성 판단의 대비 대상이 되는 선행발명이 특정되기 전까지는 어느 유형의 수치한정발명에 해당하는 것인지 명확히 구분되지 않는다. 이러한 상황에서 만일 명세서 기재요건에 관해 수치한정발명의 유형에 따라 다른 기준이 적용된다는 입장을 고수하면, 이는 구체적인 선행발명이 제시되기 전까지는 수치한정발명의 명세서에 어떤 내용이 기재되어야 그 요건을 충족할 수 있는지 알 수 없도록 유동적인 상태에 두는 결과를 초래하게 된다. 극단적으로는 사건별로 제시된 선행발명에 따라 명세서 기재요건 충족 여부의 판단이 달라질 수 있다. 이 점은 명세서 기재요건 충족 여부는 그 기재 자체로 일관되게 판단되어야 한다는 점에서 부당하다. 그렇다고 하여 모든 수치한정발명의 명세서 기재요건에 관해 일률적으로 엄격한 기준을 적용할 만한 타당한 이유도 없다.

나아가 수치한정발명의 명세서 기재요건에 관해 엄격한 기준이 적용되어야 한다는 견해는 선행발명과 차별화되는 기술적 특징이 명세서에서 확인될 수 있어야 명세서 기재요건을 충족한다는 입장이다. 이를 달리 표현하면, 통상의 기술자가 명세서를 통해 그 발명의 진보성이 부정되지 않을 만한 기술적 가치가 있다는 점을 인식하지 못하면 명세서 기재불비라는 것인데, 이는 명세서 기재요건과 진보성 판단을 구분하지 않고 혼동하는 것이 될 수 있어 부당하다.

이러한 점들을 종합적으로 고려하면, 결론적으로 수치한정발명의 명세서 기재요건의 판단 기준은 각 유형에 따라 이를 달리 볼 것이 아니라 일률적인 기준을 제시하는 것이 바람직하고, 청구범위에 기재된 물건의 발명의 본질에 충실하게 한정된 수치범위 내의 물건을 생산하고 사용할 수 있다면 그 요건을 충족한다고 보아야 할 것이다.

수치한정발명의 명세서 기재요건에 관해 다수의 학설이 주장하는 것보다 완화된 기준을 적용하면 선행기술에 별다른 의미가 없는 수치한정을 부가한 발명에 대하여 특허가 주어지는 부당한 결과가 발생할 수 있다는 우려가 있을 수 있다. 그러나 이러한 우려는 진보성 판단 단계에서 그 발명의 기술적 가치를 평가하는 과정을 통해 극복할 수 있다.

제5절 의약발명의 실시가능 요건과
뒷받침 요건의 관계

Ⅰ. 논의의 배경

현행 특허법은 일본 특허법과 마찬가지로 실시가능 요건과 뒷받침 요건을 구분하여 규정하고 있으며, 판례 역시 일반론으로서 각 요건에 대해 별도의 판단 기준을 제시하고 있다. 그런데 의약발명에 관한 특허 실무상으로는 명세서 기재요건으로서 주로 실시가능 요건이 문제되고 있으며, 뒷받침 요건 충족 여부가 문제 되는 사안은 상대적으로 찾기 어렵다.

이에 이하에서는 실시가능 요건과 뒷받침 요건의 관계에 대한 우리나라에서의 논의와 각국의 입장을 검토하고, 이러한 논의가 의약발명의 관점에서 어떤 의미가 있는지 살펴보며, 의약발명에서 각 요건의 바람직한 관계 정립에 관하여 논하고자 한다.

Ⅱ. 관련 판례

제2절 Ⅱ.의 1.항 및 2.항에서 본 바와 같이 대법원 2016. 5. 26. 선고 2014후2061 판결에서는 실시가능 요건 및 뒷받침 요건 각각의 규정 취지 및 판단 기준을 구별하여 설시하고 있다.

또한 대법원 2014. 9. 4. 선고 2012후832 판결에서는, 뒷받침 요건의 판단 기준과 실시가능 요건의 판단 기준이 명확히 구분되어야 함을 밝히고 있다. 즉 뒷받침 요건을 충족하는지 여부는, 그 규정 취지에 맞게 특허출원 당시의 기술수준을 기준으로 하여 통상의 기술자 입장에서 청

구범위에 기재된 사항과 대응되는 사항이 발명의 설명에 기재되어 있는
지 여부에 의하여 판단하여야 하고, 규정 취지를 달리하는 실시가능 요
건처럼 발명의 설명에 통상의 기술자가 그 발명을 쉽게 실시할 수 있도
록 명확하고 상세하게 기재되어 있는지 여부에 의하여 판단하여서는 아
니 된다는 것이다.

III. 학설상 논의

실시가능 요건과 뒷받침 요건의 관계에 대해서는 다음과 같은 견해
들이 있다.

1) 뒷받침 요건은 발명의 설명에 개시되지 아니한 발명이 청구범위에 포함
되는 것을 방지함으로써 공개된 범위 내에서 특허권을 부여하는 데에 취
지가 있고, 실시가능 요건은 통상의 기술자가 청구항에 기재된 발명을 쉽
게 실시할 수 있을 정도로 발명의 설명에 필요한 사항이 기재되게 함으
로써 유용한 발명에 대하여 특허권을 부여하는 데에 취지가 있다고 보는
견해이다. 이 견해는 위와 같이 양 기재요건의 구체적인 취지가 구별되므
로 판단 기준도 그 취지에 맞게 구별되어야 한다고 본다.[188] 이 견해는
실시가능 요건의 취지를 발명이 충분히 공개되어 통상의 기술자에게 유
용하게 된 때에 특허권을 부여하는 것이라고 이해하여, 실시가능 요건의
충족 여부를 그 발명이 통상의 기술자에게 유용하게 될 정도로 충분히
기재되었는지의 관점에서 판단하기 때문에 뒷받침 요건과 구분된다는 입
장을 취하게 된다.

---

188) 정택수, 위의 논문(주 181), 574면; 정택수, "특허법 제42조 제4항 제1호 기재요
건의 판단 기준(2014. 9. 4. 선고 2012후832 판결: 공2014하, 2074)", 대법원 판례
해설 제102호, 법원도서관(2015), 392, 394면.

2) 실시가능 요건이 기재요건의 중핵을 이루고, 뒷받침 요건이 그 측면의 형
식적인 부분을 확고하게 한다는 골격을 이룬 다음 추가적으로 너무 넓은
청구항에 대한 대책 역할을 담당하는 것으로 이해하는 견해도 있다.[189]

3) 뒷받침 요건과 실시가능 요건은 그 취지가 발명의 공개를 담보하기 위한
것이라는 점에서 공통점이 있지만, 뒷받침 요건은 발명의 보호범위를 적
정하게 설정하기 위한 것인 데에 비해 실시가능 요건은 제3자가 발명을
쉽게 실시할 수 있도록 하기 위한 것이라는 점에서 차이점이 있다는 견해
가 있다. 이 견해는 전체적으로 양 요건의 취지가 서로 다르고, 이에 따라
그 판단 기준도 상이하다고 이해한다.[190]

Ⅳ. 비교법적 검토

1. 미국

명세서 기재요건에 관한 규정인 특허법 제112조(a)에서 서면기재 요
건, 실시가능 요건 및 최적 실시례 요건을 규정하고 있다. 제112조(a)의
서면기재 요건이 우리 특허법의 뒷받침 요건에 대응하는 요건이라고 이
해하는 견해가 있다.[191]

2. 유럽연합

EPO에서는 EPC 제83조의 충분한 개시 요건과 제84조의 뒷받침 요건
의 관계에 관하여 여러 차례에 걸쳐 다음과 같이 언급한 바 있다.

---

189) 구민승, 위의 논문(주 91), 353-354면.
190) 좌승관, 위의 논문(주 185), 253면.
191) 좌승관, 위의 논문(주 185), 85면.

EPC 제83조의 충분한 개시 요건을 충족하기 위해서는 그 출원이 통상의 기술자 입장에서 기술상식을 이용하여 청구항에 포함된 발명의 전 범위를 실시할 수 있도록 충분한 정보를 포함해야 한다. 청구항이 발명의 설명에 의해 뒷받침될 것을 요구하는 제84조는 청구항에 의해 정의된 독점권의 범위가 해당 기술분야에서의 기술적 기여에 상응해야 한다는 일반 법원칙을 반영한 것이다. 이는 청구항은 필수적으로 발명의 설명에 개시된 발명의 범위에 상응해야 한다는 것을 의미하고, 발명의 설명에 기재되지 않은 것을 청구하는 것은 허용되지 않는다는 것이다. 즉 통상의 기술자가 발명의 설명에 의해 실시할 수 있는 부분을 넘는 범위까지 청구항이 확장되어서는 안 된다는 것이다. 발명의 설명에 발명의 필수적 요소로 기재되어 있는 기술적 구성(technical feature)은 청구항에 반드시 포함되어 있어야 한다. 발명의 설명에 기재된 기술적 내용과 실시례가 일반화할 수 있는 범위 내에서는 청구항이 뒷받침 요건을 충족할 수 있다.[192]

제83조 요건은 발명의 개시에 관련된 것이고, 제84조 요건은 청구항에 의해 정의된 발명에 관한 것이어서 특허출원의 각각 다른 부분에 대한 것이기는 하지만, 제83조나 제84조 요건의 근저에 있는 목적은 실질적으로 동일하다. 즉 특허에 의한 독점권이 그 기술분야에 대한 실질적인 기술적 기여에 의해 정당화되어야 한다는 동일한 법원칙을 실행하는 것이다. 따라서 발명이 충분히 개시되었다고 볼 수 있는지의 문제는 그 발명이 뒷받침되었다고 볼 수 있는지의 문제와 매우 밀접하게 관련되어 있다(T 409/91).

제83조와 제84조 위반 여부가 문제된 사건에서, 심사부(Examining division of the EPO)는 출원발명에 대한 거절결정의 근거로 EPC(1973) 제83조에 따라 발명의 설명에서 개시가 충분하지 않았고, 결과적으로 EPC(1973) 제84조에 따라 청구하는 발명이 발명의 설명에 의하여 충분히 뒷받침되지 않

---

192) EPO, Case Law of the Boards of Appeal 6th Edition(2010. 7.) Chapter II, B.4.; EPO, Case Law of the Boards of Appeal 9th Edtition(2019. 7.) Chapter II, C.8.1.

는다고 하였는데, 기술항고심판부(Technical Board of Appeal)는 이 사안에서 제83조에 의한 거절이 정당화되는 경우 나아가 청구항이 결과적으로 그 범위 내에서 적절하게 뒷받침되지 않는다는 이유로 제84조에 의해 거절된다고 판단한 바 있다(T 292/85(OJ 1989, 275)].[193)

제84조 뒷받침 요건은 청구항에 의해 정의된 보호의 범위가 개시된 발명의 기술적 기여에 상응하도록 하기 위한 것이므로, 청구항은 통상의 기술자가 청구된 발명의 전 범위에 걸쳐 그 발명을 실시할 수 있다는 실질적인 기여를 반영해야 한다(T 659/93, T 94/05). 발명의 설명에 청구된 구성을 글자 그대로 반복하는 것과 같은 순전히 형식적인 뒷받침은 이러한 요건을 충족시킬 수 없다는 것이 EPO 심판부의 입장이다(T 94/05, T 127/02, T 1048/05). 다만 EPC 1973 제정 과정의 여러 초안에서 논의된 내용에 의하면 뒷받침 요건은 발명의 설명이 청구항과 같은 범위를 가져야 한다는 형식적인 문제로 검토되었던 것으로 보인다(T 1020/03(OJ 2007, 204)].

3. 일본

일본은 명세서 기재요건에 관하여 우리 특허법과 거의 동일한 형식으로 규정하고 있는데, 지적재산고등재판소에서 실시가능 요건과 뒷받침 요건의 기능 및 관계에 관해 판단한 사례들이 있다.[194) 그 내용을 요약하면, 실시가능 요건의 취지는 유용한 기술적 사상의 창작인 발명을 공개한 대가로서 독점권이 부여된다는 특허제도의 목적을 달성하는 데에 있는 반면, 뒷받침 요건은 개시된 기술적 사항과 대비하여 너무 넓은 독점권의 부여를 배제한다는 것이고 따라서 청구범위의 기재가 발명의

---

193) EPO, Case Law of the Boards of Appeal 9th Edition(2019. 7.) Chapter II, C.8.1.
194) 지적재산고등재판소 2010. 1. 28. 판결[평성 21년(行ケ) 제10033회; 지적재산고등재판소 2011. 4. 14. 판결[평성 22년(行ケ) 제10247회. 자세한 내용은, 정택수, 위의 논문(주 181), 568, 572면 참조.

설명의 기재 범위를 초과하는지 여부를 필요하고 합목적적인 해석방법에 의해 판단하면 충분하다는 것이다. 만일 뒷받침 요건을 실시가능 요건과 같은 방법에 의해 해석, 판단한다면 동일한 사항을 이중으로 판단하는 것이 될 수 있고, 발명의 설명의 기재가 실시가능 요건을 충족하지 못하는 경우에는 항상 뒷받침 요건을 충족하지 못하는 관계에 있는 것처럼 해석하는 것을 허용하는 것은 실시가능 요건을 뒷받침 요건과 별도의 독립한 요건으로 둔 의의가 상실된다는 것이다.

실시가능 요건과 뒷받침 요건의 기능 및 관계에 관해 학설상으로는, ① 양 요건이 발명의 설명과 청구범위가 적절한 관계에 있을 것을 요구하는 것으로서, 같은 내용을 발명의 설명과 청구범위의 관점에서 각각 규정하고 있는 것에 지나지 않으며 양 요건을 구분하는 것은 실익이 적고 불필요한 혼란을 가져온다는 표리일체설, ② 양 요건이 궁극적으로 공개에 따른 대가를 담보한다는 취지를 공통적으로 가지더라도 서로 구별할 수 있는 다른 취지를 가지므로 그 판단 기준도 서로 다르다는 구별설이 있다. 구별설은 명문상 별개의 요건으로 존재하는 이상 다른 취지를 부여하여야 한다는 입장을 기초로 하는 것인데, 더 나아가 실시가능 요건이 발명의 설명과 청구범위의 대응을 실질적으로 심사하고 뒷받침 요건은 형식적인 심사를 한다고 하는 입장과 실시가능 요건은 발명의 구성을 물리적으로 재현할 수 있는지만을 심사하고 작용효과를 발휘할 수 있는지는 뒷받침 요건에 의해 심사한다고 하는 입장 등으로 분류할 수 있다.195)

---

195) 中山信弘 외 3인 편저, 특허판례백선, 사단법인 한국특허법학회 역, 제4판, 박영사(2014), 137면.

V. 검토

실시가능 요건과 뒷받침 요건의 취지가 다르다고 이해하는 학설 및 판례의 입장에 의하면, 실시가능 요건과 뒷받침 요건의 의미는 다음과 같이 정리될 수 있다.

실시가능 요건은 발명의 설명을 평가의 대상으로 삼아 발명의 설명이 얼마나 충실하게 기재되어 있는가, 즉 발명의 설명이 청구범위에 기재된 발명을 실시하는 것이 가능할 정도의 수준으로 기재되어 있는지를 규율하는 것으로서, 청구범위와의 관계에서 발명의 설명의 기재 정도의 질적인 측면에 초점을 맞추는 것이라고 할 수 있다. 반면 뒷받침 요건은 청구범위를 평가의 대상으로 삼아 청구범위에는 발명의 설명에 공개하지 않은 부분이 포함되어서는 안 된다는 것으로서, 청구범위에 기재된 내용이 발명의 설명에 기재되어 있는 것인가, 즉 청구범위와 발명의 설명의 양적인 관계에 초점을 맞추는 것이다. 한편 판례는 뒷받침 요건의 판단 기준으로서 대응되는 사항이 기재된다는 것이 무슨 의미인지를 명확하게 언급하고 있지는 않지만, 적어도 그 허들을 극복하기 위해 필요한 발명의 설명의 질적인 측면에서 기재 정도는 실시가능 요건보다 상대적으로 낮게 보고 있는 것만은 분명해 보인다.

실시가능 요건과 뒷받침 요건을 달리 취급해야 한다는 주장은 기본적으로 법률이 각 요건을 별도의 규정으로 구분하고 있는 이상 이들 각각의 독자적 존재의의가 있다는 것이다. 그런데 이론적으로는 명세서가 실시가능 요건을 충족하면서 뒷받침 요건을 충족하지 못하는 경우가 있어야 뒷받침 요건의 독자적인 존재의의가 있고, 뒷받침 요건을 충족하면서 실시가능 요건을 충족하지 못하는 경우가 있어야 실시가능 요건의 독자적인 존재의의가 있다. 즉 이들 요건이 독자적으로 규율하는 영역이 있어야 두 요건 각각의 독자적인 존재의의가 있게 된다.

하지만 실시가능 요건과 뒷받침 요건의 관계에 관한 논의를 의약발명, 그중에서도 특히 의약용도발명에 집중하여 본다면, 두 요건의 구별의 실익, 구체적으로는 뒷받침 요건의 독자적인 존재의의를 확인하기가 어렵다. 일본 지적재산고등재판소는 실시가능 요건을 충족하지 못하는 경우에 항상 뒷받침 요건을 충족하지 못하는 관계에 있는 것처럼 해석하면 실시가능 요건을 독자적으로 둔 의의가 없게 되는 문제가 있다고 하는데, 실제 의약용도발명에서의 우리 실무는 그 반대 상황이 된다. 즉 뒷받침 요건을 충족하지 못하는 경우 항상 실시가능 요건을 충족하지 못하는 관계이고, 실시가능 요건을 충족하면 언제나 뒷받침 요건이 충족되는 관계에 있게 되므로 뒷받침 요건을 독자적으로 둔 의의가 없는 상황이다. 뒷받침 요건의 독자적인 존재의의가 있기 위해서는, 실시가능 요건을 충족하면서 뒷받침 요건을 충족하지 못하는 경우가 존재해야 한다. 그런데 실시가능 요건을 충족한다는 것은 발명의 전 범위에 걸쳐 실시가능하다는 의미이고, 의약용도발명에서는 실시가능 요건 충족을 위해 특별한 사정이 없는 한 약리효과에 관한 정량적 데이터를 요구하고 있기 때문에 실시가능 요건을 충족하는 경우에는 청구범위에 기재된 발명의 전 범위에 걸쳐 대응되는 사항이 발명의 설명에 기재되어 있다고 평가할 수 있으므로 반드시 뒷받침 요건도 충족될 수밖에 없는 구조가 된다. 실시가능하지만 뒷받침되지 않는 경우라는 것을 상정하기 어렵다. 반대로 청구범위에 기재된 사항과 대응되는 사항이 발명의 설명에 기재되어 있어 청구범위가 발명의 설명에 의해 뒷받침되더라도 실시가능 요건 측면에서는 그 기재의 정도가 충분치 않아 실시 불가능한 경우가 생길 수 있을 뿐이다.

특허법원 2018. 6. 29. 선고 2017허3522 판결은 의약용도발명에서 뒷받침 요건이 별다른 기능을 하지 못하고 있음을 보여주는 예다.

발명의 명칭을 '암 치료를 위한 종양 저산소 상태의 유도'로 하는 출원발명의 청구항들이 발명의 설명에 의해 뒷받침되지 않고 그 진보성이 부정된다는 등의 이유로 등록이 거절되었고, 심판 단계에서도 거절결정이 유지되자, 출원인이 이에 불복하여 심결취소소송을 제기하였다.

이 사건 심결취소소송에서 문제 되었던 청구항들은 포유동물 환자의 종양 치료라는 의약용도에 관한 것으로서 유효성분들의 투여순서를 한정하고 있는 의약용도발명에 해당하는데, 쟁점 중 하나는 이 사건 출원발명의 청구항들에 뒷받침 요건이 결여된 기재불비 사유가 존재하는지이다. 구체적으로 이 사건 출원발명의 종양 치료 효과를 확인할 수 있는 약리데이터 등이 기재된 시험례 또는 이에 대신할 수 있는 구체적인 기재가 있는 경우에만 발명의 설명에 의해 뒷받침된다고 볼 것인지가 문제 되었다.

법원은 뒷받침 요건 충족 여부와 관련하여, 대법원 2012후832 판결 및 대법원 2014후2061 판결을 제시하면서, 실시가능 요건과 뒷받침 요건은 구분됨을 전제로, 뒷받침 요건을 충족하는지 여부는 특허출원 당시의 기술수준을 기준으로 하여 통상의 기술자 입장에서 청구범위에 기재된 사항과 대응되는 사항이 발명의 설명에 기재되어 있는지에 의하여 판단하여야 한다고 밝혔다. 그 후 구체적인 판단으로 나아가 발명의 설명에 발명의 유효성분의 병용투여 및 그 순서, 병용투여로 인한 항암 효과 등이 기재되어 있는 이상, 통상의 기술자는 청구항에 대응되는 사항이 모두 기재되어 있다고 인식할 것인데, 이와 달리 발명의 설명에 종양 치료 효과를 확인할 수 있는 약리데이터 등이 기재된 시험례 또는 이에 대신할 수 있는 구체적인 기재가 있는 경우에만 청구항이 발명의 설명에 의해 뒷받침된다고 할 것은 아니라고 하였다. 결론적으로 이 사건 출원발명의 청구항들이 발명의 설명에 의해 뒷받침된다고 판단하였다. 만일 이 사건의 심사단계에서 실시가능 요건을 문제 삼았다면 다른 결론에 이르렀을 가능성이 상당하다.

선언적으로 실시가능 요건과 뒷받침 요건이 구분된다고는 하지만, 의약용도발명을 포함한 의약발명의 명세서 기재요건과 관련한 실무에서는 실시가능 요건과 뒷받침 요건이 독자적으로 기능하는 부분이 별도로 존재하는 것이 아니라 실질적으로 실시가능 요건이 궁극적인 요건이 되고 있다. 이러한 상황에서 청구범위에 대응되는 구성이 발명의 설명에 존재하면 뒷받침 요건을 충족한다는 별도의 기준이 그 요건의 독자적인 존재의의 측면에서 어떤 역할을 할 수 있는지 의문이 있다. 또한 '대응'된다는 것이 어느 수준의 기재를 의미하는 것인지 그 해석의 불명확성으로 인해 혼란을 야기할 가능성도 배제할 수 없다.

실시가능 요건이나 뒷받침 요건은 특허가 공개의 대가라는 측면에서 공개된 발명만 특허로 보호해야 한다는 인식을 그 출발점으로 한다. 그런데 명세서에 의한 공개는 형식적인 공개가 아닌 실질적인 공개여야 한다는 점에 이견이 있을 수 없고, 실질적인 공개란 그 발명을 실시할 수 있을 정도의 공개를 의미한다고 할 것이다. 대응의 의미를 실시가능의 의미와 달리 보는 현 실무에서 청구범위에 기재된 내용과 대응되는 사항이 발명의 설명에 기재되어 있다는 점만으로 그 공개가 충분하다고 보기도 어렵다. 궁극적으로는 명세서의 기술공개의 기능과 관련하여 실시가능 요건이 주된 역할을 할 수밖에 없으므로, 오히려 두 요건의 관계를 실시가능성 요건은 발명의 설명 관점에서 청구범위를 실시할 수 있느냐의 문제가 되는 것이고, 이것을 청구범위 관점에서 본다면 발명의 설명에 의해 실시가능하다면 발명의 설명에 의해 뒷받침된다고 보는 것이 간명하다.

비교법적으로 우리와 유사하게 뒷받침 요건이 규정되어 있는 유럽연합에서, 충분한 개시 요건과 뒷받침 요건이 서로 밀접하게 관련되어 있다고 하면서 뒷받침 요건에 관해 명세서의 다른 기재요건에서 언급된 것과 중복된 기능을 수행하고 있다고 보는 점,[196] 뒷받침 요건이 통상의 기술자가 청구된 발명의 전 범위에 걸쳐 그 발명을 실시할 수 있다는 실질적인 기여를 반영해야 한다고 보고 있는 점, 발명의 설명에 의한 형식적인 뒷받침은 뒷받침 요건을 충족시킬 수 없다고 보고 있는 점은 모두

---

196) 설민수, 위의 논문(주 103), 56면.

양 요건이 별도로 규정되어 있음에도 불구하고 뒷받침 요건을 충족시키기 위한 기재의 정도를 실시가능 요건의 충족을 위한 기재의 정도와 다르게 보지 않으려는 태도로 이해된다. 이러한 실무는 의약발명에서 실시가능 요건과 뒷받침 요건의 관계 정립에 의미 있는 시사점이 된다.

제6절 소결론

발명의 명세서가 특허법에 규정되어 있는 기재요건을 충족하는지는 기본적으로 발명의 공개라는 명세서의 기능적인 측면을 고려하여 그 발명에 독점·배타적인 권리를 부여하는 것이 합당할 만큼 일반 공중에게 발명의 내용을 공개하였는지의 관점에서 파악되어야 한다. 또한 실무상 기술문헌으로서의 명세서 기능은 실시가능 요건이 그 주축을 담당하고 있다.197) 이에 따라 의약발명의 명세서 기재요건 중 구체적인 분쟁에서 요건의 충족 여부가 가장 치열하게 다투어지고, 그 기준이 지나치게 엄격하다는 비판이 제기되기도 하는 분야는 실시가능 요건이다. 청구범위가 명확하여야 한다는 명확성 요건과 관련하여서는 실무상 의약발명을 다른 유형의 발명에 비해 특별히 엄격하게 취급하고 있지 않으며, 청구범위가 발명의 설명에 의해 뒷받침되어야 한다는 뒷받침 요건은 적어도 의약발명 실무상으로는 실시가능 요건과의 관계에서 독자적인 의의를 갖기 어렵도록 자리매김되었다는 점에서 이에 대해 활발한 논의가 이루어지지 않고 있는 실정이다.

그런데 지금까지 의약발명의 실시가능 요건에 관하여 대법원이 그 입장을 명확하게 밝힌 발명의 유형은 대상 질병에 특징이 있는 의약용도발명과 제형(제제)발명이다. 또한 선택발명에 관하여는 대법원 2005후3338 판결로 그 기준을 제시한 바 있는데, 선택발명의 진보성에 관한 최근 대법원 2019후10609 판결 이후에도 위 기준이 그대로 유지될 수 있는지가 문제 된다. 투여용법·용량에 특징이 있는 의약용도발명과 결정형발명에 관하여는 대법원이 아직 그 기준을 명확하게 밝힌 바가 없다. 학설상으로는 각 발명의 유형별로 조금씩 차이가 있으나, 의약발명의 경우 발명의 현저한 효과에 관하여 정량적 기재와 같은 형식으로 명세서에 기재되어 있을 것을 요구함으로써 실시가능 요건에 관하여 다른 발명에

---

197) 이진희, 위의 논문(주 109), 511면.

비하여 상대적으로 엄격한 기준을 제시하는 견해가 상당수 있다.

이 장에서는 명세서 기재요건, 특히 실시가능 요건에 관하여 각 의약발명의 유형별로 기존의 판례 및 논의의 타당성을 검토하고, 바람직한 판단 기준을 제시하고자 하였다.

요약하자면, 대상 질병에 특징이 있는 의약용도발명의 경우 기존의 판례 입장과 같이 원칙적으로 약리효과에 관한 정량적 기재가 필요하다. 이러한 기준은 투여용법·용량에 특징이 있는 의약용도발명에도 적용될 수 있다. 이를 구체화하면, 해당 물질을 청구범위에 특정된 투여용법·용량으로 투여했을 때 약효를 나타내는 약리기전이 명확히 밝혀진 경우와 같은 특별한 사정이 없다면, 청구범위에 기재된 투여용법·용량에 따른 약리효과를 약리데이터 등이 나타난 시험례로 기재하거나 또는 이에 대신할 수 있을 정도로 구체적으로 기재하여야 한다. 그 외 물질발명에 해당하는 제형(제제)발명, 선택발명, 결정형 발명의 경우에는 명세서에 일반적인 물건의 발명과 마찬가지로 발명의 유용성을 인식할 수 있는 정도의 효과가 정성적으로 기재되면 충분하다. 따라서 선택발명의 명세서 기재요건에 관한 기존의 판례 입장은 변경되어야 한다. 이러한 판단 기준은 아래와 같은 논증을 거친 것이다.

의약발명에서 실시가능 요건에 관하여 상대적으로 엄격한 기준을 제시하는 입장이 타당한지는 명세서의 기능 및 의약발명의 특성과 관련하여 평가되어야 한다. 발명을 공개하는 대가로 발명에 독점권을 부여하는 특허제도에서 명세서를 통해 발명을 공개하는 이유는 통상의 기술자가 그 명세서 기재에 의하여 해당 발명을 정확하게 이해하고 실시할 수 있게 하고, 개량발명의 출발점으로 삼을 수 있도록 하기 위한 것이다. 한편 발명을 실시한다는 것은 청구범위를 기준으로 하여 구체적인 의미를 파악해야 할 것이다.

그런데 청구범위에 특정한 용도를 포함하는 의약용도발명의 경우에는 해당 질병에 그 의약물질을 사용하거나 청구범위에 기재된 투여용법·용량대로 그 의약물질을 사용하는 것이 가장 대표적인 실시형태가 된다. 통상의 기술자가 과도한 실험이나 특별한 지식의 부가 없이 그 발명을 청구범위에 기재된 용도에 사용하기 위해서는 명세서 기재에 의하여 그 발명이 해당 용도에 효과가 있다는 사실을 인식할 수 있어야 한다. 의약발명의 기초가 되는 화학물질 등은 예측가능성이 낮은 기술분야의 산물이기 때문에 물질의 구조가 개시된 것만으로는 그 효과를 추론하기 어렵고, 따라서 그러한 효과를 확인할 수 있는 실험데이터를 요구하는 수순이다. 실시가능의 의미에 비추어 본다면 대상 질병에 특징이 있는 의약용도발명에 관하여 위와 같은 입장을 취하는 판례의 태도는 타당하다.

그러나 다른 한편, 명세서 기재를 지나치게 엄격하게 요구할 경우 의약개발자는 오랜 시간과 다양한 절차를 거치게 되는 개발의 적절한 단계에서 특허출원이 곤란해짐으로써 이를 특허로 보호받기 어려운 상황에 처할 수도 있다. 결국 의약발명의 명세서 기재요건은 기본적으로 명세서로서의 기능을 충분히 수행할 수 있음을 전제로, 의약개발자가 개발의 적정한 단계에서 특허출원을 할 수 있는 정도의 수준이어야 할 필요가 있다.198)

이러한 관점에서 물질발명, 제형(제제)발명, 선택발명, 결정형 발명과 같이 청구범위 자체가 물건의 발명 형태인 경우에는 그 발명의 실시가 해당 물건을 생산하고 사용하는 것이고 청구범위에 의해 그 의약용도가 특별히 한정되어 있지 않다는 점을 고려하면, 명세서에는 물건으로서의 유용성을 인식하면서 물질 자체를 생산하고 사용할 수 있도록 기재되어 있으면 족하다고 보아야 한다. 다만 제형(제제)발명 중에서도 특정 제형(제제)의 개념에 제제학적 효과 자체가 내포된 경우에는 통상의 기술자가 그 효과를 인식할 수 있을 정도의 내용이 명세서에 기재되어 있어야 한다. 수치한정발명에 대해서 의약발명과 관련된 범위 내에서 논하자면,

---

198) 이진희, 위의 논문(주 26), 141면.

청구범위에 그 한정된 수치범위 내의 용도나 효과가 기재되어 있지 않은 이상, 발명의 설명에는 그 수치범위 내의 물질을 생산하고 사용할 수 있도록 기재되어 있으면 족하다고 할 것이다.

청구범위 기재와 실시가능 요건 사이의 관계와 관련하여 서로 다른 범주에 속하는 청구항에 요구되는 개시의 정도는 같지 않다는 취지의 EPO 결정을 참고할 만하다. 이 결정은 예를 들어, 어느 특정한 치료 효과에 국한되는 것이 아닌 물건의 청구항에 해당하는 제약 조성물이나 키트(pharmaceutical compositions or kits)에 관한 청구항의 경우 원칙적으로 발명의 설명에서 통상의 기술자가 그 조성물이나 키트를 제조할 수 있는 정보를 제공하고 있으며, 그 물질이 치료에 사용될 수 있다는 점에 대해 입증된 의심이 없다면 충분하다고 한다. 반면 제2 의약용도발명의 청구항의 경우 발명의 설명에 그 조성물 자체가 실시가능하도록 개시되어야 할 뿐만 아니라 청구된 치료용도에 적합하다는 것을 믿을 수 있을 수준으로 개시되어야 한다고 하였다(T 1616/09).

그럼에도 불구하고 선택발명이나 결정형 발명, 수치한정발명 등의 실시가능 요건 충족을 위해서는 그 물질이나 수치범위 내의 물질이 선행발명에 비하여 이질적이거나 동질의 현저한 효과가 있음이 명세서에 기재되어 있어야 한다는 것과 같이 명세서 기재요건에 관해 엄격한 기준을 제시하는 주장이 있다. 이러한 주장은 그 밑바탕에 선택발명이나 결정형 발명, 수치한정발명은 새로운 물건을 만들어낸 것이 아님에도 불구하고 예외적으로 특허를 부여하기 때문에 현저한 효과가 있어야 하고 그러한 내용이 명세서에 명확하게 기재되어 있어야 한다는 생각이 전제되어 것으로 보인다. 그러나 이러한 입장은 독립한 요건으로서의 명세서 기재요건과 신규성, 진보성을 구분하지 않고 그 경계를 불분명하게 하는 것이다. 즉 명세서 기재요건은 출원자가 발명을 충분히 공개하였는지의 관점에서 청구범위에 기재된 발명의 유형에 따라 명세서 자체에 의해 판단되어야 하는 부분이다. 반면, 신규성, 진보성은 구체적인 사건에서 제시된 선행발명과의 관계에서 새롭고, 나아가 특허권으로 보호할 만한 가치가 있는 기술적 진보를 이루어냈는지의 문제이다. 특허권으로 보호할 만한 기술적 진보를 이루어냈다는 것을 통상의 기술자들이 인식할 수 있게 하는 것이 명세서의 기능이라고 할 수는 없다. 대상 발명의 진보성, 특히 그 효과를 선행발명과 대비하여 판단할 때에 명세서 기재가 중요한 근거자료가 되기는 하지만, 출원자가 진보성에 유리한 판단을 받기 위해 명세서에 자신이 출원 당시에 파악한 발명의 효과를 최대한 상세히 기재한다는 것과 명세서 기재요건을 충족하기 위해 일정 수준의 효과를 기재해야 한다는 것은 서로 다른 차원의 문제이다. 따라서 진보성에 고려할 효과에 해당하기 위한 명세서 기재 정도에 관한 논의와 실시가능 요건 등을 충족하기 위한 명세서 기재 정도에 관한 논의는 분리되어야 한다.

명세서에 효과가 기재되어 있지 않아 진보성 판단에 고려될 수 없는 문제가 생기고 그로 인해 결과적으로 해당 발명의 진보성이 부정되어 특허로 보호받을 수 없게 된다고 하더라도 이는 진보성 영역의 문제이다. 그 때문에 역으로 명세서에 현저한 효과가 기재되어야 명세서 기재요건을 충족한다고 보는 것은 명세서 기재요건의 취지와 무관한 새로운 요건을 근거 없이 부과하는 것과 다르지 않아 부당하다. 결과적으로 특허출원이 거절되거나 등록된 특허가 무효로 된다고 하더라도 그 원인이 명세서 기재요건 위반인지 또는 진보성 부정인지는 다른 의미이고 서로 구분되어야 한다. 명세서 기재요건을 충족하더라도 결국 진보성이 부정되는 결과에 이를 것이니 일정 수준의 발명의 효과 기재를 명세서 기재요건으로 삼자는 것은 명세서 기재요건의 독자적 의의를 부정하는 것이다.

EPO에서 청구범위에 효과가 기재된 경우에는 명세서 기재요건으로, 청구범위에 효과가 기재되지 않은 경우에 그 효과는 진보성 판단 단계에서 고려한다는 입장이 논리적으로 타당하고, 우리 실무에도 의미 있는 지침이 될 수 있다.

이 장에서는 의약발명의 명세서 기재요건과 관련한 부수적 문제로서,

의약발명 분야에서 실시가능 요건과 뒷받침 요건의 관계에 대해서 간략하게 검토하였다. 적어도 의약발명 분야에서는 현실적으로 명세서 기재요건으로서 뒷받침 요건이 그 독자적인 기능을 상실하였다고 보인다. 또한 실시가능 요건은 명세서 기재에 의해 청구항의 전 범위에 걸쳐 그 발명이 실시가능해야 충족된다는 점까지 고려하면, 명세서 기재의 질적인 측면이나 양적인 측면 모두 실시가능 요건에 의해 규율이 가능한 상황이다. 판례가 제시하는 뒷받침 요건의 판단 기준인 대응이라는 개념도 다소 모호하다. 뒷받침 요건의 존재의의에 대한 재검토가 필요한 시점이고, 실시가능 요건과 뒷받침 요건을 충족시키기 위한 기재의 정도를 달리 볼 필요성도 크지 않다. 명세서 기재요건이 궁극적으로 발명의 실질적 공개를 목적으로 한다는 점에 초점을 맞춘다면, 실시가능 요건에서 요구하는 정도의 공개가 필요한 것이고 뒷받침 요건 역시 그와 같은 수준으로 이해하면 족하다. 실시가능 요건과 뒷받침 요건의 관계는 의약발명 분야에 국한하여 정리될 수 있는 부분이 아니라 특허법 일반이론으로 정리되어야 할 것이다. 따라서 이 부분 논의의 목적은 의약발명 분야에서 실시가능 요건과 뒷받침 요건의 관계에 관한 의문을 제기함으로써 발명 전반에 걸쳐 실시가능 요건과 뒷받침 요건의 관계 재정립에 관한 논의에 단초를 제공하고자 한 것이다. 향후 이에 대한 논의가 보다 활발해지기를 기대한다.

제5장

의약발명의 진보성

제1절 문제의 소재

특정한 발명을 특허로써 보호할 것인지를 판단하는 과정에는 특허대상적격성에서부터 진보성에 이르기까지 다양한 요건에 관한 판단이 이루어진다. 그런데 특허는 기술적 진보를 공개하여 기술발전 촉진에 기여한 것에 대한 대가로 부여되는 것이기 때문에 발명이 특허로써 보호받기 위해서는 일반 공중에게 그 기술을 제대로 공개하여야 한다는 형식 측면에서의 요건과 발명의 내용이 특허로써 보호할 만한 가치가 있는 기술적 진보를 이뤄낸 것이어야 한다는 발명의 실체 측면에서의 요건을 충족하는지가 가장 중요한 판단요소가 된다. 전자가 명세서 기재요건이고, 후자가 진보성이다. 결국 진보성이라는 특허요건은 발명의 실체에 관한 판단으로서 발명이 이루어낸 기술적 가치에 대한 평가이며, 특허제도의 근간을 이루는 것이라고 할 수 있다. 실제로 진보성은 의약발명에 관한 거의 모든 특허분쟁에서 핵심 쟁점이 되어 왔다.

이 장은 의약발명의 유형별로 바람직한 진보성 판단 기준에 관해 논하는 것을 주된 목적으로 하되, 본격적인 논의에 앞서 제2절에서는 종래 의약발명의 진보성에 관해 엄격한 판단 기준을 주장하는 견해의 논거가 되었던 의약발명의 신규성 문제를 진보성과 관련되는 범위 내에서 검토한다.

제3절 이하에서는 의약발명의 각 유형별 진보성 판단 기준에 관해 논한다. 대법원은 최근 몇 년 동안 대상 질병에 특징이 있는 의약용도발명과 투여용법·용량에 특징이 있는 의약용도발명, 선택발명, 결정형 발명의 진보성에 관해 잇달아 판단 기준을 제시하였다. 그 과정에 일부 유형의 발명에 대해서는 기존 판례에 대한 이해를 바로잡는 차원의 설시가 이루어지기도 하였다. 즉 선택발명의 경우 종래 진보성이 부정되지 않기 위해서는 효과의 현저성을 필요로 한다는 것이 법원의 입장이라고 이해

하는 것이 일반적이었으나, 최근 대법원 2019후10609 판결에서는 물건의 발명에 해당하는 선택발명은 다른 물건의 발명의 경우와 마찬가지로 구성이 곤란하거나 또는 효과가 현저하다면 진보성이 부정되지 않는다는 것이 종전부터 이어온 법원의 입장임을 명확히 한 바 있다. 또한 대법원 2018후10923 판결에서는 결정형 발명 역시 진보성 판단을 위해 선택발명과 마찬가지로 구성의 곤란성을 고려해야 한다는 점을 확인하였다.

그런데 학설상으로는 여전히 상당수의 견해가 의약발명에 관하여는 효과가 현저한 경우에만 진보성이 부정되지 않는다는 입장을 취하고 있다. 이는 실무상 제네릭 의약품을 생산하는 경쟁자들의 시장 진입을 배제할 수 있는 독점권을 주는 특허가 언제나 혁신적인 신약에 관한 것은 아니고, 많은 특허가 성공적인 의약에서 파생된 것들, 예를 들어 대사체, 다른 염, 활성성분의 입체이성질체, 방출 조절 캡슐이나 대용량 제제와 같은 새로운 제형 또는 기존 의약품의 새로운 조합체 등에 관한 것이라는 점199)과 무관하지 않은 것으로 보인다. 즉 국내 제약산업이 신약개발자라기보다는 후발주자의 입장에 가까운 상황에서 개량신약에 대해 특허권을 쉽게 부여하는 것이 국내 제약산업에 부정적인 영향을 미칠 수도 있다는 우려가 일정 부분 반영되어 있다고도 할 수 있다.

이와 관련하여 의약발명의 경우 다른 유형의 발명과 달리 취급하여 진보성에 대한 판단 시 구성의 곤란성에 대한 고려 없이 효과의 현저성만을 판단 기준으로 삼아야 하는 것인지를 논하고자 한다. 그 과정에 의약용도발명의 경우 대법원이 제시한 진보성 판단 기준의 구체적 의미를 보다 명확히 하고, 선택발명과 결정형 발명에 관한 최근 대법원 판결의 타당성도 함께 검토한다. 또한 선택발명의 특허요건이 의약용도발명과 같은 특수한 유형의 발명에 대한 특허요건을 적절히 설정하기 위한 모태가 된다고 보는 견해200)가 상당수 존재하는데, 과연 선택발명이 의약

---

199) Rebecca S. Eisenberg, "Pharma's Nonobvious Problem", 12 Lewis & CLARK L. REV, 375, 377 (2008).

200) 유영선, 위의 논문(주 37), 146면; 권동주, 위의 논문(주 175), 176면 등 참조.

용도발명을 포함하여 특수한 유형의 발명이라고 지칭되는 발명의 진보성 판단 기준 설정의 기준점이 되어야 하는 것인지도 논한다. 의약발명의 진보성을 논함에 있어서는 의약발명과 밀접한 관련이 있는 수치한정발명도 함께 검토하되, 수치한정발명 중 물건의 발명 형태를 취하는 경우만을 논의의 대상으로 한다.

한편 실무상 의약용도발명을 중심으로 하여 의약발명의 진보성에 대하여는 출원자 또는 특허권자 측에서 예측가능성이 현저히 부족하고 실패 확률이 높은 의약발명 분야의 특수성을 고려하여 다른 유형의 발명과 구분되는 별도의 기준을 적용해야 한다는 취지의 주장을 적지 않게 하고 있다. 그때 제시되는 고려요소가 '성공에 대한 합리적 기대가능성(reasonable expectation of success)'이다. 그 주장의 취지는 분쟁 대상인 발명에는 성공에 대한 합리적 기대가능성(reasonable expectation of success)이 없기 때문에 일반적인 발명에 대한 진보성 판단 기준에 따라 쉽게 그 진보성이 부정되어서는 안 된다는 것이다. 이에 제5절에서는 의약발명의 진보성 판단 시 '성공에 대한 합리적 기대가능성(reasonable expectation of success)'이 어떤 의미를 가질 수 있는지 비교법적 검토를 통해 시사점을 얻고자 한다.

제2절 신규성과의 관계

I. 논의의 배경

대부분의 특허분쟁에서 심리의 핵심은 명세서 기재요건 충족 여부와 진보성 부정 여부가 되고, 상대적으로 신규성 부정 여부가 쟁점이 되는 경우는 많지 않다. 이는 명세서가 통상의 기술자 입장에서 충분히 기재되었다고 볼 수 있는지의 문제 및 해당 발명이 특허로써 보호될 정도의 기술적 진보를 달성하였는지의 문제는 일정 수준의 가치 판단이 개입되는 영역이지만, 제시된 선행발명과의 관계에서 신규성이 부정되는지 여부는 그 발명과 선행발명을 직접적으로 비교함으로써 결정될 수 있는 비교적 명확한 문제인 것도 하나의 원인이 된다.[201)]

다만 의약발명에서는 신규성 문제가 일정 부분 진보성과 관련되어 있으므로, 이 절에서 함께 검토하고자 한다.

의약발명 중에는 일부 학설이 신규성에 의문을 제기하는 발명의 영역이 있는데, 대표적으로 의약용도발명, 선택발명과 결정형 발명이 이에 해당한다. 나아가 그 의문은 이러한 유형의 발명의 진보성에 대해 상대적으로 엄격한 기준을 적용해야 한다는 주장의 중요한 논거로도 연결된다. 즉 신규성이 부정되는 발명에 정책적 필요에 따라 예외적으로 특허권을 부여하기 위해서는 진보성을 엄격히 판단해야 한다는 것이다. 이처럼 일부 견해는 신규성에 대한 의문을 진보성 판단 기준에 관한 논의의 전제로 삼고 있으므로, 의약발명의 적절한 진보성 판단 기준을 논하기에 앞서 과연 이들 발명이 신규성이 부정되는 경우인지를 검토해 볼 필요

---

201) Scott R. Conley, "Irrational Behavior, Hindsight, and Patentability: Balancing the Obvious to Try Test with Unexpected Results", 51 IDEA 271, 275-276 (2011)도 같은 취지이다.

가 있다.

한편 발명의 신규성 내지 진보성 부정 여부는 대비 대상이 되는 선행발명과의 관계에서 상대적으로 이루어지는 평가이다. 그런데 두 발명이 실질적으로 동일하다고 평가할 것인지의 관점에서 신규성은 그 판단 자체가 비교적 명확하다. 따라서 구체적인 분쟁에서 특정한 기술이 대상발명의 신규성을 부정하는 근거로 제시되었을 때 그 기술과 대상 발명이 동일하지 않다는 주장보다는 그 기술에 선행발명 적격이 없어서 비교대상으로 삼을 수 없다는 주장을 관철시키는 방법으로 신규성 부정을 극복하려는 시도가 훨씬 더 많고 또한 효율적이다. 이와 관련하여 실무상으로는 신규성 영역에서 선행발명 적격을 제한해야 한다는 주장이 제기되기도 하는 바, 신규성 판단 시 선행발명 적격을 제한할 필요가 있는지, 또는 그 적격을 진보성 영역과 구분하여 달리 볼 필요가 있는지도 살피고자 한다.

II. 의약발명의 신규성

신규성은 발명의 내용인 기술적 사상이 종래의 기술적 지식, 선행기술에 비추어 알려져 있지 않은 새로운 것임을 의미한다.[202] 판단 대상이 되는 발명과 실질적으로 동일한 발명이 그 발명의 출원 전에 공개되어 있었는지의 문제라고 할 수 있다.

일부 견해는 의약용도발명이나 선택발명, 결정형 발명이 그 유형 자체로 신규성이 부정되는 발명이라는 취지로 주장한다.[203] 그러나 의약용도발명, 선택발명, 결정형 발명은 그 유형 자체로 신규성이 부정되는

---

202) 송영식 외 6인 공저, 위의 책(주 74), 347면.
203) 강경태 위의 논문(주 39), 6, 7, 61-62면; 유영선, "선택발명의 진보성 판단", 대법원판례해설 제94호, 법원도서관(2013), 531면; 유영선, 위의 논문(주 37), 154면; 유영선, 위의 논문(주 35), 939면.

발명이라기보다는 일반발명과 마찬가지로 개별사건에서 각 발명의 구성요소를 모두 포함하는 실질적으로 동일한 발명이 그 출원 전에 개시되어 있는지에 따라 신규성 부정 여부가 결정되어야 한다. 구체적인 이유는 아래와 같다.

먼저, 의약용도발명은 물건의 발명으로서 그 의약물질이 이미 공지되어 있는 상황에서 청구항의 구성요소로 용도만이 새롭게 추가된 경우가 대부분이므로, 선행기술에 물질 자체가 직접 개시되어 있다는 점에서 신규성에 의문이 제기되는 것이다. 그러나 이는 의약용도발명이 본질적으로 의약물질을 특정 용도에 사용하는 방법의 발명으로서의 성격이 강함에도 불구하고 이를 물건의 발명의 형식으로 기재함으로 인해 제기되는 의문이다. 뿐만 아니라 의약용도발명을 물건의 발명 관점에서 평가하더라도 청구항에 용도 자체를 구성요소로 포함하고 있다는 점에서 그러한 용도가 개시되어 있지 않은 선행기술과 실질적으로 동일하다고 할 수는 없다. 따라서 의약용도발명 자체가 이론적으로 신규성이 부정되는 발명에 해당한다고 할 수 없다.

이 문제와 관련하여, 단순한 물질발명의 형식으로는 신규성이 부정되지만 의약용도발명으로 구성한다면 신규성이 부정되지 않을 수 있는 사례를 하나 예로 든다. 청구범위가 '유리염기 또는 산부가염 형태의 아래 식 (I) 화합물'로 구성된 이 사건 발명에 대해 등록무효심판이 청구되었고, 구체적인 심리에서는 신규성 및 진보성이 문제 되었다. 위 화합물의 일반명은 리바스티그민인데, 리바스티그민은 선행발명 1에 개시된 RA₇에서 분리한 (S) 형태의 광학이성질체이고, 선행발명 1의 RA₇ 화합물은 서로 거울상 관계에 있는 (R) 형태와 (S) 형태의 광학이성질체가 같은 양으로 섞여 있는 라세미체이다. 대법원은 위 등록무

화학식(I)

효심판의 심결취소소송에서 2017. 8. 29. 선고 2014후2696 판결로 리바스티그민 물질 자체에 관한 이 사건 발명이 선행발명 1의 선택발명에 해당함을 전제로 통상의 기술자가 선행발명 1의 화합물 중 RA7을 직접 인식할 수 있다는 점에서 이 사건 발명의 신규성이 부정될 수 있음은 별론으로 하고, 이 사건 발명의 경피투여 효과는 통상의 기술자가 예측할 수 없는 이질적인 효과이므로 진보성이 부정될 수 없다는 취지로 설시한 바 있다.

일반적으로 어떤 물건이 신규성이 부정됨에도 진보성이 부정되지 않을 수 있다는 점을 쉽게 상정하기 어렵다. 그런데 이 사건과 같이 화학물질에서 신규성이 부정됨에도 진보성이 부정되지 않는다는 의미는 그 물질 자체는 공지의 것인데, 그 물질의 알려지지 않았던 속성을 새로 발견하였다는 것이고, 이는 하나의 화학물질이 다양한 속성을 가질 수 있음에 기인한다. 이 경우 특정 화학물질에 대해 단순한 물질발명의 형식으로 다수의 특허가 존재할 수는 없기 때문에 물건의 발명 자체로는 추가적으로 특허를 받을 수 없지만 이러한 물질의 새로운 속성은 그 속성을 이용한 용도발명 형식으로 별도로 보호될 수 있는 것이다. 용도발명 형식으로 출원이 이루어지게 되면 물질 자체가 개시되었다고 하더라도 신규성이 부정되지 않는다는 결론에 도달하게 된다.[204]

다음으로, 선택발명에 대해서는 하위개념의 후행발명이 상위개념으로 개시되어 있는 선행발명 화합물에 이론적으로 포함된다는 사정만으로 이를 공개되었다고 볼 수도 있고, 그 반대의 입장도 있을 수 있다. 대법원은 하위개념의 후행발명이 선행발명에 구체적으로 개시되어 있는 경우에만 신규성이 부정된다는 입장이다. 즉 선행발명에 문언적으로 기재되어 있거나 통상의 기술자가 그 기재로부터 직접적으로 인식할 수 있어 구체적으로 개시된 것으로 볼 수 있는 경우에만 신규성이 부정된

---

204) 리바스티그민의 전신 경피투여용도라는 의약용도발명에 관해서는 별도로 특허권이 설정되어 있고, 대법원 2017. 8. 29. 선고 2014후2702 판결이 그 특허발명의 진보성에 관해 판단한 바 있다.

다는 것이다.[205] 선택발명에서의 위와 같은 논의는 화학발명의 경우에 마쿠쉬 청구항[206]으로 구성하여 여러 치환기를 선택적으로 표시하는 것이 널리 행해지고 있는 점에 기인한다.

특허제도는 새로운 기술을 공개한 자에게 그 공개에 대한 보상으로 일정한 기간 동안 독점권을 부여하는 제도이므로, 이미 사회일반에 공개되어 공유되고 있는 기술에 대하여 독점적 권리를 부여하는 것은 불필요하며 사회의 기술진보를 저해하는 길이기도 하다.[207] 이에 따라 신규성이 특허요건이 되는 것이라는 점을 고려하면, 단순히 선행발명의 포괄적 개시 속에 선택발명에 해당하는 하위개념이 관념적으로 개시된 것으로 볼 여지가 있다는 점만으로 신규성이 부정된다고 볼 것은 아니다. 오히려 그 하위개념이 선행발명에 어느 수준으로 개시되어야 실질적으로 개시된 것이어서 이미 공개된 발명이라고 평가할 수 있는지 판단이 필요하다. 이 점과 관련하여 우리 실무에서 선행발명의 마쿠쉬 청구항에 의해 이론적으로 포함될 수 있는 모든 화합물이 개시되었다고 볼 것은 아니고, 선행발명의 구체적인 기재내용을 토대로 개시 정도를 파악하려는 노력을 할 필요가 있다는 견해가 있고,[208] 타당하다.

결국 선택발명 일반에 대해 일률적으로 원칙적으로는 신규성이 부정되는데 예외적으로 특허권을 부여하는 것이라는 전제는 타당하지 않다. 구체적인 발명마다 개별적으로 그 신규성이 부정되는지 여부를 판단하여야 한다. 선행발명에 어느 수준으로 기재되어야 신규성이 부정되는지

---

205) 대법원 2002. 12. 26. 선고 2001후2375 판결; 대법원 2007. 9. 6. 선고 2005후3338 판결; 대법원 2009. 10. 15. 선고 2008후736,743 판결 등 참조.
206) '마쿠쉬 청구항(Markush type claim)'은 'A, B, C로 구성된 그룹에서 선택된'과 같은 형태의 청구항을 의미한다. 즉 발명의 특징을 복수의 선택지로부터 선택할 수 있도록 기재한 청구항 기재방식으로서 화합물 발명에서 널리 사용된 대특허법원 국제지식재산권법연구센터, 지식재산 법률용어 사전, 특허법원(2022); 유영선, 위의 논문(주 37), 145면 참조.
207) 윤선희(교정저자 박태일, 강명수, 임병웅), 위의 책(주 89), 156면.
208) 손천우, 위의 책(주 164), 박영사(2022), 160면.

와 관련하여서는 다양한 논의가 있을 수 있음은 별론으로 하고, 적어도 신규성에 대한 검토를 거쳐 그에 대한 판단이 이루어졌다면, 진보성 판단 단계에서 신규성에 대한 의문을 반영하는 것은 바람직하지 않다. 즉 신규성이 부정된다면 그 자체로 특허요건을 충족하지 못하여 특허가 부여될 수 없는 것이고, 신규성이 부정되지 않아 진보성 판단에 나아간 경우라면 진보성 그 자체로 판단하여야 한다.[209]

마지막으로, 결정형 발명의 경우 그 물질 자체가 공지된 상황이라는 점에서 신규성에 의문이 제기되는 것이지만, 청구범위에 구성요소로 기재된 그 물질의 특정한 결정형은 선행기술에 구체적으로 개시된 바 없다는 점에서 여전히 신규한 물건이라고 볼 수 있다.

결론적으로 의약용도발명, 선택발명 및 결정형 발명은 그 유형 자체가 신규성이 부정됨에도 불구하고 예외적으로 발명으로 보호되는 경우라고 볼 수 없다. 따라서 이들 발명에 대해서는 일반적인 발명과 마찬가지로 개별사건에서 신규성 자체의 심리를 통해 신규성이 부정되는지를 판단하여야 할 것이고, 진보성 판단 시에는 진보성 자체로 판단하면 족하다. 이와 달리 신규성에 대한 충분한 심리를 생략한 채 단순히 신규성에 의문이 있다는 이유만으로 진보성 판단 시 신규성에 대한 의문이 하나의 근거로 되어 상대적으로 엄격한 기준을 적용하는 것은 타당하지 않다.

Ⅲ. 선행발명 적격

대법원은 발명의 신규성 또는 진보성 판단에 제공되는 대비발명은 그 기술적 구성 전체가 명확하게 표현된 것뿐만 아니라, 미완성 발명 또는 자료의 부족으로 표현이 불충분하거나 일부 내용에 오류가 있다고

---

209) 손천우, 위의 책(주 164), 511면도 같은 취지이다.

하더라도 통상의 기술자가 발명의 출원 당시 기술상식을 참작하여 기술
내용을 용이하게 파악할 수 있다면 선행기술이 될 수 있다고 설시하
여,[210] 일반론으로서 신규성이나 진보성 판단의 선행발명 적격에 특별한
구분을 두고 있지는 않다.

　진보성과 관련하여서는 구체적인 사건에서 미완성발명 내지 실시 불
가능한 발명이라고 판단 받을 소지가 큰 발명을 선행발명으로 삼아 발
명의 진보성을 판단한 바 있다. 글리벡(Glivec®)의 위장관 기질 종양(Gast-
rointestinal Stromal Tumor, 이하 'GIST'라고 한다) 치료라는 의약용도발명의
진보성이 문제 되었던 대법원 2019. 1. 31. 선고 2016후502 판결에서는 선
행발명으로 제시된 논문이 GIST 환자를 대상으로 STI571[211]을 투여한 초
기 결과가 흥미롭다는 연구 결과를 언급하고 있을 뿐이고 약리효과가
있다는 것을 약리데이터 등이 나타난 시험례로 기재하거나 또는 이에
대신할 수 있을 정도로 구체적으로 기재한 것은 아니었다. 이는 의약용
도발명에 관한 법원의 확립된 입장[212]에 의할 때 의약용도발명으로서
미완성발명 내지 실시 불가능한 발명이라고 판단 받을 소지가 크지만,
대법원은 이 사건에서 위 논문을 글리벡의 GIST 치료라는 의약용도발명
의 진보성 판단을 위한 선행발명으로 인정하였다.

　이러한 판례의 태도와 마찬가지로 진보성 판단에 사용되는 선행기술
이 개시된 문헌은 통상의 기술자가 그로부터 발명의 내용을 용이하게

---

210) 대법원 2008. 11. 27. 선고 2006후1957 판결 등 참조.
211) '글리벡'을 지칭한다.
212) 대법원 2001. 11. 30. 선고 2001후65 판결을 비롯한 다수의 판결에서 "약리효과
　　의 기재가 요구되는 의약의 용도발명에 있어서는 그 출원 전에 명세서 기재
　　의 약리효과를 나타내는 약리기전이 명확히 밝혀진 경우와 같은 특별한 사정
　　이 있지 않은 이상 특정 물질에 그와 같은 약리효과가 있다는 것을 약리데이
　　터 등이 나타난 시험례로 기재하거나 또는 이에 대신할 수 있을 정도로 구체
　　적으로 기재하여야만 비로소 발명이 완성되었다고 볼 수 있는 동시에 명세서
　　의 기재요건을 충족하였다고 볼 수 있을 것이다"라고 반복적으로 설시하고
　　있다.

파악할 수만 있으면 된다는 견해가 있다.[213] 반면 통상의 기술자를 기준으로 실시가 불가능한 내용을 포함하는 경우에는 통상의 기술자가 이를 이용할 수 없고, 이러한 정보는 기술 발전에 전혀 기여하지도 않는다는 점에서 선행기술로서의 지위를 인정할 수 없으며, 신규성 및 진보성 판단의 대비 자료가 될 수 없다는 견해도 있다.[214]

출원 시의 공개된 기술을 기초로 이를 개선한 새로운 발명을 만들어 간다는 점에서 개선의 대상으로서 미완성발명이나 실시 불가능한 발명을 제외할 이유가 없고, 따라서 이들 발명도 진보성 판단의 대비 대상으로 삼는 것이 타당하다. 다만 그 개시의 부족함이 이를 기초로 하여 진보성 판단 대상이 된 발명에 쉽게 이를 수 있는지의 판단에 영향을 미칠 수는 있다.

신규성과 관련하여서는 대법원이 일반론을 설시한 것 외에 구체적인 사건에서 직접 선행발명 적격에 대해 판단한 사건을 찾기는 어려운데, 관련 법령상 명시적인 제한 규정은 없지만 미완성발명이나 실시 불가능한 발명이 선행발명에서 제외되어야 한다는 주장이 제기되기도 한다.[215] 미국 CAFC는 자명성 판단 시에는 작동하지 않는 발명이라도 선행발명으로서의 적격이 있다고 보고 있으나,[216] 신규성 판단의 대비 대상이 되는 선행발명은 실시가능해야 한다는 입장이다. 즉 통상의 기술자가 그 문헌에 기초하여 과도한 실험 없이 그 청구된 발명을 실시할 수 있어야 한다는 것이다.[217]

신규성 판단 시 선행발명 적격에 일정한 제한을 둘 필요가 있다는 입장은, 형식적으로 공개되었을 뿐이고 그 발명의 본질이 충분히 개시되지

---

213) 박태일, "의약용도발명의 특허청구범위에 기재되어 있는 약리기전의 의미", LAW & TECHNOLOGY 제10권 제5호, 서울대학교 기술과법센터(2014), 100면.

214) 박영규, 위의 논문(주 165), 202면.

215) 박영규, 위의 논문(주 165), 202면.

216) Endo Pharmaceuticals Inc. v. Actavis LLC, 922 F.3d 1365, 1366 (Fed. Cir. 2019).

217) Sanofi-synthelabo v. Apotex, Inc. 550 F.3d 1075, 1076 (Fed. Cir. 2008).

않아 미완성 내지 실시 불가능한 선행발명을 대비의 대상으로 삼아 그 발명과 외형상 동일하다고 볼 수 있다는 점만으로 후행 발명의 신규성을 부정하는 불합리를 피할 필요가 있다는 측면에서는 설득력이 있다. 다만 현행법상 선행발명 적격에 대해 이와 같은 제한이 없다는 점 역시 염두에 둘 필요가 있다.

이와 관련하여, 의약용도발명의 경우 그 발명의 대상이 되는 의약품을 실제 사용하기 위해 보건당국에 의한 품목허가절차를 거치는 과정에 관련 법령에 의해 일정 범위 내에서 발명의 공개가 강제되는 경우가 있다. 예를 들어, 미국에서는 의약품에 대한 임상시험계획 승인을 받고 임상시험을 위한 첫 환자 모집 후 일정 기간 내에 임상시험 정보를 FDA에 보고하게 되어 있고, 그 임상시험계획서가 웹사이트에 공개된다. 이러한 공개에 의해 발명의 신규성이 부정되는 것은 부당한 측면이 있는데, 이때 공개된 발명이 미완성 발명 내지 실시 불가능한 발명이어서 선행발명 적격이 부정되어야 한다는 주장이 제기되기도 한다.

실제 특허법원 2020. 2. 7. 선고 2019허4147 판결에서는, 명칭을 'HER2 이량체화 억제제인 페르투주맙의 용도 및 이를 포함하는 제조품'으로 하고, 4종의 항암제 조합으로 초기 단계의 HER2-양성 유방암 환자를 대상으로 하는 네오아주반트 요법의 치료용도에 관한 의약용도발명의 신규성 및 진보성이 문제 되었다. 출원자는 출원에 대한 거절결정을 유지한 심결에서 발명의 신규성 및 진보성 부정의 근거로 삼은 임상시험계획서의 내용이 임상시험을 실시할 예정이라는 것에 불과하고 이 사건 발명과 관련하여 최초의 시험조차 시행되기 전 단계로서 그 약효가 전혀 확인되지 않은 상태의 미완성발명이라는 점을 지적하였다. 또한 이와 같은 약효가 통상의 기술자에게 알려져 있었다거나 기술상식에 해당한다고 볼 근거도 없기 때문에 임상시험계획서가 특허법 제29조 제1항 제2호의 공중이 이용할 수 있는 발명에 해당하지 않으며, 그에 따라 선행발명으로서의 적격이 없다는 취지로 주장하였다.

한편 이 사건에서 공개된 임상시험계획서는 초기 단계의 HER2-양성 유방암 환자에 대한 네오아주반트 치료요법에 관한 것으로서, 이에 개시된 구체적인 내용은 실시 예정인 임상시험의 규모와 투약 계획 등에 불과하고, 그 투여 결과에 관한 기재는 없었다.

그런데 약리효과의 기재가 요구되는 의약의 용도발명에 있어서는 그 출원 전에 명세서 기재의 약리효과를 나타내는 약리기전이 명확히 밝혀진 경우와 같은 특별한 사정이 있지 않은 이상 특정 물질에 그와 같은 약리효과가 있다는 것을 약리데이터 등이 나타난 시험례로 기재하거나 또는 이에 대신할 수 있을 정도로 구체적으로 기재하여야만 비로소 발명이 완성되었다고 볼 수 있는 동시에 명세서의 기재요건을 충족하였다고 볼 수 있다. 이러한 기준에 의하면 초기 단계의 HER2-양성 유방암 환자에서 네오아주반트 치료요법이라는 의약용도발명으로서의 임상시험계획서는 약리효과를 확인할 수 있는 구체적인 기재가 없다는 점에서 미완성 발명 또는 실시 불가능한 발명에 해당한다고도 볼 수 있다.

이에 대해 법원은, 임상시험계획서 역시 그 개시에 의하여 통상의 기술자가 파악할 수 있는 기술범위 내에서는 발명의 신규성 및 진보성 부정 여부 판단 시 대비 대상이 되는 선행발명에 해당할 수 있다고 하였다. 나아가 임상시험계획서를 접한 통상의 기술자가 파악할 수 있는 기술내용은 개별적으로 안전성과 유효성이 확인되어 있는 4종의 항암제를 조합하여 네오아주반트 요법으로 투여하는 경우의 효과 확인이 제2상 임상시험을 통해 이루어질 것이고, 그 임상시험이 향후 진행될 예정이라는 점으로 보았다. 그런데 용도와 관련한 이와 같은 정도의 기재는 단지 그 용도에 효과가 있는지를 장차 확인하겠다는 것에 지나지 않아 통상의 기술자가 그 용도와 관련한 약리효과를 객관적으로 확인할 수 있을 정도로 구체적으로 개시하고 있는 경우에 해당하지 않는다고 하였다. 결국 선행발명은 의약용도에 관한 이 사건 발명과 실질적으로 동일하다고 할 수 없기 때문에 이 사건 발명의 신규성이 임상시험계획서에 의해 부

정되지 않는다고 판단하였다.[218]

신규성 판단 시 선행발명 적격을 제한할 현실적인 필요성이 있을 수 있으나, 명시적인 법적 근거가 없는 상황에서 선행발명 적격에 대한 추가적인 요건을 부가하여 그 범위를 제한하는 것에는 신중을 기하는 것이 바람직하다. 따라서 위에서 본 사건과 같이 선행발명의 개시에 의해 통상의 기술자가 파악할 수 있는 기술범위를 명확히 한 후 그 범위 내에서만 비교대상으로 삼아 신규성 판단의 대상이 된 발명과 실질적으로 동일한지를 판단하는 과정을 거치는 방법이, 선행발명 적격에 관해 법적 근거가 없는 별도의 추가적인 요건을 부가하지 않고서도 결과에 있어서의 부당함도 피할 수 있다는 점에서 문제의 적절한 해결방안의 하나가 될 수 있다.

---

218) 이진희, "임상시험계획서를 선행발명으로 한 의약용도발명의 신규성 및 진보성 판단", LAW & TECHNOLOGY 제16권 제3호, 서울대학교 기술과법센터(2020), 101면.

제3절 의약용도발명

Ⅰ. 판례의 태도 및 분석

1. 대상 질병에 특징이 있는 의약용도발명

법원은 대상 질병에 특징이 있는 의약용도발명과 관련된 개별 사안에서 진보성을 판단하는 과정에 일반론으로서 다음과 같은 판단 기준들을 제시한 바 있다.

가. 대법원 2003. 10. 24. 선고 2002후1935 판결

라세미체의 당뇨병 치료용도가 개시되어 있는 상황에서 S-에난티오머를 항당뇨병제로 하는 의약용도에 관한 발명의 진보성이 문제 된 사건에서, 대법원은 특정 광학이성질체의 용도에 관한 발명의 진보성 판단 기준에 관하여 설시하였다.

화학분야의 발명에서 라세미체가 공지된 경우 부제탄소의 개수에 따라 일정한 숫자의 광학이성질체가 존재한다는 것은 널리 알려져 있으므로, 특정 광학이성질체의 용도에 관한 발명은 첫째 그 출원일 전에 라세미체 화합물의 용도를 기재하고 있는 간행물 등에 그 광학이성질체 화합물의 용도가 구체적으로 개시되어 있지 아니하고, 둘째 그 광학이성질체 화합물의 특유한 물리화학적 성질 등으로 인하여 공지된 라세미체의 용도와 질적으로 다른 효과가 있거나 질적인 차이가 없더라도 양적으로 현저한 차이가 있는 경우에 한하여 특허를 받을 수 있다. 그런데 광학이성질체에 그 용도와 관련된 여러 효과가 있는 경우에 효과의 현저함이 있다고 하기 위해서는 광학이성질체의 효과 모두를 이에 대응하는 공지의 라세미체의 효과와 대비하여 모든 종류의 효과 면에서 현저한 차이가 있어야 하는 것이 아니라, 광학이성질체의 효과 중 일부라도 이에 대응하는 라세미체의 효과에 비하여 현저하다고 인정되면 충분하다.

나. 대법원 2016. 1. 14. 선고 2013후2873,2880 판결

명칭을 '통증 치료용 이소부틸가바 및 그의 유도체'로 하고, 청구범위 제1항이 '(S)-3-(아미노메틸)-5-메틸헥산산[219]을 포함하는 통증 치료용 조성물'로 구성된, 프레가발린의 진통효과에 관한 의약용도발명의 진보성이 문제 된 사건에서, 대법원은 제시된 선행문헌을 근거로 발명의 진보성이 부정되는지를 판단하는 방법에 관하여 설시하였다.

제시된 선행문헌을 근거로 발명의 진보성이 부정되는지를 판단하기 위해서는 진보성 부정의 근거가 될 수 있는 일부 기재만이 아니라 선행문헌 전체에 의하여 통상의 기술자가 합리적으로 인식할 수 있는 사항을 기초로 대비 판단하여야 한다. 그리고 일부 기재 부분과 배치되거나 이를 불확실하게 하는 다른 선행문헌이 제시된 경우에는 그 내용까지도 종합적으로 고려하여 통상의 기술자가 발명을 용이하게 도출할 수 있는지를 판단하여야 한다.

다. 대법원 2019. 1. 31. 선고 2016후502 판결

1) 사건의 개요

이 사건은 명칭을 '위장관의 기질 종양의 치료'로 하고, 만성 골수성 백혈병 치료제인 글리벡(Glivec®, 성분명: imatinib mesylate)이 GIST[220]의 치료에 쓰일 수 있다는 의약용도를 청구범위로 하는 발명의 진보성이

---

219) '프레가발린'의 화학식이다.
220) "Gastrointestinal Stromal Tumor"의 약자로서 위장관 기질 종양을 의미한다.

문제 된 것이다.

학술논문인 선행발명 1에는 새로운 치료적 접근법들이 화학요법 저항성인 것으로 악명이 높은 GIST에서 항상적으로 활성화된(constitutively active) c-kit 수용체 티로신 키나제와 같은 타깃을 포함한다는 점과 GIST에 대해 선택적 티로신 키나제 억제제인 STI571[221]의 시험이 특정 연구소에서 막 시작되었고 '매우 초기 결과는 흥미로워 보인다(very early results look exciting)'는 점이 기재되어 있었다. 또 다른 논문인 선행발명 2에는 실험 결과 STI571이 세포증식 및 생존에 관여하는 목표 단백질의 c-kit 티로신 키나제 활성 및 후속의 활성화를 선택적으로 억제한다는 점에서 c-kit 키나제 활성의 증가와 연관된 암을 치료함에 있어서 유용할 수도 있다는 점, c-kit의 활성화 돌연변이가 GIST를 포함한 몇몇 유형의 인간 악성질환에서 발견되었다는 점이 기재되어 있었다.

2) 판단

여러 선행기술 문헌을 인용하여 특허발명의 진보성을 판단할 때에 인용되는 기술을 조합 또는 결합하면 당해 특허발명에 이를 수 있다는 암시, 동기 등이 선행기술 문헌에 제시되어 있거나 그렇지 않더라도 당해 특허발명의 출원 당시의 기술수준, 기술상식, 해당 기술분야의 기본적 과제, 발전 경향, 해당 업계의 요구 등에 비추어 보아 통상의 기술자가 쉽게 그와 같은 결합에 이를 수 있다고 인정할 수 있는 경우에는 당해 특허발명의 진보성은 부정된다. 그리고 의약용도발명에서는 통상의 기술자가 선행발명들로부터 특정 물질의 특정 질병에 대한 치료효과를 쉽게 예측할 수 있는 정도에 불과하다면 진보성이 부정되고, 이러한 경우 선행발명들에서 임상시험 등에 의한 치료효과가 확인될 것까지 요구된다고 볼 수 없다.

대법원은 위 법리를 기초로 구체적인 판단에 나아가 다음과 같은 이

---

221) '글리벡'을 지칭한다.

유로 이 사건 발명의 진보성을 부정하였다.

선행발명 등의 기재로부터 알 수 있는 사정들에 비추어 보면, 통상의 기술자는 GIST 환자에서 c-kit의 비정상적인 활성화가 STI571에 의하여 억제될 것을 쉽게 예측할 수 있을 것으로 보인다. 이 사건 발명의 우선일 이전에 공개된 논문들에는 c-kit 유전자 이상이 GIST의 유일한 발병 기전이 아니고 다른 발병 기전도 있다는 것이 나타나 있으나, 다른 발병 기전이 있을 수 있다고 하여 GIST와 c-kit 유전자 이상의 관련성이 부정된다고 볼 수 없다. 그렇다면 선행발명들에는 STI571이 c-kit의 비정상적인 활성을 억제함으로써 GIST 치료에 효과가 나타날 수 있다는 암시, 동기 등이 제시되어 있다고 볼 수 있고, 선행발명들의 결합에 어려움이 없으며, 글리벡의 GIST 치료용도에 대한 효과도 선행발명들로부터 쉽게 예측할 수 있는 정도에 불과하다. 이 사건 발명의 치료효과를 선행발명들로부터 쉽게 예측할 수 있는 이상 선행발명들에서 임상시험 성공 등에 의하여 치료효과가 확인되지 않아도 이 사건 발명의 진보성은 부정된다.

라. 분석

대법원 2002후1935 판결의 설시 내용만 보면, 대법원이 의약용도발명의 진보성 판단 기준을 제시한 것으로 볼 여지도 있다. 그러나 광학이성질체 발명을 선택발명의 일종으로 보는 대법원의 입장222)에 의할 경우 대법원 2002후1935 사건의 출원발명은 선행발명에 개시된 'A 화합물의 라세미체의 항당뇨병제 용도'에 포함되는 하위개념인 'A 화합물의 특정 광학이성질체의 항당뇨병제 용도'에 관한 것으로서 그 자체는 청구범위가 용도발명의 형식을 취하고 있으면서 대비대상이 되는 선행발명과의 관계에서 선택발명적인 특성을 가지고 있다. 즉 위 사안에서 문제 된 발

---

222) 대법원 2009. 10. 15. 선고 2008후736, 743 판결; 대법원 2010. 3. 25. 선고 2008 후3469, 3476 판결 등 참조.

명은 용도에 관한 발명이면서 진보성 판단 단계에서 제시된 선행발명과의 관계에서는 선택발명에 해당했던 것이다. 이러한 사안에서 제시된 기준이 의약용도발명 일반에 적용되는 진보성 판단 기준이라고 확대하여 해석할 수는 없다. 따라서 대법원 2002후1935 판결은 그 설시에서 명확히 밝히고 있는 바와 같이 특정 광학이성질체의 용도에 관한 발명의 진보성 판단 기준을 제시한 것으로만 이해하는 것이 타당하다.[223]

대법원 2013후2873,2880 판결의 경우 제시된 선행문헌을 근거로 발명의 진보성이 부정되는지를 판단함에 있어서 선행문헌 전체에 의해 통상의 기술자가 합리적으로 인식할 수 있는 사항을 기초로 하여야 하고, 진보성 부정의 근거가 될 수 있는 기재와 배치되거나 이를 불확실하게 하는 다른 선행문헌이 제시된 경우 그 내용까지도 종합적으로 고려하여야 함을 법리적으로 명시한 최초의 사례로서 의미가 있다.[224] 그러나 이러한 기준이 의약용도발명 특유의 기준이라고 보기는 어렵다. 실제로 법원은 의약용도발명과 무관한 철 합금 시트의 표면처리 방법에 관한 발명의 진보성이 문제 되었던 대법원 2022. 1. 13. 선고 2019후12094 판결에서 위 법리를 적용한 바 있다.

반면 대법원 2016후502 판결에서는 일반적인 진보성 판단 기준에 덧붙여 의약용도발명의 진보성 판단 기준으로서 선행발명들로부터 특정 질병에 대한 치료효과를 쉽게 예측할 수 있는 정도에 불과하다면 진보성이 부정된다는 기준을 제시하였다. 이러한 기준에 대하여는 의약용도발명에 대하여 기존의 특허발명의 진보성 판단 기준과 근본적으로 차이가 나지 않는 진보성 판단 기준을 채택한 것으로 이해하는 견해가 있다.[225]

---

223) 이진희, 위의 논문(주 26), 160-161면.
224) 김창권, "제시된 선행문헌을 근거로 발명의 진보성이 부정되는지 판단하는 방법", 대법원판례해설, 제108호, 법원도서관(2016), 293면.
225) 김관식, "의약용도발명의 신규성 및 진보성", 지식재산연구 제14권 제1호, 한국지식재산연구원(2019), 3면.

2. 투여용법·용량에 특징이 있는 의약용도발명

가. 대법원 2015. 5. 21. 선고 2014후768 전원합의체 판결

1) 사건의 개요

이 사건은 '엔테카비르 일수화물을 1.065mg/1정의 함량으로 포함하는 1일 1회 투여 가능한 B형 간염 바이러스 감염 치료제로서 직접분말압축법으로 제조된 정제'인 확인대상발명이, 청구범위가 '담체 기질의 표면에 부착된 0.5 내지 1.0mg의 엔테카비르(entecavir)를 포함하는, B형 간염 바이러스 감염을 치료하기 위한 1일 1회 투여에 효과적인 제약 조성물'로 구성된 발명의 권리범위에 속하는지가 문제 된 것이다. 이 사건의 구체적인 판단 과정에는 확인대상발명이 통상의 기술자가 선행발명들과 주지관용기술로부터 쉽게 실시할 수 있는 자유실시기술에 해당하는지도 문제 되었는데, 그에 대한 판단은 투여용법·용량에 특징이 있는 의약용도발명의 진보성에 대한 간접적인 판단으로도 볼 수 있다.

2) 판단

이 사건의 원심은 확인대상발명의 구성이 통상의 기술자가 선행발명들과 주지관용기술로부터 쉽게 도출할 수 있는 것이어서 구성의 곤란성이 없고 그 효과 역시 통상의 기술자가 선행발명들과 주지관용기술로부터 예측할 수 있는 정도에 불과하므로 확인대상발명이 자유실시기술에 해당한다고 판단하였다. 대법원은 원심의 위와 같은 판단이 정당하다고 보았다.

한편 위 전원합의체 판결의 다수의견에 대한 보충의견은 의약개발의 과정에서는 약효증대 등의 기술적 과제를 해결하기 위하여 적절한 투여용법과 투여용량을 찾아내려는 노력이 통상적으로 행하여지고 있으므로, 통상의 기술자가 예측할 수 없는 현저하거나 이질적인 효과를 발휘하기 때문에 특허로써 보호할 만한 가치가 있다고 인정되는 특정한 투여용법과 투여용량에 대하여만 특허를 주어야 한다고 하였다.

나. 특허법원 2017. 2. 3. 선고 2015허7889 판결[226]

1) 사건의 개요

이 사건은 성기능 장애 치료제인 타다라필(상품명: 시알리스)의 투여용법·용량 발명의 일종으로서 청구범위 제1항이 '1일 최대 총 용량을 20mg 이하로 하여 경구 투여하기에 적합한, 하기 화학식 I(생략)의 화합물 1~20mg을 포함하는 성기능 장애 치료용 약제 단위 제형'으로 구성된 발명의 진보성이 문제 된 것이다.

2) 진보성 판단 기준

법원은 공지된 의약물질의 투여용법·용량에 관한 발명의 진보성 판단 기준을 다음과 같이 제시하였다.

공지된 의약물질의 약효 증대와 부작용 감소라는 과제를 해결하기 위하여 독성이나 부작용 등의 문제가 발생하지 않는 범위 내에서 소망하는 치료 효과가 나타나도록 투여용량·용법을 최적화 하는 것은 원칙적으로 통상의 기술자의 통상의 창작능력 범위 내에 속한다. 다만 통상의 기술자가 당해 의약발명의 약리효과가 온전히 유지되면서 독성이나 부작용이 최소화되는 특정한 투여용법·용량을 선행기술로부터 예측할 수 없었던 경우이거나 특정한 투여용법이나 투여용량으로 인한 유리한 효과가 통상의 기술자의 기술수준에서 예측되는 범위를 넘는 현저한 경우에는 특별한 사정이 없는 한 그 진보성이 부정되지 아니한다.

---

226) 이에 대하여는 대법원 2017후547 사건으로 상고가 제기되었으나, 위 상고는 2017. 6. 29. 심리불속행으로 기각되었다.

3) 구체적인 판단

선행발명은 타다라필의 1일 투여량을 0.5~800mg으로 제시하고 있으며 단위 제형 내 타다라필의 함량을 0.2~400mg으로 한정하고 있다. 이 사건 발명에서 특정된 타다라필의 용법·용량은 통상의 기술자가 선행발명과 공지의 기술적 사실들을 종합하여 타다라필의 약리효과가 온전히 유지되면서 독성이나 부작용이 최소화되리라고 예측할 수 있는 범위를 벗어나지 않고, 임상시험을 통해 이를 도출해내는 데 별다른 어려움이 없다. 이 사건 발명을 위와 같은 선행발명으로부터 도출하는 과정에 구성의 곤란성이 없고, 이 사건 발명이 특정하고 있는 '1일 최대 총 용량 20mg 이하'의 범위에서 나타나는 효과가 통상의 기술자가 예측할 수 없었던 약효의 향상이나 부작용의 감소 또는 복약 편의성의 증진 등 현저한 효과에 해당한다고 보기는 어렵다. 따라서 이 사건 발명의 진보성이 부정된다.

다. 대법원 2017. 8. 29. 선고 2014후2702 판결

1) 사건의 개요

이 사건은 명칭을 '페닐 카르바메이트의 경피투여용 약학적 조성물'로 하는 특허발명 중 '유리염기 또는 산부가염 형태의 아래 일반식(I)의 (S)-N-에틸-3-[1(-디메틸아미노)에틸]-N-메틸-페닐-카르바메이트 및 전신 경피투여에 적합한 약학적 담체 또는 희석제를 포함하는 전신 경피투여용

약학 조성물'로 구성된 청구범위 제1항(이하 '제1항 발명'이라 한다)의 진
보성이 문제 된 사안이다.

2) 진보성 판단 기준

대법원은 이 사건에서 제1항 발명이 경피투여라는 투여용법을 제공
하는 의약용도발명이라고 전제한 후, 투여용법·용량 발명의 진보성 판
단 기준을 아래와 같이 제시하였다.

의약개발 과정에서는 약효증대 및 효율적인 투여방법 등의 기술적
과제를 해결하기 위하여 적절한 투여용법과 투여용량을 찾아내려는 노
력이 통상적으로 행하여지고 있으므로 특정한 투여용법과 투여용량에
관한 용도발명의 진보성이 부정되지 않기 위해서는 출원 당시의 기술수
준이나 공지기술 등에 비추어 통상의 기술자가 예측할 수 없는 현저하
거나 이질적인 효과가 인정되어야 한다.

3) 구체적인 판단

제1항 발명은 항콜린에스터라제 활성을 갖는 페닐 카르바메이트 중
화학식(I)의 구조식을 갖는 RA7에서 분리한 (S) 형태의 광학이성질체인
리바스티그민을 활성성분으로 한 전신 경피투여용 약학조성물에 관한
것으로, 경피투여라는 투여용법을 제공하는 의약용도발명에 해당한다.
통상의 기술자가 선행발명들로부터 제1항 발명 약학조성물의 경피투여
용도를 쉽게 도출할 수는 없다. 이 사건 특허발명의 우선일 당시 경피투
여용 의약품에 관한 출원 내역이나 기술 수준 등에 비추어 보더라도, 통
상의 기술자가 제1항 발명 약학조성물의 적절한 투여용법과 투여용량을
찾아내려는 통상적인 노력의 과정에서 경피투여 용도를 쉽게 찾아낼 수
있을 것이라고 볼 만한 사정도 보이지 아니한다. 따라서 제1항 발명의
경피투여 용도는 출원 당시의 기술수준이나 공지기술 등에 비추어 통상
의 기술자가 예측할 수 없는 이질적인 효과이므로, 제1항 발명의 진보성

이 부정된다고 할 수 없다.

라. 그 외 특허법원 판결

그 외에도 특허법원에서 투여용법·용량에 특징이 있는 의약용도발명의 진보성이 문제 되어 그에 대한 판단이 이루어진 사건이 상당수 있다. 개별 사건에서 채택한 진보성 판단의 체계를 파악하기 위해 일부 사건의 설시를 간략히 살펴보면 다음과 같다. ① 특허법원 2017. 9. 1. 선고 2016허7466 판결에서는 수술 후 오심 및 구토를 치료하기 위한 의약물질의 투여경로 및 투여용량에 관한 발명에 대해 구성의 곤란성을 인정할 수 없고 그 효과 역시 예측할 수 있는 한도를 벗어난 현저한 것이라고 할 수 없다는 이유로 진보성이 부정된다고 판단하였다.227) ② 특허법원 2018. 9. 21. 선고 2017허7326 판결에서는 비만 치료를 의약용도로 하는 의약품의 투여용법(투여주기) 및 투여용량에 관한 발명에 대해 선행발명과 대비하여 통상의 기술자가 예측할 수 없는 현저하거나 이질적인 효과가 인정되지 아니하여 선행발명으로부터 쉽게 발명할 수 있는 것으로서 그 진보성이 부정된다고 판단하였다.228) ③ 특허법원 2018. 12. 20. 선고 2018허3925 판결에서는 선행발명에 비해 백혈병 치료용 약학 조성물의 투여용법·용량을 한정한 것에 특징이 있는 발명에 대해 그와 같은 투여용법·용량이 약학조성물의 약리효과가 온전히 유지되면서 독성이나 부작용이 최소화되리라고 예측할 수 있는 범위를 벗어나지 않는 것으로 보이므로 통상의 기술자가 당연히 거쳐야 할 임상시험 과정을 통해 이를 도출해내는 데 별다른 어려움이 없어 구성의 곤란성이 없고, 그 효과 역시 통상의 기술자가 예측할 수 없었던 현저하거나 이질적인 것이라고 보기 어려우므로, 발명의 진보성이 부정된다고 판단하였다.229) ④ 특허

---

227) 위 판결에 대한 상고는 2018. 1. 11. 심리불속행으로 기각되었다.
228) 위 판결은 상고 없이 그대로 확정되었다.
229) 위 판결에 대한 상고는 2019. 4. 24. 심리불속행으로 기각되었다.

법원 2020. 10. 16. 선고 2020허1274 판결에서는 고페닐알라닌혈증(hyperphenylalaninemia) 치료용 약학 조성물을 음식 섭취 후 0 내지 30분 이내 경구 투여한다는 투여용법을 의약용도로 특정한 발명에 대해 이러한 투여용법은 통상의 기술자가 예측할 수 없는 현저하거나 이질적인 효과가 인정되지 않는다는 이유로 발명의 진보성이 부정된다고 판단하였다.[230]

마. 분석

대법원 2014후768 전원합의체 판결은 의약이라는 물건의 발명에서 대상 질병 또는 약효와 함께 투여용법과 투여용량을 부가하는 경우 투여용법과 투여용량이 발명의 구성요소에 해당한다고 판시함으로써, 사실상 투여용법·용량에 특징이 있는 발명의 특허대상적격성을 최초로 인정한 결과에 이르렀다는 점에서 의약발명과 관련하여 중요한 의미가 있는 판결로 잘 알려져 있다. 다른 한편 이 사건에서 쟁점이 되었던 확인대상발명이 자유실시기술에 해당하는지에 관한 판단은 투여용법·용량에 특징이 있는 의약용도발명의 진보성에 관한 간접적인 판단을 포함하는 것으로 볼 수 있다는 점에서도 의미가 있는 판결이다. 그런데 대법원은 이 사건에서 확인대상발명의 자유실시기술 해당 여부에 관한 원심 판단을 수긍하였을 뿐, 직접적으로 판단 기준을 제시하지는 않았다. 다만 다수의견에 대한 보충의견은 효과의 현저성이 투여용법·용량에 특징이 있는 의약용도발명의 진보성 판단 기준이 될 수 있다는 취지로 언급하고 있다.

그 후의 대법원 2014후2702 판결은 대법원이 특정한 투여용법·용량 발명의 진보성 판단 기준을 명시적으로 제시한 최초의 것이다.[231] 투여용법·용량 발명의 진보성이 부정되지 않기 위해서는 통상의 기술자가 예측할 수 없는 현저하거나 이질적인 효과가 인정되어야 한다는 것인데,

---

230) 위 판결에 대한 상고는 2021. 2. 25. 심리불속행으로 기각되었다.
231) 이진희, 위의 논문(주 26), 156면.

이는 대법원 2014후768 전원합의체 판결의 다수의견에 대한 보충의견이 제시한 기준을 그대로 채용한 것으로 이해된다.

반면 특허법원 2015허7889 판결은 효과의 현저성 외에도 통상의 기술자가 당해 의약발명의 약리효과가 온전히 유지되면서 독성이나 부작용이 최소화되는 특정한 투여용법·용량을 선행기술로부터 예측할 수 없었던 경우에도 진보성이 부정되지 않을 수 있다는 기준을 제시한 점에서 위 대법원 2014후2702 판결과 구분된다.

대법원 2014후2702 판결과 특허법원 2015허7889 판결 이후의 특허법원 사건에서는 투여용법·용량 발명의 진보성 판단 기준으로 효과의 현저성만을 언급하는 판결과 구성의 곤란성과 효과의 현저성을 모두 언급하는 판결이 혼재되어 있는 것으로 보인다.

Ⅱ. 특허청 심사기준[232)]

의약용도발명은 특정한 물질의 약리효과를 밝힌 것이므로 약리효과가 출원 당시의 기술수준으로 보아 그 활성물질의 화학구조 또는 조성물의 구성성분으로부터 쉽게 유추할 수 없는 정도의 발명이거나 또는 인용발명에 기재된 약리기전으로부터 통상의 기술자가 쉽게 추론할 수 없는 정도의 현저한 효과가 있는 경우에는 진보성이 있는 것으로 본다.

그러나 통상의 기술자가 선행발명들로부터 활성물질의 특정 질병에 대한 치료효과를 쉽게 예측할 수 있는 정도에 불과하다면 진보성이 부정되고, 선행기술 문헌에 그 의약용도를 구체적으로 확인한 실험결과가 기재되어 있어야만 진보성이 부정될 수 있는 것은 아니다.

의약용도발명의 유효성분이 여러 개인 경우, 의약용도와 함께 그 유효성분들의 결합 용이성 여부를 판단하여야 하고, 선택된 복수의 유효성

---

232) 특허청, 기술분야별 심사실무가이드(2022. 1.), 5311-5314면.

분이 선행기술에 비하여 이질적이거나 현저히 우수한 효과를 나타내는 경우에 진보성이 인정된다.

투여용법·용량 또는 대상 환자군을 한정한 의약용도발명에서 그러한 한정사항을 구성으로 인정하여 진보성을 판단한다. 투여용법·용량, 대상 환자군을 한정한 구성으로 인해 통상의 기술자가 예측할 수 없는 현저한 효과가 나타나 특허로써 보호할 만한 가치가 있다고 인정되는 경우에 진보성이 있는 것으로 본다.

III. 학설상 논의

의약용도발명의 진보성 판단 기준과 관련한 논의는 기본적으로 발명의 진보성 판단 시 구성의 곤란성도 고려요소가 되는지 아니면 구성의 곤란성에 대한 고려 없이 현저한 효과가 있을 경우에만 발명의 진보성이 부정되지 않는 것인지에 관한 것이라고 할 수 있다.

1. 대상 질병에 특징이 있는 의약용도발명

가. 현저한 효과가 기준이 된다는 견해

1) 의약용도발명의 진보성 판단 기준은 선택발명에서 '후행물질'을 '용도'로 바꾼 것일 뿐 선택발명의 진보성 판단 기준과 동일하다는 견해가 있다. 이 견해는 용도발명에서는 '용도'를 구성요소로 하여 그 발견에 특허를 부여하는 것인 만큼, '후행물질'을 구성요소로 하여 그 발견에 특허를 부여하는 선택발명과 법적 가치평가를 동일하게 할 필요가 있다고 본다. 또한 용도발명은 '용도'가 구성요소로 되면서 선행발명과의 관계에서 하위개념이 되는 것이므로, 선택발명의 일종으로 볼 수 있다고 한

다.[233] 이 견해에 의할 경우 종래 선택발명에 관한 진보성 판단 기준과 같이 의약용도발명에 이질적이거나 동질의 현저한 효과가 있어야 진보성이 부정되지 않는다.

2) 의약용도발명의 진보성에서 발명의 효과가 중요한 판단요소로 작동하는 것은 의약용도발명의 특성상 당연한 것이고, 진보성에 대한 판단은 선행발명에 비해 이질적이고 현저한 효과를 가지고 있는지가 주요 쟁점이 된다는 견해[234] 역시 비슷한 입장을 취하고 있는 것으로 이해된다.

나. 구성의 곤란성도 고려해야 한다는 견해

1) 대상 질병에 특징이 있는 의약용도발명에 대해서도 일반발명의 진보성 판단 기준에 따라 구성의 용이도출 여부를 중심으로 진보성을 판단하되, 그 판단이 쉽지 않은 경우 효과를 보조적으로 판단해야 한다는 견해가 있다. 이 견해는 신용도의 효과는 부차적인 판단사항이 된다고 하며, 용도가 용도발명의 가장 중요한 구성요소이므로 선행기술로부터 해당 용도를 도출하는 것이 용이하였는지 여부를 중심으로 진보성을 판단해야 한다는 입장이다.[235]

2) 의약용도발명의 경우에는 어떠한 물질의 특정 약리기전을 찾아내고, 그 약리기전에 의하여 발휘되는 의약용도를 찾아내는 단계를 거쳐야 하는데, 위와 같은 연결고리 중 불명확한 부분이 존재하는 경우에는 그러한 불확실성에도 불구하고 실험 및 투자를 통해 의약의 새로운 용도를 발견하였다는 점에서 진보성을 인정할 여지가 있다는 견해가 있다. 이 견해는 의약용도발명의 진보성을 부정하기 위해 제시된 선행기술이

---

233) 유영선, 위의 논문(주 37), 154면.

234) 한지영, "의약용도발명의 진보성 판단에 관한 고찰", 산업재산권 제61호, 한국산업재산권법학회(2019), 57, 75면.

235) 정차호, "의약용도발명의 진보성 법리", 한국특허법학회 2018 추계 공개세미나 자료집, 한국특허법학회(2018), 68-69, 73-74, 85면.

있는 경우 해당 선행기술의 내용의 신뢰성뿐만 아니라 그와 상반되거나 선행기술의 내용의 신빙성에 의문을 갖게 하는 선행기술이나 관련 문헌이 존재한다면 이를 종합적으로 고려하여 선행기술로부터 용도발명을 쉽게 도출할 수 있을 만큼 약리기전 등이 밝혀진 것인지를 기초로 하여 그로부터 통상의 기술자가 용도발명에 쉽게 나아갈 수 있는지를 판단하는 것이 타당하다고 한다.236) 이 견해는 선행기술에 의해 의약용도발명의 구성요소에 해당하는 의약용도가 쉽게 도출되는지를 검토한다는 점에서 구성의 곤란성을 고려하는 견해의 일종으로 이해된다.

다. 기술분야별 특성을 고려한 진보성 판단 논리가 필요하다는 견해

의약용도발명은 물질이 이미 공지이지만 알려지지 않은 새로운 의약적 용도를 발견함으로써 예상하지 못한 현저한 효과를 발휘하는 것에 특허성을 인정하는 것인데, 해당 발명이 특허로 등록되는 경우 그 보호범위는 해당 물질 및 용도와 각각 동일 내지 균등한 범위까지만 미치므로 이러한 특성이 진보성 판단에 고려되어야 하고, 의약용도발명 중에서도 구체적인 분야별 기술의 특성에 따라 세부적인 진보성 판단 기준에 차이가 있을 수 있다는 견해가 있다. 이 견해는 구체적 타당성을 가지면서도 예측가능성을 높일 수 있는 진보성 판단 기준이 되기 위해서는 기술에 따른 특성을 고려하여 기술분야별로 해당 기술의 진보성 판단 논리를 개발하고 발전시켜나갈 필요가 있다고 한다. 이에 따라 항암제의 경우에는 임상시험의 성공 확률이 일반 의약품에 비해서도 상당히 낮은 점을 감안하면 그 의약용도 발견에 관해 성공에 대한 합리적 기대가 있는 경우에만 발명의 진보성이 부정된다는 기준이 사후적 고찰 방지 차원에서 타당하다고 한다.237)

---

236) 김창권, 위의 논문(주 224), 279-280면.
237) 신혜은, "의약용도발명의 신규성 및 진보성", 정보법학 제21권 제3호, 한국정보법학회(2017), 77-79면.

라. 치료효과의 예상 가능성이 기준이 된다는 견해

통상의 기술자가 특정 물질을 의약용도발명에서 목적으로 하는 질병에 사용하였을 때의 약리효과 내지 치료효과를 선행발명들에 의해 예상할 수 있다면 의약용도발명의 진보성이 부정될 수 있다는 견해가 있다. 이 견해는 나아가 절대적인 치료효과나 일정한 수치 이상의 치료효과를 예상할 수 있어야 의약용도발명의 진보성을 부정할 수 있는 것이 아니며, 통상의 기술자가 선행발명들에 의하여 그 발명이 속하는 기술분야에서 합리적으로 기대할 수 있는 수준의 치료효과를 예상할 수 있다면 진보성을 부정할 수 있는 것으로 보는 것이 타당하다고 한다.238)

2. 투여용법·용량에 특징이 있는 의약용도발명

가. 현저한 효과가 기준이 된다는 견해

1) 특정 투여간격·투여량을 채용함으로써 공지의 의약용도에서 예측할 수 없었던 현저한 효과가 나타난 경우에 특허성을 인정할 수 있다는 견해가 있다.239) 현저한 효과가 진보성 판단 기준이 된다는 입장이라고 볼 수 있다.

2) 의약용도발명의 진보성 판단에서 주된 쟁점은 의약용도발명이 통상의 기술자의 통상의 창작능력의 범위 내에 있는지 여부와 효과의 현저성에 관한 부분인데, 약효 증대와 부작용 감소라는 과제를 해결하기 위해 독성이나 부작용 등의 문제가 발생하지 않는 범위 내에서 소망하는 치료 효과가 나타나도록 투여용량·투여주기 등 투여방법을 최적화하는 것은 통상의 기술자의 통상의 창작능력 범위 내이므로, 그 발명의

---

238) 김관식, 위의 논문(주 225), 41-42면.
239) 신혜은, 위의 논문(주 2), 80, 82면.

유리한 효과가 통상의 기술자의 기술수준에서 예측되는 범위를 넘는 현저한 것인 경우에 진보성이 부정되지 않는다는 견해가 있다.[240]

　3) 의약 투여방법 그 자체로는 의약의 용도발명보다 수치한정발명과 유사점이 더 많기 때문에 수치한정발명의 진보성 판단 기준을 참조하는 것이 바람직하다는 견해가 있다. 이 견해는 구체적으로 공지의 의약발명으로부터 실험적으로 최적 또는 호적의 투여방법을 선택하는 것은 일반적으로 통상의 기술자의 통상의 창작능력의 발휘에 해당하여 진보성이 인정되지 않고, 청구항에 기재된 투여방법에 따를 때 공지된 의약의 용도발명에 비하여 약효 증진이나 부작용 감소와 같은 유리한 효과를 얻을 수 있는 경우에 진보성을 인정해야 한다고 한다. 유리한 효과는 공지기술과 대비하여 그 효과가 이질적이거나 동질이라도 양적으로 현저한 차이가 있는 경우를 의미한다.[241]

나. 구성의 곤란성도 고려해야 한다는 견해

　1) 투여용법·용량에 특징이 있는 의약용도발명의 경우 수치한정발명의 진보성 판단에 적용된 법리가 그대로 적용될 수 있을 것인데, 수치한정발명에 대해서도 일반발명과 동일하게 구성의 용이도출이 먼저 판단되어야 하고, 다만 다른 발명보다는 효과가 조금 더 중요한 역할을 할 뿐이라는 견해가 있다.[242] 이 견해는 투여용법·용량에 특징이 있는 의약용도발명에 대해 수치한정발명의 진보성 판단 법리를 적용한다는 점에서는 가.의 3)항 견해와 유사하다. 그러나 이 견해는 수치한정발명의 진보성 판단 시에도 구성의 곤란성이 고려되어야 한다는 입장이라는 점에서는 가.의 3)항 견해와 구분된다.

---

240) 이혜진, 위의 논문(주 19), 342-343, 345면
241) 김석준, "의약투여방법의 진보성 판단 및 균등범위 해석론", 법과 정책연구 제16집 제3호, 한국법정책학회(2016), 328-329면.
242) 정차호, 위의 글(주 235), 77-78, 85면.

2) 공지된 의약물질의 약효 증대와 부작용 감소라는 과제를 해결하기 위하여 독성이나 부작용 등의 문제가 발생하지 않는 범위 내에서 소망하는 치료 효과가 나타나도록 투여용량, 투여주기 등 투여방법을 정하는 것은 통상의 기술자의 통상의 창작능력 범위 내에서 할 수 있는 범주이다. 따라서 특정한 투여용법이나 투여용량으로 인하여 나타난 유리한 효과가 통상의 기술자의 기술수준에서 예측되는 범위를 넘는 이질적이거나 양적으로 현저한 경우 또는 통상의 기술자가 당해 의약발명의 약리 효과가 온전히 유지되면서 독성이나 부작용이 최소화되는 특정한 투여용법이나 투여용량을 선행발명 또는 공지의 발명으로부터 예측할 수 없었던 경우에 진보성이 부정되지 않는다는 견해가 있다.243) 특허법원 2015허7889 판결과 사실상 같은 입장이라고 할 수 있다.

Ⅳ. 비교법적 검토

1. 미국

가. 실무상 의약용도발명을 포함한 의약발명을 다른 유형의 발명과 구분하거나 이에 대한 별도의 진보성 판단 기준을 마련해 두고 있지는 않은 것으로 보인다. 심사기준에도 의약용도발명에 관한 특별한 규정을 두고 있지 않으며, 다만 용도발명에 관하여 일반적인 심사기준으로서 '종래의 구조 및 조성물에 관한 신규하고 비자명한 용도는 특허를 받을 수 있다'고 규정하고 있을 뿐이다.244)

---

243) 장현진, "의약 용법·용량 발명의 진보성 판단 기준", LAW & TECHNOLOGY 제13권 제4호, 서울대학교 기술과법센터(2017), 96-97면.
244) USPTO, MPEP § 2112.02.Ⅱ; 한동수, "의약의 용도발명에서 청구항의 명확성 요건", 대법원판례해설 제80호, 법원도서관(2009), 599-600면.

　나. 그런데 의약발명의 기초를 이루는 화학이나 생명공학 기술분야가 대체로 예측가능성이 떨어지는 특성이 있다는 측면에서 진보성 판단시 다른 기술분야의 발명과 달리 취급할 필요가 있는지에 관해 학설상 논의가 있다. 미국에서 비자명성 판단 기준의 하나로 언급되는 시도의 자명성 기준(obvious to try test)을 의약발명 분야에 적용하는 것이 타당한지에 관한 논의가 이에 해당한다. 특히 일정한 경우에는 시도의 자명성이 발명의 자명성을 의미한다는 연방대법원의 KSR 판결245)에서 제시한 기준을 의약발명 분야에도 적용할 수 있는 것인지의 형태로 그 논의가 활발해졌다. 대체로 시도의 자명성 기준을 적용할 때 의약발명 분야를 달리 취급할 필요가 없다는 견해와 시도의 자명성 기준을 의약발명과 같이 예측가능성이 떨어지는 분야에 적용하면 안 된다는 견해로 나뉜다.

　먼저 의약발명의 자명성 판단 시에도 다른 유형의 발명과 마찬가지로 특허법 제103조, 연방대법원의 Graham 판결과 KSR 판결의 일반적인 기준을 따라야 한다는 견해,246) 연방대법원은 KSR 판결에서 예측가능한 기술분야에 한정하여 자명성을 다룬다고 한 바 없고, 새로운 기술이 출현하고 과학자들이 기존 기술에 보다 익숙해짐에 따라 어떤 기술분야 자체를 일반화하여 그 특성을 규정짓는 것은 필연적으로 변화할 수밖에 없으므로, 화학분야를 전자분야나 기계분야와 구분할 필요가 없다는 취지의 견해247)가 있다. 이들은 의약발명을 다른 유형의 발명과 달리 취급해서는 안 된다는 입장에 서 있는 것이고, 그에 따라 연방대법원의 KSR 판결에서 제시된 시도의 자명성 기준이 의약발명에도 적용될 수 있다는 것으로 이해된다.

　반면 발명의 예측가능성 정도가 기술분야별로 다양하므로, 연방대법

---

245) 550 U.S. 398 (2007). 이 판결에 대하여 제5절 III.1.의 나.항에서 자세히 검토한다.
246) Douglas L. Rogers, "Federal Circuit's Obviousness Test for New Pharmaceutical Compounds: Gobbledygook", 14 Chi.-Kent J. INTELL. PROP. 49, 55, 104-105 (2014).
247) Marian Underweiser, "Presumed Obvious: How KSR Redefines the Obviousness Inquiry to Help Improve the Public Record of a Patent", 50 IDEA 247, 288 (2010).

원의 KSR 판결에서 제시된 시도의 자명성 기준의 타당성은 기술분야별로 달라져야 하며, 이러한 기준은 예측가능성이 떨어지는 제약분야와는 무관하다는 견해[248]가 있다. 이 견해는 시도의 자명성 기준이 제약기술 분야에서는 부적절하다는 것인데, 결국 의약발명 분야는 상대적으로 예측가능성이 높은 기계분야 발명과는 다른 진보성 판단 기준이 적용되어야 한다는 입장인 것으로 이해된다.

다. 미국에서 비자명성 판단의 2차적 고려요소 중의 하나로 언급되는 예상하지 못한 효과는 일반적으로 의약발명과 같이 예측가능성이 떨어지는 기술분야에서 주로 논의된다.[249] 그런데 비자명성 판단에서 예상하지 못한 효과가 갖는 의미에 대해서 견해가 나뉜다.

먼저 자명성의 본질적인 목적이 특허를 부여하지 않으면 얻을 수 없었던 발명에만 특허를 부여하는 것이라고 이해하는 견해가 있다. 이 견해는 통상의 기술자가 어떤 발명을 시도할 동기가 있으며, 성공에 이르는 명확한 방법을 안다면 특허권이라는 인센티브가 없어도 이를 시도하고 성공할 것이고, 이를 통해 예상하지 못한 효과에 이르게 되었다고 하더라도 이는 단순히 부가적인 이득에 불과하다고 본다.[250] 나아가 이 견해는 특히 화학이나 제약산업 분야에서 시도할 것이 자명하지만 그 결과 예상하지 못한 효과에 이른 경우가 종종 발생하는데, 이는 시도의 자명성 이론과 예상하지 못한 효과 이론이 충돌하는 경우이고, 이때에는 자명성 이론의 논리와 일관되는 시도의 자명성 이론이 우선되어야 한다고 한다.[251] 이 견해에 의할 경우 성공에 대한 합리적 기대를 가지고 시도를 할 것임이 인정되는 경우에는 그 발명에 예상하지 못한 효과가 있

---

248) Andrew, V. Trask, 위의 논문(주 3), 2625, 2629, 2661, 2664, 2668면. 이 견해가 이해하는 시도의 자명성 기준의 구체적인 내용은 제5절 Ⅲ. 4.의 마.항 내지 사.항에서 본다.
249) Scott R. Conley, 위의 논문(주 201), 280면.
250) Mark. A. Lemley, 위의 논문(주 4), 1369, 1374, 1387면.
251) Mark. A. Lemley, 위의 논문(주 4), 1394면.

다고 하더라도 자명한 발명으로 특허를 부여할 수 없다는 결론에 이르게 된다.

　반면 성공에 대한 합리적 기대가 있어도, 청구된 화합물이 선행기술 화합물에 비하여 생리학적 활성(biological activity)에서 상당한 정도의 차이를 보인다면 그 화합물은 비자명하다는 견해[252]가 있다. 또한 예상하지 못한 효과가 다른 2차적 고려요소처럼 자명성 판단에 단지 도움이 되는 요소 정도로 고려되는 것은 비자명성 판단에서 예상하지 못한 효과의 중요성과 일관되지 못한 것이라고 하면서, 예상하지 못한 효과는 언제나 시도의 자명성 기준에 의해 형성된 일응의 자명성을 극복해야 한다는 견해[253]도 있다. 이 견해는 특허제도의 취지가 기술발전에 기여하여 사회에 새로운 이익을 준 발명자에 대해 보상을 하는 것인데, 예상하지 못한 효과는 사회가 그 발명으로부터 얻을 수 있는 이익을 보다 잘 반영한다는 점과 발명의 특허성에 대한 판단의 명확성을 고려한다면, 예상하지 못한 효과는 언제나 시도의 자명성에 의한 일응의 자명성을 극복해야 한다는 입장이다.[254]

2. 유럽연합

　실무상 의약용도발명을 포함한 의약발명을 다른 유형의 발명과 구분하거나 위 유형의 발명에만 적용되는 별도의 진보성 판단 기준을 마련해 두고 있지는 않다.[255]

---

252) Richard J. Warburg, "From Chemicals to Biochemicals: A Reasonable Expectation of Success", 24 Suffolk U. L. REV. 155, 172 (1990).
253) Scott R. Conley, 위의 논문(주 201), 298, 301면.
254) Scott R. Conley, 위의 논문(주 201), 306-308면.
255) 이진희, 위의 논문(주 26), 160면.

3. 일본

의약용도발명은 용도발명의 일종인데, 심사기준은 용도발명을 특수한 유형의 발명의 하나로 분류하면서 통상의 기술자가 그 물건의 알려진 특성이나 구조에 기초하여 해당 용도에 쉽게 도달할 수 있으면 용도발명의 진보성이 부정된다고 규정한다.[256) 한편 용도발명에 대해 그 용도에 있어서 효과가 현저하게 우수하고, 공지된 물질로부터 용도를 찾는 것이 통상의 기술자에게 쉽지 않은 경우에 진보성이 인정된다고 설명하는 견해가 있다.[257)

심사기준에는 의약용도발명 자체에 대한 별도의 기준이 마련되어 있지 않고, 다만 의약용도발명의 진보성 판단에 관한 구체적인 예가 제시되어 있다. 즉 출원된 의약용도발명의 의약용도가 인용발명의 용도와 다르더라도, 출원일 당시의 기술수준으로부터 그 두 발명 사이의 작용기전의 관련성이 도출될 수 있으면 진보성을 인정할 수 있는 유익한 효과와 같은 다른 사정이 없는 한, 통상적으로 그 출원된 의약발명의 진보성이 부정된다.[258) 또한 투여용법·용량에 특징이 있는 의약용도발명의 경우, 특정 질병에 대해 약효증대, 부작용 감소, 복약 순응도의 향상과 같은, 통상의 기술자에게 잘 알려진 과제를 해결하기 위해 용법과 용량을 호적화하는 것은 통상의 기술자의 통상의 창작능력의 발휘에 해당한다. 인용발명과 대상 질병에 차이가 없고 용법·용량에 차이가 있는 경우에는, 인용발명과 비교하여 유리한 효과가 통상의 기술자가 예측할 수 있는 범위 내의 것이라면 통상적으로는 진보성이 부정된다. 그러나 인용발명과 비교한 유리한 효과가 출원 시 기술수준으로부터 예측할 수 있는 범

---

256) JPO, Examination Guidelines for Patent and Utility Model in Japan, Part III, Chapter 2, Section 4, 3.2.3.

257) 中山信弘, 特許法, 第4版, 弘文堂(2019), 146면.

258) JPO, Examination Handbook for Patent and Utility Model in Japan, Annex B, Chapter 3, 2.3.2. (1).

위 이상인 경우 등 진보성을 인정할 만한 사정이 있는 경우에는 청구항
에 기재된 의약발명의 진보성이 인정된다.259)

일본 지적재산고등재판소는 특허법원 2015허7889 판결에서 진보성이
문제 되었던 타다라필의 투여용법·용량 발명의 일본 대응 특허와 관련
하여, 다음과 같은 이유로 그 발명의 진보성을 부정한 바 있다.

이 사건 발명에 앞서 타다라필이 PDE Ⅴ 저해제이고 인체의 발기기
능 부전 치료에 유용하며 그 용량이 평균적인 성인환자(70kg)에 대하여
1일당 대략 0.5~800mg의 범위이고 개개의 정제 또는 캡슐에는 1일당 한
번 또는 여러 번 투여를 위해 0.2~400mg의 유효성분을 함유하는 것이 제
시되어 있다. 따라서 이에 대해 임상에서의 유용성을 평가하기 위한 임
상시험을 실시하고 최소의 부작용으로 최대의 약리효과를 얻을 수 있는
범위로써 1일당 20mg의 총 용량의 상한 범위를 설정하는 것은 통상의
기술자가 쉽게 생각해 낼 수 있는 것이다. 작용효과에 있어서 명세서에
이 사건 발명의 구성을 채용함에 따라 그 범위에서 약효가 특별히 현저
한 효과를 가지는 점을 제시하고 있지 않으며, 부작용에 있어서도 부작
용의 감소가 이 사건 발명의 구성을 채용함에 따른 것으로 인정되지 않
거나 특별히 현저한 효과를 가진다고 볼 수 없다.260)

Ⅴ. 검토

1. 의약용도발명에 관한 특허분쟁의 양상과 진보성 문제

의약용도발명은 청구범위의 기재 형식상 기본적으로 물건의 발명의

---

259) JPO, Examination Handbook for Patent and Utility Model in Japan, Annex B, Chapter 3, 2.3.2. (4).
260) 지적재산고등재판소 2010. 1. 28. 판결[평성 27년(行ケ) 제10113회]; 장현진, 위의 논문(주 243), 95면.

일종이지만 청구항에 특정한 의약용도가 구성요소로 부가되어 있다는 특징이 있다. 따라서 특허발명의 실시로서의 사용은 그 물건을 청구항에 기재된 의약용도에 사용하는 것을 의미한다.

물건을 의약용도로 사용한다는 특성 때문에 의약용도발명의 명세서 기재요건에 관한 판단 기준은 다른 유형의 발명에 비해 상당히 엄격하다. 즉 대상 질병에 특징이 있는 의약용도발명의 경우 실시가능 요건을 충족하기 위해서는 명세서 기재의 약리효과를 나타내는 약리기전이 명확히 밝혀진 경우와 같은 특별한 사정이 없다면 특정 물질에 그와 같은 약리효과가 있다는 것을 약리데이터 등이 나타난 시험례로 기재하거나 또는 이에 대신할 수 있을 정도로 구체적으로 기재해야 한다는 것이 법원의 확립된 입장이다. 투여용법·용량에 특징이 있는 의약용도발명의 경우에도 특정한 투여용법·용량에 의한 약리효과를 나타내는 약리기전이 명확히 밝혀졌는지를 기준으로 필요한 명세서 기재의 정도를 판단하는 것이 타당하다는 점은 의약용도발명의 명세서 기재요건에서 논의한 바와 같다.

이처럼 명세서 기재요건이 엄격하므로, 의약용도발명의 특허권의 효력을 다투는 입장에서는 명세서 기재요건 충족 여부를 문제 삼는 것이 효율적이다. 따라서 의약용도발명에 관한 분쟁에서는 명세서 기재요건이 진보성 못지않게 중요한 쟁점이 되었고, 위 I.항 판례의 태도 및 분석 부분에서 본 바와 같이 의약용도발명의 진보성에 관하여는 비교적 최근 판결들에서 그 판단 기준이 언급되었다.

이하에서는 앞서 검토한 실무의 태도, 학설상 논의 및 비교법적 검토를 종합하여 의약용도발명의 각 유형별로 타당한 진보성 판단 기준을 제시하고, 명세서 기재요건과의 관계를 살펴본다.

2. 대상 질병에 특징이 있는 의약용도발명의 진보성

대상 질병에 특징이 있는 의약용도발명의 진보성에 관한 일부 학설상 견해는 기본적으로 의약용도발명을 다른 유형의 발명과 달리 취급하여 효과의 현저함이 인정될 경우에만 진보성이 부정되지 않는다는 입장이다. 이는 의약물질 자체는 이미 공지되어 있으니 발명의 구성으로서 의약물질이 선행발명으로부터 쉽게 도출되는지는 평가의 대상으로 삼지 않는다는 점을 강조한 것으로 보인다.

그런데 의약용도발명에서는 발명의 구성에 의약물질만 포함되는 것이 아니다. 즉 대상 질병에 대한 용도는 청구항에 구체적으로 특정되어 있는 구성요소에 해당하면서도 대상 질병에 대한 치료효과에도 해당한다는 점에서 이중적인 지위가 있다. 따라서 대상 질병에 대한 용도는 그 발명의 진보성 판단 시 구성의 곤란성 측면에서 그러한 용도의 도출이 쉬운지의 평가 대상이 될 뿐만 아니라 발명이 가지는 효과 측면에서 그러한 질병에 대해 어느 정도의 효과가 있는지의 평가 대상이 된다.

이러한 관점에서 본다면, 대상 질병에 특징이 있는 의약용도발명을 다른 유형의 발명과 구분하여 별도의 기준에 의해 그 진보성을 판단할 이유가 없다. 원칙적으로 물건의 발명의 진보성에 관한 일반적인 판단기준에 따라 구성의 곤란성 측면에서 통상의 기술자가 그 발명의 구성에 해당하는 특정 의약용도를 쉽게 도출할 수 있는지, 효과 측면에서 그 의약용도와 관련된 효과가 예측할 수 없는 현저한 것인지를 기준으로 진보성을 판단하면 족하다. 의약용도와 관련된 효과라는 것은 그 특정 물질의 주된 효과에 해당하는 대상 질병에 대한 치료효과뿐만 아니라 부작용 감소 등의 부수적인 효과까지 포함한다. 예측할 수 없는 현저한 효과라는 것은 이질적이거나 동질이라도 현저한 차이가 있는 효과가 이에 해당할 것이다.[261]

---

261) 이진희, 위의 논문(주 26), 162면.

즉 의약용도발명의 진보성 판단에서 고려할 효과라는 것은 청구항에 기재된 용도에 국한되지 않고, 명세서 기재로부터 직접적으로 인식하거나 추론할 수 있는 효과라면 부작용 감소 등의 효과도 모두 이에 해당된다. 예를 들어 '고혈압 치료제 용도의 A'라는 청구항을 전제하면, 고혈압 치료제라는 용도는 발명의 구성요소이므로 선행발명으로부터 그 용도가 쉽게 도출될 수 있는지의 판단 대상이 된다. 이때 용도는 정성적인 치료용도가 선행발명으로부터 쉽게 도출되는지 평가의 대상이 될 것이다. 나아가 정량적인 평가까지 포함한 고혈압 치료효과는 발명의 효과 측면에서 고려할 효과 중 하나에 해당하고, 이때에는 정량적인 측면이 보다 중요한 의미를 가지게 된다. 따라서 구성의 곤란성과 효과의 현저성을 종합적으로 고려하여 발명의 진보성을 판단하는 관점에서 보았을 때, 만일 선행발명으로부터 고혈압 치료용도 자체의 도출이 곤란하다는 평가가 가능할 경우 구성의 곤란성이 인정되고, 발명의 효과 측면에서 선행발명에 비하여 예측할 수 없는 이질적인 효과로서 현저하다고 평가될 것이다. 만일 고혈압 치료용도 자체가 선행발명으로부터 쉽게 예측되어 구성의 곤란성을 인정하기 어려운 경우라면, 그때에는 고혈압 치료효과가 정량적으로 예측하기 어려운 현저한 것이거나, 직접적인 치료효과 외에 명세서 기재로부터 인식할 수 있거나 추론 가능한 부작용 감소 등의 치료와 관련된 효과가 현저하다고 평가될 경우 진보성이 부정되지 않을 수 있다.

이와 관련하여 대법원 2016후502 판결에서 대상 질병에 특징이 있는 의약용도발명의 진보성 판단 기준으로 제시된 통상의 기술자가 선행발명들로부터 특정 물질의 '특정 질병에 대한 치료효과를 쉽게 예측할 수 있는 정도'에 불과하다는 것이 의미하는 바를 검토할 필요가 있다. 먼저 의약용도발명도 물건의 발명의 일종으로 분류되므로 일반적인 물건의 발명 관점에서 치료효과를 쉽게 예측할 수 있으면 진보성이 부정된다는 문언을 평가하면 마치 의약용도발명의 경우 구성의 곤란성에 대한 검토

없이 효과의 현저성 유무만으로 진보성을 판단하는 것으로 이해할 수도 있다. 그러나 앞서 본 바와 같은 대상 질병에 대한 용도의 이중적 지위를 고려한다면, 의약용도발명에서 '특정 질병에 대한 치료효과'는 그 자체가 의약용도를 뜻하기도 하므로 발명의 구성요소로서의 의미도 내포하고 있다고 보아야 한다. 결국 의약용도발명에서 '특정 질병에 대한 치료효과'는 발명의 구성요소로서의 의미 및 발명이 가지는 효과로서의 의미 두 가지를 모두 포함하고 있는 것이다. 따라서 대법원 2016후502 판결의 위 판단 기준은 대상 질병이라는 특정 용도의 도출이 쉬운지도 역시 고려하는 것이라고 볼 수 있다.

그런데 의약용도발명의 효과 측면에서 대법원 2016후502 판결이 제시한 대상 질병에 대한 치료효과를 쉽게 예측할 수 있다는 부분의 의미를 구체적으로 살펴볼 때, 만일 특정 의약용도의 도출이 쉽다고 판단되는 경우를 가정하면, 그 자체로 치료효과를 쉽게 예측할 수 있다고 평가하는 것인지 아니면 더 나아가 그 정량적 치료효과 및 치료와 관련된 효과의 예측가능성까지 함께 고려하여 최종적으로 치료효과를 쉽게 예측할 수 있다고 판단한다는 것인지는 명확하지 않다. 만일 의약용도의 도출이 쉽다는 이유만으로 정량적 치료효과와 같은 치료효과의 구체적 내용에 대한 예측가능성, 즉 현저함에 대한 고려 없이 진보성이 부정된다는 취지라면 동의하기 어렵다.

결론적으로 대상 질병에 특징이 있는 의약용도발명의 진보성은 일반적인 발명의 진보성 판단 기준에 따라 구성의 곤란성과 효과의 현저성을 종합적으로 고려하여 판단하는 것이 타당한데, 그 내용은 해당 의약용도의 도출이 쉬운지, 그 의약용도에서의 구체적인 효과가 현저한지를 종합적으로 검토하는 것이 된다.

3. 투여용법·용량에 특징이 있는 의약용도발명의 진보성

대법원 2014후2702 판결은 투여용법·용량에 특징이 있는 의약용도발명의 경우 의약개발 과정에서는 적절한 투여용법과 투여용량을 찾아내려는 노력이 통상적으로 이루어지고 있다는 측면에서 구성의 곤란성이 인정되기 어렵다고 보고, 효과의 현저성, 즉 예측할 수 없는 현저하거나 이질적인 효과가 인정되는 경우에만 진보성이 부정되지 않는다는 입장을 취한 것으로 보인다.

그런데 통상의 기술자가 예상하지 못한 새로운 투여용법·용량을 개발하는 경우를 완전히 배제할 수 없다는 점을 고려하면, 통상의 기술자가 해당 의약발명의 약리효과가 온전히 유지되면서 독성 등이 최소화되는 특정한 투여용법·용량을 선행기술로부터 예측할 수 없었던 경우에도 진보성이 부정되지 않을 수 있는 가능성을 열어둘 필요가 있다.[262] 예를 들어, 출원 당시의 기술수준에서는 1일 3회 투여가 바람직하다고 인식되어 왔던 의약품을 1개월에 1회 투여하는 방법으로 변경하고 그와 같은 투여용법에 의하더라도 부작용 증대 없이 동일한 약효가 유지되는 발명을 가정해보면, 이 경우에는 1개월에 1회 투여라는 구성의 도출이 어렵고, 그러한 투여방법에 의하더라도 부작용 증대 없이 동일한 약효가 유지되는 것 자체가 예측할 수 없는 현저한 효과에 해당할 수 있는 것이지, 구성의 곤란성 없이 효과만이 현저하다고 볼 수는 없을 것이다.

나아가 대법원 2014후2702 사건의 구체적인 판단에서 특허발명을 리바스티그민의 경피투여라는 투여용법을 제공하는 의약용도발명이라고 전제한 후, 의약품의 투여방법으로서의 경피투여 용도가 통상의 기술자가 예측할 수 없는 이질적인 효과이므로 진보성이 부정되지 않는다고 설시한 부분을 검토할 필요가 있다. 이 사건에서 리바스티그민의 전신 경피투여 용도는 효과 그 자체이기에 앞서 청구항에 기재되어 있는 의

---

262) 이진희, 위의 논문(주 26), 162-163면.

약용도발명의 구성요소로서 선행발명으로부터 그러한 구성을 도출하는 것이 곤란한 것인지에 대한 판단 대상이기도 하다. 따라서 선행발명으로부터 전신 경피투여 용도라는 구성을 도출하는 것이 어려울 뿐만 아니라 그러한 구성으로 인해 뇌 부위에서 아세틸콜린에스터라제의 억제 효과가 오랜 시간 일정하게 지속될 수 있도록 하고, 투약이 간편해지는 현저한 효과 역시 존재하여 진보성이 부정되지 않는다고 판단하는 과정을 거치는 것이 전신 경피투여가 해당 발명의 구성에도 해당한다는 의미를 보다 명확하게 보여주는 것이라고 생각된다.

이처럼 투여용법·용량에 특징이 있는 의약용도발명에서 투여용법·용량은 대상 질병에 특징이 있는 의약용도발명에서 용도가 구성과 효과의 이중적 지위를 가지고 있는 것과 유사하게 단순한 구성요소와는 구별되는 면이 있다. 즉 의약물질의 투여 방법이나 투여 빈도 등은 그 자체가 복용의 편의성 내지 약효의 지속과 같은 효과를 내포하는 것이다. 따라서 예측할 수 없는 효과의 존부 판단은 결국 구성의 도출의 곤란성을 평가하는 것과 결부될 수밖에 없는 구조가 된다.

그렇다면 투여용법·용량에 특징이 있는 의약용도발명의 경우를 일반적인 발명과 구분하여 그 진보성 판단 시 효과만을 기준으로 할 것은 아니다. 오히려 구성의 곤란성과 효과의 현저성을 종합적으로 고려하여 진보성을 판단한다는 입장을 취하는 것이 진보성 판단 기준으로서 예외를 설정하지 않고서도 그 판단에 적정을 기할 수 있다는 점에서 타당하다.

4. 의약용도발명의 진보성과 명세서 기재요건 충족의 상관관계

의약용도발명을 명세서 기재요건을 충족시키기 위해서 약리효과에 관한 정량적 기재가 필요한 경우와 그렇지 않은 경우로 구분해보면, 각 유형에 따라 진보성 요건 충족 여부의 가능성은 상당히 달라질 것으로 보인다.

　의약용도발명 중 약리효과에 관한 정성적 기재만으로도 명세서 기재요건을 충족시킬 수 있는 경우, 즉 대표적으로 명세서 기재의 약리효과를 나타내는 약리기전이 명확히 밝혀진 경우라면 통상의 기술자가 해당 물질을 그 의약용도에 사용하는 것을 쉽게 시도해볼 수 있으므로 진보성 판단 단계에서 구성으로서 그 의약용도는 쉽게 도출된다는 결론에 이를 가능성이 높다. 이 경우에는 의약용도에 대한 치료효과 자체가 정량적으로 현저하거나 의약용도와 관련된 여러 효과 중 일부가 현저하다는 것과 같이 효과 측면에서 별도로 기술적 진보를 인정할 수 있는 요소가 없다면 그 발명의 진보성은 사실상 부정될 가능성이 매우 높다. 이에 따라 정성적인 기재만으로 의약용도발명의 명세서 기재요건을 충족하면서도 진보성이 부정되지 않는 경우를 상정하는 것은 쉽지 않다.

　결국 명세서 기재요건 및 진보성 요건을 모두 충족하여 특허를 받을 수 있는 의약용도발명이란 대부분 명세서 기재요건 단계에서는 명세서 기재의 약리효과를 나타내는 약리기전이 명확히 밝혀지지 아니한 경우에 해당하면서, 명세서에 약리효과를 확인할 수 있는 약리데이터 등이 나타난 시험례 또는 이에 대신할 수 있는 구체적 기재가 있는 경우일 것이다.263)

---

263) 이진희, 위의 논문(주 26), 149면.

제4절 그 외 의약발명 및 수치한정발명

Ⅰ. 제형(제제)발명

1. 판례의 태도 및 분석

법원이 제형(제제)발명 특유의 진보성 판단 기준을 명시적으로 밝힌 사건을 찾기는 쉽지 않다. 다만 별도의 법리 제시 없이 제형(제제)발명의 진보성을 판단하거나, 일반적인 발명의 진보성 판단 기준을 인용한 사례들은 다음과 같다.

가. 대법원 2011. 10. 13. 선고 2009후4322 판결

이 사건에서는 명칭을 '이중층의 지속 방출형 경구 투여 조성물'로 하는 제형(제제)발명의 진보성이 문제 되었고, 대법원은 진보성에 관한 법리 제시 없이 구체적인 판단에 나아가 다음과 같은 이유로 진보성을 부정하였다.

선행발명과 대비할 때 출원발명은 이중층 정제이고, 선행발명은 필름코팅정이라는 차이가 있으나, 필름코팅정과 다층정은 그 기술분야에서 방출 조절용 정제의 형태로 널리 알려진 것이므로 필름코팅정을 이중층 정제로 변경한 것은 주지관용의 기술을 적용한 단순한 제형변경에 불과하다. 결국 출원발명은 통상의 기술자가 선행발명과 주지관용의 기술을 단순 결합하여 쉽게 도출해 낼 수 있는 것이므로 구성의 곤란성이 없고, 작용효과도 통상의 기술자가 쉽게 예측할 수 있는 정도에 불과하다.

나. 대법원 2021. 4. 8. 선고 2019후11756 판결

1) 사건의 개요

이 사건은 발명의 명칭을 '옥트레오티드 및 2종 이상의 폴리락티드-코-글리콜리드중합체를 포함하는 서방형 제제'로 하고, 말단비대증과 카르시노이드 종양 등을 치료할 수 있는 유효성분인 옥트레오티드를 포함하는 마이크로입자 형태의 서방형 제제에 관한 발명의 진보성이 문제되었던 사안이다.

2) 판단

대법원은 선행발명들을 결합하더라도 이 사건 발명의 효과를 예상하는 것이 쉽지 않고, 기술적 특징이 다른 선행발명들을 쉽게 결합할 수 있다고 보기도 어렵다는 이유로 이 사건 발명의 진보성이 부정되지 않는다고 판단하면서 다음과 같은 진보성 판단 기준을 제시하였다.

발명의 진보성 유무를 판단할 때에는 선행기술의 범위와 내용, 진보성 판단의 대상이 된 발명과 선행기술의 차이, 통상의 기술자의 기술수준에 대하여 증거 등 기록에 나타난 자료에 기초하여 파악한 다음, 통상의 기술자가 특허출원 당시의 기술수준에 비추어 진보성 판단의 대상이 된 발명이 선행기술과 차이가 있는데도 그러한 차이를 극복하고 선행기술로부터 쉽게 발명할 수 있는지를 살펴보아야 한다(대법원 2016. 11. 25. 선고 2014후2184 판결 등 참조). 특허발명의 청구범위에 기재된 청구항이 복수의 구성요소로 되어 있는 경우에는 각 구성요소가 유기적으로 결합한 전체로서의 기술사상이 진보성 판단의 대상이 되는 것이지 각 구성요소가 독립하여 진보성 판단의 대상이 되는 것은 아니므로, 그 특허발명의 진보성을 판단할 때에는 청구항에 기재된 복수의 구성을 분해한 후 각각 분해된 개별 구성요소들이 공지된 것인지 여부만을 따져서는 아니 되고, 특유의 과제 해결원리에 기초하여 유기적으로 결합된 전체로서의 구성의 곤란성을 따져 보아야 하며, 이때 결합된 전체 구성으로서의 발명이 갖는 특유한 효과도 함께 고려하여야 한다(대법원 2007. 9. 6. 선고 2005후3284 판결 등 참조).

3) 분석

이 사건에서는 유효성분인 옥트레오티드가 이미 공지되어 있었다는 점에서 이 사건 발명의 기술적 특징은 순수하게 그 제형(제제) 자체에 있으므로, 제형(제제)발명의 진보성 판단 기준에 관한 법원의 입장을 이해하기 좋은 사안이다.

그런데 대법원이 이 사건에서 인용한 대법원 2005후3284 판결에서 문제 된 발명은 그 명칭이 '탐침카드 조립체에서 탐침요소의 배향을 변경하는 방법'으로서, 제조공정에서 발생되는 반도체 장치의 불량 여부를 검사하기 위한 탐침카드 조립체에서 탐침요소의 배향을 변경하는 방법에 관한 것이었다는 점을 주목할 필요가 있다. 즉 대법원이 제형(제제)발명의 진보성 판단 기준으로 일반적인 유형의 발명에 적용되는 진보성 판단 기준에 관한 법리를 제시하였다는 것이다. 이로부터 대법원이 제형(제제)발명의 진보성에 관해 다른 유형의 발명과 구분되는 별도의 판단 기준을 가지고 있지 않다는 점을 유추해볼 수 있다. 또한 제형(제제)발명의 진보성 판단 기준으로서 구성의 곤란성도 고려해야 한다는 점을 명확히 하였다는 점에 의의가 있다.

한편 이 사건 발명의 설명에는 이 사건 발명에 따른 제약 조성물이 3개월 초과의 기간, 바람직하게는 3개월 내지 6개월에 걸쳐 활성성분을 지속적으로 방출시키고, 활성성분이 방출되는 동안에 옥트레오티드의 혈장 수준이 치료적 범위 내에 있다는 기재가 있다. 또한 그 실시례에는 생체 내 방출 프로파일로서 토끼에 근육주사 후 옥트레오티드의 농도를 96일까지 분석한 자료가 있다. 대법원은 이 사건 제형(제제)발명의 진보성에 관하여 선행발명들을 결합하더라도 이 사건 발명과 같이 생체 내에서 약물 방출이 약 3개월 동안 지속될 것, 즉 이 사건 발명의 효과를 예상하는 것은 쉽지 않고, 기술적 특징이 다른 선행발명들을 쉽게 결합할 수 있다고 보기도 어렵다는 이유로 진보성이 부정되지 않는다고 결론을 내렸다. 이러한 결론은 대법원이 진보성 판단 기준으로 제시한 법리에 따라 결합발명에서 구성의 곤란성에 해당하는 결합의 곤란성과 그 발명의 효과를 종합적으로 고려하여 진보성을 판단한 것이라고 평가할 수 있다.

다. 특허법원 2019. 6. 13. 선고 2018허7958 판결[264]

특허법원은 발명의 명칭을 '아픽사반 제제'로 하는 정제 형태의 제형(제제)발명의 진보성이 문제 된 사안에서 대법원 2019후11756 판결과 마찬가지로 일반적인 결합발명의 진보성 판단 기준에 관한 대법원 2005후3284 판결의 법리를 인용하였다. 나아가 이 사건 발명과 선행발명 사이의 구성상 차이는 통상의 기술자가 적절히 선택할 수 있는 조건에 불과하거나 선행발명들의 결합에 의해 극복할 수 있으며, 이 사건 발명이 현저한 효과를 가지는 것으로 보기 어렵다는 이유로 그 진보성을 부정하였다.

2. 특허청 심사기준[265]

의약품 제제 발명은 통상적인 물건 발명의 진보성 판단 기준을 그대로 따르되, 다음 사항을 참고한다.

---

264) 이 판결에 대한 상고사건(2019후11091)은 2019. 10. 17. 심리불속행 기각되었다.
265) 특허청, 기술분야별 심사실무가이드(2022. 1.), 5322-5327면.

가. 선행기술의 제제에서 유효성분이 치환된 경우

선행기술과 출원발명의 해결하고자 하는 과제가 동일하고 양 발명의 화합물이 공통적인 성질을 가지거나 동일한 범주의 화합물이라면 선행기술의 제제에 출원발명의 유효성분을 적용하는 것에 구성의 곤란성이 인정되지 않는다. 예를 들어, 다른 물질의 산화방지제로서 공지된 물질을 산화하기 쉬운 것으로 알려진 의약에 단순히 전용하는 경우의 조성물 및 안정화 방법은 진보성이 인정되지 않는다. 다른 물질의 용해보조제로서 공지된 물질을 화학적 성질이 유사한 의약물질에 단순히 전용하여 농후액을 제조한 발명은 진보성이 인정되지 않는다.

나. 효과·특성으로 한정된 제제

효과 또는 특성(약물동력학적 파라미터 등)으로 한정된 제제에서, 그 효과 또는 특성은 제제를 이루는 다른 구성을 한정하는 요소로서 이를 고려하여 진보성을 판단한다.

다. 주지·관용기술에 해당하는 구성을 포함하는 제제

제제발명은 공지된 의약 성분과 부형제를 구성으로 하고 통상적인 형태로 제형화한 발명이 대부분이므로, 각 구성 조합의 용이성과 그에 따른 효과를 세밀히 살펴보아야 하는데, 발명의 구성 차이가 주지·관용기술을 단순히 채택한 정도이고 그 구성으로 인한 효과가 예측되는 정도의 것이라면 진보성이 인정되지 않는다. 발명이 단순히 공지의 성분들을 포함하고 통상적인 형태를 갖더라도 그 제제를 이루는 구성 성분들을 조합하는 것에 어려움이 있거나 그 구성들이 유기적으로 결합되어 현저히 우수하거나 새로운 효과를 나타내는 경우에는 진보성이 인정될 수 있다.

3. 검토

의약물질을 개발한 후 그 물리적 성질이나 인체 흡수속도 등을 개선할 목적의 후속 연구로서 최적화된 제형(제제)을 개발하는 시도가 통상적으로 행해지고 있으며, 그 결과물은 제형(제제)발명의 형태로 출원 및 등록이 이루어지고 있다. 그런데 제형(제제)발명 자체의 진보성 판단 기준에 관한 논의를 찾아보기는 어렵다.

다만 구체적인 분쟁에서 당사자들 사이의 공방 형태로 나타나는 주장을 통해 제형(제제)발명을 특허로써 보호하는 것에 대한 대립되는 입장을 파악할 수 있다. 먼저, 제형(제제)발명 형태의 특허출원에 대해 신약개발회사의 에버그리닝(evergreening)[266] 전략의 일환으로 이해하면서 부정적으로 바라보는 시각이 있는데, 그러한 입장에서는 특허요건, 특히 진보성과 관련하여 엄격한 기준이 필요하다고 주장하게 된다. 이러한 주장은 제형(제제)발명에 국한된 것이라기보다는 개량발명 형태의 의약발명 전반에 대한 것이다. 반면 이와 반대되는 입장에서 의약발명의 일종인 제형(제제)발명에도 예측가능성이 떨어진다는 의약분야의 기술적 특성이 반영되어야 하고, 그에 따라 다른 기술분야 발명과는 구분되는 기준이 적용되어야 한다는 주장이 제기되기도 한다.[267]

그런데 제형(제제)발명 역시 물건의 발명의 일종이므로 그 진보성에 관하여는 원칙적으로 일반적인 물건의 발명의 경우와 마찬가지로 구성

---

266) '에버그리닝(evergreening)'이란 '전략 의약품 특허를 처음 등록할 때 특허 범위를 넓게 설정한 뒤 2-3년 간격으로 약의 형태나 구조를 조금씩 바꿔 관련 후속 특허를 지속적으로 추가함으로써 특허권을 방어하는 전략'을 의미한다(한경 경제용어사전 참조).

267) 특허분쟁 양측 당사자의 주장서면에서 이러한 취지의 주장들을 종종 접할 수 있다.

의 곤란성과 효과의 현저성을 종합적으로 고려하는 것이 타당하다. 다만 구체적인 사건에서 구성의 곤란성을 판단하는 과정에는 기존에 존재하지 않던 새로운 제형(제제)을 개발하는 것은 논외로 하더라도 공지의 유효성분과 알려진 제형(제제)을 결합하는 형태일 경우 온전히 새로운 물질을 발명하는 것에 비해 구성의 곤란성이 부정될 가능성이 상대적으로 높다고 할 수 있을 뿐이다. 법원 역시 구성과 효과를 종합적으로 고려한다는 기준에 의하여 제형(제제)발명의 진보성을 판단하고 있으며, 제형(제제)발명을 특별히 취급하고 있지는 않은 것으로 보인다.

이와 달리 제형(제제)발명을 어느 방향으로든 특별하게 취급하는 것은 다음과 같은 이유로 바람직하지 않다.

먼저, 에버그리닝에 대한 우려는 진보성 판단 단계에서 제형(제제)발명이 창출해낸 기술적 진보에 대한 객관적이고 적정한 평가에 의해 해결할 수 있는 것인데, 개량발명의 일종이라는 사실만으로 제형(제제)발명 자체를 일률적으로 신약개발회사의 에버그리닝 전략의 일환으로 보고 특허 부여에 대해 부정적으로 평가하는 것은 적절치 않다. 또한 우리나라의 제약산업이 현재로서는 완전히 신규한 물질의 개발보다는 개량발명 연구에 초점을 맞추고 있다는 현실을 고려할 때, 국내 제약산업 발전 측면에서 개량발명을 보호하여 장려할 필요성도 있다.

다음으로, 제형(제제)발명이 의약물질을 유효성분으로 포함하는 의약발명의 일종이고 의약물질 자체가 대체로 예측가능성이 떨어질 수 있다는 사실만으로 제형(제제)발명에 일반적인 발명의 경우와 다른 진보성 판단 기준을 적용해야 한다는 주장 역시 타당하지 않다. 즉 의약분야의 발명이 전반적으로 예측가능성이 떨어지는 특성을 가지고 있기는 하지만, 개별 사건에서의 구체적인 사실관계에 따라 해당 발명의 예측가능성의 정도는 다양한 양상을 띨 수밖에 없다. 따라서 의약분야의 발명이라는 이유만으로 일률적으로 예측가능성이 떨어진다고 할 수 없을 뿐만 아니라, 이러한 문제는 구성의 곤란성과 효과의 현저성 판단 단계에서 고려되어 그에 관해 얼마든지 적정한 평가가 이루어질 수 있는 것이기 때문이다.

Ⅱ. 선택발명

1. 판례의 태도 및 분석

가. 판례의 흐름

1) 종래 입장

가) 대법원 2003. 4. 25. 선고 2001후2740 판결

선택발명은, 선택발명에 포함되는 하위개념들 모두가 선행발명이 갖는 효과와 질적으로 다른 효과를 갖고 있거나, 질적인 차이가 없더라도 양적으로 현저한 차이가 있는 경우에 한하여 특허를 받을 수 있다. 이때 선택발명의 설명에는 선행발명에 비하여 위와 같은 효과가 있음을 명확히 기재하면 충분하고, 그 효과의 현저함을 구체적으로 확인할 수 있는 비교실험자료까지 기재하여야 하는 것은 아니다. 만일 그 효과가 의심스러울 때에는 출원일 이후에 출원인이 구체적인 비교실험자료를 제출하는 등의 방법에 의하여 그 효과를 구체적으로 주장·입증하면 된다.

나) 대법원 2009. 10. 15. 선고 2008후736,743 판결 등[268]

선택발명의 진보성이 부정되지 않기 위해서는, 선택발명에 포함되는 하위개념들 모두가 선행발명이 갖는 효과와 질적으로 다른 효과를 갖고

---

[268] 선택발명의 진보성에 관하여 대법원 2010. 3. 25. 선고 2008후3469, 3476 판결, 대법원 2012. 8. 23. 선고 2010후3424 판결 등도 모두 같은 취지로 설시한 바 있다.

있거나 질적인 차이가 없더라도 양적으로 현저한 차이가 있어야 한다. 이때 선택발명의 발명의 설명에는 선행발명에 비하여 위와 같은 효과가 있음을 명확히 기재하여야 하며, 위와 같은 효과가 명확히 기재되어 있다고 하기 위해서는 선택발명의 발명의 설명에 질적인 차이를 확인할 수 있는 구체적인 내용이나, 양적으로 현저한 차이가 있음을 확인할 수 있는 정량적 기재가 있어야 한다.

다) 실무의 이해

선택발명의 진보성에 관한 판례의 위와 같은 설시에 대해 다수의 학설 및 실무가들은 법원의 태도가 선택발명의 진보성 판단 기준으로 선행발명에 비하여 이질적이거나 동질의 현저한 효과를 요구하는 것이라고 이해했다.

2) 현재 입장: 대법원 2021. 4. 8. 선고 2019후10609 판결

최근 대법원 2019후10609 판결에서는 선택발명의 진보성에 관한 종래 법원의 판단 기준이 어떤 의미였는지를 언급하면서, 선택발명의 진보성 판단 기준을 명확하게 선언하였다. 그 요지는 아래와 같다.

발명의 진보성 유무를 판단할 때에는 선행기술의 범위와 내용, 진보성 판단의 대상이 된 발명과 선행기술의 차이, 통상의 기술자의 기술수준에 대하여 증거 등 기록에 나타난 자료에 기초하여 파악한 다음, 통상의 기술자가 특허출원 당시의 기술수준에 비추어 진보성 판단의 대상이 된 발명이 선행기술과 차이가 있는데도 그러한 차이를 극복하고 선행기술로부터 쉽게 발명할 수 있는지를 살펴보아야 한다. 특허발명의 청구범위에 기재된 청구항이 복수의 구성요소로 되어 있는 경우에는 각 구성요소가 유기적으로 결합한 전체로서의 기술사상이 진보성 판단의 대상이 되는 것이지 각 구성요소가 독립하여 진보성 판단의 대상이 되는 것은 아니므로, 그 특허발명의 진보성을 판단할 때에는 청구항에 기재된 복수의 구성을 분해한 후 각각 분해된 개별 구성요소들이 공지된 것인지 여부만을 따져서는 아니 되고, 특유의 과제 해결원리에 기초하여 유기적으로 결합된 전체로서의 구성의 곤란성을 따져 보아야 하며, 이때 결합된 전체 구성으로서의 발명이 갖는 특유한 효과도 함께 고려하여야 한다.

위와 같은 진보성 판단 기준은 선행 또는 공지의 발명에 상위개념이 기재되어 있고 위 상위개념에 포함되는 하위개념만을 구성요소의 전부 또는 일부로 하는 특허발명의 진보성을 판단할 때에도 마찬가지로 적용되어야 한다.

선행발명에 특허발명의 상위개념이 공지되어 있는 경우에도 구성의 곤란성이 인정되면 진보성이 부정되지 않는다. 선행발명에 발명을 이루는 구성요소 중 일부를 두 개 이상의 치환기로 하나 이상 선택할 수 있도록 기재하는 이른바 마쿠쉬(Markush) 형식으로 기재된 화학식과 그 치환기의 범위 내에 이론상 포함되기만 할 뿐 구체적으로 개시되지 않은 화합물을 청구범위로 하는 특허발명의 경우에도 진보성 판단을 위하여 구성의 곤란성을 따져 보아야 한다. 위와 같은 특허발명의 구성의 곤란성을 판단할 때에는 선행발명에 마쿠쉬 형식 등으로 기재된 화학식과 그 치환기의 범위 내에 이론상 포함될 수 있는 화합물의 개수, 통상의 기술자가 선행발명에 마쿠쉬 형식 등으로 기재된 화합물 중에서 특정한 화합물이나 특정 치환기를 우선적으로 또는 쉽게 선택할 사정이나 동기 또는 암시의 유무, 선행발명에 구체적으로 기재된 화합물과 특허발명의 구조적 유사성 등을 종합적으로 고려하여야 한다.

특허발명의 진보성을 판단할 때에는 그 발명이 갖는 특유한 효과도 함께 고려하여야 한다. 선행발명에 이론적으로 포함되는 수많은 화합물 중 특정한 화합물을 선택할 동기나 암시 등이 선행발명에 개시되어 있지 않은 경우에도 그것이 아무런 기술적 의의가 없는 임의의 선택에 불과한 경우라면 그와 같은 선택에 어려움이 있다고 볼 수 없는데, 발명의 효과는 선택의 동기가 없어 구성이 곤란한 경우인지 임의의 선택에 불과한 경우인지를 구별할 수 있는 중요한 표지가 될 수 있기 때문이다. 또한 화학, 의약 등의 기술분야에 속하는 발명은 구성만으로 효과의 예측이 쉽지 않으므로, 선행발명으로부터 특허발명의 구성요소들이 쉽게 도출되는지를 판단할 때 발명의 효과를 참작할 필요가 있고, 발명의 효과가 선행발명에 비하여 현저하다면 구성의 곤란성을 추론하는 유력한 자료가 될 것이다.

나아가 구성의 곤란성 여부의 판단이 불분명한 경우라고 하더라도, 특허발명이 선행발명에 비하여 이질적이거나 양적으로 현저한 효과를 가지고 있다면 진보성이 부정되지 않는다. 효과의 현저성은 특허발명의 명세서에 기재되어 통상의 기술자가 인식하거나 추론할 수 있는 효과를 중심으로 판단하여야 하고(대법원 2002. 8. 23. 선고 2000후3234 판결 등 참조), 만일 그 효과가 의심스러울 때에는 그 기재 내용의 범위를 넘지 않는 한도에서 출원일 이후에 추가적인 실험 자료를 제출하는 등의 방법으로 그 효과를 구체적으로 주장·증명하는 것이 허용된다.

종전에 대법원 2009. 10. 15. 선고 2008후736,743 판결 등은 구성의 곤란성이 인정되기 어려운 사안에서 효과의 현저성이 있다면 진보성이 부정되지 않는다는 취지이므로, 선행발명에 특허발명의 상위개념이 공지되어 있다는 이유만으로 구성의 곤란성을 따져 보지도 아니한 채 효과의 현저성 유무만으로 진보성을 판단하여서는 아니 된다.

나. 분석

대법원 2019후10609 판결에 의해 정리된 선택발명의 진보성에 관한 대법원의 입장은 일반적인 발명의 진보성 판단과 마찬가지로 구성의 곤란성과 효과의 현저성을 종합적으로 고려해야 한다는 것이다.

또한 선택발명의 구성의 곤란성을 판단할 때에는 그 효과를 고려해야 함을 언급하고 있다. 이러한 입장을 취하는 논거는 먼저, 아무런 기술적 의의가 없는 임의의 선택에 불과한 경우라면 구성의 곤란성이 인정되지 않는데, 발명의 효과는 구성이 곤란한 경우인지 임의의 선택에 불과한 경우인지를 구별할 수 있는 중요한 표지가 될 수 있다는 것이다. 이는 발명의 효과가 선택의 기술적 의의의 중요한 축을 담당한다는 의미로 이해된다. 다음으로, 예측가능성이 떨어지는 기술분야의 발명에 대해 구성의 곤란성을 판단할 때에는 발명의 효과를 참작할 필요가 있고, 그 효과가 선행발명에 비하여 현저하다면 구성의 곤란성을 추론하는 유력한 자료가 된다는 것이다.

나아가 대법원 2019후10609 판결은 선택발명의 진보성이 부정되지 않을 수 있는 3가지 유형을 언급하였다. 즉 ① 구성의 곤란성이 인정되는 경우, ② 구성의 곤란성 판단이 불분명한 경우라도 현저한 효과가 있는 경우, ③ 구성의 곤란성이 인정되기 어려운 사안이라도 현저한 효과가 있는 경우이다.

2. 학설상 논의

선택발명은 중복발명 내지 중복특허에 해당하기 때문에 원칙적으로 특허를 받을 수 없지만 기초발명을 적극적으로 활용하고 그 개선을 촉진하기 위해 예외적으로 특허를 부여하는 경우이므로, 진보성을 엄격하게 해석해야 한다는 견해[269]가 종래 학설상 다수의 입장이었다. 또한 의약발명의 한 유형으로서 선택발명은 선행기술이 예상하지 못한 현저한 효과를 발휘하여야만 진보성을 인정받을 수 있는데, 이는 그 발명이 만들어질 당시에 예상된 성공가능성과 후일 발휘된 효과를 비교·교량하여

---

269) 김운호, 위의 논문(주 148), 136면; 강기중, "가. 선택발명에서의 진보성 판단방법, 나. 이 사건 특허발명의 진보성 판단의 적법 여부(소극)", 대법원판례해설 제45호, 법원도서관(2004), 456면; 강경태, 위의 논문(주 39), 6면; 신혜은, 위의 논문(주 156), 2-4, 29면.

효과의 현저성이 예상된 성공가능성을 극복할 수 있을 정도로 우세한 것을 말한다는 견해가 있다. 이 견해는 예상하지 못한 효과를 발휘하지 못한 의약발명은 아무런 기술적 진보를 이루어내지 못한 것인데, 이에 대해 진보성을 인정하면 특허제도가 의약산업의 기술혁신에 장애가 된다고 한다.[270] 결론적으로 종래 학설상 다수의 입장과 같은 견해라고 할 수 있다.

이에 반해 선택발명에서도 구성의 곤란성을 고려해야 한다는 입장을 취하는 학설들도 있다. 구체적으로 선택발명에서도 구성의 곤란성에 대응되는 선택의 곤란성을 정면으로 판단해야 한다는 견해[271], 선택발명에서 효과의 현저성만을 진보성 판단 기준으로 삼는 것이 특허법 제29조 제2항의 취지에 정확히 부합하는 것인지에 대해 의문을 제기하면서, 특정한 하위개념에서 효과의 현저성이 인정되는 것뿐만 아니라 통상의 기술자가 그러한 선택을 할 동기가 충분하였는가도 함께 고려함으로써 예측가능성이 낮은 화학분야에서도 특허법 제29조 제2항의 '쉽게 발명할 수 있으면'이라는 문구에 보다 충실한 진보성 판단을 실현할 수 있을 것이라는 견해[272]가 있다. 또한 물질발명의 진보성은 선행기술로부터 발명의 각 구성요건을 채택하여 결합하는 점에 대한 곤란성 및 선행기술과 비교하여 현저한 효과가 있는지를 종합적으로 판단하는데, 이러한 물질발명의 원칙으로부터 벗어나 상위개념 및 하위개념의 관계에 속하기만 하면 상위개념의 크기나 그에 따른 구성(선택)의 곤란성 여부에 상관없이 동질 효과의 정량적 기재가 있어야만 진보성을 인정받을 수 있다고 하는 것은 실질적으로 특정 유형의 발명에 대해서만 유독 엄격한 요

---

270) 임호, "의약발명의 진보성: 대법원의 선택발명설을 중심으로", 저스티스 제189호, 한국법학원(2022), 133, 135, 159, 164면.

271) 최승재, "선택발명의 진보성 판단 기준으로서의 선택의 곤란성", 특별법연구 제17권, 사법발전재단(2020), 470-478면.

272) 이상현, "선택발명의 진보성에 대한 비교법적 접근-현저한 효과와 선택의 동기", 사법 제52호, 사법발전재단(2020), 507면.

건을 요구하여 결과적으로 특허제도의 기본 취지에 반하는 것이라는 견해가 있다. 이 견해는 신규의 유용한 화학물질을 제공하겠다는 점이 그 발명의 목적이 되고 제공된 화학물질 자체가 발명의 효과가 되는 경우에는 선택발명 역시 물질발명으로 인정되어야 한다고 본다.[273] 선택발명의 구성이 선행발명으로부터 쉽게 도출되지 않거나 현저한 효과가 인정되면 진보성이 부정되지 않는다는 견해도 있는데, 이 견해는 선택발명의 진보성은 구성의 곤란성을 중심으로 판단하고 발명의 설명에 기재된 내용을 기준으로 효과를 파악하며 효과의 현저성은 추가적인 실험자료 제출을 허용함으로써 주장·증명책임의 원칙에 따라 판단하는 것이 바람직하다고 한다.[274] 선택발명은 특수성이 인정되는 예외적인 발명이 아니라 일반발명의 여러 모습 중 하나에 불과하므로 별도의 예외 없이 특허성 판단의 일반원칙이 그대로 적용되어야 하고, 따라서 진보성 판단 단계에서 구성의 차이에 대한 판단 없이 효과만을 살펴서 진보성을 인정할 수는 없다는 견해도 있다.[275]

3. 검토

가. 선택발명의 바람직한 진보성 판단 기준

선택발명의 진보성에 대해 엄격한 기준이 적용되어야 한다고 주장하는 입장에서 이를 뒷받침하는 가장 중요한 논거는 선택발명은 본질적으로는 선행발명에 대한 중복발명에 해당하여 특허를 받을 수 없는 것이지만, 기초발명의 활용과 개선을 촉진하기 위하여 상위개념인 선행발명이 특별히 인식하지 못한 우수한 효과를 가진 하위개념으로 이루어진

---

273) 박영규, 위의 논문(주 165), 186-187, 203, 206면.
274) 손천우, 위의 책(주 164), 511, 513면.
275) 서을수, "선택발명의 특허성 판단에 대한 재검토", 지식재산연구 제16권 제4호, 한국지식재산연구원(2021), 112-114면.

발명에 대하여 예외적으로 특허를 부여한다는 것이다.[276] 즉 선택발명에 특허권을 부여하여 보호할 것인지와 관련한 논의의 출발점은 선택발명의 대상이 되는 물질 자체가 이미 화합물을 광범위하게 개시하고 있는 선행발명에 의하여 개시된 것으로 볼 수 있어 신규성이 부정되기 때문에 특허법리상 특허권을 부여할 수 없는 발명이라는 것이다. 다만 선행발명에서는 밝혀내지 못했던 하위개념에 해당하는 물질의 의미 있는 특질을 밝혀낸 것에 대해 기초발명의 활용과 개선을 촉진하여 기술발전에 기여한다는 특허제도의 관점에서 위와 같은 연구를 장려할 필요가 있으므로 이를 특허로써 보호한다는 것이다. 그에 따라 선택발명에 예외적으로 특허를 부여하여 보호하는 것에 타당성을 제공할 수 있는 특별한 사정이 있어야 하는데, 이질적이거나 동질의 현저한 효과가 이에 해당한다는 것이다. 이는 선택발명의 경우 신규성 문제를 극복하기 어려운 결함이 있다는 전제 아래 그 문제를 진보성 판단에 반영한 결과라고 할 수 있다.

그런데 만일 선택발명에 해당하는 하위개념이 선행발명에 개시된 것이라고 판단된다면 신규성 문제를 극복하지 못한 것이니 단순한 물질발명 형태로는 특허권을 부여하지 않아야 한다.[277] 반면 신규성의 문제가 극복되었다면 진보성 단계에서는 일반적인 발명의 경우와 마찬가지로 구성의 곤란성과 효과의 현저성을 종합적으로 고려하여 진보성 유무를 판단하면 족하다. 반드시 효과의 현저성을 갖출 것이라는 엄격한 기준을 적용할 것은 아니다. 그러한 측면에서 기본적으로 선택발명의 진보성 판단에 구성의 곤란성과 효과의 현저성을 모두 고려한 대법원 2019후10609 판결의 입장이 타당하다.[278] 다만 개별 사건에서는 선행발명에 개시된

---

276) 최성준, "선택발명의 특허요건" LAW & TECHNOLOGY 제3권 제6호, 서울대학교 기술과법센터(2007), 137면; 강경태, 위의 논문(주 39), 6면; 유영선, 위의 논문(주 203), 531면; 박정희 "의약의 선택발명에 관한 최근의 대법원 판례", 자유와 책임 그리고 동행: 안대희 대법관 재임기념 논문집, 사법발전재단(2012), 793면.
277) 서을수, 위의 논문(주 275), 112, 113면도 같은 취지이다.

상위개념이 그다지 크지 않고 후행발명과 같은 선택에 대한 부정적인 교시가 없는 경우라면, 구조적 유사성이 있는 선행발명으로부터 선택발명의 구성에 이르는 것은 화학구조가 전혀 새로운 물질발명에 이르는 것과 비교하여 구성의 곤란성이 부정될 가능성이 상대적으로 높을 수는 있다.

나. 대법원 2019후10609 판결 이후 논의의 방향

대법원 2019후10609 판결에 의해 선택발명의 진보성 판단 시 구성의 곤란성도 고려해야 한다는 점이 분명해진 상황에서 향후 선택발명의 진보성과 관련된 논의의 전개 방향 및 실무에서의 문제는 대법원 2019후10609 판결에서 언급된 판단 기준의 의미를 어떻게 이해하고 적용할 것인지라고 할 수 있다. 이하에서는 향후 선택발명의 진보성 판단 시 대법원 2019후10609 판결의 바람직한 적용 방안을 제시하고자 한다.

다. 구체적인 사건에서 선택발명의 진보성 심리의 방향

선택발명의 진보성 판단 시 구성과 효과를 모두 고려하여야 한다는 대법원 2019후10609 판결에 의할 때 실제 사건에서 이들 요소를 어떻게 심리할 것인지 문제 된다.

---

278) 박운정, "선택발명의 진보성 판단기준의 재조명-대법원 2021. 4. 8. 선고 2019 후10609 판결", 저스티스 제188호, 한국법학원(2022), 174면(대법원 2019후10609 판결은 선택발명의 진보성 판단 기준이 일반적 발명의 그것과 다르지 않다고 판시하였다는 점에서 큰 의의가 있다. 선택발명을 특수하게 취급하지 않고, 선택발명의 진보성 판단 시에도 구성과 효과를 모두 고려하는 접근방식은 외국의 법리와도 조화를 이루고 있다); 서을수, 위의 논문(주 275), 105면(대법원 2019후10609 판결은 선택발명에 대하여 효과를 중심으로 엄격한 진보성 요건을 요구하던 기존의 판례 태도에서 진일보한 것으로 평가되나, 구성의 곤란성을 너무 엄격하게 판단한 측면은 있어 보인다) 등도 같은 취지이다.

대법원 2019후10609 판결은 발명의 진보성 판단 시 구성의 곤란성과 효과의 현저성의 관계에 대해 비교적 상세하게 설시하고 있다. ① 선택발명이 아무런 기술적 의의가 없는 임의의 선택에 불과한 경우라면 그와 같은 선택에 어려움이 있다고 볼 수 없고, ② 발명의 효과는 선택의 동기가 없어 구성이 곤란한 경우인지 아닌지를 구별할 수 있는 중요한 표지가 될 수 있으며, ③ 구성만으로 효과의 예측이 쉽지 않은 기술분야의 경우 구성의 곤란성을 판단할 때 발명의 효과를 참작할 필요가 있고, 발명의 효과가 선행발명에 비하여 현저하다면 구성의 곤란성을 추론하는 유력한 자료가 되며, ④ 구성의 곤란성 여부의 판단이 불분명한 경우라고 하더라도 특허발명이 선행발명에 비하여 이질적이거나 양적으로 현저한 효과를 가지고 있다면 진보성이 부정되지 않는다는 것이다. ⑤ 또한 종래 대법원 2008후736,743 판결 등은 구성의 곤란성이 인정되기 어려운 사안에서 효과의 현저성이 있다면 진보성이 부정되지 않는다는 취지의 판결이라고 하였다.

발명의 구성과 효과에 관한 여러 가지 설시를 종합하면, 발명의 효과와 구성의 곤란성은 서로 밀접한 관련이 있고, 발명의 효과는 구성의 곤란성 판단에 중요한 표지로 작용하며, 예측가능성이 떨어지는 기술분야에서 효과가 현저하다면 구성의 곤란성을 추론하는 유력한 자료가 된다는 것으로 정리할 수 있다.

대법원 2019후10609 판결의 입장을 보다 명확하게 이해하기 위해서는, 진보성 판단 기준으로서 구성과 효과의 관계에 대한 검토가 선행되어야 한다. 진보성 판단 기준으로서 구성과 효과 중 어느 것을 우선시할 것인지에 대해서는, 발명의 실체는 구성에 있고 기술의 풍부화와 기술진보의 근원이 되는 것도 구성이라는 점에 근거한 구성중심설, 발명이 기술진보에 기여하는 실체는 그 작용효과에 있다는 점을 강조하는 효과중심설, 발명의 목적, 구성, 효과의 어느 단계에서라도 예측 곤란성이 인정될 때 그 발명에 진보성을 인정하는 예측가능성설 등의 견해가 있다.[279]

이에 대해 구성중심설이나 효과중심설은 다분히 이론적인 설명의 편의를 위한 것이고, 구성의 곤란성과 효과의 현저성이 상호 별개 독립적으로 진보성 판단 기준이 된다고 보기는 어려우며 서로 상관관계를 갖는 판단요소라는 견해가 있다. 이 견해는 발명의 효과가 현저하다는 것은 발명을 구성하는 개별 구성요소를 채택하고 이를 결합하여 특허발명에 이르는 것이 어렵다는 것이 되므로, 발명 전체의 효과도 개별 구성요소의 채택 가능 여부 및 그 결합의 곤란성 여부를 판단하면서 함께 고려될 수밖에 없다고 한다.[280] 즉 실제 구성의 곤란성을 판단하는 과정에는 구성의 차이로 인하여 효과가 어떻게 달라지는가, 그 효과의 현저성은 어느 정도인지가 구성의 곤란성 평가의 결정적 요소가 되는 것이 현실이고, 효과의 현저성을 판단하는 것 역시 구성의 곤란성 등과의 상관관계 하에서 결정될 수밖에 없으므로, 결국 진보성 판단 시 구성과 효과가 독립된 별개의 판단요소가 아닌 서로 상관관계를 갖는 판단요소라는 것이다.[281] 대법원 2019후10609 판결 역시 사실상 이 견해와 동일한 입장을 취하는 것으로 이해된다. 구성의 곤란성을 판단할 때 효과도 함께 고려해야 한다는 대법원 2019후10609 판결의 입장을 한 번 더 확인한 판결이 최근에 선고되었다. 대법원 2023. 2. 2. 선고 2020후11738 판결에서는 제2형 당뇨병 치료제로서 선행발명과의 관계에서 선택발명에 해당하는 다파글리플로진에 관한 특허발명의 진보성 판단방법이 문제 되었다. 선행발명은 치환기의 선택에 따라 이론적으로 다파글리플로진이 포함될 수 있는 화합물을 개시하고 있고, 다파글리플로진은 선행발명에 구체적으로 개시된 화합물과 비교하여 말단의 메톡시기($-OCH_3$)가 에톡시기($-OC_2H_5$)로 치환되어 있다는 점에서 차이가 있다. 대법원은 원심이 메톡시기를 에톡시로 치환하는 것이 우선적으로 시도해 봄직하다는 이유만으로 효과

---

279) 조영선, "발명의 진보성 판단에 관한 연구", 사법논집 제37집, 법원도서관 (2004), 112-119면.
280) 이헌, 발명의 진보성 판단에 관한 연구, 경인문화사(2017), 390, 392-393면.
281) 이헌, 위의 책(주 280), 389-393면.

에 대한 고려 없이 그 구성이 곤란하지 않다고 단정한 데에는 부적절한 면이 있으나 당뇨병 치료와 관련하여 개선된 효과를 찾기 위한 유기화합물 스크리닝 과정에서 우선적으로 시도해 볼 수 있는 치환을 통해 선행발명에 개시된 화합물의 효과에 비해 어느 정도 개선된 효과를 얻은 것만으로는 효과가 현저하다고 보기 부족하다는 점에서 다파글리플로진에 관한 발명이 선행발명에 의해 진보성이 부정된다는 원심의 결론 자체는 정당하다고 판단하였다. 즉 선택발명의 구성의 곤란성을 판단할 때에 발명의 효과도 함께 고려해야 하는데, 효과가 현저하지 않으므로 이를 고려하더라도 구성이 곤란하다고 보기 어렵고, 결국 발명의 진보성이 부정된다는 취지로 이해된다.

진보성 판단요소로서 구성의 곤란성과 효과의 현저성이 완전히 독립된 별개 요소가 아니고 각 요소의 판단에 일정 부분 상호 영향을 미칠 수밖에 없다는 점은 원칙적으로 타당하다. 또한 진보성 판단 시 구성의 곤란성과 효과의 현저성은 서로 보완관계에 있다고도 할 수 있다. 즉 구성의 곤란성과 효과의 현저성을 종합적으로 고려하여 진보성을 판단하는 결과, 구성의 곤란성의 정도가 크다면 효과가 상대적으로 덜 현저하더라도 전체적으로 진보성이 부정되지 않을 수 있다.

그런데 대법원 2019후10609 판결에서 제시한 구성과 효과의 상관관계에 의한다면 몇 가지 의문이 남는다.

먼저 구성의 곤란성 판단 기준이 되는 기술적 의의가 무엇을 의미하는지이다. 예를 들어, 해당 구성을 도출하려면 거듭된 시행착오를 거쳐야 하고 우선적으로 그 구성을 선택할 동기도 없었지만, 그 물질이 갖는 효과는 선행발명과 대동소이한 경우를 전제한다. 이 경우를 기술적 의의가 없는 임의의 선택으로 보아 구성의 곤란성도 없고 효과의 현저성도 없다고 할 것인지, 아니면 기술의 풍부화 관점에서 기술적 의의가 있다고 할 수 있을 것인지 문제 된다. 만일 기술적 의의가 선행발명과 대비한 효과만을 의미하는 것이라면 이는 종래 학설상 선택발명의 진보성 판단 기준으로서 효과의 현저성을 요구했던 것과 사실상 다르지 않다. 그렇다면 대법원 2019후10609 판결에서 구성의 곤란성을 고려한다고는 하지만 이는 선언적 의미만 있을 뿐, 위 법리를 구체적 사건에 적용하면 효과에 의해 구성의 곤란성 판단이 좌우됨에 따라 진보성이 부정되는 결과에 이를 것이다. 그런데 대법원 2019후10609 판결에서 진보성 판단 시 구성의 곤란성을 고려해야 한다는 점을 명확하게 언급한 취지를 고려할 필요가 있다. 또한 작용효과가 종래 기술과 동일·유사하더라도 그와 전혀 다른 새로운 해결수단을 창작한 때에는 그 새로운 해결방법의 제공에 의한 기술의 풍부화가 인정되어 진보성이 긍정될 수 있으며, 기술적 구성이 곤란하지 않다 하더라도 종래 알려지지 않은 놀랄만한 효과가 발생한 경우에도 진보성이 긍정될 수 있는 점[282]을 염두에 둘 필요가 있다. 결국 기술적 의의는 효과뿐만 아니라 기술의 풍부화 역시 포함하는 의미라고 이해하는 것이 타당하다.

또한 대법원 2019후10609 판결은 구성의 곤란성 판단이 불분명한 경우와 구성의 곤란성이 인정되기 어려운 경우를 구분하고 있는 것으로 보이는데, 한편으로는 효과의 현저성이 구성의 곤란성을 추론하는 유력한 자료라고 한다. 이러한 설시들을 결합하면, 구성의 곤란성 판단이 불분명한 경우는 논외로 하더라도 종래 대법원 2008후736,743 판결 등이 상정하였다는 구성의 곤란성이 인정되기 어려운 사안에서 효과의 현저성이 있어 진보성이 부정되지 않는 경우라는 것이 있을 수 있는지 의문이 있다. 즉 효과의 현저성에 의해 구성의 곤란성이 추론되지만, 그럼에도 불구하고 결국 구성의 곤란성이 인정되지 않는 결과에 이른다는 것이 어떤 경우를 의미하는지, 구성의 곤란성 판단이 불분명한 경우와는 어떻게 구분되는지 모호하다.

나아가 효과가 현저하다는 것이 구성의 곤란성을 추론하는 유력한 자료가 된다는 점과 관련하여 선택발명에서의 구성의 곤란성이라는 것

---

282) 대법원 2000. 2. 11. 선고 97후2224 판결 등 참조.

은 선택의 곤란성 및 실제 그러한 구성을 도출하는 데 있어서의 기술적 어려움을 포괄하는 것이다. 그런데 기술분야가 예측가능성이 떨어지기 때문에 선택의 동기가 있어도 그 자체만으로 선택이 쉽다고 평가할 수 없어 구성의 곤란성이 부정되지 않는 것은 별론으로 하고, 그러한 선택을 할 것이 분명했으나 그 결과인 효과가 예상하지 못하게 현저한 경우도 얼마든지 상정할 수 있다. 즉 효과의 예측가능성이 떨어지는 것과 결과적으로 효과가 현저한 것은 구별되는데, 효과의 예측가능성이 떨어지는 것이 구성의 곤란성에 영향을 미칠 수 있지만, 결과론적으로 효과가 현저했다는 것이 어떤 상관관계에 의하여 구성의 곤란성을 추론할 수 있다는 것인지는 의문이 있다. 기본적으로 구성의 곤란성은 발명에 이르는 과정에 관한 것이어서 그 과정에 효과의 예측가능성을 고려할 수 있지만, 효과의 현저성은 발명의 결과물이 갖는 성질이라고 할 수 있는데, 결과적으로 효과가 현저하다고 하여 과정 역시 어려웠다는 논리로 이어지는 것은 자칫 순환논리로 빠질 위험도 있다는 점에서 효과의 현저성에 의해 너무 쉽게 구성의 곤란성을 인정하지 않도록 위 법리의 적용에 신중을 기할 필요가 있다고 생각된다. 이는 발명의 시도 과정에서 당연히 고려되는 결과의 예측불가능성과는 구분된다.

따라서 대법원 2019후10609 판결의 취지를 구성의 곤란성 자체가 사실상 효과의 현저성에 의해 좌우되는 것이고, 결론적으로 구성과 효과라는 각각의 요소에 대한 평가가 같은 방향을 향하게 되는 것으로 확대 해석하지 않도록 할 필요가 있다.

라. 선택발명 효과의 명세서 기재 정도에 관한 기준의 정리 필요성

선택발명의 진보성 판단에 고려하기 위한 효과에 해당하기 위해 필요한 명세서 기재 정도의 문제에 있어서, 대법원 2019후10609 판결과 종전 대법원 판결의 관계가 정리되어야 한다. 대법원 2008후736,743 판결 등에서는 선택발명의 진보성에 대해 판단하면서 발명의 설명에 질적인 차이를 확인할 수 있는 구체적인 내용이나 양적으로 현저한 차이가 있음을 확인할 수 있는 정량적 기재가 있어야 한다고 설시한 바 있다. 대법원이 위와 같이 제시한 효과의 명세서 기재 정도의 의미에 관해 명세서 기재요건으로까지 확장하여 해석하는 견해가 상당수 있었다.

그런데 대법원 2019후10609 판결에서는 '선행발명에 특허발명의 상위개념이 공지되어 있는 경우에도 구성의 곤란성이 인정되면 진보성이 부정되지 않는다'고 명확히 선언함으로써, 선택발명이 구성의 곤란성에 의해서도 진보성이 부정되지 않을 수 있음을 확인하였다. 선택발명이 구성의 곤란성에 의해 진보성이 부정되지 않는 경우에는 진보성 판단 단계에서 명세서에 진보성 판단에 고려하기 위한 효과의 기재를 요구할 근거가 없고, 결국 이 경우에는 더 나아가 효과 기재를 명세서 기재요건으로까지 확장하여 해석할 여지도 없다.

물론 선택발명이 효과의 현저성에 의해 진보성이 부정되지 않는 경우도 여전히 상정할 수 있고, 이 경우에는 진보성 판단에 고려하기 위한 효과에 해당하기 위해 명세서에 그 효과가 어느 정도 기재되어 있어야 할 것인지의 문제가 남는다. 그런데 이 경우에 필요한 효과 기재 정도에 관해서도 아래에서 보는 바와 같이 대법원 2019후10609 판결과 종전 대법원 2008후736,743 판결 등의 기준이 상이할 뿐만 아니라, 이러한 경우에도 이를 명세서 기재요건으로까지 확장하는 것이 타당하지 않음은 제4장 제4절 Ⅱ.의 4.항 및 6.항에서 논의한 바와 같다. 또한 명세서 기재요건은 명세서 기재 자체에 의해 판단되어야 하는 것으로서, 통상의 기술자가 그 발명을 정확하게 이해하고 실시할 수 있도록 하는 것이 주된 목적인데, 선택발명이 선행발명과의 관계에서 구성의 곤란성에 의해 진보성이 부정되지 않는 경우이거나 효과의 현저성에 의해 진보성이 부정되지 않는 경우에도 선택발명은 동일한 물건의 발명이므로 통상의 기술자가 그 발명을 실시한다는 개념은 다를 수 없고 그 실시를 위해 필요한 기재의 정도가 다르다고 볼 수는 없다.

결국 종래 판례가 선택발명의 진보성 판단에 고려하기 위해 요구한 효과의 명세서 기재 정도가 명세서 기재요건으로까지 확장된다는 견해는 그 주장의 전제가 상실되었다.

나아가 진보성 판단 단계에서 고려될 수 있는 효과에 해당하기 위해 이를 명세서에 어느 정도 기재해야 하는지에 관하여도 대법원 2019후10609 판결은 종전 대법원 2008후736,743 판결 등과는 다소 다른 기준을 제시하였다는 점을 주목할 필요가 있다. 즉 효과의 현저성은 특허발명의 명세서에 기재되어 통상의 기술자가 인식하거나 추론할 수 있는 효과를 중심으로 판단해야 한다는 것인데, 이때 인용한 대법원 2000후3234 판결은 의약분야와 무관한 일반적인 발명에 관한 사안이다. 이 점을 고려하면, 선택발명에서도 일반발명의 진보성 판단 시 고려하는 효과와 동일한 기준을 적용할 수 있다는 취지로 이해된다. 그렇다면 위 기준은 종전 대법원 2008후736,743 판결 등에서 제시한 구체적 내용이나 정량적 기재보다 완화된 것으로 이해된다. 이 두 기준 사이의 모순은 향후 판례에 의해 정리될 필요가 있다.

마. 요약

결론적으로 선택발명의 신규성은 신규성 판단 단계에서 검토되어야 하고, 진보성 판단에 영향을 미쳐서는 안 된다. 진보성 문제는 진보성 자체로 평가해야 하므로 구성의 곤란성과 효과의 현저성을 종합적으로 검토할 필요가 있다. 기술분야 및 구체적인 발명에 따라 효과에 대한 예측가능성이 떨어지는 경우 이러한 점이 구성의 곤란성 평가에 고려되어야 한다. 즉 발명의 효과가 무엇일지 예상하기 어려운 점은 쉽게 그러한 시도를 할 것인지 측면에서 구성의 곤란성 판단에 고려된다. 효과가 현저하다면 그 자체로 특허로써 보호할 가치가 있다고 평가할 수 있지만,

구성과 효과가 어느 정도 상관관계가 있다는 점을 고려하더라도 효과가 현저하다고 하여 일반적으로 그 구성까지 곤란한 경우였다고 사후적으로 쉽게 결론 내리는 것은 타당하지 않다. 진보성에 관해 출원 당시가 아닌 사후적 고찰을 통해 쉽게 발명할 수 있었다고 평가하지 않도록 주의하여야 하지만, 반대로 효과에 관한 사후적 인식을 통해 너무 쉽게 그 과정도 곤란하였다고 평가하게 되는 것 역시 주의할 필요가 있다.

Ⅲ. 결정형 발명

1. 판례의 태도 및 분석

가. 판례의 흐름

1) 종래 입장: 대법원 2011. 7. 14. 선고 2010후2865 판결[283]

결정형 발명은 특별한 사정이 없는 한 선행발명에 공지된 화합물이 갖는 효과와 질적으로 다른 효과를 갖고 있거나 질적인 차이가 없더라도 양적으로 현저한 차이가 있는 경우에 한하여 진보성이 부정되지 않는다. 이때 결정형 발명의 설명에는 선행발명과의 비교실험자료까지는 아니라고 하더라도 위와 같은 효과가 있다는 것이 명확히 기재되어 있어야만 진보성 판단에 고려될 수 있다. 만일 그 효과가 의심스러울 때에는 출원일 이후에 출원인 또는 특허권자가 신뢰할 수 있는 비교실험자료를 제출하는 등의 방법에 의하여 효과를 구체적으로 주장·증명하여야 한다.

---

283) 대법원 2011. 7. 14. 선고 2010후2872 판결도 같은 취지이다.

2) 하급심 판결

구체적인 사실관계에 따른 결론에서는 구성의 곤란성을 인정한 경우를 찾기 어렵지만, 적어도 일반론으로서는 구성의 곤란성을 진보성 판단의 고려요소로 인정하고 효과의 현저성과 함께 검토한 사례들[284]을 어렵지 않게 확인할 수 있다.

3) 현재 입장: 대법원 2022. 3. 31. 선고 2018후10923 판결

최근 대법원 2018후10923 판결에서는 결정형 발명의 진보성 판단 기준을 상세히 설시하면서, 대법원 2010후2865 판결이 어떤 의미인지를 설명하였다. 그 요지는 아래와 같다.

결정형 발명의 진보성을 판단할 때에는 의약화합물의 제제설계(製劑設計)를 위하여 그 화합물이 다양한 결정 형태, 즉 결정다형(polymorph)을 가지는지 등을 검토하는 다형체 스크리닝(polymorph screening)이 통상 행해지는 일이라는 특수성을 고려할 필요가 있다. 하지만 그것만으로 결정형 발명의 구성의 곤란성이 부정된다고 단정할 수는 없다. 다형체 스크리닝이 통상 행해지는 실험이라는 것과 이를 통해 결정형 발명의 특정한 결정형에 쉽게 도달할 수 있는지는 별개의 문제이기 때문이다.

한편 결정형 발명과 같이 의약화합물 분야에 속하는 발명은 구성만으로 효과의 예측이 쉽지 않으므로 구성의 곤란성을 판단할 때 발명의 효과를 참작할 필요가 있고, 발명의 효과가 선행발명에 비하여 현저하다면 구성의 곤란성을 추론하는 유력한 자료가 될 수 있다. 대법원 2011. 7. 14. 선고 2010후2865 판결 등에서 특별한 사정이 없는 한 효과의 현저성을 가지고 결정형 발명의 진보성을 판단한 것도 결정형 발명의 위와

---

284) 특허법원 2008. 3. 26. 선고 2007허3981 판결; 특허법원 2010. 8. 26. 선고 2009허6342 판결; 특허법원 2011. 10. 12. 선고 2010허4168 판결; 특허법원 2017. 2. 3. 선고 2016허3808 판결; 특허법원 2021. 1. 22. 선고 2020허1311 판결(이 사건에 대해서는 2023. 4. 18. 기준으로 확인한 바에 의하면 대법원 2021후10343 사건으로 상고심이 진행 중이다) 등 참조.

같은 특성으로 인해 구성이 곤란한지 불분명한 사안에서 효과의 현저성을 중심으로 진보성을 판단한 것으로 이해할 수 있다.

결정형 발명의 구성의 곤란성을 판단할 때에는, 결정형 발명의 기술적 의의와 특유한 효과, 그 발명에서 청구한 특정한 결정형의 구조와 제조방법, 선행발명의 내용과 특징, 통상의 기술자의 기술수준과 출원 당시의 통상적인 다형체 스크리닝 방식 등을 기록에 나타난 자료에 기초하여 파악한 다음, 선행발명 화합물의 결정다형성이 알려졌거나 예상되었는지, 결정형 발명에서 청구하는 특정한 결정형에 이를 수 있다는 가르침이나 암시, 동기 등이 선행발명이나 선행기술 문헌에 나타나 있는지, 결정형 발명의 특정한 결정형이 선행발명 화합물에 대한 통상적인 다형체 스크리닝을 통해 검토될 수 있는 결정다형의 범위에 포함되는지, 그 특정한 결정형이 예측할 수 없는 유리한 효과를 가지는지 등을 종합적으로 고려하여, 통상의 기술자가 선행발명으로부터 결정형 발명의 구성을 쉽게 도출할 수 있는지를 살펴보아야 한다.

결정형 발명의 효과가 선행발명 화합물의 효과와 질적으로 다르거나 양적으로 현저한 차이가 있는 경우에는 진보성이 부정되지 않는다(대법원 2011. 7. 14. 선고 2010후2865 판결 등 참조). 결정형 발명의 효과의 현저성은 그 발명의 명세서에 기재되어 통상의 기술자가 인식하거나 추론할 수 있는 효과를 중심으로 판단하여야 하고, 만일 그 효과가 의심스러울 때에는 그 기재 내용의 범위를 넘지 않는 한도에서 출원일 이후에 추가적인 실험 자료를 제출하는 등의 방법으로 그 효과를 구체적으로 주장·증명하는 것이 허용된다(대법원 2021. 4. 8. 선고 2019후10609 판결 등 참조).

나. 분석

대법원 2010후2865 판결은 결정형 발명의 진보성 판단과 관련하여 3

가지 요소를 언급하였다. ① 먼저, 결정형 발명의 경우 구성의 곤란성에 대한 별도의 언급 없이 원칙적으로 효과의 현저성이 있는 경우에만 진보성이 부정되지 않는다는 것이고, ② 다음으로, 진보성 판단에 고려될 효과에 해당하기 위해서는 발명의 설명에 이질적인 효과 또는 양적으로 현저한 차이가 있는 효과라는 것이 명확히 기재되어 있어야 하며, 다만 비교실험자료까지 필요한 것은 아니라는 것이고, ③ 마지막으로, 그 효과에 관해 추후 실험자료 등에 의한 구체적 증명이 가능하다는 것이다. 이에 비해 하급심에서는 적어도 일반론으로서는 구성의 곤란성을 진보성 판단의 고려요소로 인정하고 효과의 현저성과 함께 검토한 사례들이 다수 있었다.

최근 대법원 2018후10923 판결에 의하면 결정형 발명의 진보성은 구성의 곤란성과 효과의 현저성을 종합적으로 고려하여 판단한다는 것인데, 대법원 2018후10923 판결은 종전 대법원 2010후2865 판결의 경우 구성이 곤란한 것인지 불분명한 사안에서 효과의 현저성을 중심으로 진보성을 판단한 것이라는 취지의 설명을 덧붙였다. 대법원 2018후10923 판결에서 제시한 기준은 선택발명의 진보성 판단 기준에 관한 대법원 2019후10609 판결과 사실상 동일한 것으로 이해된다. 한편 대법원 2018후10923 판결에서 제시되었던 결정형 발명의 진보성 판단 기준은 그 후 대법원 2023. 3. 13. 선고 2019후11800 판결에서 다시 확인되었다.

대법원 2019후11800 판결 역시 결정형 발명의 진보성이 문제 되었던 사건인데, 이 사건에서 대법원은 2018후10923 판결에서의 진보성 판단 기준을 다시 언급한 후에 다음과 같이 구체적인 판단에 나아갔다. 즉 이 사건 발명의 경우 증거로 제출된 출원 당시의 통상적인 다형체 스크리닝 방식에 관한 자료만으로는 통상의 기술자가 결정화 공정 변수를 적절히 조절하거나 통상적인 다형체 스크리닝을 통해 선행발명으로부터 이 사건 발명의 결정형을 쉽게 도출할 수 있는지 분명하지 않고, 이 사건 발명의 결정형이 갖는 효과가 선행발명으로부터 예측할 수 있는 정도라고 단정하기 어렵다는 것이다. 이에 따라 이 사건 발명이 선행발명에 의해 진보성이 부정된다고 단정할 수 없다고 보면서, 이와 달리 판단한 원심을 파기하였다.

2. 학설상 논의

결정형 발명의 진보성에 관한 논의는 결정형 발명의 진보성 판단 시 구성의 곤란성과 효과의 현저성을 어떻게 고려할 것인지에 초점이 맞춰져 있으며, 그 전제로 의약발명 중 특수한 유형의 발명으로 분류되는 개별 발명들의 관계를 어떻게 인식할 것인지가 문제 되었다. 그런데 최근 대법원 2018후10923 판결에서 결정형 발명의 경우에도 구성의 곤란성과 효과의 현저성을 종합적으로 고려하는 것이 법원의 입장임을 명확히 하였다. 그에 따라 실무상 결정형 발명의 진보성 판단 시 구성의 곤란성도 고려할 것인지에 관한 논의 부분은 그 중요성이 상당히 감소되었다. 그러나 특수한 유형의 발명 사이의 관계를 어떻게 인식할 것인지는 여전히 의미 있는 논의라고 할 수 있으므로, 이하에서 종래의 논의를 검토한다.

가. 현저한 효과가 기준이 된다는 견해

결정형 발명은 선택발명, 용도발명, 수치한정발명 등과 같이 기존에 공지되어 있던 물질에 대하여 특정 결정형으로 그 결정구조만을 한정하여 범위를 제한한 발명에 해당하기 때문에 효과를 중심으로 진보성을 판단하는 논리구조가 그대로 적용되어야 하고, 따라서 특수한 유형의 발명에 대하여 효과를 중심으로 진보성을 판단하는 법리의 모체가 되는 선택발명의 법리를 수용할 필요가 있다는 견해이다. 이 견해는 다만 결정형 발명이 선택발명보다 선행문헌에서의 공지 정도가 강하다고는 볼 수 없으므로 그 특허요건의 엄격함은 선택발명의 범위를 넘어설 수 없다고 한다. 또한 '화합물' 또는 '화합물 결정'이라는 선행발명의 내용에 그 당시 확인되지도 않았던 모든 결정형이 개념적으로 포함된다고 보는 것은 무리이므로, 결정형 발명을 선택발명과 구분하는 것이 타당하다고 한다. 이 견해는 대법원 2010후2865 판결에서 제시한 결정형 발명의 진보성 판단 기준 중 '특별한 사정이 없는 한'이라는 부분과 관련하여 설령 특정화합물에 대하여 이전까지 얻어내지 못했던 결정형을 얻어냈다고 하더라도 그로 인한 효과의 입증이 없다면 학술적 가치를 넘어 특허권까지 부여할 수는 없을 것이기 때문에 특별한 사정에 해당하는 경우는 발생하기 어렵다고 한다. 나아가 결정형 발명에서 구성의 곤란성은 항상 인정될 수 없다고도 한다.[285] 이 견해를 요약하면, 선택발명이나 결정형 발명 모두 그 효과가 현저할 경우에만 진보성이 부정되지 않는다는 입장이라고 할 수 있다.

나. 예외적으로 구성의 곤란성을 고려한다는 견해

어떤 공지의 화합물이 통상적인 방법들로는 도저히 결정화가 불가능하여 무정형으로만 존재한다고 알려져 있었는데 그 화합물을 통상적이지 않은 방법에 의해 처음으로 결정화하는데 성공했다는 것이 인정된다면 예외적으로 그 결정형 화합물의 구성의 곤란성이 인정될 수도 있고, 그에 따라 특허등록이 가능할 수 있다는 견해가 있다. 이 견해는 결정형 발명의 효과와 관련하여서는 실무상 결정형 발명이 이질적인 효과를 나타내는 경우는 거의 없을 것이고, 효과의 현저성은 용해도, 흡습성 등의 물성들이 통상적으로 예상되는 차이를 벗어날 정도의 현저함을 보이느냐에 의해 결정될 것인데, 이때에는 그러한 차이가 구체적으로 어떠한 약제학적 가치를 가지는 것인지를 고려해야 한다고 한다.[286] 이 견해는

---

285) 유영선, 위의 논문(주 35), 939-942면.
286) 이미정, "결정다형 발명의 진보성 판단 기준", 특허판례연구, 박영사(2017), 136-137면.

결정형 발명에 대해 예외적이기는 하지만 구성의 곤란성에 의해 진보성
이 부정되지 않을 수도 있다는 입장인 것으로 요약될 수 있다.

3. 특허청 심사기준

선행발명에 공지된 화합물과 결정 형태만을 달리하는 특정 결정형의
화합물을 청구범위로 하는 결정형 발명은, 특별한 사정이 없는 한 선행
발명에 공지된 화합물이 갖는 효과와 질적으로 다른 효과를 갖고 있거
나 질적인 차이가 없더라도 양적으로 현저한 차이가 있는 경우에 한하
여 그 진보성이 부정되지 않는다.[287] 결정형 발명은 발명의 설명에 효과
가 있음이 명확히 기재되어 있어야 진보성 판단에 고려될 수 있고, 용해
도 및 생체 이용률과 같은 효과에 대한 추가 자료에는 신뢰할 수 있는
실험결과의 제시가 필요하다.[288]

4. 비교법적 검토

미국, 유럽연합 및 일본에서는 결정다형에 대한 별도의 심사기준을
두고 있지 않다. 미국에서는 결정형을 한정한 파라미터 값의 차이만으
로, 즉 그 결정다형이 이전에 공지되지 않았다는 것만으로 결정형 발명
이 등록되는 경우가 다수 있고, 진보성 판단 시 결정형의 효과까지 고려
하지는 않는 것으로 보인다. EPO는 결정형 발명을 파라미터 발명으로
보아 심사하고, 청구하는 결정형 존재의 예측이 어렵다는 이유만으로는
진보성을 인정하지 않고 있으며, 결정다형의 효과를 해결해야 할 과제로
보아 이를 바탕으로 진보성을 판단한다.[289]

---

287) 특허청, 기술분야별 심사실무가이드(2022. 1.), 9332, 9378면.
288) 특허청, 기술분야별 심사실무가이드(2022. 1.), 9380면.
289) 유영선, 위의 논문(주 35), 932-933면.

5. 검토

가. 결정형 발명의 진보성 판단에서 선택발명의 판단 기준이 갖는 의미

동일한 화학구조의 화합물은 생체 내에서 동일한 약리기전에 따른 약리효과를 나타내지만, 그 화합물이 여러 결정 형태를 가질 경우 결정 형태에 따라 용해도, 융점, 흡습성 등의 물리적 성질이 달라진다. 또한 이러한 물성의 차이는 약물의 저장 안정성이나 생체이용률에 영향을 미치게 된다. 따라서 약물의 제제화 과정에서는 약물의 안정성이나 생체이용률의 개선을 위해 결정다형의 존재를 검토하는 작업이 통상적으로 이루어지고, 결정다형이 존재하는 경우 약물의 안정성 등 제제학적 측면에서 가장 바람직한 결정형이 무엇인지 찾아 이를 택하게 된다.

결정형 발명은 약리효과를 나타내는 화합물 자체를 최초로 발명한 것이 아니고, 기존에 공지된 화합물의 '특정 결정형'만을 규명한 것이라는 점에서 선행발명에 개시된 특정 유기화합물 또는 선행발명에 포함되었다고 볼 여지가 있는 유기화합물이라도 선행발명 당시에는 알 수 없었던 그 물질의 성질이나 용도를 새롭게 규명해내는 경우에 기술적 가치를 인정하여 일정한 요건 아래 특허를 부여한다고 여겨졌던 발명들, 즉 의약용도발명, 선택발명, 수치한정발명과 유사한 측면이 있다고 설명되기도 한다.[290] 이러한 점 때문에 결정형 발명의 진보성에 관하여는 결정형 발명 자체를 대상으로 한 독자적인 논의가 이루어지기보다는 선택발명 등과의 유사점에 주목하여 선택발명의 판단 기준을 기본 골격으로 삼는 것이 대체적인 흐름이었다. 그에 따라 종래 판례를 선택발명의 경우 효과만을 기준으로 진보성을 판단하는 것으로 이해하고, 결정형 발명의 진보성도 그 연장선상에서 사실상 효과에 의해 판단해야 한다고 보는 것이 일반적인 입장이었다.

---

290) 유영선, 위의 논문(주 35), 925-926면.

그런데 선택발명을 기준으로 결정형 발명의 진보성 판단 기준을 설정해야 한다는 입장에 의하더라도, 대법원 2019후10609 판결에 의하면 선택발명의 진보성에 관한 종전 대법원 입장이 효과만을 고려하여 진보성을 판단한 것이 아니며, 구성의 곤란성이 인정될 경우에도 진보성이 부정되지 않는다는 것이므로, 선택발명의 진보성 판단 기준을 모체로 하여 결정형 발명의 진보성을 효과를 중심으로 판단한다는 것은 더 이상 그 근거를 찾기가 어렵다.

나아가 결정형 발명은 선행발명에 그 화합물 자체가 개시되어 있고, 선택발명의 경우 선행발명에 그 화합물을 포함할 수 있는 상위개념의 화합물이 개시되어 있다는 점에서 서로 유사점이 있기는 하다. 그러나 두 유형의 발명은 엄연히 구분되는 형태라는 점에서 특수한 유형의 발명 중 선택발명을 기준으로 하여 결정형 발명의 진보성을 판단해야 한다는 논리는 재검토되어야 하며, 결정형 발명 자체에 대한 진보성 판단 기준을 설정할 필요가 있다. 이는 결정형 발명과 선택발명의 진보성 판단 기준이 반드시 달라야 한다는 의미는 아니다. 즉 유형별로 발명의 특징을 고려하여 진보성 판단 기준을 설정한 후 대비하였을 때 각 유형의 발명의 진보성 판단 기준이 결과적으로 서로 같거나 유사할 수도 있고, 달라질 수도 있다. 결론적으로 기준이 같거나 유사하다는 것은 일부 특징을 공유하는 발명들 사이에 판단 기준의 균형 문제일 뿐이지, 선택발명이 그 기준점이 된 결과라고 할 수는 없다.

나. 결정형 발명 자체의 진보성 판단 기준

이하에서는 결정형 발명 자체의 진보성 판단 기준에 관하여 검토한다.

어떤 화합물이 다형성을 나타낼 것인지 및 어떤 결정구조를 가진 결정형이 얻어질 것인지를 미리 정확하게 예측할 수는 없다.[291] 이에 따라

---

291) 이미정, 위의 논문(주 286), 133면.

특정한 결정형 발명에 이르는 것에 구성의 곤란성이 인정될 수도 있으므로, 결정형 발명의 경우 일률적으로 구성의 곤란성이 없다고 단정할 수 없다. 다만 결정형 발명의 경우 화합물 자체가 이미 개시되어 있는 상황이라는 특징을 고려할 때, 진보성 판단 과정에서의 핵심은 특정한 결정형 도출에 대한 구성의 곤란성을 특허로써 보호할 만한 기술적 가치라고 인정할 것인지의 문제이다.

진보성 판단 시 구성의 곤란성은 기술의 풍부화 관점에서 기술발전에 기여한 것에 대한 평가이다. 새로운 화합물 자체를 발명한 경우에는 기술의 풍부화에 기여한 것에 대해서 특허로써 보호할 만한 가치가 상당하다고 할 수 있겠으나, 이에 비하여 공지된 물질의 특정한 결정형을 발명한 경우에 이를 특허로써 보호할 만한 가치는 상대적으로 낮게 평가될 수밖에 없다. 이러한 점에서 특수한 유형의 발명으로 분류되는 결정형 발명의 경우 신규 화합물에 비하여 효과가 진보성 판단에 보다 중요한 역할을 하겠지만, 기술의 풍부화 자체의 의미를 부정할 수는 없다.

결국 결정형 발명의 진보성 판단 시 구성의 곤란성에 대한 고려 없이 일률적으로 이질적인 효과 또는 동질의 효과의 현저한 차이를 요구하는 것은 타당하지 않고, 구성의 곤란성과 효과의 현저성을 종합적으로 고려할 필요가 있다. 이러한 측면에서 최근 대법원 2018후10923 판결이 결정형 발명의 진보성에 관해 구성의 곤란성과 효과의 현저성을 모두 고려해야 한다는 점을 확인한 것은 타당하다. 또한 진보성에 대한 종합적인 평가에서 구성의 곤란성과 효과의 현저성은 상호 보완적인 관계에 있으므로, 구체적인 사건에서 구성의 곤란성 정도에 따라 진보성이 부정되지 않기 위해 필요한 효과의 현저성의 수준 역시 달리 평가될 필요가 있다.

다. 진보성 판단에 고려할 효과에 해당하기 위한 명세서 기재 정도

종래 대법원 2010후2865 판결에서는 이질적이거나 현저한 효과가 있다는 것이 명세서에 명확히 기재되어 있어야만 진보성 판단에 고려될 수 있다고 하였다. 반면 대법원 2018후10923 판결에서는 선택발명에 관한 대법원 2019후10609 판결에서의 설시를 그대로 인용하여 발명의 명세서에 기재되어 통상의 기술자가 인식하거나 추론할 수 있는 효과를 중심으로 효과의 현저성을 판단한다고 하였다. 대법원 2018후10923 판결에서 이루어진 설시의 의미는 결정형 발명에서 진보성 판단 시 고려할 효과에 해당하기 위한 명세서 기재 정도에 관해 특별한 기준을 설정하였다기보다는 일반발명의 진보성 판단 시 고려할 수 있는 효과의 명세서 기재 정도와 동일한 기준을 적용한다는 취지로 이해된다. 발명의 진보성 판단을 위해 고려할 효과의 범위를 정하는 데에 있어서 일반발명과 결정형 발명을 달리 취급할 이유가 없다는 점에서 타당하다.

이렇게 본다면, 대법원 2010후2865 판결에서의 기준과 대법원 2018후10923 판결에서의 기준은 서로 상충된다고 할 수 있는데, 대법원 2010후2865 판결에 대해 판례 변경이 없는 현 상황에서는 모순되는 두 기준이 존재하는 것이고, 향후 판례에 의해 정리될 필요가 있다.

Ⅳ. 관련 논의: 수치한정발명292)

1. 판례의 태도 및 분석

가. 대법원 2007. 11. 16. 선고 2007후1299 판결

대법원은 과제가 공지된 발명의 연장선상에 있고 수치한정의 유무에서만 차이가 있는 발명의 진보성이 문제 된 사안에서, 수치한정발명의 진보성 판단 기준에 관한 일반론을 다음과 같이 설시한 바 있다.

출원발명이 그 출원 전에 공지된 발명이 가지는 구성요소의 범위를 수치로써 한정하여 표현한 경우에는 그 출원발명에 진보성을 인정할 수 있는 다른 구성요소가 부가되어 있어서 그 출원발명에서의 수치한정이 보충적인 사항에 불과한 것이 아닌 이상, 그 한정된 수치범위 내외에서 이질적이거나 현저한 효과의 차이가 생기지 않는다면 그 출원발명은 통상의 기술자가 통상적이고 반복적인 실험을 통하여 적절히 선택할 수 있는 정도의 단순한 수치한정에 불과하여 진보성이 부정된다(대법원 1993. 2. 12. 선고 92다40563 판결, 대법원 2005. 4. 15. 선고 2004후448 판결 등 참조). 그 출원발명이 공지된 발명과 과제가 공통되고 수치한정의 유무에서만 차이가 있는 경우에는 그 출원발명의 명세서에 한정된 수치를 채용함에 따른 현저한 효과 등이 기재되어 있지 않다면 특별한 사정이 없는 한 그와 같이 한정한 수치범위 내외에서 현저한 효과의 차이가 생긴다고 보기 어렵다(대법원 1994. 5. 13. 선고 93후657 판결, 대법원 2005. 4. 15. 선고 2004후448 판결 등 참조).

---

292) 수치한정발명은 제2장 제2절 Ⅲ.항에서 언급한 바와 같이 실무상 의약발명의 일종으로 분류되지는 않지만, 의약발명 중에는 투여용법·용량에 특징이 있는 의약용도발명과 같이 수치한정발명의 성질을 띠는 발명의 유형이 존재하는 등 수치한정발명과 의약발명은 서로 일정한 관련이 있으므로, 의약발명의 진보성 논의와 관련된 범위 내에서 수치한정발명의 진보성에 관하여도 검토한다.

나. 대법원 2010. 8. 19. 선고 2008후4998 판결

특허등록된 발명이 그 출원 전에 공지된 발명이 가지는 구성요소의 범위를 수치로써 한정하여 표현한 경우 그 특허발명에 진보성을 인정할 수 있는 다른 구성요소가 부가되어 있어서 그 특허발명에서의 수치한정이 보충적인 사항에 불과하거나, 수치한정을 제외한 양 발명의 구성이 동일하더라도 그 수치한정이 공지된 발명과는 상이한 과제를 달성하기 위한 기술수단으로서의 의의를 가지고 그 효과도 이질적인 경우라면, 수치한정의 임계적 의의가 없다고 하여 특허발명의 진보성이 부정되지 아니한다.

다. 분석

대법원 2007후1299 판결은 수치한정발명의 진보성 판단 기준에 관하여 두 단계로 그 기준을 제시한 것으로 이해할 수 있다. 먼저, 효과 측면에서 수치한정발명의 첫 번째와 두 번째 유형일 경우, 즉 과제가 공지된 발명의 연장선상에 있고 수치한정의 유무에서만 차이가 있는 경우와 수치한정이 공지된 발명과는 상이한 과제를 달성하기 위한 수단이고 효과도 이질적인 경우에는 한정된 수치범위 내외에서 이질적이거나 현저한 효과의 차이가 있어야 한다는 것이다. 다음으로, 수치한정에 따른 효과의 명세서 기재와 관련하여서는 수치한정발명의 첫 번째 유형인 과제가 공지된 발명의 연장선상에 있고 수치한정의 유무에서만 차이가 있는 경우에 관하여 언급하고 있다. 대법원 판례 중 최초로 일반론으로서 첫 번째 유형에서 진보성이 부정되지 않기 위해서 그 명세서에 임계적 의의를 인정할 수 있는 현저한 효과가 기재되어 있어야 함을 밝힌 것이다.293) 다만 명세서에 현저한 효과에 관한 기재가 어느 수준이어야 하는

---

293) 박정희, "수치한정발명과 명세서에의 효과의 기재", 특허판례연구 개정판, 박

지, 즉 선택발명에 관한 2008후736,743 판결에서처럼 정량적 기재를 요구하는 것인지는 구체적으로 언급하지 않았다. 명세서 기재에 관한 이러한 설시는 특별한 사정이라는 예외적인 경우를 상정하기는 하였으나 사실상 진보성 판단에 고려할 효과에 해당하기 위해서는 그 현저한 효과가 명세서에 기재되어 있어야 한다는 취지와 다르지 않다. 하지만 법원은 여기에서 더 나아가 명세서에 수치한정의 효과를 기재하지 않은 것이 기재불비에 해당하는지는 판단하지 않았다.

수치한정의 임계적 의의에 근거하여 진보성이 부정되지 않은 사례는 찾아보기 어렵지만, 수치한정에 따른 이질적인 효과를 인정하여 진보성이 부정되지 않은 사례들은 다수 있다.[294] 대법원 2008후4998 판결도 이에 해당하는데, 이 사건에서 대법원은 수치한정이 선행발명과는 다른 과제를 해결하기 위해 선택된 기술수단으로서의 의의를 가지고 수치한정에 의하여 선행발명과 명백히 다른 효과가 있으므로, 명세서상 수치한정의 임계적 의의가 분명하게 드러나지 않는다고 하더라도 수치한정의 기술적 의의가 부정되지 아니한다고 보았다. 그에 따라 이 사건에서 문제된 수치한정발명이 통상의 기술자가 선행발명들에 의하여 쉽게 발명할 수 없어 그 진보성이 부정되지 않는다고 판단한 것이다.

2. 학설상 논의

수치한정발명의 진보성과 관련한 논의는 두 가지 측면에 집중되어 있다. 첫 번째는 수치한정발명의 진보성이 부정되지 않는 경우가 드물다는 점에서 그 판단 기준이 지나치게 엄격한 것은 아닌지에 관한 논의이고, 두 번째는 효과를 중심으로 진보성을 판단하는 종래 실무의 입장을

영사(2012), 393면.
294) 김창권, 위의 논문(주 41), 222-225면 ; 대법원 1997. 10. 24. 선고 96후1798 판결; 대법원 2010. 8. 19. 선고 2008후4998 판결; 대법원 2013. 2. 28. 선고 2011후3193 판결 등 참조.

전제로 그 효과가 명세서에 어느 수준으로 기재되어 있어야 이를 진보성 판단에 고려할 수 있는지에 관한 논의이다.

가. 진보성 판단 기준에 관한 논의

이 부분 논의와 관련하여서는, 수치한정발명의 첫 번째와 두 번째 유형일 경우에 그 진보성이 부정되지 않기 위해서는 한정된 수치범위 내외에서 이질적이거나 현저한 효과의 차이가 있어야 한다는 판례와 대체로 유사한 입장을 취하는 견해[295]와 수치한정발명에 대해서도 구성의 곤란성을 고려하거나, 효과에 관해 보다 완화된 기준을 적용할 필요가 있다는 견해가 있다.

후자의 견해는 기본적으로 수치한정발명의 진보성이 부정되지 않은 사례가 매우 드물다는 점을 문제로 인식하는 것에서 출발한다. 구체적으로, ① 실무상 수치한정발명의 진보성이 인정되는 예가 매우 드물어 수치한정발명 개념의 실효성을 확보하기 어렵다는 점을 문제로 지적하면서 구성의 곤란성 개념을 적절히 도입하여 진보성을 판단하여야 한다는 견해,[296] ② 수치한정발명의 진보성을 임계적 의의나 이질적인 효과를 갖는 경우만으로 너무 엄격하게 판단하기보다는 구성의 곤란성 개념을 적절히 적용하여 수치한정 대상을 쉽게 도출할 수 있는지 등도 고려하여 판단할 필요가 있고, 구체적으로 수치한정발명이 공지발명과 동질의 효과를 갖고 효과에 있어서 임계적 의의를 갖지 않더라도 그 수치항목이 공지발명에 암시 또는 시사되어 있지 않고 수치항목의 수치범위와 발명의 효과 사이에 충분한 인과관계가 있으며 수치범위 내에서 종래에 비해 향상된 효과를 갖는다면 그 진보성을 인정할 수 있을 것이라는 견해[297]가 있다. 위 견해들은 수치한정발명의 진보성 판단 시 구성의 곤란

---

295) 조영선, 위의 책(주 179), 187면.
296) 김태현, "수치한정발명의 진보성 판단방법론", 특허판례연구, 박영사(2012), 159, 165면.

성을 고려해야 한다는 입장으로 이해할 수 있다. 또한 ③ 선택발명적 의미에서의 수치한정발명은 공지된 구성요소의 수치를 한정한다는 점에서 원래 신규성이 부정된다고 볼 수 있는 발명에 관하여 예상치 못한 효과를 발휘하는 범위를 발견한 것의 공로를 인정하여 특허를 부여하는 것이므로, 이러한 유형의 발명에 대하여 새로운 수치범위를 특정한 것에 특허를 부여하는 기준은 결국 효과가 될 수밖에 없을 것이고, 따라서 진보성 인정의 광협을 가르는 것은 결국 어느 정도의 현저한 효과 또는 이질적 효과가 있어야 진보성을 인정할 수 있는지에 관한 구체적인 판단기준 설정 문제인데, 실무상 지나치게 엄격한 기준을 적용하고 있는 것은 아닌지에 대한 검토가 필요하다는 견해[298]가 있다. 이 견해는 효과의 현저성 판단을 유연하게 할 필요가 있다는 것으로 이해된다.

나. 수치한정에 따른 효과의 명세서 기재 정도에 관한 논의

수치한정에 따른 효과가 명세서에 어느 수준으로 기재되어 있어야 하는지에 관한 논의는 다음과 같다. 즉 ① 수치한정발명의 분류 중 과제가 공지된 발명의 연장선상에 있고 수치한정의 유무에서만 차이가 있는 경우와 공지된 발명과 수치범위가 중복되지 않고 과제가 다르며 유리한 효과가 이질적인 경우의 두 유형은 명세서에 한정된 수치를 채용함에 따른 현저한 효과나 이질적인 효과가 기재되어 있지 않다면 그와 같이 한정된 수치범위 내외에서 현저한 효과나 이질적인 효과의 차이가 생긴다고 보기 어려우므로, 그 발명의 진보성이 부정된다는 견해가 있다. 이 견해는 수치한정의 효과를 기재하여야 한다는 의미가 공지된 발명과의 관계에서 현저한 효과나 이질적인 효과의 차이가 있음을 실험데이터 등에 의하여 명백히 알 수 있는 정도로 기재하여야 한다는 것이고 단순히

---

297) 김병필, "수치한정발명과 파라미터 발명의 특허성 판단을 위한 새로운 접근 방법에 관하여", Law&Technology 제10권 제1호(2014. 1.), 42면.
298) 김창권, 위의 논문(주 41), 230면.

현저한 효과나 이질적인 효과의 차이가 있다는 기재만으로는 그 효과가 기재되어 있다고 볼 수 없다고 한다. 나아가 대법원 2007후1299 판결에서 한정된 수치범위 내외에서 현저한 효과나 이질적인 효과의 차이가 기재되어 있지 않아도 진보성이 부정되지 않는 예외적인 경우를 상정하여 '특별한 사정이 없는 한'이라는 표현을 사용하고는 있으나, 그와 같은 예외적인 경우를 인정할 수 있는 경우는 거의 없을 것이라고도 한다.299) ② 한편 선택발명에서 명세서에 기재된 발명의 효과가 의심스러울 때는 추후 구체적인 비교실험자료를 제출하는 등의 방법에 의하여 입증하는 것이 가능한 것과 마찬가지로 수치한정발명의 경우에도 이를 긍정하는 것이 타당하다는 견해가 있다.300)

3. 특허청 심사기준301)

수치한정발명은 청구항에 기재된 발명의 구성 일부가 수량적으로 표현된 발명을 의미한다.

공지기술로부터 실험적으로 최적 또는 호적의 수치범위를 선택하는 것은 일반적으로는 통상의 기술자의 통상의 창작능력의 발휘에 해당하여 진보성이 인정되지 않는다. 그러나 청구항에 기재된 발명이 한정된 수치범위 내에서 인용발명의 효과에 비하여 더 나은 효과를 가질 때에는 진보성이 인정될 수 있다. 이 경우의 효과는 수치한정범위 전체에서 충족되는 현저히 향상된 효과를 가리키며, 수치한정의 임계적 의의의 필요성에 대해서는 다음과 같이 판단한다.

(1) 청구항에 기재된 발명의 과제가 인용발명과 공통되고 효과가 동질인 경

---

299) 박정희, 위의 논문(주 293), 392-393면.
300) 유영선, "수치한정발명의 신규성 판단 기준", 대법원판례해설 제96호, 법원도서관(2013), 542면; 김창권, 위의 논문(주 41), 229면.
301) 특허청, 특허·실용신안 심사기준(2021. 12. 30.), 3318면.

우에는 그 수치한정의 임계적 의의가 요구된다.

(2) 청구항에 기재된 발명의 과제가 인용발명과 상이하고 그 효과도 이질적 인 경우에는 수치한정을 제외한 양 발명의 구성이 동일하여도 수치한정 의 임계적 의의를 요하지 아니한다.

수치한정의 임계적 의의가 인정되기 위해서는 수치한정 사항을 경계 로 특성, 즉 발명의 작용·효과에 현저한 변화가 있어야 하는 것으로, ① 수치한정의 기술적 의미가 발명의 설명에 기재되어 있어야 하고, ② 상 한치 및 하한치가 임계치라는 것이 발명의 설명 중의 실시례 또는 보조 자료 등으로부터 입증되어야 한다. 임계치라는 사실이 입증되기 위해서 는 통상적으로 수치범위 내외를 모두 포함하는 실험결과가 제시되어 임 계치임이 객관적으로 확인 가능해야 한다.

4. 비교법적 검토

가. 미국

CCPA, CAFC에서 수치한정발명의 비자명성을 다룬 사안들 중 상당수 는 방법 발명[302] 또는 각 성분의 조성비가 한정되어 있는 합금 발명[303] 에 관한 것이고, 주로 출원심사 단계에서 일응의 자명성이 번복되지 아 니한다는 것을 이유로 한 USPTO 심사관의 거절결정 및 이를 유지한 심 판원의 결정에 대한 불복사건이다.

CAFC 사건들 중 수치한정발명의 비자명성 판단 기준의 일반론을 비 교적 상세히 언급하여 의미가 있는 두 사건은 아래와 같다. 첫 번째 사

---

302) In re Kulling, 897 F.2d 1147 (Fed. Cir. 1990); In re Aller 220 F.2d 454 (C.C.P.A. 1955); In re Woodruff, 919 F.2d 1575 (Fed. Cir. 1990); In re Malagari, 499 F.2d 1297 (C.C.P.A. 1974).

303) In re Peterson, 315 F.3d 1325(Fed. Cir 2003); In re Boesch, 617 F.2d 272 (C.C.P.A. 1980).

건은 출원발명의 수치범위가 선행기술에 개시된 수치범위와 일부 겹치는 경우이었고, 두 번째 사건은 출원발명의 수치범위가 선행기술에 개시된 범위에 포함되는 경우이었는데, CAFC는 이 두 가지 경우에 공통적으로 적용될 수 있는 일반론을 설시하였다.

1) In re Geisler[304]

출원발명과 선행기술의 차이점이 특정한 변수의 범위나 수치일 경우에 그 범위나 수치의 차이가 사소하다면 일응의 자명성이 성립한다. 출원발명에 제시된 변수의 범위가 선행기술에 개시된 범위에 포함되거나 겹치는 경우에 일응의 자명성이 성립하는데, 출원자는 ① 출원발명의 범위 내에서 예상하지 못한 효과가 있어서 출원발명의 범위가 중요하다는 것을 보여주거나, ② 선행기술이 출원발명의 수치범위에 대해 부정적으로 교시하는 것을 보여줌으로써 이를 번복할 수 있다. 통상적인 실험을 통해 최적의 범위를 발견하는 것은 발명적이지 않고, 변수를 최적화한 결과 예상하지 못한 효과를 나타낼 경우에만 출원된 그 특정 범위에 대해 특허가 부여될 수 있다.

2) In re Peterson[305]

출원발명의 조성 범위가 선행기술에 개시된 범위와 조금이라도 겹치면 일응의 자명성이 성립한다. 또한 그 범위가 겹치지 않더라도 충분히 근접해 있어 통상의 기술자가 이들이 같은 성질을 가질 것으로 예상할 수 있는 경우에도 역시 일응의 자명성이 성립한다. 선행기술 문헌이 출원발명이 제시하는 범위를 포함하여 보다 넓은 범위를 개시하고 있는 경우에도 일응의 자명성이 성립되기에 충분하다. 또한 출원발명의 범위가 선행기술에 개시된 범위에 완전히 포함되는 경우에는 단순히 겹치는

---

304) 116 F.3d 1465 (Fed. Cir. 1997).
305) 315 F.3d 1325, 1326, 1329, 1330, 1331 (Fed. Cir. 2003).

경우보다 자명하다는 결론이 더 설득력 있게 되고, 이미 개괄적으로 알려져 있는 것을 보다 개선하고자 하는 과학자나 연구자의 일반적인 시도가 개시된 일련의 범위 내에서 최적의 범위를 결정하는 동기를 제공한다.

일응의 자명성은 출원발명의 범위가 선행기술에 개시된 범위에 비해 예상하지 못한 효과가 있어서 그 범위가 중요하다는 점을 성립시킴으로써 극복할 수 있는데, 이 경우에 출원발명의 전 범위에 걸쳐 예상하지 못한 효과가 있다는 것을 보여주어야 한다. 또는 선행기술이 출원발명의 범위에 대해 부정적으로 교시한다는 것을 보여줌으로써 일응의 자명성을 극복할 수 있다.

나. 일본

1) 학설 및 판례

① 수치한정이 공지발명의 연장선상에 있는 경우 수치한정에 임계적 의의를 요구하고, ② 수치한정발명이 공지발명과 과제가 다르고 효과가 이질적인 경우에는 임계적 의의가 없더라도 진보성이 부정되지 않으며, ③ 공지발명에 진보성 인정의 근거가 되는 다른 구성요소가 부가되는 경우 수치한정의 임계적 의의를 필요로 하지 않는다는 점에 대해 학설 및 판례가 대체로 비슷한 입장을 취하고 있다.306) 또한 수치한정발명이 진보성을 인정받기 위해서는 수치한정에 따른 효과가 명세서에 기재되어 있어야 한다고 본다.307) 이와 같은 기준은 대법원 2007후1299 판결에서 제시한 기준과 사실상 동일하다고 할 수 있다.

2) 심사기준308)

수치한정발명은 주된 인용발명과의 차이가 수치한정에만 있을 경우 통

---

306) 김창권, 위의 논문(주 41), 227면.
307) 박정희, 위의 논문(주 293), 392면.
308) JPO, Examination Guidelines for Patent and Utility Model in Japan, Part III, Chapter 2, Section 4, 6.2.

상 그 진보성이 부정된다. 실험적으로 수치범위를 최적화 내지 호적화하는 것은 통상의 기술자의 통상의 창작능력의 발휘이기 때문이다. 그러나 인용발명과 대비한 수치한정발명의 효과가 다음의 (i) 내지 (iii) 요건을 모두 충족하는 경우에는 심사관은 그 발명에 진보성이 있다고 판단한다.

> (ⅰ) 한정된 수치범위 내에서 선행기술에 관한 증거에 개시되지 않은 유리한 효과가 있을 것
>
> (ⅱ) 그 효과가 선행기술에 의한 효과와 질적으로 다르거나 동질의 월등히 우월한 것일 것(즉, 유리한 효과가 현저성을 보일 것)
>
> (ⅲ) 그 효과는 통상의 기술자가 그 발명의 출원 당시 기술수준에서 예상할 수 없었던 것일 것

유리한 효과가 현저하다고 하기 위해서는 수치한정의 전 범위에 걸쳐 그 현저성이 존재해야 한다. 또한 청구된 발명과 주된 인용발명이 수치한정의 유무에서만 차이가 있고 과제가 공통되는 경우에, 수치한정의 임계적 의의로서 유리한 효과의 현저성이 인정되기 위해서는 그 수치한정을 경계로 효과에 있어서 양적으로 현저한 차이가 있어야 한다. 반면 청구된 발명과 주된 인용발명과의 차이가 수치한정의 유무에 있고 과제가 공통되지 않으며 유리한 효과가 이질적인 경우에는 수치한정의 임계적 의의가 요구되지 않는다.

5. 검토

가. 수치한정발명의 진보성에 관한 판례 태도의 유연한 해석 가능성 존부

수치한정발명의 진보성에 관한 논의는 주로 수치한정발명의 과제 및

효과가 공지된 발명의 연장선상에 있고 수치한정의 유무에서만 차이가 있는 유형에 대한 것이다. 판례는 문언상 양적으로 현저한 차이가 있는 효과, 즉 현저한 효과를 요구하고 있으며, 실제 사안에서 위와 같은 진보성 판단 기준을 충족한 경우를 찾는 것은 쉽지 않다.

수치한정발명의 진보성에 관한 현재 판례의 입장을 선택발명이나 결정형 발명에서처럼 구성의 곤란성이 인정되기 어려운 경우에 현저한 효과가 있으면 진보성이 부정되지 않는다는 취지의 설시일 뿐이라고 제한적으로 해석할 수 있는지 검토해 볼 필요가 있다. 그런데 수치한정발명에 대한 판결에서는 그 문언상 현저한 효과의 차이가 없으면 적절히 선택할 수 있는 단순한 수치한정에 불과하다고 부가적으로 설시하여 효과가 현저하지 않은 경우에 구성의 곤란성 가능성까지 차단한 점에 비추어 보면, 효과의 현저성만으로 진보성을 판단하는 입장이라고 해석될 가능성이 매우 높다. 이는 기본적으로 반복적인 실험을 통해 최적 또는 호적의 범위를 찾아내는 것은 통상의 기술자의 통상의 창작능력 범위 내라는 점, 따라서 수치한정발명의 과제 및 효과가 공지된 발명의 연장선상에 있는 경우에는 수치한정 자체에 대해 구성의 곤란성을 인정할 수 없다는 점이 전제되어 있는 것이다. 또한 효과의 개선에 있어서도 단순히 개선된 효과를 갖는 범위를 찾아낸 것만으로는 이를 특허로써 보호하는 독점권을 줄 수 없으며, 그 정도를 뛰어넘는 현저한 효과가 있는 경우에만 특허로써 보호할 수 있다는 생각이 반영된 것으로 보인다.

나. 수치한정발명의 진보성 판단 기준 재검토 필요성

수치한정발명의 진보성 판단 기준으로 현저한 효과만을 고려하는 것이 타당한지에 대해서는 검토가 필요하다. 학설상으로도 현재 판례상 수치한정발명의 진보성 판단 기준이 지나치게 엄격하다는 문제의식을 가지고 구성의 곤란성을 고려하거나, 효과에 관해 보다 완화된 기준을 적용할 필요가 있다고 하면서 그 판단 기준을 완화하는 방안을 제시하는 견해들이 상당수 있다.

한편 수치한정발명에서는 선행발명과의 구성상 차이점이 수치한정에 있으므로, 그러한 수치한정이 구성이나 효과 측면에서 기술발전에 어떤 의미를 가지는지가 진보성 판단의 핵심이 될 것이다.

수치한정으로 인한 효과가 양적으로 현저하다면 진보성이 부정되지 않을 수 있다는 점에는 이견이 없다. 미국에서도 선행기술과의 관계에서 수치한정 유무에만 차이가 있는 발명의 경우 일응의 자명성이 성립되고, 우리 실무상 현저한 효과에 대응하는 예상하지 못한 효과가 있을 경우 그 추정이 번복되는 것으로 본다.

문제는 수치한정발명의 진보성 판단에 구성의 곤란성, 즉 한정된 수치범위를 도출하는 것의 곤란성을 고려할 것인지가 된다. 우리 판례는 한정된 수치범위 내외에서 이질적이거나 현저한 효과의 차이가 생기지 않는다면 그 출원발명은 통상의 기술자가 통상적이고 반복적인 실험을 통하여 적절히 선택할 수 있는 정도의 단순한 수치한정이라고 보고 있다. 즉 효과의 현저성이 수반되지 않는 수치한정은 적절히 선택할 수 있는 것으로서 구성의 곤란성이 없다는 것이다. 반면 이와 반대되는 상황인 효과가 현저한 경우에는 구성이 곤란하다고 할 것인지 아니면 이 경우에도 구성은 곤란하지 않지만 현저한 효과가 있다는 것인지에 대해서는 따로 언급하고 있지 않다. 따라서 수치한정발명의 진보성 판단에서 구성의 곤란성 자체를 아예 부정하는 것인지 구성의 곤란성 여부 판단이 효과에 종속되어 이루어지는 것인지는 불분명한 면이 있지만, 적어도 구성의 곤란성 자체를 독자적, 개별적으로 평가하지 않는 구조이다.

그런데 구성의 곤란성이란 그러한 수치한정을 하는 것이 쉽다고 할 수 있는지의 문제이다. 물론 그러한 시도를 할 동기가 없고, 한정된 수치범위를 도출해내는 것도 기술적으로 어려웠더라도 현저한 효과가 없다면 이를 특허로써 보호할 가치가 없다고 평가하는 견해가 있을 수 있지만, 현저한 효과가 없으면 곧 구성도 곤란하지 않다는 논리구조는 바람직하지 않다. 수치한정발명의 구성의 곤란성을 그 자체로 평가할 필요가 있다. 다만 수치한정과 관련하여서는 연구자나 개발자들 사이에서 반복적인 실험을 통해 최적의 범위를 찾아내고자 하는 것이 통상적으로 행해지고 있는 연구 및 개발활동이라는 점을 고려하면, 구성의 곤란성이 쉽게 인정되지 않을 수는 있다. 하지만 만일 선행기술에서 출원발명의 수치범위에 대해서 부정적으로 교시하고 있는 경우에는 어떠한지 검토할 필요가 있는데, 이 경우에도 현저한 효과의 차이가 없다면 적절히 선택할 수 있는 수치한정으로서 구성의 곤란성을 부정해야 한다는 입장은 타당하지 않다. 이 경우에는 구성의 곤란성이 인정된다고 보아야 한다. 미국에서는 이러한 상황만 보여도 일응의 자명성이 번복된다.

　다음 구성의 곤란성이 인정된다고 하더라도 발명을 그러한 이유로 특허로써 보호할 것인지는 추가적인 검토가 필요하다. 구성의 곤란성을 근거로 특허를 부여하는 것은 기술의 풍부화에 기여하였기 때문이라고 설명되는데, 기술의 풍부화의 의미는 선행기술과의 관계나 발명의 유형에 따라 그 평가가 달라지게 된다. 물건의 발명에서 구체적인 조성은 이미 개시되어 있는데 그 비율만을 변경한 경우에 기술의 풍부화에 기여한 정도를 완전히 새로운 물건을 발명한 경우와 동일하게 평가할 수 없을 것이고 그보다는 상대적으로 낮을 수밖에 없지만, 기술적으로 아무런 의미가 없다고도 할 수 없다. 특히 선행기술에서 그 수치범위에 대해 부정적으로 교시하고 있었던 경우에는 더욱 그러하다. 따라서 이러한 구성의 곤란성에 대해서도 특허로써 보호할 가능성이 있다.

　결론적으로 수치한정발명이라고 하여 그 진보성 판단 시 구성의 곤란성에 대한 아무런 고려 없이 일률적으로 현저한 효과만을 요구하는 것은 타당하지 않다. 일반적인 물건의 발명과 마찬가지로 구성의 곤란성과 효과의 현저성을 종합적으로 고려하되, 구성의 곤란성이 인정되는 경우가 상대적으로 적기 때문에 효과가 보다 중요한 의미를 갖는다고 보는 것이 바람직하다. 또한 진보성 판단에서 구성과 효과는 서로 보완적인 관계에 있으므로, 구성의 곤란성의 정도가 크다고 평가될 경우에는 요구되는 효과의 개선의 정도는 상대적으로 작아질 것이다.

다. 진보성 판단에 고려할 효과에 해당하기 위한 명세서 기재 정도

진보성 판단에 고려할 효과에 해당하기 위하여 동질의 현저한 차이가 있는 효과가 명세서에 실험데이터 등에 의하여 명백히 알 수 있는 정도로 기재되어야 한다는 일부 학설의 입장은, 발명의 진보성이 제시된 선행발명과의 관계에서 상대적으로 결정되는 것이라는 점을 고려할 때 지나치게 엄격하다. 대법원 2007후1299 판결 역시 명세서에 현저한 효과 등이 기재되지 않으면 특별한 사정이 없는 한 한정된 수치범위 내외에서 현저한 효과의 차이가 생긴다고 보기 어렵다고 보아 진보성 판단에 고려할 효과에 해당하기 위한 기재 정도를 다소 엄격하게 요구하는 입장이다. 그런데 수치한정발명에서 진보성 판단에 고려할 효과에 해당하기 위한 명세서 기재 정도를 일반발명의 경우와 달리 볼 이유는 없다. 따라서 수치한정발명도 일반적인 물건의 발명에서 진보성 판단 시 고려할 효과에 해당하기 위해 필요한 명세서 기재 정도와 마찬가지로 명세서에 기재되어 통상의 기술자가 인식하거나 추론할 수 있는 효과라면 이를 고려하여 진보성을 판단할 수 있다고 보아야 한다. 나아가 그 효과가 의심스러울 때에는 명세서 기재를 벗어나지 않는 범위 내에서 추가적인 자료의 제출이 가능하다고 보는 것이 타당하다.

제5절 성공에 대한 합리적 기대가능성

I. 논의의 배경

'성공에 대한 합리적 기대가능성(reasonable expectation of success)'은 주로 미국과 유럽에서 발명의 진보성 판단 과정에 언급되어 온 요소인데, 최근에 국내 특허소송, 그중에서도 특히 의약발명 분야에서 의약발명을 특허로써 보호해야 한다고 주장하는 입장을 뒷받침하는 논거로 적극적으로 제시되고 있다.

구체적으로 의약용도발명뿐만 아니라 제형(제제)발명을 포함하여 통상 의약발명으로 분류될 수 있는 발명의 진보성이 다투어지는 특허소송에서 발명의 진보성이 부정되어서는 안 된다고 주장하는 당사자들이 종종 의약발명 분야는 예측가능성이 현저히 떨어지는 특수성이 있고, 진보성 판단 단계에서는 그러한 특수성을 감안하여 '성공에 대한 합리적 기대가능성(reasonable expectation of success)'이라는 요소가 고려되어야 하는데, 해당 발명에는 그 기대가능성이 없기 때문에 진보성이 부정되어서는 안 된다는 취지의 주장을 하는 것이다. 반면 국내 다른 기술분야의 특허분쟁에서는 '성공에 대한 합리적 기대가능성'이라는 요소가 거론되는 경우를 찾기는 쉽지 않다.

이처럼 '성공에 대한 합리적 기대가능성'은 우리 실무상 특히 의약발명 분쟁에서 자주 언급되는 요소이지만, 그 개념이 명확하게 정리된 상태로 주장되는 것으로 보이지는 않는다. 따라서 의약발명의 진보성 판단 과정에서 '성공에 대한 합리적 기대가능성'의 역할을 논하기 위해서는 그 개념의 정립이 선행될 필요가 있다.

이하에서는 먼저 비교법적 검토를 통해 '성공에 대한 합리적 기대가능성'이 가지는 정확한 의미를 확인하고, 이에 대한 논의를 파악한다. 나아가 위와 같은 비교법적 검토를 바탕으로 하여 이 요소가 국내 의약발명 관련 특허분쟁에서 발명의 진보성 판단 시 어떠한 역할을 하는 것이 바람직한지 그 방향을 제시하고자 한다.

II. 비교법적 검토의 방향

미국이나 유럽에서는 '성공에 대한 합리적 기대가능성'이 언급된 특허 관련 판결이나 심결을 어렵지 않게 찾아볼 수 있고, 실무나 학설상 논의 역시 비교적 다양하다. 반면 일본에서는 상대적으로 그에 관한 논의가 활발하지 않은 것으로 보인다.309) 이러한 사정을 고려하여 성공에 대한 합리적 기대가능성과 관련된 비교법적 검토는 미국과 유럽, 그중에서도 논의가 보다 활발한 미국을 주된 대상으로 한다. 한편 미국이나 유럽에서는 의약발명을 다른 기술분야의 발명과 구분하거나 이를 기초로 별도의 진보성 판단 기준을 적용하지는 않는다. 또한 '성공에 대한 합리적 기대가능성' 역시 사실상 의약발명과 관련되어 주로 논의되고 있기는 하지만, 의약발명 분야에 국한하여 검토되는 요소라고 할 수는 없으며, 예측가능성이 떨어지는 기술분야에서 폭넓게 활용되고 있는 것으로 보인다.

'성공에 대한 합리적 기대가능성'의 미국과 유럽에서의 위와 같은 적용범위를 고려하여 비교법적 검토는 의약발명 분야를 위주로 하되, 이에 국한하지 않는다. 검토의 내용은 미국과 유럽에서 성공에 대한 합리적 기대가능성이 특허 실무상 어떻게 활용되고 있는지를 구체적인 사례를 통해 확인하고, 실무나 학설상 그 의미를 무엇으로 파악하고 있으며, 그

---

309) 일본에서는 '합리적인 성공의 기대의 여부'가 진보성 판단 시 유효한 주장으로 취급되지 않는다고 분석하는 견해도 있다(김관식, 위의 논문(주 225), 24면 참조).

역할에 대해 어떠한 논의가 이루어지고 있는지를 확인하는 것에 초점을 맞춘다.

III. 미국

1. 판결

가. 검토 순서 및 검토 범위

'성공에 대한 합리적 기대가능성'이라는 용어는 CAFC 판결의 비자명성 판단 단계에서 종종 찾아볼 수 있다. CAFC는 성공에 대한 합리적 기대가능성의 존부를 사실 인정의 문제로 보고 있으므로, 이에 대해서는 1심에 명백한 오류(clear error)가 있는지의 관점에서 심리가 이루어진다.[310] 그런데 성공에 대한 합리적 기대가능성이 어떤 의미이고 비자명성 판단에서 어떤 역할을 하고 있는지를 명확하게 파악하기 위해서는, 비자명성 단계에서 언급되는 다른 요소들, 즉 시도의 자명성(obvious to try)이나 예상하지 못한 효과(unexpected result)와의 관계를 파악할 필요가 있다.

먼저, 시도의 자명성과의 관계에 대해서는 일정한 경우에 시도가 자명하면 자명한 발명이 된다고 한 연방대법원의 KSR 판결 전후에 CAFC에서 이루어진 '성공에 대한 합리적 기대가능성 및 시도의 자명성'에 관한 일련의 판결들에서의 설시 내용을 KSR 판결과 함께 살펴볼 필요가 있다. KSR 판결 이전에 CAFC는 시도의 자명성이 비자명성 판단의 기준이 될 수 없다고 반복적으로 설시해왔다.[311] 그런데 KSR 판결은 비자명성 판단

---

310) Par Pharm., Inc. v. TWI Pharm., Inc., 773 F.3d 1186, 1196 (Fed. Cir. 2014); UCB., Inc. v. Accord Healthcare, Inc., 890 F.3d 1313, 1325 (Fed. Cir. 2018).
311) Janice M. Mueller, Patent Law, 5th ed. Wolters Kluwer, 403 (2016).

시 시도의 자명성의 기능에 대해 재조명함으로써 의약발명에서 시도의 자명성과 성공에 대한 합리적 기대가능성의 관계를 다시 검토하는 계기가 되었다. 따라서 비록 KSR 판결에서 문제된 발명은 의약발명과 무관한 기계발명의 일종이기는 하지만, 위 판결의 내용을 검토하는 것은 의약발명 분야에서도 의미 있는 과정이라고 할 수 있다. 다음으로, 예상하지 못한 효과가 정면으로 문제된 CAFC 사안에서의 설시는 예상하지 못한 효과와 성공에 대한 합리적 기대가능성의 관계에 대한 힌트를 제공한다. 결국 이러한 판결들을 상세히 살피는 것이 성공에 대한 합리적 기대가능성과 시도의 자명성 및 예상하지 못한 효과 사이의 관계에 대한 분석의 출발점이 될 수 있다.

이하에서는 연방대법원의 KSR 판결의 내용 및 그 의의를 먼저 살핀다. 다만 KSR 판결이 이 글의 논의와 관련하여 의미 있는 부분은 구체적인 기술내용과 관련된 판단이라기보다는 시도의 자명성과 관련된 법리 설시이므로 위 판결에 대한 검토는 법리 설시 부분에 집중한다. 이어서 KSR 판결 전후로 이루어진 CAFC 판결 중 성공에 대한 합리적 기대가능성의 의미 및 비자명성 판단의 다른 고려요소들인 시도의 자명성, 예상하지 못한 효과와의 관계 파악에 도움이 되는 범위 내에서 이들 개념이 명시적이거나 묵시적으로 거론된 판결들을 상세히 검토한다. 필요한 경우에는 해당 사건의 연방지방법원 판결까지 함께 본다. 각 판결의 검토 과정에 판결 부분의 설시에 관하여는 이를 바탕으로 한 분석의 정확성 제고를 위해 가능하면 원문을 요약하는 것 외에는 변형 없이 정리한다.

나. 연방대법원 판결: KSR Intern. Co. v. Teleflex Inc.[312]

1) 사건의 개요 및 판단

연방대법원은 전자 센서가 부착되어 있으며 위치 조절이 가능한 자

---

312) 550 U.S. 398 (2007).

동차 페달 조립체에 관한 발명의 비자명성이 문제 된 사안에서, 선행기술의 요소들을 결합한 청구항은 그로 인한 개선이 선행기술 요소에 대한 확립된 기능에 따라 선행기술의 예측가능한 이용 이상의 것이 아니라면 자명하다고 하였다. 또한 위 발명이 자명하지 않다고 판단한 CAFC 판결이 어떤 오류를 범했는지 아래와 같이 지적하면서 시도의 자명성과 특허법 제103조의 자명성의 관계에 관해 언급하였다.

CAFC는 자명성 심리에서 그 개념을 지나치게 좁게 본 잘못이 있고, 이는 TSM(teaching, suggestion, or motivation) 기준의 적용에 반영되었다. 해당 기술분야에서 알려진 문제나 필요는 선행기술의 각 요소를 청구된 발명과 같은 방법으로 결합하기 위한 타당한 이유가 될 수 있으며, 통상의 기술자는 각 선행기술의 교시들을 퍼즐 조각을 맞추는 것처럼 잘 조합할 수 있다.

CAFC는 각 요소의 결합을 시도하는 것이 자명하다는 것을 보여주는 것만으로는 특허 청구항이 자명하다고 할 수 없다고 결론을 내림으로써 오류를 범하였다. 문제를 해결하기 위한 설계상 필요나 시장의 요구가 있고, 한정된 수의 확인가능하고 예측가능한 해결수단이 있을 때 통상의 기술자는 그가 파악한 기술적 범위 내에서 그 알려진 선택지를 시도할 만한 타당한 이유가 있다. 만약 이것이 예견된 성공으로 이끈다면 그것은 혁신의 산물이 아니라 통상의 기술과 상식의 결과물이다. 이러한 사례에서 결합을 시도하는 것이 자명하였다는 사실(the fact that a combination was obvious to try)은 그 발명이 특허법 제103조 아래에서 자명하다는 것을 보여줄 수 있다.

CAFC는 심사관이나 법원이 사후적 고찰의 편견에 빠질 위험을 지나치게 강조함으로써 상식(common sense)을 고려하는 것까지 금지하여 잘못된 결론을 도출하였다.

2) 의의

KSR 판결은 비자명성 판단과 관련하여 CAFC의 엄격한 TSM 기준에 제동을 걸었다는 점으로 잘 알려져 있다. 즉 종전에 엄격하고 형식적인 TSM 기준을 적용하였던 CAFC 판결이 전제로 한 통상의 기술자는 선행기술에 변형이나 결합의 동기가 명시적으로 제시되지 않은 이상 그러한 시도를 할 수 없는 가상의 인물이었다. 그런데 KSR 판결은 상식 등으로부터도 TSM이 도출될 수 있다고 함으로써 통상의 기술자가 선행기술을 변형 내지 결합을 이끌어낼 수 있는 가능성을 높이고 발명이 자명하다는 결론에 도달할 수 있는 경우의 수를 늘렸다고 평가할 수 있다.313)

그런데 KSR 판결은 비자명성 분석과 관련하여 TSM 기준 외에도 중요한 언급을 하였다. 즉 시도의 자명성 기준에 관한 새로운 해석을 한 것이고, 이를 통해 비자명성 판단에서 시도의 자명성의 기능을 재조명했다는 점에서 의미가 있다.314)

학설 중에는 KSR 판결이 시도의 자명성에 초점을 맞춘 것은, 자명성 판단 시 결과가 예상된 것인지에 초점을 맞추던 것에서 그 결과에 이르는 과정이 통상적인 것이었는지에 초점을 맞추는 것으로, 자명성에 대한 생각의 근본적인 변화를 나타내는 것일 수 있다고 해석하는 견해도 있다.315) 한편 연방대법원은 KSR 판결에서 성공에 대한 합리적 기대가능성 (reasonable expectation of success)을 언급하거나 직접적으로 다루지는 않았다. 그런데 '한정된 수의 확인가능하고 예측가능한 해결수단이 있을 때 통상의 기술자는 그가 파악한 기술적 범위 내에서 그 알려진 선택지를 시도할 만한 타당한 이유가 있다'는 설시 등에 의하면 연방대법원이 이 사건에서 적어도 묵시적으로는 성공에 대한 합리적 기대를 고려한 것이라고 이해하는 견해316)와 이 사건에서 시도의 자명성 기준이 적용

---

313) 이상현, 위의 논문(주 272), 476면.
314) Janice M. Mueller, 위의 책(주 311), 402-403면.
315) Mark. A. Lemley, 위의 논문(주 4), 1370면.
316) Douglas L. Rogers, 위의 논문(주 246), 73면.

되기 위한 요건 중의 하나로 언급된 '그 성공이 예견될 수 있어야 한다'는 부분이 성공에 대한 합리적 기대가능성을 의미하는 것이라고 해석하는 견해[317)]가 있다.

다. CAFC 판결

1) In re O'Farrell[318)]

CAFC가 연방대법원의 KSR 판결 이전에 시도의 자명성 기준과 비자명성의 관계에 대해 구체적으로 언급한 사건이다.

가) 사건의 개요

명칭을 'Method and Hybrid Vector for Regulating Translation of Heterologous DNA in Bacteria'로 하는 발명의 특허출원에 대해 특허법 제103조 자명성을 이유로 한 특허청 심사관의 거절결정이 있었고, 출원인은 위 결정을 유지한 BPAI(Board of Patent Appeals and Interferences)[319)]의 결정에 불복하여 CAFC에 소를 제기하였다.

출원인은 분자생물학 분야가 예측가능성이 떨어지는 점을 고려할 때 출원발명이 선행기술에 의해 자명하다고 할 수 없으며, 이 사건 출원을 거절한 것은 CAFC와 CCPA가 그동안 반복적으로 특허법 제103조의 기준으로 부적절하다고 배척해온 시도의 자명성 기준을 분자생물학 분야에 적용하는 것이어서 부당하다는 취지로 주장하였다.

---

317) Scott R. Conley, 위의 논문(주 201), 289면.
318) 853 F.2d 894 (Fed. Cir. 1988).
319) 2011년 특허법 개정으로 현재는 PTAB(Patent Trial and Appeal Board)으로 변경되었으며, 우리나라의 특허심판원에 대응되는 조직이다.

나) 판단

CAFC는 이 사건의 경우 선행기술이 ① 출원발명에 이를 수 있는 구체적인 방법을 포함하고 있으며, ② 출원발명에 이르기 위해 선행기술을 변형할 것을 시사하고, ③ 이러한 시도가 성공할 것임을 암시하는 증거를 포함한다고 보았다. 또한 이 사건은 시도가 자명함에도 불구하고 비자명한 발명이 되는 2가지 유형에 해당하지 않고, 선행기술에 의해 성공에 대한 합리적 기대가능성이 있다고 보았다. 그에 따라 CAFC는 출원발명이 선행기술에 의해 자명하다는 BPAI의 결정을 유지하였다.

CAFC는 이와 같은 판단 과정에 시도의 자명성, 성공에 대한 합리적 기대가능성, 그리고 예상하지 못한 효과 및 비자명성의 관계에 대해 다음과 같이 언급하였다.

CAFC가 시도의 자명성이 특허법 제103조의 비자명성 판단에 대한 기준이 아니라고 강조해왔지만, 특허법 제103조에 규정된 자명한 발명은 실제로는 어느 정도 시도가 자명한 발명이기도 하다. 문제는 어느 경우에 시도가 자명함에도 불구하고 비자명한 발명이 되는 것인지라고 할 수 있는데, 시도의 자명성이 특허법 제103조의 자명성 판단 기준이 될 수 없다는 것은 주로 두 유형의 발명에서 범할 수 있는 오류를 언급한 것이다. 그중 하나는, 시도가 자명하더라도 선행기술이 어느 변수가 중요한지를 표시하지 않거나 가능한 선택지 중에 어느 것이 성공적인 결과에 이를 수 있는지에 대한 아무런 지시를 하지 않아 성공적인 결과에 이를 때까지 모든 변수를 변경해보거나 수많은 가능한 선택지 모두를 시도해보아야 하는 경우이다. 또 다른 하나는, 시도가 자명해 보이는 것이 새로운 기술분야를 탐구하거나 유망한 실험분야에 관해 일반적인 접근방법을 시도하는 것이고, 선행기술이 특허청구된 발명의 특정한 형태나 그에 이를 수 있는 방법에 대해 일반적인 지침만 주고 있을 뿐인 경우이다.

자명성은 성공에 대한 절대적인 예측가능성을 요구하는 것은 아니다.

자명해 보이는 많은 발명들의 경우에도 구체적으로 그 발명에 이를 때까지는 성공에 대해 절대적인 예측가능성이 없다. 예상하지 못한 효과가 있을 가능성은 언제든지 있다. 예상하지 못한 효과는 비록 명백하게 자명해보이는 발명이라도 법적으로 비자명하다는 것을 보일 수 있는 객관적 징표를 제공한다. 특허법 제103조에 따라 자명하다고 판단하기 위해 요구되는 것은 성공에 대한 합리적 기대가능성이다.

2) Pfizer, Inc. v. Apotex, Inc.[320] (암로디핀 베실레이트 사건)

가) 사건의 개요

화이자의 고혈압 및 협심증 치료제인 Norvasc®는 암로디핀 베실레이트를 포함하고 있다. 암로디핀 베실레이트는 약염기인 암로디핀과 벤젠 설폰산(benzene sulphonic acid)의 반응으로 생성된 암로디핀의 산부가염이다.

화이자의 선행 미국 특허 제4,572,909호(이하 '909호 특허)는 암로디핀 및 그의 약학적으로 허용가능한 산부가염을 포함하고, 바람직한 염으로 말레이트를 제시하고 있다. 화이자는 암로디핀 말레이트의 직접 압착법을 통한 정제화 과정에서 제조 설비에 정제 혼합물이 달라붙고 화학적으로 불안정한 문제점이 발생하자 산부가염을 변경하는 등의 방법으로 문제를 해결하고자 하였다. 화이자는 후보군으로 벤젠 설포네이트(benzene sulphonate)를 포함한 7개의 음이온을 찾았는데, 암로디핀 베실레이트 정제가 제조 공정에서 기계 설비에 달라붙지 않고 안정성 측면에서 확실히 우수하였다.

Apotex가 FDA에 암로디핀 베실레이트 정제에 대한 ANDA[321]를 신청

---

320) 480 F.3d 1348 (Fed. Cir. 2007).
321) ANDA는 'Abbreviated New Drug Application(간이신약승인신청)'을 의미한다. 미국에서는 신약개발의 촉진과 후발의약품(제네릭 의약품)에 의한 경쟁의 촉진 사이의 균형을 위하여 1984년에 Hatch-Waxman법이 제정되었다. Hatch-Waxman 법은 신약개발의 촉진수단으로 특허권 존속기간 연장등록 제도를 도입하는

하자, 화이자는 Apotex가 암로디핀 베실레이트에 대한 미국 특허 제 4,879,303호(이하 '303호 특허)를 침해한다고 주장하면서 Apotex를 상대로 특허침해소송을 제기하였고, Apotex는 신규성 및 자명성 문제를 이유로 위 특허의 무효를 주장하였다.

나) 연방지방법원의 판단

연방지방법원은 Apotex가 '303호 특허를 침해하였다고 인정하였는데, 그 과정에 '303호 특허의 비자명성과 관련하여 다음과 같이 판단하였다.

선행기술 문헌 중 하나인 Berge 논문에는 FDA 승인을 받고 상업적으로 판매되는 53개의 음이온이 제시되어 있고, 그중에는 벤젠 설포네이트가 있으며, 각 염의 사용빈도가 나타나 있다. 그런데 Berge 논문에서 벤젠 설포네이트의 사용빈도가 0.25%에 불과한 점을 고려하면 통상의 기술자에게 암로디핀 베실레이트를 만들도록 지시하지 않는 것이다. 또한 특정 염이 활성성분의 작용에 미치는 영향을 예측할 수 있는 신뢰할 만한 방법이 없기 때문에 암로디핀 베실레이트를 만드는 과정에 성공에 대한 합리적 기대도 없다. 나아가 암로디핀 베실레이트는 암로디핀 말레이트에 비하여 예상하지 못한 우수한 효과도 있다. 결국 '303호 특허는 자명하다고 할 수 없다.

한편, 후발의약품(제네릭 의약품)의 시장진입 촉진수단으로 이미 안전성이나 약효가 확인된 후발의약품(제네릭 의약품)에 대해 간이신약승인신청(ANDA) 제도를 신설하였다[자세한 내용은, 손영화, "의약품 특허분쟁상 역지급합의에 대한 경쟁법상 문제", 기업법연구 제29권 제1호, 한국기업법학회(2015), 414면 참조]. 후발의약품(제네릭 의약품) 제조사는 그 의약품이 기존의 오리지널 의약품과 유효성분이 동일하고 생물학적으로 동등하다는 것을 밝히는 비교적 간단한 절차를 통해 판매승인을 얻을 수 있다[자세한 내용은, 이황, "역지불 합의(reverse payment)에 대한 미국 Actavis 판결과 시사점", 판례실무연구XI(2014), 박영사(2015), 554-555면 참조].

다) CAFC의 판단

Apotex의 불복에 의해 계속된 항소심에서 CAFC는 '303호 특허가 자명하여 무효라는 이유로 연방지방법원의 판결을 취소하였다. 통상의 기술자가 암로디핀 베실레이트를 만들기 위해 선행기술을 결합할 동기가 있었다는 점이 명백하고 확실한 증거(clear and convincing evidence)에 의해 증명되었으며, 통상의 기술자는 암로디핀 베실레이트에 대해 아래와 같은 이유로 성공에 대한 합리적 기대가 있었다는 것이다.

(1) 선행기술을 결합할 동기

암로디핀 베실레이트를 만들 동기는 선행기술 문헌뿐만 아니라 암로디핀 말레이트 정제 형성 과정에서 접하게 되는 문제의 본질로부터도 얻을 수 있다. 통상의 기술자는 말레이트의 문제를 극복하기 위해 그와 다른 구조를 가지는 벤젠 설포네이트와 같은 음이온을 선택할 동기가 있고, Berge 논문에 언급되어 있는 FDA에서 승인된 음이온 목록을 사용하는 것이 논리적이다. 그 목록에는 오직 53개의 음이온이 제시되어 있고, 통상의 기술자는 53개의 음이온 중에서 알려진 산 강도, 용해도, 다른 공지의 화학적 특성을 고려하여 벤젠 설포네이트를 긍정적으로 고려할 것이다. 여기에 베실레이트 산부가염 형태가 안정성과 용해도 및 다른 물리화학적 특성을 개선하는데 유용하다는 점이 제시된 다른 선행기술 문헌들을 종합적으로 고려하면, 53개의 음이온을 벤젠 설포네이트를 포함하는 보다 작은 범위로 좁힐 충분한 동기가 있다. 모든 증거들을 종합할 때, 말레이트 산부가염 정제의 점착성 문제 등에 직면한 통상의 기술자는 암로디핀 베실레이트를 만들기 위해 '909호 특허, Berge 논문 및 다른 선행기술의 교시를 결합할 동기가 있다.

(2) 성공에 대한 합리적 기대

특정한 염이 생성될 것인지, 그리고 그 염의 정확한 성질이 무엇일지

는 일반적으로 예측이 불가능하다. 하지만 성공에 대한 합리적 기대가
있는 한, 단지 그 기술분야에 어느 정도의 예측불가능성이 있다는 것을
보이는 것만으로는 자명성 판단을 피할 수 없다. 예측불가능성을 특허성
과 동일하게 보는 것은 새로운 염은 어느 것이라도 단순히 각각의 염의
형성 여부와 성질이 실험을 통해 확인되어야 한다는 이유만으로 개별적
으로 특허가 부여되어야 한다는 것을 의미하는 것인데, 이는 성공에 대
한 기대는 절대적인 것이 아니라 합리적이기만 하면 되는 점에 비추어
보면 적절한 기준이 될 수 없다.

통상의 기술자는 베실레이트의 산부가염이 형성될 것이고, 의도한 목
적에 작용할 것이라는 성공에 대한 합리적인 기대를 가질 것이다. 성공
이 보장되어야 하는 것이 아니라 성공에 대한 합리적 기대가 필요할 뿐
이다.

따라서 통상의 기술자가 암로디핀 베실레이트에 대해 성공에 대한
합리적 기대가 없었다는 연방지방법원의 사실 인정에는 명백한 오류가
있다.

(3) obvious-to-try

화이자는 이 사건에서 성공적인 결과를 얻기 위해서는 모든 변수를
변화시키거나 수많은 가능한 선택지를 시도해보아야 하기 때문에 암로
디핀 베실레이트 염 형태는 시도가 자명한 것에 불과하다고 주장한
다.[322] 그런데 시도의 자명성이 자명성을 평가하는 적절한 기준이 아니
라는 점과 성공에 대한 절대적인 예측가능성이 필요한 것은 아니라는
점의 상충되어 보이는 두 명제 사이의 조화는 구체적인 상황과 특히 밀

---

322) 이러한 주장은, 시도의 자명성과 성공에 대한 합리적 기대가능성을 구분하고
    시도의 자명성이 곧 발명의 자명성을 의미하는 것이 아니라는 전제 아래 위
    발명은 시도가 자명한 경우에는 해당하지만 성공에 대한 합리적 기대가능성
    이 없는 경우이므로 결론적으로 자명한 발명이 아니라는 취지의 주장인 것으
    로 이해된다.

접하게 관련되어 있다. 구체적인 사실관계에 기초할 때, 이 사건의 경우 단순히 벤젠 설포네이트를 시도하는 것이 자명한 것이 아니라 암로디핀 베실레이트를 만드는 것이 자명하다.

먼저, 시도해야 할 수많은 변수가 있는 경우가 아니다. 변화시킬 유일한 변수는 음이온이다. 염 형성에 어느 정도 예측불가능성이 있지만, 단지 어떤 염이 형성되지 않을 가능성이 있다는 점만으로는 반드시 비자명하다는 결론으로 이끌지 않는다. 통상의 기술자는 암로디핀 베실레이트에 대해 합리적인 기대를 가졌을 것이다. 많은 간행물들이 통상의 기술자가 벤젠 설포네이트를 이용한 산부가염을 형성하도록 명백하게 시사한다.

두 번째, 선행기술이 단지 유망한 실험분야에 대해 일반적인 접근방법을 시도하도록 교시하거나 특허발명의 특정 형태나 이를 어떻게 성취하는지에 대한 일반적인 지침만 주는 경우가 아니다. 통상의 기술자는 산부가염을 변경하는 데 있어서 이미 FDA에서 승인되고 제약 분야에서 성공적으로 사용된 염을 찾을 것이고, Berge 논문에서 명확하게 이에 해당하는 53개의 음이온을 제시한다. 통상의 기술자는 성공에 대한 합리적 기대를 가지고 위 목록으로부터 벤젠 설포네이트를 포함한 보다 작은 그룹으로 위 목록을 좁힐 수 있다.

마지막으로, 선행기술은 산부가염을 만들 수 있는 방법뿐만 아니라 그 결과도 예측하게 한다. 화이자는 단순히 일상적인 실험을 통해 이를 확인하면 된다. 화이자의 과학자들이 각각의 염의 물리화학적 성질을 확인하기 위해 사용한 이러한 유형의 실험은 새로운 화합물을 만들기 위한 아무런 동기나 암시가 없고 성공에 대한 합리적 기대도 없는 시행착오절차와 동일시 할 수 없다.

이 사건은 공지의 것을 개선하고자 하는 기술자들의 통상적인 시도에 따라 그 범위나 다른 변수를 최적화하는 것과 유사하다. 산부가염이 활성성분의 치료효과에 영향을 미치지 않고, 선행기술이 특정한 음이온을 강하게 시사하고 있는 상황에서 산부가염의 최적화는 자명하다. '303호 특허에 도달하기 위해 필요한 실험은 공지된 문제 해결 전략의 일상적인 적용에 불과하다. 통상의 기술자는 암로디핀 베실레이트 염 형태에 대해 성공에 대한 합리적 기대가 있었다.

(4) 2차적 고려요소

예상하지 못한 효과의 증거는 일응의 자명성을 번복하는 증거로 사용될 수 있는데, 화이자는 그 효과가 예상하지 못한 것임을 보여주지 못했다. 이와 달리 만일 화이자가 암로디핀 베실레이트의 예상하지 못한 우수한 효과를 보였다고 하더라도, 이러한 2차적 고려요소는 이 사건에서의 강한 일응의 자명성을 극복하지 못한다. 2차적 고려요소가 검토되어야 하지만, 그들이 자명성 결론을 반드시 결정짓는 것은 아니다.

3) In re Kubin[323]

CAFC는 연방대법원의 KSR 판결 이후 선고된 이 사건에서 KSR 판결의 적용범위에 관해 예측가능한 기술분야에 국한하지 않는다고 언급하였다. 또한 CAFC는 시도의 자명성과 자명성의 관계에 관한 CAFC의 입장을 보여준 종전 In re O'Farrell 판결과 KSR 판결을 대응시키면서 두 판결의 내용이 그 표현의 차이에도 불구하고 결국은 같은 맥락인 것으로 이해할 수 있다고 보았다.

가) 사건의 개요

이 사건 발명은 Natural Killer Cell Activation Inducing Ligand(NAIL)로 알려진 단백질을 코딩하는 인간 유전자를 분리하고 서열을 확인한 것을 특징으로 하는 분리된 핵산 분자에 관한 것이다. 이 사건 발명이 자명하고 서면기재(written description) 요건을 충족하지 못하였다는 이유로 그

---

323) 561 F.3d 1351 (Fed. Cir. 2009).

출원이 거절되었고, 출원인의 불복으로 CAFC에서 이 사건 발명의 비자
명성에 관한 심리가 이루어졌다.

나) 판단

CAFC는 출원발명이 선행기술에 의해 자명하다고 결론을 내려 거절결
정을 유지하였는데, 구체적인 판단 과정에 In re O'Farrell 판결과 KSR 판
결의 관계를 설명하였다.

이 사건 발명은 혁신의 산물이 아니라 통상의 기술과 상식의 결과물
이다. 이를 CAFC가 판결에서 오랜 기간 사용해온 용어로 치환하면, 선행
기술의 교시에 비추어 볼 때 이 사건 발명에 이르는 데에 있어 성공에
대한 합리적 기대가능성이 있는 경우이다. 이 사건 발명은 시도가 자명
했고 성공에 대한 합리적 기대가 있었다. 또한 In re O'Farrell 사건에서
언급한 시도가 자명함에도 불구하고 비자명한 발명이 되는 두 가지 유
형에 해당하지 않는다. 즉 선행기술이 핵산분자를 분리하여 얻어내는 것
에 대해 성공에 대한 합리적 기대를 제공하므로 이 사건 발명은 자명하다.

연방대법원이 KSR 판결에서 자명성에 관한 형식적인 접근에 대해 경
고한 것은 실질적으로 In re O'Farrell 사건의 타당함을 상기시킨다. In re
O'Farrell 사건에서는 시도의 자명성(obvious to try)의 적절한 적용과 부적
절한 적용을 구별하기 위해 시도의 자명성이 특허법 제103조의 자명성
과 동일한 것으로 잘못 평가되는 두 가지 유형을 보여주었다. 첫 번째
유형은 성공적인 결과에 이를 때까지 모든 변수를 변경해보거나 수많은
가능한 선택지 모두를 시도해보아야 하는 경우이다. KSR 판결은 이에 반
대되는 상황, 즉 한정된 수의 확인되고 예측가능한 해결수단으로부터 통
상의 기술자가 알려진 선택지를 단순히 시도하는 경우에 대해 자명하다
고 한 것이다. 또한 In re O'Farrell 사건에서 시도의 자명성이 허용되지
않는 두 번째 유형은 새로운 기술분야를 탐구하거나 유망한 실험분야에
관해 일반적인 접근방법을 시도하는 것에 대해 선행기술이 일반적인 지

침만 주고 있을 뿐인 경우이다. KSR 판결에서 특허법 제103조에 의할 때 개선이 선행기술의 요소들을 각 요소의 확립된 기능에 따라 예측가능하게 사용하는 것 이상에 해당하는 것이 아니라면 특허가 부여될 수 없다고 언급한 것은 위 두 번째 유형의 반대되는 상황이 자명하다는 점을 확인한 것이다.

4) Takeda Chem. Indus. Ltd. v. Alphapharm Pty.[324] (피오글리타존 사건)
가) 사건의 개요

Takeda의 ACTOS®[325]는 제2형 당뇨병 환자의 혈당 조절에 사용된다. 그 활성성분인 피오글리타존(pioglitazone)은 싸이아졸리딘다이온(thiazolidinedione, TZD)의 일종이다. 발명의 명칭을 '항당뇨병제로 유용한 싸이아졸리딘다이온 유도체(Thiazolidinedione Derivatives, Useful As Antidiabetic Agents)'로 하는 미국 특허 4,687,777호(이하 '777호 특허)의 청구범위 제2항은 피오글리타존을 그 유일한 보호범위로 하고 있다.

Alphapharm이 피오글리타존의 제네릭 의약품을 제조, 판매하기 위해 FDA에 ANDA를 신청하자, Takeda가 Alphapharm을 상대로 특허침해소송을 제기하였다. 이 소송에서 Alphapharm은 '777호 특허의 〈표 1〉에 화합물 b(compoound b)로 언급된 TZD 화합물에 의해 '777호 특허가 자명하다고 주장하였다. 화합물 b가 피오글리타존과 가장 유사한 선행기술이라는 점에 대해 당사자들 사이에 다툼이 없다. 화합물 b와 피오글리타존의 전체 화학구조 중 차이를 보이는 왼쪽 피리딜 링(pyridyl ring) 부분만 대비하면 다음 표와 같다.

---

324) 492 F.3d 1350 (Fed. Cir. 2007).
325) 2003년 기준 매출액이 17억 달러를 넘으며, thiazolidinedione(TZD) 시장의 47%를 차지한다.

〈표 1〉

화합물 b	피오글리타존
(구조식: CH₃ — 피리딘 고리 — N — CH₂CH₂–)	(구조식: C₂H₅ — 피리딘 고리 — N — CH₂CH₂–)

나) 연방지방법원의 판단

여러 선행기술 문헌을 전체적으로 평가하였을 때, 보다 광범위하고 신뢰할 만한 과학적 분석이 제시된 문헌에서 화합물 b를 부정적으로 교시하고 있다. 그 무렵 출원된 TZD 특허들을 고려하면 추가적인 연구를 위한 유망한 선택지가 광범위하게 있었다. 따라서 통상의 기술자가 화합물 b를 선도화합물(lead compound)[326]로 선택하지 않았을 것이고 이에 따라 일응의 자명성이 성립하지 않는다. 나아가 만일 일응의 자명성이 성립되었더라도 독성과 관련한 피오글리타존의 예상하지 못한 효과에 의해 자명성 추정이 번복되었다.

다) Alphapharm의 주장 및 CAFC의 판단

Alphapharm은 '777호 특허의 자명성과 관련하여, 통상의 기술자가 ① 화합물 b를 선행기술에 개시된 화합물 중에서 그 항당뇨병 활성을 개선하고 보다 나은 활성을 얻기 위해 변형하기에 가장 유망한 화합물인 선도화합물로 선택하게 될 것이고, ② homologation[327], ring-walking[328]이라는 두 단계의 자명한 화학적 변형을 가할 것이라고 주장하였다. 또한 연

---

326) 선도화합물은 선행문헌에 개시된 화합물로서 추가적인 연구를 위해 당연한 선택지가 되는 것이다(Bristol-Myers Squibb Co. v. Teva Pharm. USA. Inc., 752 F.3d 967, 973 (Fed. Cir. 2014) 참조).
327) 이 사건에서는 메틸기(-CH₃)를 에틸기(-C₂H₅)로 치환하는 것을 의미한다.
328) 이 사건에서는 에틸 치환기(-C₂H₅)의 위치를 피리딜 링의 6번 위치에서 5번 위치로 이동하는 것을 의미한다.

방대법원의 KSR 판결과 CAFC의 화이자 판결에 의할 때 이 사건의 연방 지방법원 판결이 번복되어야 한다는 주장도 하였다.

Alphapharm의 주장에 대해 CAFC는 다음과 같이 판단하였다.

이 사건은 당뇨병 치료에 관한 예측가능한 해결수단을 확인하는 경우라기보다는 선행기술이 추가적인 연구를 위해 선도화합물이 될 수 있는 광범위한 화합물을 개시하고 있는 경우에 해당한다. 특히 선행기술은 가장 유사한 선행 화합물인 화합물 b에 대해서는 부작용 때문에 부정적으로 교시하고 있었다. 따라서 이 사건은 연방대법원의 KSR 판결에서 시도가 자명할 때 자명한 발명으로 되는 유형에 해당하지 않는다. 증거에 의할 때 시도가 자명하지 않다.

화이자 사건에서는 선행기술 문헌들에 의할 때 53개의 음이온의 범위를 좁힐 충분한 동기가 있었으나, 이 사건에서는 선행기술에 선도화합물을 화합물 b로 좁힐 가능성을 발견할 수 없다. 오히려 통상의 기술자는 체중 증가와 같은 부작용이 알려져 있는 화합물 b 대신 부작용이 없는 다른 화합물을 출발물질로 선택할 것으로 보인다. 따라서 화이자 사건을 이 사건에 적용할 수 없다.

Alphapharm의 자명성 주장은 선행기술이 화합물 b를 선도화합물로 선택하도록 한다는 점에 근거하는데, 이 점이 인정되지 않는다.

또한 구조적 유사성에 기초하여 일응의 자명성이 성립되는 이유는 동족체(homolog), 유사체(analog) 또는 이성질체(isomer)와 같이 구조적으로 밀접한 관계가 있는 경우에 종종 유사한 특성을 가지고, 따라서 통상의 기술자로 하여금 향상된 특성을 갖는 화합물을 얻기 위해 공지의 화합물을 이와 같이 변형할 동기를 제공할 수 있기 때문이다. 따라서 일응의 자명성이 성립하기 위해서는 두 화합물 사이의 구조적 유사성 외에 선행기술이 특허발명에 이르기 위해 필수적인 특정한 변형을 시도할 것을 시사하여야 한다. 만약 선행기술이 화합물 b를 선도화합물로 선택하도록 이끌었다는 점이 성립되었어도, 피오글리타존에 이르기 위해 필수적인 구조적 변형과 관련하여 선행기술에 그에 대한 시사나 암시가 없다. 화합물 b에 메틸그룹을 추가하는 것329)이 독성을 감소하거나 제거할 것이라는 점에 관한 합리적 기대가 없었다. 또한 피리딜 링에서 치환기의 위치를 변경하는 것이 유익한 변화(독성이 감소되거나 효능이 향상되는 것)를 가져올 것이라는 합리적인 기대도 없었다.

Alphapharm은 화합물 b가 선도화합물로 선택되었을 것이라는 점을 밝히지 못했고, 만일 이 점을 보였다고 하더라도 피오글리타존에 이르기 위해 필요한 화학적 변형을 시도할 이유가 있었다는 점을 보여주지 못했다. Alphapharm이 일응의 자명성 추정에 실패하였다는 점을 고려하면, 비자명성의 객관적 지표에 대해서는 검토할 필요가 없다.330)

5) Sanofi-Synthelabo v. Apotex, Inc.331) (클로피도그렐 사건)

가) 사건의 개요

Plavix®(일반명: clopidogrel bisulfate)는 혈소판의 응집작용을 억제하여 혈전으로 인한 심장마비, 뇌졸중 등을 예방하거나 치료하는 데에 사용되는 약물이다. 사노피는 클로피도그렐 바이설페이트(clopidogrel bisulfate)에 관한 미국 특허 제4,847,265호의 특허권자이다.

사노피는, Apotex가 클로피도그렐 바이설페이트 제품 판매를 위해 FDA에 ANDA를 신청하자, Apotex를 상대로 특허침해소송을 제기하였다.

선행기술인 미국 특허 제4,529,596호는 21개의 특정한 화합물의 실시례를 포함하는데, 그중 하나가 PCR 4099이다. PCR 4099의 에난티오머는

---

329) 화합물 b의 피리딜 링의 메틸 치환기에 메틸그룹을 추가하면 결국 에틸 치환기로 변형되는 결과에 이른다.
330) 이 사건에서는 DYK 판사의 아래와 같은 보충의견이 있었다.
   피오글리타존 등은 선행기술 문헌의 속(genus) 청구항에 포함되는데, 속(genus) 청구항이 반드시 후속 종(species) 청구항을 무효로 하지 않는다는 것은 확립되었으나 어느 경우에 특허 가능한지는 명확하지 않지만, 예상하지 못한 효과가 있을 때 특허를 받을 수 있다.
331) 550 F.3d 1075 (Fed. Cir. 2008).

D-에난티오머(일반명: clopidogrel)가 모든 항혈소판 활성을 보유하면서도 신경독성이 없었으며, 반면 L-에난티오머가 항혈소판 활성이 없고 사실상 모든 신경독성을 나타내어, 절대적인 입체선택성을 보였다.

CAFC에서의 쟁점 중 하나는 공지된 라세미체와의 관계에서 에난티오머인 클로피도그렐 바이설페이트의 자명성이었다. CAFC는 클로피도그렐 바이설페이트가 자명하지 않다는 연방지방법원의 판결을 유지하였고, 구체적인 설시 내용은 아래와 같다.

나) 판단

화합물의 자명성 판단 시에 화학구조와 특성은 분리될 수 없는 고려요소이고, 자명성 판단은 각 사건의 구체적인 사실관계에 따라 달라진다. 연방지방법원은 통상의 기술자가 D-에난티오머가 모든 항혈소판 활성을 가지고 신경독성 부작용을 나타내지 않는다는 점을 합리적으로 예측할 수 없었다고 보았다. 또한 정제에 적합한 염 형태로 선택된 바이설페이트 염과 관련하여서는, 이 사건은 화이자 사건(암로디핀 베실레이트 사건)에서 통상의 기술자가 가능한 염을 몇 가지로 한정할 수 있었던 사실관계와 구분된다고 보았다. 나아가 연방지방법원은 PCR 4099의 에난티오머를 분리하는 것과 2차적으로 에난티오머를 바이설페이트 염으로 만드는 것이 시도가 자명하였는지와 무관하게, 그에 따라 발생할 수 있는 결과가 광범위하고 그 화합물이 최대의 항혈소판 활성을 가지면서도 신경독성이 없는 것이 상대적으로 개연성이 떨어지기 때문에 클로피도그렐 바이설페이트가 비자명하게 된다고 결론을 내렸다. 이러한 연방지방법원의 판단에는 오류가 없다.

6) Hoffman-La Roche Inc. v. Apotex Inc.[332] (이반드로네이트 사건)

가) 사건의 개요

비스포스포네이트(bisphosphonate)[333]의 일종인 이반드로네이트(ibandronate) 150mg을 1개월에 한 번 경구 투여하여 골다공증을 치료하는 방법과 관련된 미국 특허 제7,718,634호(이하 '634호 특허)[334], 제7,410,957호(이하 '957호 특허)의 특허권자인 Roche가 제기한 특허침해소송에서 위 발명의 자명성이 검토되었다.

나) 판단

골다공증 치료를 위해 이반드로네이트를 1개월에 한 번 경구투여하는 것을 선택하고, 그 용량을 150mg으로 하는 것은 발명 당시에 자명하

---

332) 748 F.3d 1326 (Fed. Cir. 2014).

333) 비스포스포네이트는 일반적으로 경구 투여하였을 때 생체이용률이 낮고, 식도와 위장관계 부작용을 유발할 수 있는 것으로 알려져 있으며, 이 점 때문에 적어도 식사하기 30분 전 공복상태에 복용해야 한다. 비스포스포네이트는 이처럼 복용법이 불편하여 환자 순응도(patient compliance)에 문제를 일으켰다. 따라서 연구자들은 그 투여 빈도를 낮추는 것이 치료의 성공에 필수적인 요소인 환자들의 장기간 치료 계속을 가능하게 한다고 생각하였다.

334) 이 사건 소송에서 문제가 된 청구항들을 대표하는 '634호 특허의 청구범위 제1항은 아래와 같다.

1. A method for treating or inhibiting postmenopausal osteoporosis in a postmenopausal woman in need of treatment or inhibition of postmenopausal osteoporosis by administration of a pharmaceutically acceptable salt of ibandronic acid, comprising: (a) commencing the administration of the pharmaceutically acceptable salt of ibandronic acid by orally administering to the postmenopausal woman, on a single day, a first dose in the form of a tablet, wherein the tablet comprises an amount of the pharmaceutically acceptable salt of ibandronic acid that is equivalent to about 150mg of ibandronic acid; and (b) continuing the administration by orally administering, once monthly on a single day, a tablet comprising an amount of the pharmaceutically acceptable salt of ibandronic acid that is equivalent to about 150mg of ibandronic acid.

여 '634호 특허의 청구범위 제1항 내지 제8항, '957호 특허의 청구범위 제
1항 내지 제10항은 무효이다.

먼저, 1개월에 한 번 투여하는 것과 관련하여, 비스포스포네이트 제
제의 투여 빈도를 줄이는 것이 위 제제 복용법의 불편함으로 인한 환자
순응도 문제의 잠재적인 해결책으로 오랫동안 여겨져 왔다. 선행기술 문
헌들은 이반드로네이트를 1개월에 한 번 투여하는 것을 구체적으로 시
사하고 있다. 이반드로네이트 치료효과에 결정적 요인은 계속 투여 또는
간헐적 투여와 같은 용법이 아니라 특정 기간 동안의 투여 총 용량임을
보여주는 논문도 있었다. 선행기술 문헌들이 이반드로네이트를 1개월에
한 번 투여하는 것이 성공적으로 골다공증을 치료하고 골절 위험을 감
소시킬 수 있다는 점에 대한 합리적인 기대를 확립하였다.

다음으로, 150mg 용량을 선택하는 것과 관련하여, 선행기술 문헌이
총 용량 개념을 확인해 주었고, 일정 기간 동안 효과가 있을 수 있는 총
용량에 대한 상당한 지침을 제시하였다. 따라서 이미 알려진 효과적인
1일 투여량인 2.5mg과 5mg에 기초하여 이반드로네이트를 1개월에 한 번
경구 투여하는 용법을 설계하고자 하는 통상의 기술자는 선택지가 대단
히 제한적이다. 선행기술 문헌은 1일 5mg의 총 용량에 상응하는 1개월에
150mg에 대해 성공에 대한 합리적 기대가 있었다는 점을 시사한다. 이에
따라 150mg 용량은 시도가 자명하다. 즉 투여빈도를 줄이는 방법으로 환
자 순응도 문제를 해결할 필요성이 있었고, 선행기술 문헌에 제시된 총
용량 개념의 관점에서 이반드로네이트의 투여용량에 관한 선행기술 문
헌들에 의할 때, 한정된 수의 확인되고 예측가능한 해결수단이 있었다.
총 용량 개념은 통상의 기술자가 효과가 있는 간헐적 용량을 설계할 때
사실상의 경험칙으로 활용될 수 있고, 통상의 기술자는 1개월에 한 번
150mg 투여가 하루에 한 번 5mg 투여와 대체로 같은 효능을 보일 것을
합리적으로 예상할 수 있었다. 나아가 선행기술이 안전에 대한 염려 때
문에 150mg을 부정적으로 교시하는 것도 아니다.

예상하지 못한 효과와 관련하여, 150mg이 1일 2.5mg보다 우수한 효능 (efficacy)을 나타내어 그 성공의 정도가 예상했던 것보다 어느 정도 크다고 하더라도 150mg을 1개월에 한 번 투여하는 것에 대한 성공에 대한 합리적 기대를 약화시키지 못한다.[335]

7) Bristol-Myers Squibb Co. v. Teva Pharm. USA. Inc.[336] (엔테카비르 사건)

가) 사건의 개요

B형 간염 치료제인 Baraclude®(일반명: 엔테카비르)와 관련된 미국 특허 제5,206,244호(이하 '244호 특허) 중 청구범위 제8항은 엔테카비르를 그 보호범위로 한다. '244호 특허의 특허권자인 BMS가 제기한 특허침해 소송에서 청구범위 제8항의 자명성이 문제 되었고, BMS는 주로 예상하지 못한 효과에 초점을 맞추어 청구범위 제8항이 자명하지 않다고 주장하였다. 엔테카비르 및 그와 구조적으로 유사하면서 기존에 강력한 항바이러스 활성을 가진 것으로 알려진 2'-CDG의 화학 구조식을 대비하면 아래 표와 같다.

---

335) 한편, 이 사건에서는 Newman 판사의 아래와 같은 반대의견이 있었다.
연방대법원의 KSR 판결에 따른 시도의 자명성 기준은 선행기술에 한정된 수의 구체화된 선택지가 있고, 선행기술과 기술상식에 비추어 볼 때 그 선택지에 대해 성공을 예상할 수 있어야 한다는 것을 요건으로 한다. 다양한 용량과 조건을 개시하고 있는 선행기술이 이 사건 발명의 용법과 용량을 시사하지 않으며, 선행기술이나 기술상식에 의할 때 이 사건 발명이 안전하고 유효할 것이라는 점에 관해서도 합리적으로 예상할 수 없으므로, 결국 이 사건 발명은 자명하지 않다.

336) 752 F.3d 967 (Fed. Cir. 2014).

〈표 2〉

엔테카비르	2′-CDG

나) 판단

CAFC는 청구범위 제8항이 자명하여 무효라고 판단하였고, 그 과정에 예상하지 못한 효과가 발명의 비자명성 판단에 어떤 역할을 하게 되는지를 아래와 같이 비교적 상세하게 언급하였다.

특허가 자명하여 무효라고 주장하는 자는 통상의 기술자가 특허 발명에 이르기 위해 선행기술의 교시를 결합할 동기가 있고, 그 과정에 성공에 대한 합리적 기대를 가졌음을 명백하고 확실한 증거에 의해 보여주어야 한다.

새로운 화합물에 관한 특허의 자명성을 보이기 위해서는 공지 화합물을 변형할 이유가 있어야 하고, 공지 화합물과 관련된 자명성 심리는 선도화합물의 인정에 초점이 맞춰진다. 선도화합물은 선행기술 문헌에 개시된 화합물로서 추가적인 연구를 위해 당연한 선택지가 되는 것이다. 선행기술 문헌들에 의할 때 통상의 기술자가 2′-CDG를 추가적인 연구를 위한 선도화합물로 선택하여 이를 변형할 동기가 있었고, 2′-CDG의 카보사이클릭 링(carbocyclic ring)의 5번 위치에 메틸렌기($=CH_2$)를 치환하는 사소한 변형을 통해 엔테카비르에 이르렀다. 선행기술 문헌들에 의할 때 그와 같은 변형에 의해 효능이 향상될 것이라는 점에 관해 성공에 대한 합리적 기대도 있었다.

이에 대해 BMS는 새로운 화합물 발명이 예상하지 못한 특성을 가질 경우에 자명하다고 판단되어서는 안 된다고 주장하였는데, 그 주장의 취

지는 예상하지 못한 효과가 성공에 대한 합리적 기대를 배제한다는 것
이다.

그런데 예상하지 못한 효과는 그 자체가 선도화합물을 변형하면 예
상된 유익한 성질을 나타낼 것이라는 사실 인정을 배제하거나 압도하는
것은 아니고, 비자명성의 2차적 고려요소로서 궁극적인 특허성의 결정
에 관여될 뿐이다. 비자명성의 2차적 고려요소는 사후적 고찰에 대한 중
요한 견제 장치로 기능할 수 있지만, 2차적 고려요소가 반드시 자명성
판단을 결정짓는 것은 아니다.

예상하지 못한 효과는, 그 발명이 가지는 효과와 가장 가까운 선행기
술이 가지는 효과와의 사이에 차이가 있고 그 차이가 발명 당시 통상의
기술자가 예상하지 못한 것임을 의미한다. 그러나 예상하지 못한 효과는
새로운 화합물이 비자명하다는 것을 담보하지 않는다. 예상된 특질의 현
저함은 일정한 경우 그 화합물의 비자명성을 인정하기에 충분할 수 있
으나, 단순히 정도의 차이에 불과한 경우에는 충분하지 않다. 알려지고
예상된 특질의 정도에서의 차이는 자명성을 반박하는 데 있어서 질적인
차이만큼 설득력이 있지는 않다. 따라서 화합물에 대한 특허의 자명성
판단에서 예상하지 못한 효과를 평가할 때에는 예상하지 못한 효과와
함께 예상된 효과의 중요성과 종류를 함께 평가해야 한다.

이 사건에서 BMS가 주장한 3가지의 예상하지 못한 효과는, ① B형 간
염에 대한 높은 효력(potency),[337] ② 예상보다 넓은 치료역,[338] ③ 내성
빈도가 낮은 점이었다. 그런데 ①, ②와 관련하여 엔테카비르의 효과의
정도는 예상되지 않은 것이나, 구조적으로 유사한 2'-CDG의 성질에 비추
어 볼 때, B형 간염에 대한 알려진 독성 없이 효과를 나타낼 것이라는
성질 자체는 예상된 것이다. ③은 예상하지 못한 특질이다. 이들을 종합
했을 때, 예상하지 못한 효과가 발명이 비자명하다고 판단하기에는 충분

---

337) '효력이 높다'는 것은 저용량에서도 일정한 효과를 얻을 수 있는 것을 의미한다.
338) '치료역'은 약효를 보이는 낮은 용량과 독성이 나타나는 높은 용량 사이의 간
　　격을 의미한다.

하지 않다.

8) In re Copaxone Consolidated Cases[339] (코팍손 사건)

가) 사건의 개요

Copaxone®은 미국에서 재발성 다발성 경화증 환자의 치료를 위해 가장 많이 처방되는 주사제이다. Teva 등은 Sandoz 등이 FDA에 Copaxone® 40mg의 제네릭 의약품 시판을 위한 ANDA를 신청함으로써 자신의 미국 특허 제8,232,250호(이하 '250호 특허), 제8,399,413호(이하 '413호 특허), 제8,969,302호(이하 '302호 특허) 등을 침해하였다고 주장하면서, 특허침해소송을 제기하였다. '250호 특허의 청구범위 제1항[340]의 핵심 내용은, 다발성 경화증 환자의 증상을 경감시키는 방법으로서 환자에게 Glatiramer Acetate(GA) 40mg을 7일 동안 3회 피하주사 하되, 적어도 하루의 간격을 두고 투여하는 것이다. 이 사건에서는 위 특허의 자명성이 문제 되었다.

Teva 등은 선행기술이 사실상 GA 40mg 용량이 부작용 발현 빈도를 증가시킨다는 점을 제시하고 있기 때문에 40mg을 1주일에 3회 주사하는 것이 주사 부위의 부작용 빈도를 감소시킬 것이라는 점에 대해 성공에 대한 합리적 기대가 있을 수 없다고 주장하였다. 반면 Sandoz 등은 선행기술이 40mg을 일주일에 3회 투여하는 용법을 시도할 동기를 부여하고 있으며, 이러한 용법에 대해 성공에 대한 합리적 기대를 제공하기 때문에 '250호, '413호, '302호 특허가 무효라고 주장하였다.

---

339) 906 F.3d 1013 (Fed. Cir. 2018).

340) A method of alleviating a symptom of relapsing-remitting multiple sclerosis in a human patient suffering from relapsing-remitting multiple sclerosis or a patient who has experienced a first clinical episode and is determined to be at high risk of developing clinically definite multiple sclerosis comprising administering to the human patient a therapeutically effective regimen of three subcutaneous injections of a 40mg dose of glatiramer acetate over a period of seven days with at least one day between every subcutaneous injection, the regimen being sufficient to alleviate the symptom of the patient.

나) 연방지방법원의 판단[341]

자명하다는 판단을 위해 성공에 대한 절대적인 예측가능성이 필요한 것이 아니라 성공에 대한 합리적 기대가능성이 있으면 족하다. 성공에 대한 합리적 기대가능성이 있다면 기술분야에 어느 정도 예측불가능성이 있다는 점만으로는 자명하다는 판단을 피할 수 없다.

이 사건은 CAFC가 In re O'Farrell 사건에서 시도의 자명성 기준이 오류에 이를 수 있다고 제시한 두 가지 시나리오의 어느 것에도 해당하지 않는다. 많은 다발성 경화증 환자들이 매일 주사 맞는 것을 견디기 어려워한다는 알려진 문제를 해결하고자 하는 시장의 요구가 있었고, 한정된 수의 예측 가능한 해결수단들이 있으므로 통상의 기술자가 이들을 시도할 만한 타당한 이유가 있다.

GA 40mg은 광범위하게 연구된 두 용량 중 하나이므로, GA 40mg을 시도하는 것은 자명하다. 선행기술이 40mg이 20mg만큼 안전하고 효과가 있으며 내약성이 우수하다는 것을 보여주었으므로, Teva 등이 40mg에 대해 성공에 대한 합리적인 기대를 가지고 실험을 할 것이라는 점이 자명하다. 선행기술이 GA를 이틀에 한 번 투여하는 것이 매일 투여하는 것과 대비하여 부작용을 감소시키면서도 동일한 효과를 보인다는 점을 개시하고 있으므로, Teva 등이 시도할 만한 가능한 선택지가 적다.

2차적 고려요소와 관련하여, 일응의 자명성은 예상하지 못한 효과에 의해 번복될 수 있지만 이 사건에서 청구된 발명이 20mg의 매일 주사에 비해 가지는 장점은 놀랍거나 예상되지 못한 것이 아니다. 또한 Copaxone® 40mg이 상업적으로 성공한 것은 청구된 발명과 연관된 것이라기보다는 공격적인 가격 정책, 홍보, Copaxone® 브랜드에 대한 충성도에 기인하는 것이기 때문에 상업적인 성공에 대해 별다른 의미를 부여하지 않는다. 결국 2차적 고려사항의 어떤 것도 비자명성을 담보하지 못하고, 결론적으로 청구된 발명은 자명하여 무효이다.

---

341) In re Copaxone Consolidated Cases 2017 WL 401943.

다) CAFC 판단

Copaxone$^®$ 특허의 모든 청구항이 자명하여 무효라는 연방지방법원의 판단에 오류가 없다.

연방대법원은 KSR 판결에서 일정한 사례에 시도의 자명성 분석 방법을 사용하는 것을 지지하였다. CAFC는 시도의 자명성 분석 방법을 사용하는 것이 KSR 판결과 특허법 제103조에 위배되어 허용될 수 없는 두 가지의 범주를 확인한 바 있다. 이 사안은 두 가지의 허용될 수 없는 범주에 해당하지 않는다. 즉 선행기술이 용량, 주사 빈도라는 2개의 중요한 변수에 초점을 맞추고 있으며, 부작용을 줄이고 환자들의 순응도(patient adherence)를 향상시키는 데에 성공적일 것으로 보이는 선택지에 대해 명확하게 지시하고 있다. 우선권주장일 당시 오직 20mg, 40mg이라는 두 유형의 GA 용량만 효과가 있고, 안전하며, 내약성이 우수하다는 점이 알려져 있었다.

선행기술 문헌들 모두 주사 빈도를 줄이더라도 매일 주사제를 투여하는 것만큼 효과가 있고 환자 순응도가 향상되며 부작용이 감소한다는 점을 나타내어 통상의 기술자가 매일 주사제를 투여하는 것보다 빈도수를 줄이는 것을 시도하도록 유인한다. 이러한 동기를 가진 통상의 기술자는 선행기술에 개시되지 않고 시도해볼 만한 용량 및 빈도에 대해 한정된 수의 치환 가능성을 보유하고 있었다. 40mg씩 1주일에 3회 주사 투여는 이미 승인된 20mg씩 매일 투여의 경우와 한 주에 투여되는 총량이 매우 유사하다. 이에 따라 연방지방법원은 통상의 기술자가 1주일에 3회 투여를 시도함에 있어 효과, 환자 순응도, FDA 승인 측면에서 성공에 대한 합리적 기대를 가질 수 있다고 보았다.

선행기술이 40mg의 GA를 1주일에 3회 투여하는 것이 효과가 있을 것임을 확정적으로 시사하지는 않았으나, 자명하다는 판단을 위해 효과의 확정적 증거가 필요한 것은 아니고 성공에 대한 합리적 기대가능성이 있으면 된다. 이 사안에서는 청구된 용법과 유사한 용량과 빈도의 GA의 안전성, 유효성, 내약성을 확립하는 임상시험에 의해 자명성이 증명되었다.

2. 심사기준

심사기준에서는 특허출원에 대한 심사 시 일응의 자명성을 뒷받침하는 7개의 개별적인 근거(rationale) 중의 하나로 시도의 자명성(obvious to try)을 제시하고 있는데, 이는 성공에 대한 합리적 기대를 가지고 한정된 수의 확인되고, 예측가능한 해결수단을 선택하는 경우이다.[342] 심사기준은 시도의 자명성 근거와 관련하여 아래와 같이 설명한다.

심사관이 이를 근거로 출원발명을 거절하기 위해서는 Graham 사실심리를 한 후, ① 과제 해결을 위한 설계상의 필요나 시장의 요구를 포함하여 해당 기술분야에서 인식된 과제나 요구가 있었다는 점, ② 그 인식된 과제나 요구에 대한 한정된 수의 확인되고, 예측가능한 잠재적 해결수단이 존재한다는 점, ③ 통상의 기술자가 알려진 잠재적 해결수단을 시도함에 있어 성공에 대한 합리적 기대를 가졌을 것이라는 점, ④ 자명성 결론을 설명하기 위해 필요할 수 있는 Graham 사실 심리에 기초한 부가적인 사실들을 분명히 해야 한다. 위 근거는 연방대법원의 KSR 판결에서 언급한 요소들 중 한 가지라도 충족하지 못할 경우에 통상의 기술자에게 그 발명이 자명하였을 것이라는 결론을 뒷받침하기 위해 사용될 수 없다. KSR 판결과 관련하여 발명이라는 것이 완전한 무(無)에서 유(有)를 창조하는 것이 아니고 언제나 기존에 존재했던 것들과의 관계에서 이루어진다는 점을 고려하면 시도의 자명성 기준에 의한 심사를 통과할 수 있는 발명이 거의 없을 것이라는 일부의 우려도 있었다. 그러나 KSR 판결 이후의 사건들은 이와 같은 우려가 근거 없음을 보여준다. 법원은 KSR 판결의 '한정된 수의 확인되고 예측가능한 해결수단'이라는 요건을 예측가능성과 성공에 대한 합리적 기대가능성을 강조하는 방법으

---

342) USPTO, MPEP § 2143.

로 적용하고 있는 것으로 보인다. CAFC는 시도의 자명성 기준에 기초한
자명성 심리가 구체적인 사건에서 제시된 발명 그 자체의 맥락 내에서
이루어져야 한다는 점을 강조한다.[343]

3. 학설상 논의

가. 시도의 자명성과 성공에 대한 합리적 기대가능성의 관계

발명의 비자명성 판단 과정에서 시도의 자명성 및 성공에 대한 합리
적 기대가능성의 관계에 대하여 학설은 대체로 시도의 자명성과 성공에
대한 합리적 기대가능성을 별개의 요소로 보고 있다고 할 수 있다.

구체적으로 살펴보면, 시도가 자명해 보이는 발명이라도 그 시도 과
정에 성공에 대한 합리적 기대가 없다면 비자명한 발명으로서 유효한
것이라고 보는 견해가 있다.[344] 시도의 자명성 기준을 연방대법원의 KSR
판결에서 확립된 원칙으로서 시도가 자명하고, 시도하는 사람이 성공을
기대할 수 있으면 특허를 부여할 수 없다는 것으로 이해하는 견해[345]도
시도의 자명성과 성공에 대한 합리적 기대가능성을 별개의 자명성 요소
로 본다는 점에서 유사한 입장으로 이해된다. 이 견해에서 지칭하는 시
도의 자명성 기준은 시도가 자명하다는 상황과 관련된 비자명성 판단
기준이고, 시도의 자명성은 그 상황 자체를 언급하는 것으로 서로 구분
되어 사용되고 있다. CAFC가 예측가능성이 부족한 제약기술 분야의 특
징을 인식하고, 전통적으로 시도가 자명한 제약발명의 특허성을 인정해
왔으며, 시도의 자명성 기준이 성공에 대한 합리적 기대가 없는 경우에
도 자명함을 인정하는 것에 특징이 있다고 보는 견해[346]는 시도의 자명

---

343) USPTO, MPEP § 2143 E.

344) George M. Sirilla, "When Is an Invention That Was Obvious To Try Nevertheless
Nonobvious?", 23 FED. CIR. B. J. 369, 379 (2014).

345) Mark A. Lemley, 위의 논문(주 4), 1369면.

성 기준에 대한 해석이 앞선 견해와 다소 상이하지만,[347] 적어도 시도의 자명성과 성공에 대한 합리적 기대가능성을 별개의 요소로 본다는 점에서는 일치한다. 선행기술이 특정 화합물을 만들 것을 명백하게 시사하는 경우에 통상의 기술자가 성공을 합리적으로 예상할 수 있었는지를 판단하여야 하며, 성공에 대한 합리적 기대가능성은 그 화합물의 특성에 대한 예측가능성과 밀접하게 관련되어 있는데, 선행기술을 전체적으로 고려하였을 때 선행 화합물의 성공적인 변형에 대한 합리적 기대를 제공하는지를 판단해야 한다는 견해[348]나 어떤 것이 시도가 자명하다는 사실이 성공에 대한 기대를 만들어낼 수 있는 것은 아니며, 시도에 대한 시사와 성공에 대한 기대가 모두 선행기술에서 확인되어야 한다는 견해[349]도 시도의 자명성과 성공에 대한 합리적 기대가능성을 별개의 요소로 보는 것이다.

나. 비자명성 판단에서 예상하지 못한 효과의 의미

성공에 대한 합리적 기대를 가지고 시도할 것이 자명한 경우라도 그러한 시도 결과로 얻은 발명에 예상하지 못한 효과가 있다면 그 발명을 비자명하다고 평가하여 특허로써 보호할 것인지에 관해 견해가 나뉜다는 점은 앞서 제3절 IV.의 1.항에서 자세히 검토한 바 있다.

---

346) Andrew, V. Trask, 위의 논문(주 3), 2625, 2663면 참조.
347) 이 견해가 이해하는 시도의 자명성 기준은 시도가 자명한 상황이라면 곧 발명이 자명하다고 판단하는 것으로서 연방대법원의 KSR 판결에 의해 재정립되기 전의 시도의 자명성 기준이라고 할 수 있다. 자세한 내용은 4.의 마.항 내지 사.항 참조.
348) Richard J. Warburg, 위의 논문(주 252), 172면.
349) Scott R. Conley, 위의 논문(주 201), 278-279면.

4. 분석: 비자명성 판단의 고려요소로서 성공에 대한 합리적 기대가능성

가. 개요

성공에 대한 합리적 기대가능성은 발명의 시도 단계에서 시도하는 그 발명의 성공을 예상할 수 있는지의 문제라고 할 수 있다. CAFC에서 예측가능성이 떨어지는 기술분야의 발명에 관한 비자명성 판단 시 자주 언급하면서 그러한 내용이 심사기준에 반영되고, 학설상 논의로도 이어졌다. 이러한 흐름을 고려하면 CAFC의 태도를 명확하게 이해하는 것이 미국에서 활용되는 위 요소의 구체적인 의미 및 비자명성 판단과 관련된 다른 요소들과의 관계 파악에 유용하다. 이에 따라 위 요소에 관하여 의미 있는 CAFC 판결들의 내용을 자세히 검토하였으며, 학설상 논의도 함께 보았다.

이하에서는 CAFC 판결들로부터 파악되는 비자명성 판단의 고려요소로서 성공에 대한 합리적 기대가능성의 역할 및 다른 요소들과의 관계를 분석한다.

나. 적용 범위

비자명성 판단 시 성공에 대한 합리적 기대가능성이라는 요소의 적용 여부는 기술분야에 따라 달라지는 것이 아니다. 즉 성공에 대한 합리적 기대가능성이 의약발명 분야에 국한되거나 위 분야에 특수한 고려요소가 아니라는 의미이다. 발명이 자명하다는 결론에 이르기 위해서는 성공에 대한 합리적 기대가능성이 반드시 필요하다. 이와 관련하여 CAFC는 의약발명 분야에 국한하지 않고 일반론으로서 발명이 자명하여 무효가 되기 위해서는 통상의 기술자가 선행기술의 교시를 결합하거나 변경할 동기가 있어야 하고, 그 과정에 성공에 대한 합리적 기대가 있어야 한다는 점을 반복적으로 강조하고 있다.

다. 예측가능성이 떨어지는 기술분야와 성공에 대한 합리적 기대가능성

예측가능성이 떨어지는 기술분야의 발명이라는 사실만으로 그 발명에 대해 성공에 대한 합리적 기대가 없다고 할 수는 없다. 성공에 대한 합리적 기대가능성이 기본적으로 시도의 결과에 대한 예측가능성을 의미한다는 점에서 어느 정도는 그 기술분야의 예측가능성과 관련되어 있다고 할 수 있다. 그러나 암로디핀 베실레이트 사건[350]에서 언급한 것처럼, 구체적인 경우에 성공에 대한 합리적 기대가 있는 한, 단지 그 기술분야에 어느 정도의 예측불가능성이 있다는 점을 보이는 것만으로는 자명하다는 판단을 피할 수 없다. 실제로 CAFC는 피오글리타존 사건[351]을 비롯하여 상당수의 의약발명 사례들에서 성공에 대한 합리적 기대가 없다고 보기도 하였지만,[352] 암로디핀 베실레이트,[353] 엔테카비르,[354] 이반

---

350) 480 F.3d 1348 (Fed. Cir. 2007).

351) 492 F.3d 1350 (Fed. Cir. 2007).

352) CAFC가 의약발명 분야에서 성공에 대한 합리적 기대가능성이 없다고 본 사건들 중 일부만 언급하면 다음과 같다. ① UCB., Inc. v. Accord Healthcare, Inc., 890 F.3d 1313 (Fed. Cir. 2018)[간질 및 그 외의 중추신경계 질환을 치료하는 항경련제인 Vimpat®의 활성성분 라코사미드(lacosamide)에 관한 미국 특허 제RE38,551호(이하 '551호 특허)의 특허권자인 UCB가 제네릭 의약품 제조사를 상대로 특허침해소송을 제기하였고, '551호 특허의 청구범위 제9, 10, 13항의 유효성이 문제 된 사건이다. 라코사미드는 FAA(functionalized amino acid)의 일종인데, CAFC는 통상의 기술자가 R3 위치에 메톡시메틸기(methoxymethyl)와 함께, R 위치에 치환되지 않은 벤질기를, R1 위치에 치환되지 않은 메틸기를 위치시키면, 효과적인 항경련제인 FAA를 만들 수 있을 것이라는 성공에 대한 합리적 기대가 인정되지 않기 때문에 라코사미드가 자명성타입 이중특허를 이유로 무효화되지 않는다고 보았고, 따라서 더 나아가 2차적 고려요소에 대한 연방지방법원의 판단에 대해서는 검토할 필요가 없다고 보았다.], ② Endo Pharmaceuticals Inc. v. Actavis LLC., 922 F.3d 1365 (Fed. Cir. 2019)[oxymorphone은 진통제로 광범위하게 사용되는 것인데, 미국 특허 제8,871,779호는 불순물

드로네이트,[355] 코팍손[356] 등의 사건에서는 성공에 대한 합리적 기대가 있다고 보았다. 결국 의약발명의 주류를 이루는 화학 분야나 생명공학 분야는 그 기술분야의 특성상 예측가능성이 떨어지는 것으로 평가되기는 하지만, 기술분야가 본질적으로 예측가능성이 떨어진다는 이유만으로 발명이 곧바로 비자명하게 되는 것은 아니고, 개별 사건에서의 구체적인 사실관계에 따라 성공에 대한 합리적 기대가 있는지를 검토해야 한다.

라. 시도의 자명성과 성공에 대한 합리적 기대가능성의 구분

CAFC 판결에서는 시도의 자명성과 성공에 대한 합리적 기대가능성을 개념적으로 구분하여 사용하고 있는 것으로 보인다. 예를 들어, In re O'Farrell 사건[357]에서 시도가 자명하지만 자명하지 않은 발명이 있다고 언급하는 점이나, In re Kubin 사건[358] 등에서 대상 발명이 시도가 자명

인 ABUK(α,β-unsaturated ketone)를 상대적으로 낮은 농도로 포함하여 순도가 높은 oxymorphone을 얻을 수 있는 방법에 관한 특허이다. CAFC는 통상의 기술자가 선행기술을 결합하는 데에 있어서 성공에 대한 합리적 기대를 얻을 수 없기 때문에 발명이 자명하지 않다고 판단하였다.], ③ UCB., Inc. v. Watson Laboratories Inc., 927 F. 3d 1272 (Fed. Cir. 2019)[도파민 수용체 기능항진제로서 파킨슨병 치료에 사용되는 로티고틴(rotigotine) 화합물의 경피적 치료 시스템에 대한 미국특허 제6,884,434호의 자명성이 문제 된 사안에서 CAFC는 통상의 기술자가 선행기술의 교시를 결합할 동기가 있었다고 하더라도 그 과정에 성공에 대한 합리적 기대가 없었으므로 특허가 유효하다고 판단하였다. 2차적 고려요소와 관련하여서는 위 요소가 자명성 주장을 배척하는 것을 강화할 뿐이므로 이에 대한 고려는 필요 없다고 하였다.].

353) 480 F.3d 1348 (Fed. Cir. 2007).
354) 752 F.3d 967 (Fed. Cir. 2014).
355) 748 F.3d 1326 (Fed. Cir. 2014).
356) 906 F.3d 1013 (Fed. Cir. 2018).
357) 853 F.2d 894 (Fed. Cir. 1988).
358) 561 F.3d 1351 (Fed. Cir. 2009).

했으며, 성공에 대한 합리적 기대가 있었다고 두 요소를 병렬적으로 언급하는 점이 그러하다. Endo Pharmaceuticals Inc. v. Actavis LLC. 사건[359]에서는 선행기술 문헌이 어떻게 특허발명에 이를 수 있는지를 교시하는지의 문제는 합리적 기대가능성에 관한 것으로서 결합의 동기와 구분되는 것인데 연방지방법원이 결합의 동기와 성공에 대한 합리적 기대가능성 요건을 융합해버린 잘못이 있다는 취지의 반대의견이 있었다. 이는 두 요소의 구분 필요성을 지적하는 것이라고 할 수 있다.

마. KSR 판결 이전 시도의 자명성 기준과 성공에 대한 합리적 기대가능성의 관계

시도의 자명성 기준은 처음부터 명확하게 정의되지 않았기 때문에 일관성 없이 적용되는 결과를 초래하였다. CAFC도 이를 명확하게 정의하지 않은 채 특허법 제103조에 의하면 발명을 전체로 고려해야 하는데 시도의 자명성 기준이 그러한 고려를 하지 않는 등의 이유로 적절하지 않다고 계속 언급해왔으며, 결국에는 단순히 이 기준이 자명성의 징표가 아니라고 설명하였다.[360] 이러한 입장은 성공에 대한 합리적 기대가능성을 강조하는 CAFC의 태도와 기술분야의 특성 등을 종합하여 다음과 같이 정리해볼 수 있다.

통상 선행기술 문헌이나 기술상식 등에 의할 때 특정한 변형이나 결합을 시도할 동기가 제시되어 있다고 볼 수 있으면 그 시도가 자명하다고 할 수 있다.

그런데 먼저, 예측가능성이 상대적으로 높은 기계 등의 기술분야에서는 대부분 그러한 시도 과정에 목적하는 바가 달성되리라는 합리적인 기대를 갖게 된다. 즉 시도가 자명한 많은 경우에 성공에 대한 합리적 기대가 병존하게 될 것으로 이해된다. 이러한 발명의 경우에도 그 발명

이 자명하다는 판단을 위해 발명의 시도 당시 성공에 대한 합리적 기대가 있을 것이 요구되는 것은 마찬가지이나, 대부분 위 요소의 존재가 인정될 것이기 때문에 위 요소가 독자적으로 부각되지 않는다. 이 경우에는 In re O'Farrell 사건에서의 언급처럼 통상 시도의 자명성과 발명의 자명성이 밀접한 관련성을 가지게 된다.

다음으로, 예측가능성이 떨어지는 기술분야이다. 이 분야에서는 선행기술 문헌 등에 특정한 변형이나 결합을 시도할 동기가 제시되어 있다고 하더라도 그 시도에 따른 결과를 예측하기 어려운 경우들이 많다. 그런데 시도할 동기가 제시되었다는 사정만으로 쉽게 자명한 발명이라고 결론을 내리게 되면 그 시도가 성공할 것인지를 예측하기 어려운 상황에서의 시도를 통해 이룬 발명에 대해 특허로써 보호할 수 없게 될 우려가 있다. 이 경우에는 발명의 가치에 대한 정당한 평가가 이루어지지 못하는 불합리가 생길 수 있어 부당한 측면이 있다. CAFC는 특히 이러한 상황을 경계한 것으로 보인다. 이에 따라 시도의 자명성 기준에 대해 자명성 판단에 적절한 기준이 아니라고 하면서 이를 자명성 판단에 적용하는 데에 소극적이었고, 상대적으로 성공에 대한 합리적 기대가능성이라는 요소를 강조한 것으로 이해할 수 있다.

결국 KSR 판결 이전에 CAFC가 시도의 자명성 기준이 자명성 판단에 적절하지 않다고 언급한 의미는 시도의 자명성이 성공에 대한 합리적 기대와 결합되지 않은 경우를 전제한다고 할 수 있다. 즉 자명성 판단에 적절하지 않은 기준으로서 시도가 자명한 상황이라는 것은, 선행기술의 개시가 추가적인 연구를 하기에 충분할 정도로 과학자의 호기심을 자극하는 것이지만 그 개시가 너무 일반적이어서 선행기술의 지침을 따랐을 때 목적하는 결과를 어떻게 얻을 수 있는지 또는 청구된 발명을 얻을 수 있는지에 대해 충분히 교시하지 않는 상황을 의미한다고 할 수 있다.[361] 이러한 시도의 자명성과 성공에 대한 합리적 기대가능성 및 자명성의

---

361) Janice M. Mueller, 위의 책(주 311), 403면.

관계를 구체적인 사례를 통해 살펴보면 다음과 같다.

In re O'Farrell 사건에서 제시한 시도가 자명하지만 자명하지 않은 두 유형의 발명이 바로 예측가능성이 떨어지는 발명의 특성상 선행기술에 어떤 변형이나 결합을 시도할 동기가 제시되어 있어 시도는 자명하더라도 성공에 대한 합리적 기대가능성이 없는 경우이다.[362] CAFC는 암로디핀 베실레이트 사건[363]에서 시도해야 할 수많은 변수가 있거나 선행기술이 일반적인 지침만을 주는 경우가 아니고, 선행기술의 교시를 결합할 동기가 있으며 그 가운데 성공에 대한 합리적 기대가 있어서 자명하다고 판단한 바 있다. 이러한 설시는 결국 암로디핀 베실레이트가 In re O'Farrell 사건에서 언급한 시도가 자명하더라도 자명하지 않은 두 유형에 해당하지 않는다는 점을 먼저 확인한 후 성공에 대한 합리적 기대와 결합된 시도의 자명성이 있어서 발명이 자명하다는 결론에 이른 것으로 이해할 수 있다. 이들 각 요소의 관계를 설명할 수 있는 추가적인 예를 들어 본다. 스포츠 잡지에서 알루미늄과 티타늄의 일정한 합금(alloy)이 다른 금속 재질의 배트보다 야구공을 멀리 보낼 수 있는 경량의 야구배트를 만들 수 있다는 점을 시사한다고 가정한다. 만일 증거에 의할 때 오직 3가지의 알루미늄과 티타늄 합금이 가능할 경우, 선행기술 문헌은 3가지의 가능한 합금을 모두 자명하게 만드는 것이고, 결국 선행기술은 통상의 기술자가 그 조합을 쉽게 만들 수 있음을 명백하게 시사한다. 반면 만약 증거에 의할 때, 5,000개의 가능한 합금이 있고, 그들 중 오직 하나만 야구공을 다른 것들보다 20피트 더 멀리 보낼 수 있다면, 선행기술 문헌은 오로지 그 발명을 시도하는 것을 자명하게 만들었을 뿐, 그 발명의 조합을 자명하게 만든 것은 아니다. 이것이 시도의 자명성과 비자명성이 구분되는 지점이다.[364] 그 사이에 성공에 대한 합리적 기대가능성이라는 요소가 있다고 할 수 있다.

---

362) Andrew, V. Trask, 위의 논문(주 3), 2646면.
363) 480 F.3d 1348 (Fed. Cir. 2007).
364) Martin J. Adelman, Randal R. Rader, Gordon P. Klancnik, 위의 책(주 51), 213-214면.

결론적으로 시도의 자명성과 성공에 대한 합리적 기대가능성 및 자명성의 관계에서 성공에 대한 합리적 기대가능성은 시도의 자명성이 발명의 자명성에 이를 수 있는 연결고리 역할을 하는 것이라고 할 수 있다.

바. KSR 판결에 의한 시도의 자명성 기준 재정립

연방대법원의 KSR 판결은 일정한 전제를 충족하는 경우에 시도의 자명성이 인정되면 그 발명이 자명하게 된다고 판단한 바 있다. 이는 시도의 자명성이 발명의 자명성 판단 기준으로 역할을 하는 경우가 있음을 의미한다. KSR 판결에서는 시도의 자명성이 발명의 자명성으로 연결되기 위한 전제로서 '한정된 수의 확인가능하고 예측가능한 해결수단이 있으며 그러한 선택이 예견된 성공으로 이끄는 경우'를 요구하였는데, 이는 시도의 자명성 기준을 재정립한 것이라고 할 수 있다.[365] 또한 성공에 대한 합리적 기대가능성에 대해서는 명시적으로 언급하지 않았지만, 그 설시 중 '한정된 수의 확인가능하고 예측가능한 해결수단이 있어 그 알려진 선택지를 선택하는 경우'가 바로 성공에 대한 합리적 기대가 있는 경우라고 할 수 있다.

사. KSR 판결 이후 비자명성 심리에서 시도의 자명성 기준의 적용

일정한 경우에는 시도의 자명성이 발명의 자명성을 의미하게 된다는 취지의 연방대법원 KSR 판결 이후 CAFC가 비자명성 판단에서 시도의 자명성과 성공에 대한 합리적 기대가능성을 어떻게 고려하는지에 관해 그 흐름을 검토한다.

KSR 판결 직후에는 위 판결에서 제시한 시도의 자명성 기준이 기계 분야에만 적용되어야 하는지 아니면 화학이나 생명공학 같은 예측가능

---

365) Janice M. Mueller, 위의 책(주 311), 403면.

성이 떨어지는 분야에도 적용되어야 하는지가 불분명한 측면이 있었다. 그런데 CAFC는 In re Kubin 사건에서 KSR 판결을 예측가능성이 떨어지는 기술분야에도 적용한다는 점을 명확히 하였다.366) 이는 시도의 자명성 기준을 본질적으로 예측가능성이 떨어지는 기술분야라고 평가받는 의약발명 분야의 진보성 판단 영역에서도 배제하지 않은 것이라고 할 수 있다. 또한 KSR 판결과 In re O'Farrell 사건을 연결 지어 KSR 판결이 In re O'Farrell 사건에서 언급한 시도의 자명성이 발명의 자명성과 동일한 것으로 잘못 평가되는 두 가지 유형의 발명의 반대되는 상황에 대해 자명하다고 한 것이라고 보았다. 결국 CAFC는 두 판결의 취지가 같다고 이해하고 있다.

CAFC는 구체적인 사건에서 특정 발명에 대해 시도가 자명하다는 점을 이유로 결론적으로 그 발명이 자명하다고 판단하는 경우 먼저 KSR 판결에서 언급한 요건인 한정된 수의 확인가능하고 예측가능한 해결수단이 있는 경우에 해당하는지를 검토한다. 그 후 시도의 동기가 있고, 그 과정에 성공에 대한 합리적 기대가 있다는 점을 언급하는 형식을 취하는 것으로 보인다. 즉 시도가 자명하다는 이유로 발명이 자명하다고 판단할 경우에는 KSR 판결의 전제를 충족함을 보이고 이와 함께 성공에 대한 합리적 기대가 있다는 점을 반드시 언급하는 형식을 취한다. 한편 In re O'Farrell 사건에서 언급한 두 가지의 예외적인 상황에 해당하는 경우에는 성공에 대한 합리적 기대가 없기 때문에 시도가 자명한지를 따질 필요도 없이 자명하지 않은 발명으로 본다.

예를 들어, 이반드로네이트 사건367)에서는 선행기술 문헌에 의할 때 한정된 수의 확인되고 예측가능한 해결수단이 있었으며, 그러한 시도에 성공에 대한 합리적 기대가 있었다는 이유로 발명이 자명하다고 판단하였다. 코팍손 사건368)에서는 선행기술이 결정적인 변수를 2개로 제시하

---

366) Scott R. Conley, 위의 논문(주 201), 286, 299면.
367) 748 F.3d 1326 (Fed. Cir. 2014).
368) 906 F.3d 1013 (Fed. Cir. 2018).

고 있으며 성공적인 결과에 이를 수 있는 선택지를 명확히 지시하고 있
으므로, 이 사건은 시도의 자명성 분석방법을 사용하는 것이 KSR 판결
및 특허법 제103조에 위배되어 허용될 수 없는 두 가지 범주에 해당하지
않는다고 보았다. 나아가 시도의 동기 및 시도 과정에 성공에 대한 합리
적 기대가 있다는 이유로 그 발명이 자명하다고 판단하였다. 엔테카비르
사건369)에서는 선도화합물을 선택하고 이를 변형할 동기 및 그 과정에
성공에 대한 합리적 기대가 있다고 판단하였다. 반면 다른 사건에서는
수천 개의 조합을 제시하고 있는 선행기술을 결합할 동기가 있었더라도
그 과정에 성공에 대한 합리적 기대가 없어 자명하지 않다고 판단한 바
있다.370)

　　이러한 사건들의 비자명성 판단 과정 및 제시된 법리를 종합하면, 결
국 KSR 판결에 따라 재정립되어 CAFC에서 적용되는 시도의 자명성 기준
이라는 것은 시도가 자명한 상황과 성공에 대한 합리적 기대가능성이
결합된 형태이다. 이처럼 KSR 판결을 전후하여 시도의 자명성 기준의 개
념에 변화가 있었다고 할 수 있는데, 시도의 자명성과 시도의 자명성 기
준의 의미를 정리하면 다음과 같다.

　　시도의 자명성은 기본적으로 시도가 자명한 상황 그 자체를 의미한
다. 시도의 자명성 기준은 시도가 자명한 상황과 관련된 발명의 비자명
성 판단 기준이다. KSR 판결 이전에 CAFC가 발명의 비자명성 판단 기준
으로 적절하지 않다고 배척하였던 시도의 자명성 기준은 시도가 자명한
상황이면 곧바로 발명이 자명하다고 판단하는 것이었다. 이 경우의 시도
의 자명성 기준은 성공에 대한 합리적 기대가능성을 고려하지 않는다.
그런데 KSR 판결에서는 한정된 수의 확인가능하고 예측가능한 해결수단
이 있으며 그러한 선택이 예견된 성공으로 이끄는 경우와 시도가 자명
한 상황을 결합시켜 이 경우에 발명이 자명하다고 하였다. 곧 시도가 자

---

369) 752 F.3d 967 (Fed. Cir. 2014).
370) UCB., Inc. v. Watson Laboratories Inc., 927 F.3d 1272 (Fed. Cir. 2019).

명한 상황과 일정한 요건이 결합하여 시도의 자명성 기준을 구성한다. 이는 KSR 판결에 의해 재정립된 시도의 자명성 기준이라고 할 수 있다. KSR 판결 이후 실무에서 적용되는 시도의 자명성 기준은 KSR 판결에서 제시한 요건들과 CAFC가 강조하는 성공에 대한 합리적 기대가능성이 결합된 경우이고, 그 내용이 심사기준에 구체화되어 있다.

결국 시도의 자명성 기준이라는 동일한 용어를 사용하더라도 그것이 KSR 판결 이전에 CAFC에서 배척하였던 시도의 자명성 기준인지, 아니면 KSR 판결에 의해 재정립된 시도의 자명성 기준인지를 문맥 속에서 파악할 필요가 있다.

아. 성공에 대한 합리적 기대가능성과 예상하지 못한 효과

성공에 대한 합리적 기대가능성과 예상하지 못한 효과의 관계에 대해서는 먼저 이들 각 요소가 어떻게 구분될 수 있는지를 본다.

CAFC는 피오글리타존 사건[371]을 비롯한 몇몇 사건에서 성공에 대한 합리적 기대가 없다고 판단하면 2차적 고려요소로서 예상하지 못한 효과를 검토할 필요가 없다고 한 바 있다.[372] 또한 발명이 자명하다고 판단하기 위해서는 성공에 대한 합리적 기대가 있어야 한다고 반복적으로 설시하는 반면, 예상하지 못한 효과는 2차적 고려요소의 하나로 본다.[373] 이는 CAFC가 기본적으로 성공에 대한 합리적 기대가능성과 2차적 고려요소의 하나로 분류하는 예상하지 못한 효과를 구분하고 있는 것이라고 이해할 수 있다. 그런데 예상하지 못한 효과를 2차적 고려요소

---

371) 492 F.3d 1350 (Fed. Cir. 2007).

372) UCB., Inc. v. Accord Healthcare, Inc., 890 F.3d 1313 (Fed. Cir. 2018); UCB., Inc. v. Watson Laboratories Inc., 927 F. 3d 1272 (Fed. Cir. 2019).

373) Pfizer, Inc. v. Apotex, Inc., 480 F.3d 1348 (Fed. Cir. 2007); Ortho-McNeil Pharmaceutical, Inc. v. Mylan Laboratories, Inc., 520 F.3d 1358 (Fed. Cir. 2008); Bristol-Myers Squibb Co. v. Teva Pharm. USA. Inc., 752 F.3d 967 (Fed. Cir. 2014).

의 범주에 포함시키는 것에 대해서는 분석적으로 정확하지 않다는 비판이 있기는 하다. 즉 예상하지 못한 효과는 Graham 판결에서 2차적 고려요소로 평가된 발명에 대한 시장의 반응이라기보다는 발명의 기술적 본질과 특성에 관계된 것이라는 취지이다.[374]

한편 구체적인 사건에서 이들의 관계를 파악하기 위해서는 성공에 대한 합리적 기대가능성에서 기대가능성 유무의 평가 대상이 되는 '성공'이 무엇을 의미하는지를 검토할 필요가 있다.

물건의 발명에서 발명의 성공이란 목적하는 물건의 생성 측면과 그 물건의 효과 측면에서의 평가이다. 그런데 기대가능성 유무의 평가 대상으로서 성공을 구성하는 효과가 무엇을 의미하는지는 이론적으로 두 가지를 상정해볼 수 있다. 하나는 시도를 할 당시 발명의 목적으로 삼은 효과이고, 다른 하나는 시도의 결과물인 발명에서 실제로 확인한 효과이다. 2차적 고려요소로서 예상하지 못한 효과는 엔테카비르 사건[375]에서 언급한 바와 같이, 실제 발명이 가지는 것으로 확인된 효과와 가장 가까운 선행기술의 효과와의 차이가 발명 당시 통상의 기술자가 예상하지 못한 것이라는 의미이다. 이는 동질의 현저한 차이가 있는 효과일 수도 있고, 이질적인 효과일 수도 있다.

만일 성공에 대한 합리적 기대가능성에서 기대가능성 유무의 평가 대상인 효과를 발명을 시도할 당시 발명의 목적으로 삼은 효과로 본다면, 성공에 대한 합리적 기대가능성 유무의 평가 대상이 되는 효과와 예상하지 못한 효과는 구분될 수 있다. 예를 들어, 클로피도그렐 사건[376]은 그 당시의 기술수준을 고려할 때 라세미체로부터 에난티오머를 분리하는 시도가 자명해보이고 라세미체에서 에난티오머를 분리하면 어느 정도 특질이 개선되어 우수한 효과를 가질 것을 예상할 수 있었던 사안이라고 할 수 있다. 즉 에난티오머 분리를 통해 일정 수준의 효능 개선

374) Janice M. Mueller, 위의 책(주 311), 418면.
375) 752 F.3d 967 (Fed. Cir. 2014).
376) 550 F.3d 1075 (Fed. Cir. 2008).

이라는 성공을 합리적으로 예상할 수 있다. 그런데 실제 분리하여 확인한 D-에난티오머는 모든 유익한 효과를 보이면서 신경독성은 나타내지 않는 절대적 입체선택성을 보였는데, 이는 예상하지 못한 효과로서[377] 성공에 대한 합리적 기대가능성 유무의 평가 대상이 되는 시도 당시 발명의 목적으로 삼은 효과와 구분되는 것이다. 반면 기대가능성 유무의 평가 대상인 효과를 그 물건이 실제로 가지는 효과를 의미하는 것으로 본다면, 그러한 실제 효과에 관해 성공에 대한 합리적 기대가 인정되는 경우에 이러한 효과를 예상하지 못한 효과라고 평가할 수 없을 것이고, 반대로 그 물건에 발명의 시도 당시 예상하지 못한 효과가 있을 경우 그러한 효과에 대해서는 성공에 대한 합리적 기대가 존재하지 않는 것이 된다. 즉 성공에 대한 합리적 기대가능성과 예상하지 못한 효과는 평가의 대상이 동일하게 되고, 성공에 대한 합리적 기대가능성이 있으면서 예상하지 못한 효과가 생기는 경우라는 것을 상정하기 어렵게 된다.

그런데 성공에 대한 합리적 기대가능성과 예상하지 못한 효과에 관한 구체적인 판단에서는 그 효과를 무엇으로 볼 것인지에 관하여 다소 상반되는 입장을 취한 것으로 이해되는 CAFC 판결들이 존재한다.

먼저 클로피도그렐 사건[378]에서의 발명은 예상하지 못한 현저한 효과가 있었던 경우이고 결과적으로 발명이 비자명하다는 판단을 받았다. 그런데 CAFC는 그 결론에 이르는 과정에 통상의 기술자가 D-에난티오머가 모든 항혈소판 활성을 가지고 신경독성 부작용을 나타내지 않는다는 점을 합리적으로 예측할 수 없었다고 본 연방지방법원의 판단에는 오류가 없다고 하였다. 이는 마치 성공에 대한 합리적 기대가능성의 기대 대상으로서의 성공을 예상하지 못한 효과까지 포함하여 그 발명이 실제 가지고 있는 효과로 삼은 듯이 보인다. 반면 엔테카비르 사건[379]에서는 약간의 구조적 변형으로 만들어 낸 화합물의 효능이 향상될 것이라는

---

377) Mark A. Lemley, 위의 논문(주 4), 1377-1379면.
378) 550 F.3d 1075 (Fed. Cir. 2008).
379) 752 F.3d 967(Fed. Cir. 2014).

합리적 기대가 있다고 보면서도 2차적 고려요소로서 예상하지 못한 효과에 관하여는 이를 별도로 판단하면서 양적인 측면에서 예상하지 못한 것과 질적인 측면에서 예상하지 못한 것으로 구분하여 각 효과의 중요도를 평가한 후 궁극적으로는 예상하지 못한 효과가 발명이 비자명하다고 판단하는 데에 충분하지 않다고 판단하였다. 이반드로네이트 사건380)에서는 예상하지 못한 효과와 관련하여 어느 정도 예상을 넘는 효과가 있지만 성공에 대한 합리적 기대를 약화시킬 정도는 아니라고 하였다. 이들 사안에서는 성공에 대한 합리적 기대의 대상을 그 발명이 가지는 실제 효과가 아니라 발명을 시도할 당시 목적하였던 효과임을 전제로 한 것으로 이해된다.

클로피도그렐 사건381)에서의 설시는 사실상 성공에 대한 합리적 기대가능성과 예상하지 못한 효과를 구분하지 않는 것으로 볼 여지가 있지만, CAFC가 적극적으로 그 관계를 규정지었다기보다는 연방지방법원의 판단에 대해 명백한 오류가 없다고 했을 뿐이다. 또한 CAFC가 개념적으로 성공에 대한 합리적 기대가능성과 예상하지 못한 효과를 구분하고 있으며, 비자명성 판단 시 고려요소로서의 지위도 달리 보아 별도로 판단하는 점 등을 고려하면, 합리적 기대에서 언급하는 성공의 대상은 목적한 화합물의 합성에 이르는 것과 합성을 시도할 당시 선행기술에 의해 그 화합물이 가질 것으로 예상하는 성질로 보고, 실제 나타난 효과나 성질이 이러한 범위를 벗어나는 경우 예상하지 못한 효과로 보는 취지의 CAFC의 판결들이 논리적으로 일관성이 있다고 생각된다.

결국 성공에 대한 합리적 기대가능성은 선행기술들을 결합하면 인식된 문제를 해결할 수 있을 것이라고 예상할 수 있을 때 존재한다. 이는 그 문제가 얼마나 잘 해결되었는지에 의해 결정되는 예상하지 못한 우수한 효과와는 구분된다. 예를 들어, 새로운 의약품을 만들고자 하는 과

---

380) 748 F.3d 1326 (Fed. Cir. 2014).
381) 550 F.3d 1075 (Fed. Cir. 2008).

제는 선행기술들을 결합하여 해결할 수 있음을 예상하였더라도 만일 그 의약품이 약효를 나타내는 용량이 기존에 비해 1/100로 감소된다면 이는 예상하지 못한 우수한 효과가 되는 것이다.[382]

이하에서는 성공에 대한 합리적 기대가능성과 예상하지 못한 효과의 관계의 연장선상에서 예상하지 못한 효과의 존재가 발명의 비자명성 판단에서 어떤 역할을 하는지를 본다.

CAFC는 예상하지 못한 효과가 비록 명백하게 자명해보이는 발명이라도 법적으로 비자명하다는 것을 보여줄 수 있는 객관적인 기초를 제공한다고 본다.[383] 또한 일반론으로서 예상하지 못한 효과가 현저하면 성공에 대한 합리적 기대를 약화시킬 수도 있다고 본다. 나아가 발명에 예상하지 못한 현저한 효과가 있었고 결과적으로 발명이 비자명하다는 판단을 받았던 클로피도그렐 사건[384]에 대해서는 CAFC가 에난티오머 사례에서 시도의 자명성과 예상하지 못한 효과가 충돌할 때 예상하지 못한 효과에 더 큰 의미를 부여한 것이라고 이해하는 견해가 있다.[385]

한편 CAFC는 실제 사안에서 특허권자에게 유리한 결론을 내릴 때에는 2차적 고려요소를 나열하고 그에 의존하는 경향이 있으나, 특허권자에게 불리하게 판단할 때에는 이러한 고려요소들을 폄하하는 경향이 있다.[386] 이와 관련하여 어느 정도 예상을 넘는 효과가 있지만 성공에 대한 합리적 기대를 약화시킬 정도는 아니라고 한 이반드로네이트 사건에 대해서는 성공에 대한 합리적 기대와 결합된 시도에 대한 자명성이 예상하지 못한 효과보다 우위에 있다는 CAFC의 생각을 명확하게 언급한 판결이라고 이해하는 견해가 있다.[387] 나아가 이 견해는 시도의 자명성

---

382) Scott R. Conley, 위의 논문(주 201), 306면.

383) In re O'Farrell 853 F.2d 894, 903 (Fed. Cir. 1988).

384) 550 F.3d 1075 (Fed. Cir. 2008).

385) Mark A. Lemley, 위의 논문(주 4), 1384면.

386) Donald S. Chisum, Chisum on Patents: A Treatise on the Law of Patentability, Validity and Infringement, Vol. 2A, LexisNexis, § 5.05, 5-1023 (2020).

387) Mark A. Lemley, 위의 논문(주 4), 1380면. 이 견해는 또 다른 CAFC 판결들은

이론과 예상하지 못한 효과 이론이 충돌하는 경우에는 자명성 이론의 논리와 일관되는 시도의 자명성 이론이 우선되어야 한다고 주장한다. 한편 엔테카비르 사건에서는 예상하지 못한 효과가 새로운 화합물이 비자명하다는 것을 담보하는 것이 아니라 비자명성의 2차적 고려요소로서 궁극적인 특허성의 결정에 관여될 뿐이라고 하였고,[388] In re Dillon 사건[389]을 인용하여 예상하지 못한 효과 그것만으로는 비자명성의 인정을 뒷받침하지 못한다고도 하였다.[390]

그런데 예상하지 못한 효과는 새로운 화합물, 조성물 및 제약 방법의 특허성 평가에서 특히 중요한 역할을 하고,[391] 발명이 자명하지 않다는 것을 확립하는 경향이 있다.[392] 이러한 관점에서 엔테카비르 사건은 많은 논란을 일으켰다. 예상하지 못한 효과와 특성이 새로운 화합물의 특허성을 평가할 때 특히 중요한 역할을 해왔음에도 엔테카비르 사건에서는 예상하지 못한 효과가 CAFC로 하여금 자명성에 관한 연방지방법원의 판단을 번복하게 하지 않았다는 점을 지적하는 견해도 있다.[393]

또한 엔테카비르 사건에 대해 전원심리체(en banc)에 의한 재심리신청을 기각한 사건[394]에서 반대의견을 취한 Newman 판사는 엔테카비르 사건 재판부의 위와 같은 입장을 분명하게 반박하면서, 예상하지 못한 효과는 비자명성을 판가름하는 기준이 된다고 하였다.[395] Taranto 판사

어떤 발명을 시도하는 것이 자명하고 통상의 기술자가 성공에 대한 합리적 기대를 가지고 있으면, 그 성공은 예상하지 못한 것이 아니라고 결론을 내리는 것에 의해 같은 결과를 도출한다고도 설명한다.

388) 752 F.3d 967, 976, 977 (Fed. Cir. 2014).
389) In re Dillon, 919 F.2d 693, 697 (Fed. Cir. 1990).
390) 752 F.3d 967, 976 (Fed. Cir. 2014).
391) Donald S. Chisum, 위의 책(주 386), § 5.04A[1][g], 5-528, 5-529.
392) Janice M. Mueller, 위의 책(주 311), 406면.
393) Douglas L. Rogers, "Federal Circuit's Obviousness Test for New Pharmaceutical Compounds: Gobbledygook", 14 Chi.-Kent J. INTELL. PROP. 49, 78 (2014).
394) Bristol-Myers Squibb Co. v. Teva Pharm. USA, Inc., 769 F.3d 1339 (Fed. Cir. 2014).
395) Bristol-Myers Squibb Co. v. Teva Pharm. USA, Inc., 769 F.3d 1339, 1350 (Fed. Cir.

역시 반대의견에서, In re Dillon 사건의 경우 CAFC가 예상하지 못한 효과가 없다고 결론을 내렸기 때문에 In re Dillon 사건이 예상하지 못한 효과의 증거가 비자명성을 뒷받침할 수 없다는 것을 확립한 것이 아니라고도 하였다. 나아가 CAFC가 엔테카비르 사건에서도 연방지방법원의 주목할 정도로 예상하지 못한 효과가 없다는 결정을 유지하였기 때문에 CAFC는 위 사건에서 예상하지 못한 효과와 일응의 자명성 요소 사이의 이론적 관계에 대해 검토할 필요가 없었고, 그 관계에 대해 언급한 것도 아니라고 하였다.396)

예상하지 못한 효과의 의미에 관해 설시한 엔테카비르 사건에 대해서는 이처럼 논란이 많고, 확대해석을 경계하는 입장도 상당수 있다.397) 따라서 CAFC가 엔테카비르 사건에서 설시한, 비자명성 판단에서 예상하지 못한 효과의 의미 내지 지위를 CAFC의 확립된 입장으로 이해하기에는 무리가 있다.

결론적으로 현재로서는 예상하지 못한 효과의 존재가 발명의 비자명성 판단에서 어떤 역할을 하는지에 관한 CAFC의 입장이 명확하게 정리

2014).

396) Bristol-Myers Squibb Co. v. Teva Pharm. USA. Inc., 769 F.3d 1339, 1354, 1355 (Fed. Cir. 2014).

397) 한편 엔테카비르 사건은 예상하지 못한 효과를 증명하기 위한 자료의 제출시기 측면에서도 논란을 일으켰다. CAFC는 예상하지 못한 효과의 증거가 정확하게 언제 존재해야 이를 비자명성을 뒷받침하는 증거로 고려할 수 있는지라는 흥미롭지만 어려운 문제에 대해 아직까지 그 입장을 명확하게 정리하지 않았다. 그런데 엔테카비르 사건에서는 선행기술의 독성이 심각하다는 사실이 발명의 출원 후에 밝혀졌고, 그 증거가 소송에 제출되었음에도 엔테카비르 특허는 결국 무효로 되었다. 엔테카비르 사건은 출원 후에 획득한 예상하지 못한 효과의 증거를 예상하지 못한 효과가 있는지를 판단할 때 고려할 수 있는지의 문제를 포함하여 향후 추가적인 분석과 연구를 할 만한 가치가 있는 많은 의문을 제기하였다. 추후 CAFC가 엔테카비르 사건을 선례로서 인용할 것인지 아니면 특정한 사실관계에 관한 것으로 한정할 것인지는 지켜볼 필요가 있다[Janice M. Mueller, 위의 책(주 311), 408-411, 418면.].

되었다고 단정하기는 어려우며, 향후 CAFC의 판결을 조금 더 지켜볼 필요가 있다.

Ⅳ. 유럽연합

성공에 대한 합리적 기대가능성에 관한 유럽에서의 논의는 유럽연합에서의 실무, 즉 EPO 심판부 심결에서 이루어진 다음과 같은 설시를 중심으로 본다.[398]

기술적 과제의 해결수단이 자명하다고 하기 위해서 성공이 확실하게 예측되어야 하는 것이 아니라 통상의 기술자가 성공에 대한 합리적 기대를 가지고 선행기술의 교시를 따랐다는 점이 성립되는 것으로 충분하다(T 249/88, T 1053/93, T 318/02, T 1877/08, T 2168/11, T 867/13).

새로운 미지의 영역에서의 시도는 통상 성공에 대한 합리적 기대를 동반하지 않는다. 단순한 성공에 대한 희망(hope to succeed)이 성공에 대한 합리적 기대로 잘못 해석되어서는 안 된다. 다른 사람 혹은 팀이 동일한 연구 프로젝트를 동시다발적으로 수행하고 있었다는 사정은 그러한 프로젝트에 대한 시도가 자명한 경우(obvious to try)이거나 그 프로젝트가 흥미로운 연구 주제임을 나타낼 뿐이고, 반드시 성공에 대한 합리적 기대가 있었던 상황이라는 것을 의미하는 것은 아니다. 성공에 대한 합리적 기대는 단순한 성공에 대한 희망과는 구별되어야 한다. 성공에 대한 합리적 기대는 통상의 기술자가 그 프로젝트 시작 전의 지식에 기초하여 수용 가능한 시간 범위 내에 그 프로젝트가 성공적인 결론에 이

---

398) 이하 심결의 구체적인 내용은, EPO, Case Law of the Boards of Appeal, 9TH Edition (2019. 7.) Part I, D. 7.1.; Timo Minssen, "Meanwhile on the Other Side of the Pond: Why Biopharmaceutical Inventions That Were Obvious to Try Still Might Be Non-Obvious-Part I", 9 CHI.-KENT J. INTELL. PROP. 60, 76, 77 (2010)의 관련 내용을 요약 및 정리한 것이다.

를 것임을 합리적으로 예견할 수 있었음을 의미한다. 따라서 해당 기술 분야에 연구되지 않은 영역이 많을수록, 성공적인 결론을 예측하기는 더욱 어려워지고, 결과적으로 성공에 대한 기대도 낮아지게 된다[T 296/93, T 694/92(OJ 1997, 408)]. 성공에 대한 희망은 단순한 희망을 표현하는 것인 반면, 성공에 대한 합리적 기대는 이용 가능한 사실에 대해 예상되는 과학적 평가이다[T 207/94(OJ 1999, 273)].

통상의 기술자가 어떤 실험을 시도하는 것이 자명하였다고 하더라도 그러한 시도를 할 당시 언제나 성공에 대한 합리적 기대를 가지고 있었다고 단정할 수는 없다(T 187/93).

통상의 기술자가 어떤 연구 프로젝트를 성공에 대한 희망을 가지고 시도하는 것이 자명할 수 있으나, 그 시작에 앞서 기존의 지식에 기초하여 수용 가능한 시간 범위 내에서 프로젝트를 성공적으로 마무리할 수 있을지를 합리적으로 예상할 수 있는지를 평가하는 과정에는 사후적 고찰을 피하기 위해 다음의 사정이 고려되어야 한다. 즉 비록 특정한 기술적 과제를 해결하기 위한 직접적인 방법을 이론적으로 인식할 수 있는 경우에도 통상의 기술자가 그 방법을 실제로 시도하는 과정에는 예상치 못한 많은 어려움에 부딪힐 수 있다는 점이다. 실험과 관련된 여러 요소들에 의할 때 통상의 기술자가 이론적으로 직접적인 해결방법이지만 쉽게 실시될 수 없다고 예상하게 되고 성공적인 결론이 단순히 그 이론적 실험 프로토콜의 정확한 단계를 거쳐 실험을 수행할 수 있는 기술적 능력 외에도 실험 과정에서 접하게 될 어려움에 대해 올바른 결정을 내릴 수 있는 능력에 매우 중요하게 좌우된다는 것을 알고 있었을 상황이라면, 통상의 기술자가 성공에 대한 합리적 기대가 있었다고 할 수 없다(T 816/90, T923/92).

특정한 절차를 거치는 것에 대한 부정적인 편견이 있을 경우에는 통상의 기술자가 그 실험의 성공적 결과에 대해 가질 수 있는 확신의 정도에 부정적으로 영향을 미치게 되어, 통상의 기술자는 성공에 대한 합리적 기대를 가질 수 없을 것이다(T 694/92).

성공에 대한 합리적 기대가능성과 성공에 대한 확실성은 구분되는데, 진보성 판단에서 성공에 대한 확실성이 요구되는 것은 아니다. 만일 성공에 대한 확실성이 그 기준이라면 인간의 질병을 치료하는 용도발명의 경우 성공적인 임상시험 결과가 증거로 제시되어야 진보성이 부정될 수 있을 것이지만, 이와 같은 증거가 요구된 적은 없다. 어떤 경우에 성공에 대한 합리적 기대가 있는지는 개별 사안별로 판단되어야 한다(T 918/01).

이러한 설시를 종합하면, EPO는 시도가 자명하다는 것과 그 시도 당시 성공에 대한 합리적 기대가 있다는 것을 별개의 문제로 보고 있으며 이들을 개별적으로 판단해야 한다는 입장인 것으로 이해된다. 또한 EPO는 성공에 대한 희망, 성공에 대한 합리적 기대가능성, 성공에 대한 확실성을 모두 구분하고 있다. 나아가 EPO 역시 시도가 자명한 상황만으로는 그 발명이 자명하다는 판단을 할 수 없다고 보는 점, 발명이 자명하다는 판단을 위해 필요한 성공에 대한 기대가능성의 정도가 합리적인 수준이라고 보는 점 등을 종합하면, 시도의 자명성, 성공에 대한 합리적 기대가능성 및 자명성의 관계에 관한 미국과 EPO의 입장은 실질적으로 별다른 차이가 없다고 평가할 수 있다.

V. 국내 논의

1. 관련 판례 및 분석

성공에 대한 합리적 기대가능성은 우리 특허 실무에서 발명의 진보성 판단 시 보편적으로 언급되는 고려요소가 아니다. 특히 대법원 판결 중에 이를 발명의 진보성 판단의 고려요소로 직접적으로 제시한 사례를 찾기는 어렵다. 다만 일부 하급심 판결에서 이를 명시적으로 언급한 바가 있고, 대법원 판결 중에서 성공에 대한 합리적 기대가능성과 관련하여 그 의미를 새길 필요성이 보이는 판결이 있으므로, 이하에서는 그 내용에 관하여 검토한다.

가. 하급심 판결

특허법원 2016. 1. 21. 선고 2014허4913 판결에서는 항암제의 특수성을 고려하여 발명의 진보성 판단 시 성공에 대한 합리적 기대가능성을 별도의 고려요소로 인정하고, 그러한 기대가능성이 없다는 이유로 발명의 진보성이 부정되지 않는다고 결론을 내린 바 있다. 그 후 특허법원 2017. 11. 29. 선고 2015허4613 판결[399], 특허법원 2017. 10. 19. 선고 2016허6524 판결[400] 및 특허법원 2018. 6. 29. 선고 2017허3522 판결[401] 등의 몇몇 하급심에서 명시적으로 성공에 대한 합리적 기대가능성을 언급하고, 그 기대가능성이 없어 진보성이 부정되지 않는다는 취지로 판결하였다. 이들 중 특허법원 2014허4913 판결과 특허법원 2015허4613 판결의 설시 내용에 관해 보다 자세히 본다.

1) 특허법원 2016. 1. 21. 선고 2014허4913 판결

이 사건은 만성 골수성 백혈병 치료제로 잘 알려져 있는 글리벡 (Glivec®)을 GIST[402]의 치료라는 새로운 의약용도에 사용하는 것에 관한 발명의 진보성이 문제 된 사안이다.

이 사건에서 법원은 결과에 대한 예측가능성이 떨어지고 성공 확률도 매우 낮으며 그 개발에 막대한 비용과 시간이 소요되는 항암제 개발의 특수성을 고려하였다. 이에 따라 통상의 기술자가 선행발명으로부터

---

399) 대법원 2018. 12. 13. 선고 2018후10206 판결로 상고기각되었다.
400) 이 사건 판결은 상고 없이 그대로 확정되었다.
401) 이 사건 판결은 상고 없이 그대로 확정되었다.
402) 'Gastrointestinal Stromal Tumor'의 약자로서 위장관 기질 종양을 의미한다.

암 치료 의약용도 발견의 가능성을 예상할 수 있다는 것을 넘어 선행발명으로부터 암 치료 의약용도 발견의 성공에 대해 합리적으로 기대할 수 있는 경우에만 선행발명에 의해 암 치료제 의약용도발명의 진보성이 부정된다는 법리를 설시하였다. 법원은 이러한 법리에 기초한 구체적인 판단에서 이 사건 발명에 그러한 기대가능성이 없으므로 진보성이 부정되지 않는다고 결론을 내렸다.

2) 특허법원 2017. 11. 29. 선고 2015허4613 판결

이 사건은 명칭을 '다가 폐렴구균 다당류-단백질 접합체 조성물'로 하고, 폐렴구균 백신으로 사용하기 위한 면역원성 조성물에 관한 발명의 진보성 등이 문제 된 사안이다.

법원은 통상의 기술자가 이 사건 발명의 우선권주장일 당시 면역간섭현상에 대한 우려와 단일 운반체 사용에 대한 부정적인 인식을 극복하고 단일 운반체로 A를 채택할 경우 13개 혈청형 모두에 대한 충분한 면역원성이 유지될 것이라고 합리적으로 예측하면서 단일 운반체로 A를 채택하였을 것이라고 보기는 어렵다고 하였다. 이에 따라 통상의 기술자가 선행발명과 이 사건 발명 사이에 존재하는 차이점을 쉽게 극복할 수 없다고 판단하였다. 또한 이 사건 발명은 단일 운반체를 사용한 다가(多價) 접합백신의 면역간섭 우려를 극복하고, 13개 혈청형 모두에서 면역원성을 유지하였다는 점에서 통상의 기술자가 예측하기 어려운 현저한 효과가 있다고 인정하였다. 법원은 이러한 점을 종합하여 결론적으로 이 사건 발명이 선행발명에 의하여 그 진보성이 부정되지 않는다고 판단하였다.

나. 대법원 판결

대법원은 성공에 대한 합리적 기대가능성이 없음을 이유로 발명의 진보성이 부정되지 않는다는 결론에 이르렀던 특허법원 2014허4913 판결에 대한 상고사건에서 2019. 1. 31. 선고 2016후502 판결로 위 요소에 대한 구체적인 언급 없이 그 발명이 통상의 기술자 입장에서 선행발명들로부터 특정 물질의 특정 질병에 대한 치료효과를 쉽게 예측할 수 있는 경우에 해당하여 진보성이 부정된다고 보았다. 그에 따라 위 특허법원 판결은 파기되었다.

그런데 최근 액정표시장치에 사용되는 액정조성물에 관한 화학발명의 진보성이 문제 되었던 대법원 2020. 5. 14. 선고 2017후2543 판결의 설시는 진보성 판단 시 성공에 대한 합리적 기대가능성에 관해 명확하게 언급하지는 않았지만, 일정 부분 이러한 내용이 고려된 것으로 이해할 수 있다.

이 사건 발명의 각 구성요소 중 VA(Vertical Alignment) 모드를 구현하는 성분인 제1, 2 성분은 선행발명 4에 개시되어 있고, PSA(Polymer Sustained Alignment) 모드 구현을 위한 중합성 화합물인 제3 성분은 선행발명 5에 개시되어 있었는데, 이 사건 발명이 선행발명 4, 5의 결합에 의하여 그 진보성이 부정되는지가 문제 되었다. 원심에서는 선행발명들을 결합하여 이 사건 발명의 구성을 쉽게 도출할 수 있어 구성의 곤란성이 인정되지 아니하나, 작용효과가 현저하게 우수하여 그 진보성이 부정되지 않는다고 판단하였다. 이에 대해 대법원은, 통상의 기술자에게 VA 모드의 액정조성물에 중합성 화합물을 추가한다는 착상 자체는 이미 공지된 기술사상이어서 별다른 어려움이 없겠지만, 구체적으로 선행발명 4에 개시된 제1, 2 성분에 선행발명 5에 개시된 제3 성분을 결합할 경우 제1, 2 성분의 특성을 저해하지 않으면서 제3 성분의 효과가 발휘될 것인지는 쉽게 예측하기 어려우므로, 그 결합이 쉽다고 단정할 수 없다고 판단하였다. 즉 진보성이 부정되지 않는다는 결론은 동일하였으나, 그 이유에서 차이를 보였다고 할 수 있다.

대법원 2017후2543 판결에 대해서는 결합발명 형태의 화학 분야 발명에 대한 진보성 판단 시 그 조성물을 구성하는 개개의 성분이 공지되었고 통상의 기술자 입장에서 이를 결합할 가능성이 있었다는 것만으로 그 결합이 쉽다고 단정할 수 없음을 분명히 하고, 효과의 예측가능성을 고려하여 그 결합이 쉬운지를 증명책임에 입각하여 판단하였다는 점에서 의의가 있다고 분석하는 견해가 있다. 이 견해는 화학 분야의 경우 성질이 알려진 두 개의 성분을 합친다고 해도 그로 인한 효과가 반드시 따라오는 것이 아니라 두 개의 성분이 서로 상호작용을 하여 그 효과가 예측할 수 없는 경우가 많기 때문에 화학 분야에서 두 개 성분의 결합의 곤란성과 결합으로 인한 효과의 예측가능성은 매우 밀접한 연관을 맺고 있다고 볼 수 있다고 한다.[403)]

그런데 대법원 2017후2543 판결은 발명의 진보성 판단에서 성공에 대한 합리적 기대가능성의 기능 측면에서도 의미 있는 판결이라고 생각된다. 즉 위 판결의 설시 중 '구체적으로 선행발명 4에 개시된 제1, 2 성분에 선행발명 5에 개시된 제3 성분을 결합할 경우 제1, 2 성분의 특성을 저해하지 않으면서 제3 성분의 효과가 발휘될 것인지는 쉽게 예측하기 어려우므로, 그 결합이 쉽다고 단정할 수 없다'는 부분을 주목할 필요가 있다. 이 부분은 선행기술 요소들의 결합에 따른 성공을 합리적으로 기대할 수 없기 때문에 그 요소들의 결합이 쉽다고 할 수 없다는 의미, 달리 표현하면 구성의 곤란성이 인정된다는 것으로 이해된다. 결국 구성의 곤란성 단계에서 성공에 대한 합리적 기대가능성의 취지를 묵시적으로나마 고려한 사건이라고 볼 수 있다.

2. 학설상 논의

실무에서 진보성 판단 시 고려요소로서 언급되기도 하는 성공에 대

---

403) 이경은, "화학발명의 진보성 판단 방법", 대법원판례해설 제124호, 법원도서관 (2020), 341-342면.

한 합리적 기대가능성의 정확한 의미가 무엇이고, 이 요소가 진보성 판단 과정에서 어떠한 기능을 할 수 있는지, 나아가 시도의 자명성과의 관계는 어떠한지에 대해 정면으로 논하는 견해가 많지는 않으나, 이러한 쟁점들에 대해 논하는 일부 견해들을 요약하면 아래와 같다.

1) 성공에 대한 합리적 기대가능성이 의약분야에서의 진보성 판단 기준의 하나라는 견해[404]가 있다.

2) 자명한 시도 테스트는 '시도의 자명성(과정)'을 통하여 '발명의 자명성(결과)'이라는 결론에 도달하는 법리인데, 성공에 대한 합리적인 기대가 위와 같은 결론에 이르기까지 논리적 비약을 줄일 수 있는 새로운 안전장치에 해당한다고 해석하는 견해가 있다. 이 견해는 통상의 기술자가 선행기술로부터 어떠한 시도를 할 수 있다는 동기를 얻는 것에 그치지 않고, 그러한 시도가 성공에 이를 수 있다는 합리적인 기대에 따라 이루어진 경우에만 비로소 비자명성을 부정할 수 있는데, 성공에 대한 합리적인 기대는 결국 선행기술이 제공하는 동기가 발명을 시도할 정도로 충분하였는가에 관한 판단요소로 볼 수 있다고도 한다. 또한 특히 화합물 발명에서 성공에 대한 합리적인 기대란 결국 화합물이 지닌 성질에 대한 예측가능성과 연관된다고 이해한다.[405]

3) 미국에서는 시도의 자명성과 성공에 대한 합리적 기대가능성을 구분하는 견해도 있지만, 성공에 대해 전혀 기대를 하지 않으면서 시도하는 것이 자명한 경우는 현실적으로 상정하기 곤란한 점, 실험에 따른 성공의 확률이 기술분야에 따라서는 높지 않을 수 있으나 성공에 대한 비합리적인 기대를 가지고 실험하는 것은 아닐 것이라는 점을 종합하면, 성공에 대한 합리적 기대가능성을 기존의 진보성 판단 기준과 명확하게 구별되는 별도의 기준으로 설정하는 것은 한계가 있다는 견해[406]도 있다. 이 견해는

---

404) 손천우, 위의 논문(주 65), 407면.
405) 이상현, 위의 논문(주 272), 478, 481-482면.

성공에 대한 합리적인 수준의 기대가 있어야 시도가 자명하다는 전제에서 성공에 대한 합리적 기대가능성이 시도의 자명성과 명확하게 구분되는 별도의 진보성 판단 기준은 아니라는 입장인 것으로 이해된다.

VI. 성공에 대한 합리적 기대가능성의 우리 실무에의 적용

1. 적용 필요성

의약발명 분쟁에서 진보성 판단 시 성공에 대한 합리적 기대가능성이 고려되어야 한다는 주장의 기본 전제는 성공에 대한 합리적 기대가능성이 개념적으로 시도의 자명성과 구분된다는 것이다. 즉 통상의 기술자가 어떤 시도를 해 볼 수 있는 것과 성공에 대한 합리적 기대를 가지고 시도를 하는 것과는 구분된다는 것이다. 따라서 선행기술을 결합할 동기가 있어 보이더라도 진보성이 쉽게 부정되어서는 안 된다는 주장으로 이어진다.[407]

앞서 본 미국 등에서의 논의를 종합하면, 성공에 대한 합리적 기대가능성은 발명의 시도 단계에서 그 발명이 목적하는 물건의 생성과 시도를 할 당시 발명의 목적으로 삼은 효과를 얻게 될 것이라는 점을 합리적으로 예상할 수 있는지의 문제라고 할 수 있는데, 진보성 판단 시 이러한 성공에 대한 합리적 기대가능성의 고려는 예측가능성이 떨어지는 기술분야에서 특히 의미가 있다. 즉 예측가능성이 떨어지는 기술분야에서는 구체적인 사실관계에 의할 때 결과에 대한 예측가능성이 현저히 떨어지는 상황에서도 새로운 시도를 하여 발명을 완성하는 경우가 종종 있을 수 있다. 그런데 그 경우 단지 선행기술에 그러한 시도가 시사되어

---

406) 김관식, 위의 논문(주 225), 26면.
407) 이진희, 위의 논문(주 26), 163면.

있다는 이유만으로 발명이 쉽게 도출된다고 평가하고 특허로써 보호하지 않는다면, 발명의 가치에 대한 정당한 평가가 이루어지지 못하는 불합리가 생길 수 있다. 성공에 대한 합리적 기대가능성이라는 개념요소는 이러한 불합리를 방지하기 위해 유용하게 작용할 수 있으며, 선행기술에 그 발명을 시도할 만한 동기가 제시된 경우 쉽게 진보성을 부정하는 실무에 대한 견제 장치가 될 수 있다.

의약발명 역시 상대적으로 결과에 대한 예측가능성이 떨어지는 기술 분야의 발명이므로, 그 진보성 판단 시 선행기술에 그러한 시도를 할 만한 암시가 있다는 사정만으로 쉽게 진보성을 부정하는 태도를 경계해야 한다.[408] 따라서 발명의 진보성 판단 시 '성공에 대한 예측가능성'이라는 통로를 통해 결과에 대한 예측가능성 정도를 반영할 필요가 있고, 이를 통해 그 판단에 적정을 기할 수 있다. 이러한 측면에서 성공에 대한 합리적 기대가능성이라는 요소는 의약발명의 진보성에 관한 우리 실무에도 시사하는 바가 있다.

2. 적용 방안

그렇다면 성공에 대한 합리적 기대가능성이라는 요소를 우리 특허 실무상 의약발명의 진보성 심리에 어떻게 고려할 것인지 논의할 필요가 있다.

먼저, 성공에 대한 합리적 기대가능성에서 기대가능성의 대상이 되는 성공이 물건의 생성 측면과 물건의 효과 측면의 성공으로 구성된다는 점은 앞서 본 바와 같다. 다음으로, 발명의 진보성 판단은 특허법 제29조에 따라 쉽게 발명할 수 있는지를 검토하는 과정인데, 쉽게 발명할 수 있는지의 판단은 구성의 곤란성과 효과의 현저성을 고려하는 것으로 구체화된다는 것이 실무의 확립된 태도이다. 이는 의약발명의 경우에도 다

---

408) 이진희, 위의 논문(주 26), 169면.

르지 않다.

그런데 성공에 대한 합리적 기대가능성은 구성의 곤란성 판단 과정에 고려되어 반영될 수 있다. 즉 구성의 곤란성 단계에서는 통상 선행기술 및 기술상식 등을 종합할 때 해당 발명의 구성을 시도하는 것이 쉬운지, 그러한 시도 과정에 기술적 어려움이 없는지를 종합적으로 검토한다. 시도 과정의 기술적 어려움을 검토한다는 것은 의도한 물건을 성공적으로 만들어 내는 것의 어려움 정도를 고려한다는 것이고, 이때 물건의 생성 측면에서 성공의 기대가능성도 함께 참작하게 된다. 또한 생성측면에서의 성공가능성뿐만 아니라 그 발명이 가지는 성질, 즉 효과와 관련하여 구체적으로 시도하고자 하는 발명의 효과에 대한 예측가능성이 떨어지면 그와 같은 시도가 쉬운지의 평가에 영향을 미치게 된다. 다시 말해, 물건의 생성 측면과 효과 측면에서의 성공에 대한 기대가능성이 합리적 수준에 이르지 못한다면 선행기술에 시도할 동기가 제시되어 있어도 그 시도에 대해 쉬운 것이라는 가치 평가를 할 수 없을 것이고, 최종적인 결과물이 얻어질 것인지에 대한 낮은 기대가능성은 시도에 있어서의 기술적 어려움으로도 평가될 수 있어 구성이 곤란하다는 결론에 이를 수 있다. 최근 대법원 2017후2543 판결에서 언급한 바와 같이 착상 자체는 별다른 어려움이 없더라도 구체적으로 선행발명을 결합함에 따라 나타날 효과를 예측하기 어렵기 때문에 그 결합이 쉽다고 단정할 수 없다는 부분은 결국 효과 측면의 성공에 대한 예측가능성을 고려하여 그 예측가능성이 떨어진다면 그 발명의 구성의 도출이 쉽다고 단정할 수 없다는 것이므로 구성의 곤란성 판단 단계에서 성공에 대한 예측가능성을 고려한다는 의미라고 할 수 있다.

성공에 대한 합리적 기대가능성이 이와 같은 방식으로 구성의 곤란성 판단에서 작용할 수 있는 개념이라고 이해한다면, 위 개념이 그동안 우리 진보성 실무에서 고려되지 않았던 새로운 요소라고는 할 수 없다. 다만 명시적으로 언급되지 않은 개념으로서 실제로 그 의미를 간과하기 쉬운 요소였을 뿐이다.

결국 우리 실무상 구성의 곤란성 판단 단계에서 선행기술에 그러한 시도가 시사 내지 암시되어 있다는 점만으로 구성이 쉽다고 판단하는 것을 지양하고 개별 사안의 구체적 사실관계에 따라 그 물건의 생성과 효과에 대한 예측가능성을 적극적으로 고려하여 구성의 곤란성을 판단한다면, 진보성 판단 과정에 성공에 대한 합리적 기대가능성을 고려할 수 있는 바람직한 방법이 될 것이다.

결론적으로 의약발명 중에는 결과에 대한 예측가능성이 현저히 부족한 경우가 있을 수 있다는 특성을 고려하여 선행기술에 그러한 시도를 할 만한 시사가 있다는 사정만으로 쉽게 진보성을 부정하는 태도를 경계해야 할 필요가 있다. 이것이 바로 성공에 대한 합리적 기대가능성이라는 요소가 시사하는 바이다. 그러나 성공에 대한 합리적 기대가능성이 의약발명의 진보성 판단에서 다른 고려요소들을 압도하는 전가의 보도처럼 활용되지 않도록 주의해야 한다. 즉 문제가 된 특정 발명의 예측가능성에 대한 구체적인 검토도 없이 단순히 의약발명이라는 점에 주목하여 예측가능성이 떨어진다고 단정하고 성공에 대한 합리적 기대가능성이 없을 것이라거나 매우 낮을 것이라는 선입견을 가지고 진보성 판단에 나아가는 것 역시 경계해야 한다.

3. 여론(餘論): 진보성 판단에서 예상하지 못한 효과의 의미

성공에 대한 합리적 기대가능성과의 관계 측면에서 살펴보았던 예상하지 못한 효과가 우리 특허 실무상 어떻게 고려될 수 있는지도 부가적으로 검토한다.

미국에서 예상하지 못한 효과의 존재가 비자명성 판단에서 어떠한 역할을 하는지에 관해 다양한 견해가 있음은 제3절 IV.의 1.항에서, 이에 관한 CAFC의 입장이 명확하지 않다는 점은 제5절 III. 4.의 아.항에서 각

각 살핀 바와 같다.

미국에서 자명성 판단의 2차적 고려요소로 논의되는 예상하지 못한 효과를 우리 특허 실무상 표현에 대응시킨다면 현저한 효과에 해당될 수 있다. 그런데 진보성 판단 기준으로서 쉽게 발명할 수 있는지는 발명 전체를 평가의 대상으로 하는 것이므로, 구성과 효과 모두를 고려해야 한다. 이때 구성의 곤란성이 없거나 불분명하더라도 현저한 효과가 있다면 쉽게 발명할 수 없다고 볼 것인지, 즉 특허로써 보호를 할 것인지의 논의가 있을 수 있다. 의약발명의 주류를 이루는 화학발명의 경우 효과가 진보성 판단에서 중요한 역할을 해왔을 뿐만 아니라, 선택발명에 관한 대법원 2019후10609 판결에서도 종래 대법원 판결이 구성의 곤란성이 인정되기 어려운 경우에 현저한 효과가 있으면 진보성이 부정되지 않는다는 취지라고 설시한 점 등을 종합하면, 이 경우에도 역시 우리 특허법상 쉽게 발명할 수 없는 것이라고 평가할 수 있다. 특허제도의 정책적 목적으로도 현저한 효과를 가진 발명을 하여 기술발전에 기여한 바를 보호함으로써 발명을 장려할 필요가 있다는 점에서 예상하지 못한 현저한 효과가 있는 발명의 경우에는 구성이 곤란성이 인정되는지와 상관없이 그 자체로 진보성이 부정되지 않는다고 보아야 한다.

제6절 소결론

의약발명 중 물질발명을 제외한 의약용도발명, 선택발명, 결정형 발명은 그 물질 자체가 선행발명에 이미 개시되어 있거나, 광범위하게 개시된 선행발명에 포함되었다고 볼 여지가 있다는 점에서 공통되는 점이 있다. 제형(제제)발명은 유효성분 자체가 이미 공지되어 있다는 점에서는 이들 발명과 유사한 점이 있으나 이미 공지된 유효성분을 포함하는 특정 제형(제제) 자체가 새로운 물건에 해당한다는 점에서, 즉 별도의 물건이라는 점에서 이들 발명과 구분될 수 있다.

종전에는 상당수 견해들이 의약용도발명, 선택발명, 결정형 발명의 위와 같은 공통점을 근거로 하여, 특수한 유형의 이들 발명에 대하여 효과를 중심으로 진보성을 판단해야 하고 그 법리의 모체가 되는 것이 선택발명 법리이므로 이를 수용할 필요가 있다는 입장을 취했던 것으로 이해된다. 이에 따라 선행발명이 갖는 효과와 질적으로 다른 효과를 갖고 있거나 질적인 차이가 없더라도 양적으로 현저한 차이가 있는 효과가 있어야 진보성이 부정되지 않을 수 있다는 내용의 선택발명에 대한 진보성 법리가 각 유형의 발명의 진보성 판단 기준에 관한 논의에 많은 영향을 미쳤다. 그런데 의약용도발명, 선택발명, 결정형 발명은 상호간 위에서 언급한 공통점이 있지만, 의약용도발명은 용도 자체가 발명의 구성이라는 점에서 청구범위가 물건만으로 구성된 선택발명이나 결정형 발명과 구분된다. 결정형 발명은 그 물질 자체가 선행발명에 구체적으로 개시되어 있는 상황에서 특정한 결정형을 추가로 한정한 것이라는 점에서 물질 자체가 선행발명에 구체적으로 개시되어 있지 않은 선택발명과 구분된다. 이처럼 위 발명들 사이에는 공통점 외에 차이점 역시 존재하고, 그 차이점이 특정 유형의 발명을 규정짓는다는 점에서 진보성 판단 기준을 개별적으로 검토하는 것이 타당하다.

한편 종래 의약발명에 대해 상대적으로 엄격한 진보성 판단 기준을 적용하는 등 특허권에 의한 보호에 소극적인 태도를 취했던 이면에는 정책적인 이유가 포함되어 있었다. 즉 국내 제약산업이 신약개발자의 입장보다는 후발주자의 입장에 있었기 때문에 의약발명을 특허로써 보호하는 것이나 신약개발자들이 기존의 신물질에 기초한 개량신약을 통해 특허권을 연장하는 전략을 취하도록 허용하는 것이 국내 제약산업에 부정적인 영향을 미친다는 생각이 전제되어 있었던 것이다. 그러나 현재 국내 제약산업이 더 이상 제네릭 의약품 생산에만 머물러 있지 않으며 신약 개발에 상당한 투자를 하고 있는 점, 그 연구의 대상을 신물질 개발보다는 개량신약 개발에 초점을 맞추고 있는 점을 고려한다면, 정책적인 목적에서 개량신약의 진보성에 대해 엄격한 기준을 적용할 필요성은 과거에 비해 많이 감소된 상황이다. 따라서 의약발명의 진보성 판단에서 종전보다는 유연한 입장을 취할 필요도 있다.

제5장에서는 의약발명 상호 간의 관계, 그리고 개량신약을 특허법적으로 보호하는 것이 현재 및 향후 우리 제약산업에 미칠 수 있는 영향에 대한 위와 같은 인식 아래 각 의약발명의 유형별로 진보성 판단 기준을 검토하였다. 그 검토 결과 의약발명도 다른 유형의 발명과 마찬가지로 구성의 곤란성과 효과의 현저성을 종합적으로 고려하여 진보성을 판단하는 것이 타당하다는 결론에 이르렀다.

구체적으로 의약용도발명의 경우 그 의약용도에 해당하는 대상 질병이나 투여용법·용량은 모두 발명의 구성에 해당하면서도 발명의 효과를 직접 또는 간접적으로 내포하는 이중적인 지위에 있다는 특수성을 인식할 필요가 있다. 기본적으로 의약용도발명의 경우에도 구성과 효과를 종합적으로 고려하여 진보성을 판단하여야 한다. 의약용도발명에서의 구성의 곤란성이란 선행기술로부터 특정 질병에 대한 치료용도 또는 특정 용법·용량이라는 용도의 도출이 쉬운지의 문제라고 할 수 있으며 이 역시 진보성 판단 시 고려되어야 할 요소이다. 의약용도발명에 대한 진보성 판단 시 고려할 효과란 그 의약용도와 관련하여 해당 의약물질이 나타내는 정량적인 치료효과를 포함하여 효과의 구체적인 내용을 의미한다. 최근 대법원 2019후10609 판결은 선택발명의 경우 일반적인 물건의 발명과 마찬가지로 구성의 곤란성에 의해서도 진보성이 부정되지 않을 수 있으며, 종래 대법원의 태도도 이와 같다는 취지로 확인하였다. 과거 대법원의 태도를 그와 같이 해석할 수 있는지에 대해서는 의문이 있으나 선택발명 역시 물건의 발명에 대한 일반적인 진보성 판단 기준에 따라 구성의 곤란성과 효과의 현저성을 종합적으로 고려하여 진보성을 판단해야 한다는 결론은 타당하다. 그 연장선상에서 결정형 발명의 경우에도 일반적인 물건의 발명과 마찬가지로 진보성 판단 시 구성의 곤란성을 고려한다는 점을 명확히 한 대법원 2018후10923 판결도 타당하다.

다만 위와 같이 의약발명의 진보성 판단 시 구성의 곤란성과 효과의 현저성을 종합적으로 고려하는 경우에도 의약용도발명이나 결정형 발명에서는 그 발명의 특성상 새로운 물건의 발명의 경우에 비하여 상대적으로 발명의 효과가 더 중요한 의미를 가질 수밖에 없다. 이는 의약용도발명은 발명의 핵심이 특정한 용도에 있다는 점에 기인하는 것이고, 결정형 발명의 경우 선행기술로부터 해당 구성에 이르는 과정에 구성의 곤란성이 부정될 가능성이 상대적으로 높을 수 있다는 점에 기인하는 것이다.

한편 의약발명에는 다른 유형의 발명과 구분되는 별도의 판단 기준이 필요한 것인지, 그 대표적인 예로 성공에 대한 합리적 기대가능성이 의약발명 특유의 진보성 고려요소로서 검토되어야 하는 것인지의 문제가 최근 몇 년간 꾸준히 제기되어 왔다.

미국, 특히 CAFC에서 언급하는 성공에 대한 합리적 기대가능성은 시도의 자명성과 구분되는 개념으로서, 시도가 자명함에도 불구하고 자명한 발명이 아니라는 결론에 이를 수 있는 중간장치가 되는 것으로 이해된다. 그런데 이는 의약발명 분야뿐만 아니라 다른 기술분야 발명의 진보성 판단 시에도 고려되어야 할 요소이고, CAFC 역시 위 요소의 적용을 특정한 기술분야로 한정하고 있지 않다. 다만 구성에 따른 결과의 예측이 어렵지 않은 대다수의 기술분야에서는 그 특정 구성을 시도할 만한 동기가 선행기술에 제시되면 이를 시도하는 것이 자명하고 그에 따른 결과의 예측도 어렵지 않기 때문에 성공에 대한 합리적 기대가능성이라는 요소의 독자적인 존재의의가 그다지 크지 않을 뿐이다. 반면 결과에 대한 예측가능성, 즉 시도하는 구성을 생성할 수 있는지에 대한 예측가능성 및 구성에 따른 효과에 대한 예측가능성이 상대적으로 낮은 의약발명 분야에서 진보성 판단 시에는 성공에 대한 합리적 기대가능성의 의미를 다시 한 번 새길 필요가 있다. 이 요소는 선행기술에 그 발명을 시도할 만한 동기가 제시된 경우 쉽게 진보성을 부정하는 실무에 대한 견제 장치가 될 수 있다. 이것이 바로 성공에 대한 합리적 기대가능성이라는 요소가 시사하는 바이다. 따라서 기본적으로 우리 특허 실무상 의약발명의 진보성 심리에도 성공에 대한 합리적 기대가능성이라는 개념을 염두에 두어야 한다.

이러한 관점에서 평가한다면, 진보성 판단 시 성공에 대한 합리적 기대가능성을 구체적으로 적용하는 과정에 예측가능성이 떨어진다는 의약발명 분야의 특징을 고려할 필요가 있다. 다만 앞서 언급한 바와 같이 성공에 대한 합리적 기대가능성이 의약발명의 진보성 판단 시에만 고려되는 특수한 요소라고 할 수는 없다.

성공에 대한 합리적 기대가능성은 우리 진보성 심리에서 다음과 같은 방식으로 고려될 수 있다. 즉 종래 우리나라에서의 진보성 심리방식은 기본적으로 구성의 곤란성과 효과의 현저성을 종합적으로 고려하여 판단하는 것이었다. 의약발명에서 효과가 현저하면 진보성이 부정되지 않는다는 것이 대체적인 입장이고, 구성의 곤란성에 대해서는 구체적으로 선행기술을 결합하거나 변형하는 것을 쉽게 시도할 수 있는지, 그러한 시도를 통해 대상 발명에 이르는 데에 기술적 어려움은 없는지에 관한 검토가 이루어진다. 그런데 발명의 결과인 물건의 생성 및 물건의 성질에 대한 예측가능성이 떨어지는 경우에는 쉽게 시도해볼 수 있는 것인지 및 시도 과정의 기술적 어려움에 영향을 미치게 되고 궁극적으로 구성이 쉽지 않다는 결론에 이르게 될 가능성이 상대적으로 커진다. 결국 우리 실무에서는 진보성 판단 기준인 쉽게 발명할 수 있는지의 관점에서 구성의 곤란성 판단 과정에 그 발명에 따른 결과의 예측가능성을 적극적으로 고려하는 것을 통해 성공에 대한 합리적 기대가능성의 의미가 반영될 수 있다. 구체적으로는 그 발명에 따른 결과의 예측가능성이 그러한 시도가 쉽다고 볼 수 있는지, 시도 과정에 기술적 어려움이 없는지의 평가에 영향을 미치는 것이다.

다만 기술분야가 예측가능성이 떨어진다는 이유만으로 성공에 대한 합리적 기대가능성이 기존에 진보성 판단 과정에 고려되었던 요소들을 압도하고 진보성이 부정되지 않는다는 결론에 손쉽게 도달하는 통로가 되는 것은 경계해야 할 것이다. 즉 단순히 문제가 된 특정 발명이 의약발명이라는 점에 주목하여 예측가능성이 떨어진다고 단정하고 성공에 대한 합리적 기대가능성이 없을 것이라거나 매우 낮을 것이라는 전제 아래 진보성 판단에 나아가는 것을 경계해야 한다. 의약발명을 다른 나라에 비해 상대적으로 두텁게 보호하는 것으로 평가받는 미국에서 의약발명을 다른 유형의 발명과 구분하여 특별히 취급할 것이 아니라 의약발명의 비자명성에 대해 일반발명과 마찬가지의 기준을 적용해야 한다는 견해들이 상당수 제기되는 상황 역시 향후 우리 실무상 성공에 대한 합리적 기대가능성의 기계적인 적용 가능성에 대한 경고가 된다.

결국 의약발명의 진보성 판단에서 성공에 대한 합리적 기대가능성을 고려함에 있어서는 특정 발명에 대해 제시된 사실관계에 따라 예측가능성을 개별적이고 구체적으로 판단하는 것을 통해 그 적정을 기할 수 있을 것이다.

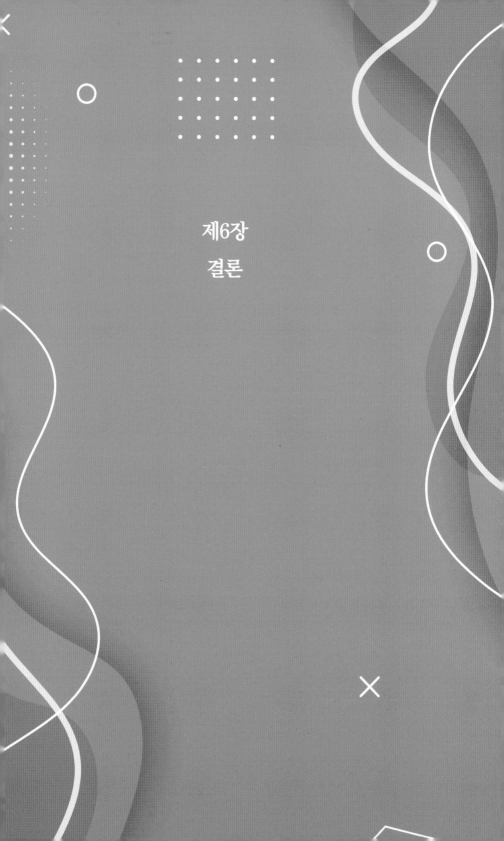

제6장

결론

의약발명에 대한 특허법적 보호는 늘 논란의 중심에 있었다. 그중에서도 특히 의약발명에 특허권을 부여할 것인지, 또한 어느 범위에서 부여할 것인지가 문제 되었다. 이러한 논란의 근저에는 다른 유형의 발명과 구분되는 의약발명의 특성이 있다. 의약발명의 특성은 그 특허법적 보호를 검토하는 각 단계에서 특정한 입장을 취하는 이유 중의 하나가 되기도 한다.

이 책에서는 의약발명의 특허법적 보호에 관한 논의의 출발점이 될 수 있는 특허권 부여 단계에서의 개별 요건들에 대한 연구를 바탕으로 의약발명을 특허법적으로 보호하는 바람직한 방안을 제시하고자 하였다. 의약발명에 관한 구체적인 분쟁에서 가장 많이 다투어지는 명세서 기재요건과 진보성에 그 논의를 집중하였으며, 논의의 흐름상 필요한 범위 내에서 특허대상적격성의 문제와 신규성의 문제도 함께 보았다. 검토 과정에는 의약발명의 특성이 각 단계에서 어떻게 고려되는 것이 타당한지도 살펴보았다.

의약발명은 인류의 생명과 건강에 직결되는 발명이라는 특징이 있다. 이러한 특징에 근거하여 의약발명의 특허법적 보호에 대해 소극적인 입장을 취하는 견해도 있다. 의약발명에 독점적이고 배타적인 권리를 부여하는 것은 도덕적, 윤리적으로 부당하다는 취지이다. 최근의 COVID-19 팬데믹 상황에서 나타났던 백신 공급의 선진국 편중 현상도 그러한 주장을 뒷받침하고 있다. 그런데 인류의 생명과 건강에 직결된다는 의약발명의 특징은 양면성을 가지고 있다. 먼저 생명과 건강이라는 인류의 기본적 권리를 위해 누구나 이를 공유할 수 있도록 하는 것이 타당한 측면이 있다. 반면 기술개발이 곧 인류의 생명과 건강에 기여하는 지름길일 수 있는데, 제약산업 분야는 개발비용이 생산비용을 훨씬 초과한다는 점을 고려하면 발명을 특허로써 보호하여 특허법의 궁극적인 목적인 기술

발전 촉진 및 산업발전에 이바지할 필요성이 다른 어떤 영역보다도 부
각되는 분야이기도 하다. 이처럼 상반되는 두 측면을 조화롭게 풀어낼
수 있는 방법은 인류의 생명과 건강 측면에서 독점에 대한 우려를 의약
발명에 대한 특허권 부여 단계가 아니라 특허권의 효력 단계에서 그 범
위의 제한으로 해결하는 것이다. 현행법상으로도 강제실시권 설정 방법
에 의해 어느 정도 규율이 가능하고, 향후 특허권의 효력범위를 제한하
는 입법을 통해 해결할 수 있는 길이 열려 있다는 점을 고려하면, 의약
발명에 특허권을 부여하여 보호하는 것 자체를 부정적인 시각으로 바라
볼 것은 아니다. 즉 의약발명의 특허법적 보호와 관련한 도덕적, 윤리적
관점에서의 문제는 원천적으로 특허권 부여 자체를 엄격히 하여 의약발
명을 특허의 제도권 밖에 두는 방식으로 해결할 것이 아니라 필요에 따
라 사회적 합의를 거쳐 특허권의 효력범위 제한으로 해결하는 것이 바
람직하다.

　한편 현행 특허법은 특허의 대상을 발명으로 규정하고 있는데, 의약
발명 중에는 발명과 발견의 경계선상에 있는 것으로 보이는 발명도 있
다. 비교법적 검토 결과 및 발명과 발견의 경계가 모호한 점, 그리고 향
후 기술발전에 따라 그 성격이 명확히 규정되기 쉽지 않은 새로운 유형
의 발명이 얼마든지 출현할 수 있는 점 등을 종합하면, 순수한 자연법칙
의 발견에 불과하여 인류가 공유해야 할 기술발전의 토대에 해당하는
경우를 제외한다면, 의약발명의 특허대상적격성을 폭넓게 인정하는 것
이 타당하다.

　의약발명의 특허법적 보호와 관련하여 제기되는 우려 중의 하나는,
개량신약에 대한 특허권이 의약발명 특허권의 존속기간을 부당하게 연
장할 목적, 즉 에버그리닝(evergreening) 의도로 이용될 수 있다는 것이다.
이러한 우려는 개량신약에 대한 특허를 견제할 필요성으로 연결되어 종
래 개량신약 형태의 의약발명에 대한 명세서 기재요건이나 진보성 판단
기준 등에 관해 엄격한 입장을 취하는 견해의 숨은 논거가 되기도 하였

다. 그러나 이 문제는 의약발명의 진보성 판단 단계에서 특허로써 보호할 가치가 있는 개량인지를 적정하게 판단함으로써 해결할 수 있다. 따라서 그러한 우려를 근거로 각 요건에 관해 일률적으로 엄격한 기준을 적용하는 것은 바람직하지 않다. 또한 정책적인 측면에서 보더라도 국내 제약산업이 더 이상 제네릭 의약품 생산에만 머물러 있지 않고 개량신약 개발에 상당한 연구 비중을 두고 있기 때문에 이를 장려하는 것이 국내 관련 산업발전에 이바지할 수 있다는 점도 고려할 필요성이 있다.

의약발명의 명세서 기재요건과 관련하여서는 실질적으로 독자적인 의의를 인정하기 쉽지 않은 뒷받침 요건보다는 실시가능 요건 충족 여부가 핵심 쟁점이 되어 왔다. 주로 효과를 어느 정도 기재해야 실시가능 요건을 충족하는지가 논의되고, 이는 진보성 판단 단계에서 고려할 수 있는 효과에 해당하기 위해 그러한 효과가 명세서에 어느 수준으로 기재되어야 할 것인지의 문제와도 밀접하게 관련되어 있다. 종래 상당수의 견해가 의약발명의 명세서 기재요건으로서 실시가능 요건이 충족되기 위해서는 그 발명의 진보성이 인정될 정도의 현저한 효과가 명세서에 명확히 기재되어야 한다거나, 동질의 현저한 효과에 대해 정량적 기재가 있어야 한다는 입장을 취하였다. 그런데 실시가능 요건의 충족 여부는 통상의 기술자가 그 발명을 쉽게 실시할 수 있을 정도로 발명을 충분히 공개하였는지의 관점에서 평가해야 한다. 따라서 그 요건을 충족하기 위해 필요한 효과의 기재 정도도 통상의 기술자가 그 발명을 쉽게 실시할 수 있는지를 기준으로 결정되어야 한다.

이러한 기준에 의할 때 의약용도발명과 그 외의 의약발명에 대해 요구되는 효과의 기재 정도가 구분된다.

의약용도발명은 의약용도가 청구범위에 구성으로 기재됨에 따라 발명의 실시 태양으로서의 사용은 그 의약물질을 청구범위에 기재된 의약용도에 사용하는 것이다. 그런데 의약발명 분야는 물질의 구성만으로는 효과를 예측하기 어려운 특징이 있다. 따라서 통상의 기술자가 의약물질이 해당 의약용도에 효과가 있다는 것을 정확하게 이해하고 그 용도에 사용하기 위해서는 명세서에 그 효과를 확인할 수 있는 정량적 데이터가 필요하다. 이와 같은 입장을 취하는 판례의 태도는 타당하다. 그러나 나머지 의약발명에서의 실시는 그 물질을 생산하여 유용하게 사용하는 것이다. 이 점에서 의약용도발명과 차이가 있다. 그런데 물질의 유용성이라는 것이 선행기술에 비해 효과가 현저하다는 가치 판단을 요구하는 것은 아니다. 이러한 가치 판단은 진보성 영역에서 검토될 수 있는 문제이다. 따라서 의약용도발명을 제외한 나머지 의약발명의 명세서에는 발명의 유용성을 인식할 수 있는 범위 내에서의 효과 기재가 있으면 족하고, 별도로 그 효과가 정량적인 데이터로 기재될 필요가 없다. 명세서에 발명의 효과에 관해 충분하게 기재하지 않은 결과 진보성 판단에서 유리한 근거로 활용될 수 없게 될 우려는 발명의 출원인이 진보성 영역에서 감당해야 할 위험에 불과한 것이지 명세서의 기재요건으로서 요구되는 것은 아니다. 명세서 기재요건으로서 효과의 기재 정도에 관한 이러한 입장은 선택발명이나 결정형 발명에 대해 구성의 곤란성에 의해서도 진보성이 부정되지 않을 수 있다는 최근 대법원 판결에 의해서도 뒷받침된다. 향후 선택발명과 결정형 발명의 효과와 관련한 명세서 기재요건은 그 발명의 유용성을 인식할 수 있는 수준으로 효과가 기재되면 이를 충족할 수 있다는 것으로 판례의 입장이 명확하게 정리될 필요가 있다.

의약발명의 진보성은 원칙적으로 다른 유형의 발명과 동일한 기준에 의해 판단되어야 한다.

현행 특허법상 발명의 진보성은 선행기술로부터 그 발명에 쉽게 도달할 수 있는지의 관점에서 평가된다. 발명의 본질은 구성과 효과라는 점에서, 발명의 진보성 판단 시에는 발명을 전체적으로 평가하여 구성이 쉽게 도출되고, 효과도 쉽게 도출되는 것인지를 검토할 필요가 있다. 즉 쉽게 발명할 수 있다는 것은 구성 자체가 쉽게 도출되고, 효과 역시 쉽게 예측할 수 있는 범위 내일 경우에 내려질 수 있는 법적 평가이다. 발명의 진보성이 구성과 효과를 종합적으로 고려하여 평가되는 것이라는 점에서 구성의 곤란성과 효과의 현저성은 서로 보완적인 관계에 있다. 구성의 곤란성은 기술의 풍부화 측면에서 그 의의를 찾을 수 있다. 특허 제도의 취지 측면에서 보더라도 기술의 풍부화와 효과의 개선이 각각 기술발전의 토대가 되어 상호 유기적으로 작용한 결과 기술발전에 이르게 된다.

그런데 종래 특수한 유형의 발명으로 지칭되는 의약발명에 대해서는 일반적인 진보성 판단 구조에 대한 예외로서 구성의 곤란성에 대한 검토 없이 효과에 의해 진보성이 결정된다는 견해가 상당수 있었던 것으로 보인다. 그 밑바탕에는 의약발명의 신규성에 대한 의문과 함께 의약발명의 경우 현저한 효과에 특별한 가치를 인정하여 예외적으로 특허를 부여하는 것이라는 생각이 전제되어 있다. 그런데 의약발명은 그 유형 자체로 신규성이 부정되는 것이 아니고, 신규성은 문제가 된 구체적인 발명에 따라 개별적으로 판단될 문제이다. 개별 사안에서 검토 결과 신규성이 부정되는 발명에 대해서는 이를 이유로 특허 부여가 거절되어야 할 것이다. 나아가 개별 검토 결과 신규성이 부정되지 않는 의약발명이 기술의 풍부화에 기여한 바가 있다면 기술발전 측면에서 의미 있는 가치이다. 결국 의약용도발명을 포함한 의약발명의 진보성 판단 시에도 구성의 곤란성과 효과의 현저성이 종합적으로 고려되어야 한다. 최근 대법원 판결에서 선택발명과 결정형 발명의 진보성 판단 시 구성의 곤란성도 고려하여야 한다는 점이 명확하게 선언되었고 타당하다.

의약발명의 진보성을 관통하는 또 하나의 화두는 미국과 유럽에서 주로 언급되는 성공에 대한 합리적 기대가능성이다. 이는 그 발명의 구체적 사정상 시도에 따른 성공 여부를 합리적으로 예측할 수 없는 상황 아래 단지 선행기술에 해당 발명을 시도할 동기가 제시되었다는 것만으로 그 발명의 진보성이 부정된다고 할 것인지의 문제이다. 의약발명과 관련한 CAFC 판결에서는 시도가 자명하더라도 성공에 대한 합리적 기대가 없었기 때문에 그 발명이 자명하지 않다는 설시를 어렵지 않게 확인할 수 있다. 성공에 대한 합리적 기대가능성이 의약발명 분야에서만 특별히 검토되는 진보성 고려요소는 아니지만, 상대적으로 예측가능성이 높은 기술분야에서는 성공에 대한 합리적 기대가능성 고려 여부에 따라 진보성 판단이 크게 달라지지 않을 것이나, 예측가능성이 떨어지는 기술분야에서는 진보성 판단이 달라질 가능성이 높기 때문에 그 분야에서 논의가 집중되는 것이다.

발명의 진보성에 대해 사후적 고찰을 피해야 한다는 점에서 선행기술에 단순히 동기가 제시되어 있다는 점만으로 기계적으로 진보성을 부정하는 입장은 마땅히 경계해야 한다. 이는 특히 의약발명 분야로 대표되는 예측가능성이 떨어지는 기술분야의 경우 부당한 결과에 이를 수 있는 위험이 더욱 크다는 점에서 중요한 의미를 갖는다. 따라서 기본적으로 우리 특허 실무상 의약발명의 진보성 심리에도 성공에 대한 합리적 기대가능성이라는 개념을 염두에 둘 필요가 있다.

위 요소는 우리 특허 실무에서 구성의 곤란성과 관련하여 선행기술에 그 발명을 시도할 동기가 있으면 선행발명으로부터 해당 발명의 구성을 쉽게 도출할 수 있는 것에 불과하다고 평가할 것인지의 단계에서 작용할 수 있다. 결과에 대한 예측가능성이 떨어진다는 점은 구성의 곤란성을 검토하는 단계에서 쉽게 시도해 볼 수 있는지, 그 시도에 기술적 어려움이 없는지를 평가할 때 반영될 수 있다. 즉 성공에 대한 기대가능성이 합리적 수준에 이르지 못한다면, 선행기술에 그 발명을 시도할 동기가 제시되어 있어도 쉽게 시도할 수 없다고 평가될 수 있다. 최종적인 결과물이 얻어지는 것에 대한 낮은 기대가능성은 시도 과정에서의 기술적 어려움으로도 평가될 수 있다. 이에 따라 구성이 곤란하다는 결론에 이를 수 있다. 성공에 대한 합리적 기대가능성을 위와 같은 방식으로 구성의 곤란성 판단에서 작용할 수 있는 개념이라고 이해한다면, 그 개념이 그동안 우리 진보성 실무에서는 고려되지 않았던 새로운 요소라고 할 수는 없다. 단지 명시적으로 언급되지 않은 개념으로서 실제로 그 의미를 소홀히 하기 쉬운 요소였을 뿐이다.

향후 의약발명의 진보성 심리에서는 성공에 대한 합리적 기대가능성이 시사하는 바를 간과하지 않도록 유의할 필요가 있는 것은 분명하다. 그러나 다른 한편으로는, 그 발명이 속하는 기술분야가 예측가능성이 떨어지는 특징이 있다는 사실만으로 개별 발명에 대한 구체적인 검토도 없이 성공에 대한 합리적 기대가 없다고 인정하고, 이로부터 다시 그 발명의 진보성이 부정되지 않는다는 결론에 이르는 것 역시 경계해야 한다. 의약발명에 관한 개별 사건에서 제시된 구체적 사실관계에 따라 그 판단은 달라져야 한다.

결론적으로, 의약발명을 특허법적으로 보호하는 것과 관련한 일부 정책적 우려는 특허부여 단계가 아닌 그 효력범위 문제로 다루는 것이 바람직하다. 또한 의약발명에 대한 특허권 부여 단계에서 명세서 기재요건이나 진보성과 같은 각 요건을 다른 유형의 발명과 근본적으로 달리 취급할 필요는 없다. 의약용도발명에서의 실시가능 요건과 같이 의약발명에서 구체화된 특허법리가 다른 유형의 발명과 일부 구분되는 것은 의약발명을 달리 취급함에 기인하는 것이 아니라, 공통된 법리에 예측가능성과 같은 기술분야의 특징이 반영된 결과로 이해하는 것이 타당하다.

이 책에서 이루어진 의약발명의 명세서 기재요건과 진보성을 중심으로 한 연구가 의약발명을 특허법적으로 보호하는 바람직한 방안에 관한 앞으로의 논의를 더욱 활성화할 수 있는 계기가 되기를 희망한다. 또한 이 책이 의약발명에 대한 특허권 부여 단계에서 검토되는 각 요건에 관한 특허법리를 보다 명확하고 합리적인 방향으로 발전시켜나가는 데에 작은 보탬이 될 수 있기를 기대한다.

참고문헌

1. 단행본

〈국내 문헌〉

손천우, 선택발명의 특허성에 관한 연구, 박영사(2022)

송영식 외 6인 공저, 지적소유권법(上), 제2판, 육법사(2013)

윤선희(교정저자 박태일, 강명수, 임병웅), 특허법, 제6판, 법문사(2019)

이해영, 미국 특허법, 제5판, 한빛지적소유권센터(2020)

이헌, 발명의 진보성 판단에 관한 연구, 경인문화사(2017)

임석재·한규현, 특허법, 박영사(2017)

정상조·박성수 공편, 특허법 주해 I, 박영사(2010)

조영선, 특허법 3.0, 제7판, 박영사(2021)

최승재 외 2인, 신미국특허법, 법문사(2020)

특허법원, 지적재산소송실무, 제4판, 박영사(2019)

특허법원 국제지식재산권법연구센터, 지식재산 법률용어 사전, 특허법원(2022)

〈외국 문헌〉

Donald S. Chisum, Chisum on Patents: A Treatise on the Law of Patentability, Validity and Infringement, Vol. 2A, LexisNexis (2020)

Janice M. Mueller, Patent Law, 5th ed. Wolters Kluwer (2016)

Martin J. Adelman, Randal R. Rader, Gordon P. Klancnik, Patent Law in a nutshell (2nd edition), West (2013)

中山信弘, 特許法, 第4版, 弘文堂(2019)

中山信弘 외 3인 편저, 특허판례백선, 사단법인 한국특허법학회 역, 제4판, 박영사(2014)

2. 논문

〈국내 논문〉

강경태, "선택발명의 제문제", 사법논집 제46집, 법원도서관(2008)

강기중, "가. 선택발명에서의 진보성 판단방법, 나. 이 사건 특허발명의 진보성 판단의 적법 여부(소극)", 대법원판례해설 제45호, 법원도서관(2004)

강춘원, "선택발명과 명세서 기재불비", 특허판례연구 개정판, 박영사(2012)

구민승, "물건의 발명의 실시가능 요건에 있어서 발명의 효과의 재현 정도", 대법원판례해설 제108호, 법원도서관(2016)

구성진, "수치한정발명에서 수치한정의 해석과 그 적용", 저스티스 제191호, 한국법학원(2022)

권동주, "결정형 발명의 진보성 판단기준에 관한 판례 분석", 특허법원 개원 20주년 기념논문집, 특허소송연구 특별호, 특허법원(2018)

김관식, "의약용도발명의 신규성 및 진보성", 지식재산연구 제14권 제1호, 한국지식재산연구원(2019)

김병필, "수치한정발명과 파라미터 발명의 특허성 판단을 위한 새로운 접근방법에 관하여", LAW & TECHNOLOGY 제10권 제1호, 서울대학교 기술과법센터(2014)

김석준, "의약투여방법의 진보성 판단 및 균등범위 해석론", 법과 정책연구 제16집 제3호, 한국법정책학회(2016)

김운호, "선택발명의 명세서 기재요건", 대법원판례해설 제74호, 법원도서관(2008)

김창권, "제시된 선행문헌을 근거로 발명의 진보성이 부정되는지 판단하는 방법", 대법원판례해설 제108호, 법원도서관(2016)

김창권, "수치한정발명의 진보성 및 기재요건", 특허법원 개원 20주년 기념논문집, 특허소송연구 특별호, 특허법원(2018)

김태현, "수치한정발명의 진보성 판단방법론", 특허판례연구 개정판, 박영사(2012)

나종갑, "나쁜 지적재산권의 재림(II)-대법원 2015. 5. 21. 선고 2014후768 전원합의체 판결-", 산업재산권 제64호, 한국산업재산권법학회(2020)

박길채, "효과 기재가 흠결된 선택발명의 진보성 및 기재불비 판단", 지식재산21 제105호, 특허청(2008)

박영규, "선택발명의 신규성·진보성 판단을 위한 선행기술의 인정범위", 지식재산연구 제14권 제4호, 한국지식재산연구원(2019)

박운정, "선택발명의 진보성 판단기준의 재조명-대법원 2021. 4. 8. 선고 2019후 10609 판결-", 저스티스 제188호, 한국법학원(2022)

박정희, "수치한정발명과 명세서에의 효과의 기재", 특허판례연구 개정판, 박영 사(2012)

박정희, "의약의 선택발명에 관한 최근의 대법원 판례", 자유와 책임 그리고 동 행: 안대희 대법관 재임기념 논문집, 사법발전재단(2012)

박준석, "의약에 관한 특허법의 통합적 검토-유전자원의 문제를 포함하여-", 저스 티스 제128호, 한국법학원(2012)

박준석, "우리 특허법상 발명의 개념에 관한 고찰", 법학 제54권 제3호, 서울대학 교 법학연구소(2013)

박준석, "미국 연방특허항소법원(CAFC)의 정체성(正體性) 및 관련 번역에 대한 고찰", 법조 제69권 제1호(통권 제739호), 법조협회(2020)

박태일, "의약의 용도발명에서 특허출원 명세서의 기재 정도", 대법원판례해설 제104호, 법원도서관(2015)

박태일, "의약용도발명의 특허청구범위에 기재되어 있는 약리기전의 의미", LAW & TECHNOLOGY 제10권 제5호, 서울대학교 기술과법센터(2014)

서을수, "선택발명의 특허성 판단에 대한 재검토", 지식재산연구 제16권 제4호, 한국지식재산연구원(2021)

설민수, "특허명세서 기재요건과 특허발명의 범위에 관한 한국과 미국의 비교법 적 연구", 인권과 정의 제435호, 대한변호사협회(2013)

손영화, "의약품 특허분쟁상 역지급합의에 대한 경쟁법상 문제", 기업법연구 제 29권 제1호, 한국기업법학회(2015)

손천우, "경피투여라는 투여용법을 제공하는 의약용도발명의 진보성에 대한 판 단기준", 대법원판례해설 제114호, 법원도서관(2018)

손천우, "서방형 제제에 관한 제형발명의 명세서 기재요건", 대법원 판례해설 제 118호, 법원도서관(2019)

신혜은, "의약용도발명의 효율적 보호방안에 관한 연구", 창작과 권리 제55호, 세 창출판사(2009)

신혜은, "선택발명의 명세서상 효과 기재요건", 창작과 권리 제68호, 세창출판사(2012)

신혜은, "의약용도발명의 신규성 및 진보성", 정보법학 제21권 제3호, 한국정보법 학회(2017)

신혜은, "투여용량·용법에 특징이 있는 의약발명의 특허성", 산업재산권 제45호, 한국산업재산권법학회(2014)

유영선, "의약발명의 유형별 특허요건의 비교·분석", 특허소송연구 6집, 특허법원(2013)

유영선, "선택발명의 진보성 판단", 대법원판례해설 제94호, 법원도서관(2013)

유영선, "수치한정발명의 신규성 판단기준", 대법원판례해설 제96호, 법원도서관(2013)

유영선, "수치한정발명의 기재불비 판단 기준", 대법원판례해설 제90호, 법원도서관(2012)

유영선, "결정형 발명의 진보성 판단기준", 자유와 책임 그리고 동행: 안대희 대법관 재임기념 논문집, 사법발전재단(2012)

윤경애, "의약용도발명의 특허요건", 특허판례연구 개정판, 박영사(2012)

윤권순, "의료발명의 특허성에 대한 비판적 고찰", 창작과 권리 제14호(1999)

이경은, "화학발명의 진보성 판단 방법", 대법원판례해설 제124호, 법원도서관(2020)

이미정, "결정다형 발명의 진보성 판단기준", 특허판례연구, 박영사(2017)

이상현, "선택발명의 진보성에 대한 비교법적 접근-현저한 효과와 선택의 동기", 사법 제52호, 사법발전재단(2020)

이진희, "의약용도발명의 특허성-투여용법·용량에 특징이 있는 의약용도발명을 중심으로-", 서울대학교 대학원 법학석사학위논문(2017. 2.)

이진희, "의약용도발명의 명세서 기재요건 및 진보성", 특허법원 개원 20주년 기념논문집, 특허소송연구 특별호, 특허법원(2018)

이진희, "선택발명의 명세서 기재요건", 사법 제50호, 사법발전재단(2019)

이진희, "임상시험계획서를 선행발명으로 한 의약용도발명의 신규성 및 진보성 판단", LAW & TECHNOLOGY 제16권 제3호, 서울대학교 기술과법센터(2020)

이혜진, "의약용도발명의 특허법적 쟁점", 사법논집 제61집, 법원도서관(2016)

이 황, "역지불 합의(reverse payment)에 대한 미국 Actavis 판결과 시사점", 판례실무연구XI(2014), 박영사(2015)

임 호, "의약발명의 진보성: 대법원의 선택발명설을 중심으로", 저스티스 제189호, 한국법학원(2022)

장현진, "의약 용법·용량 발명의 진보성 판단 기준", LAW & TECHNOLOGY 제13권 제4호, 서울대학교 기술과법센터(2017)

정차호, "의약용도발명의 진보성 법리", 한국특허법학회 2018 추계 공개세미나 자료집, 한국특허법학회(2018)

정택수, "수치한정발명과 명세서 기재요건", 특허소송연구 제7집, 특허법원(2017)

정택수, "특허법 제42조 제4항 제1호 기재요건의 판단 기준(2014. 9. 4. 선고 2012후832 판결: 공2014하, 2074)", 대법원판례해설 제102호, 법원도서관(2015)

조영선, "명세서 기재요건으로서의 발명의 효과", 인권과 정의 제427호, 대한변호사협회(2012)

조영선, "발명의 진보성 판단에 관한 연구", 사법논집 제37집, 법원도서관(2004)

좌승관, "특허법상 명세서의 기재요건에 관한 연구-화학관련분야의 발명을 중심으로-", 충남대학교 대학원 법학박사학위논문(2020. 2.)

최상필, "산업상 이용가능성과 의약용도발명의 보호범위", 동아법학 제81호, 동아대학교 법학연구소(2018)

최성준, "선택발명의 특허요건", LAW & TECHNOLOGY 제3권 제6호, 서울대학교 기술과법센터(2007)

최성준, "의약의 용도발명에 있어서의 약리효과 기재 정도", LAW & TECHNOLOGY 제2호, 서울대학교 기술과법센터(2005)

최승재, "선택발명의 진보성 판단기준으로서의 선택의 곤란성", 특별법연구 제17권, 사법발전재단(2020)

한동수, "의약의 용도발명에서 청구항의 명확성 요건", 대법원판례해설 제80호, 법원도서관(2009)

한지영, "의약용도발명의 진보성 판단에 관한 고찰", 산업재산권 제61호, 한국산업재산권법학회(2019)

〈외국 논문〉

Andrew V. Trask, "Obvious to Try: A Proper Patentability Standard in the Pharmaceutical Arts", 76 FORDHAM L. REV. 2625 (2008)

Douglas L. Rogers, "Federal Circuit's Obviousness Test for New Pharmaceutical Compounds: Gobbledygook", 14 Chi.-Kent J. INTELL. PROP. 49 (2014)

George M. Sirilla, "When Is an Invention That was Obvious to Try Nevertheless Nonobviouss?", 23 FED. CIR. B. J. 369 (2014)

Lisa Larrimore Ouellette, "How many Patents Does It Take To Make a Drug - Follow-on Pharmaceutical Patents and University Licensing", 17 MICH. TELECOMM. & TECH. L. REV. 299 (2010)

Marian Underweiser, "Presumed Obvious: How KSR Redefines the Obviousness Inquiry to Help Improve the Public Record of a Patent", 50 IDEA 247 (2010)

Mark A. Lemley, "Expecting the Unexpected", 92 NOTRE DAME L. REV. 1369 (2017)

Rebecca S. Eisenberg, "Pharma's Nonobvious Problem", 12 Lewis & CLARK L. REV. 375 (2008)

Richard J. Warburg, "From Chemicals to Biochemicals: A Reasonable Expectation of Success", 24 Suffolk U. L. REV. 155 (1990)

Scott R. Conley, "Irrational Behavior, Hindsight, and Patentability: Balancing the Obvious to Try Test with Unexpected Results", 51 IDEA 271 (2011)

Timo Minssen, "Meanwhile on the Other Side of the Pond: Why Biopharmaceutical Inventions That Were Obvious to Try Still Might Be Non-Obvious-Part I", 9 CHI.-KENT J. INTELL. PROP. 60 (2010)

3. 인터넷 자료

특허청, 특허·실용신안 심사기준(2021. 12. 30.): https://www.kipo.go.kr/ko/kpoContentView.do?menuCd=SCD0201119

특허청, 기술분야별 심사실무가이드(2022. 1.): https://www.kipo.go.kr/ko/kpoContentView.do?menuCd=SCD0201119

식품의약품안전처, 의약품 품목 허가·심사 절차의 이해, 의약품 가이드북 시리즈 1(2017. 7.): https://impfood.mfds.go.kr/CFBDD06F02/getCntntsDetail?cntntsSn=289059

식품의약품안전처, 신약 등의 재심사 업무 가이드라인(2021. 11.)

대한화학회, 유기화합물 명명법: http://new.kcsnet.or.kr/iupacname

EPO, Case Law of the Boards of Appeal, 6th Edition (2010. 7.): https://www.epo.org/law-practice/case-law-appeals/case-law/archive.html

EPO, Case Law of the Boards of Appeal, 9th Edition (2019. 7.): https://www.epo.org/law-practice/case-law-appeals/case-law.html

EPO, Guidelines for Examination in the EPO (March 2022): https://www.epo.org/law-practice/legal-texts/guidelines.html

JPO, Examination Guidelines for Patent and Utility Model in Japan: https://www.jpo.go.jp/e/system/laws/rule/guideline/patent/tukujitu_kijun/index.html

JPO, Examination Handbook for Patent and Utility Model in Japan: https://www.jpo.go.jp/e/system/laws/rule/guideline/patent/handbook_shinsa/index.html

USPTO, Manual of Patent Examining Procedure (MPEP), 9th Edition (2020. 6.): https://www.uspto.gov/web/offices/pac/mpep/index.html

판례색인

1. 대법원 판례

2. 특허법원 판례

3. 서울중앙지방법원 판례

용어색인

▣ 이진희

학력

1996. 2. 서울대학교 약학대학 제약학과 졸업(약학사)

1998. 2. 서울대학교 대학원 약학과 졸업(약학석사)

2017. 2. 서울대학교 대학원 법학과 졸업(법학석사, 지적재산권법 전공)

2022. 8. 서울대학교 대학원 법학과 졸업(법학박사, 지적재산권법 전공)

경력

2003. 제45회 사법시험 합격

2006. 사법연수원 수료(제35기)

2006. 2.~2007. 2. 서울중앙지방법원 판사

2007. 2.~2008. 2. 대법원 재판연구관(지적재산권조)

2008. 2.~2010. 2. 서울동부지방법원 판사

2010. 2.~2015. 2. 춘천지방법원 판사

2015. 2.~2017. 2. 수원지방법원 안양지원 판사

2017. 2.~2020. 2. 특허법원 판사

2020. 2.~2021. 2. 서울중앙지방법원 민사공보관

2021. 2.~2023. 2. 청주지방법원 영동지원 지원장

(現) 법무법인(유) 세종 변호사

논문과 저서

의약발명의 명세서 기재요건 및 진보성에 관한 연구, 서울대학교 대학원 법학박사학위논문 (2022)

특허권 존속기간 연장등록 대상이 되는 발명구 특허법 시행령 제7조 제1호 '신물질'의 의미, 사법 (사법발전재단, 2022)

상표등록무효사유로서의 현저한 지리적 명칭, 김재형 대법관 재임기념 논문집 (사법발전재단, 2022)

임상시험계획서를 선행발명으로 한 의약용도발명의 신규성 및 진보성 판단, LAW & TECHNOLOGY 제16권 제3호 (서울대학교 기술과법센터, 2020)

선택발명의 명세서 기재요건, 사법 (사법발전재단, 2019)

파라미터 발명의 진보성 판단 : 특허법원 2019. 1. 25. 선고 2017허3720 판결, LAW & TECHNOLOGY 제15권 제4호 (서울대학교 기술과법센터, 2019)

표준필수특허권 침해에 대한 손해배상액의 산정, LAW & TECHNOLOGY 제14권 제5호 (서울대학교 기술과법센터, 2018)

의약용도발명의 명세서 기재요건 및 진보성, 특허법원 개원 20주년 기념논문집 (특허법원, 2018)

의약용도발명의 특허성, 서울대학교 대학원 법학석사학위논문 (2017)

Salmonella typhimurium ATCC 13311 균주로부터 아릴설페이트 설포트랜스퍼레이즈 유전자의 클로닝, 서울대학교 대학원 약학석사학위논문 (1998)

특허법원 지적재산소송 실무연구회, 지적재산소송실무(제4판), 박영사(2019)(공동 집필)

온주 디자인보호법, 로앤비(2020)(공동 집필)

지식재산권 재판실무편람 집필위원회, 지식재산권 재판실무편람, 박영사(2020)(공동 집필)

의약발명의 명세서 기재요건 및 진보성

초판 1쇄 인쇄 ｜ 2023년 5월 17일
초판 1쇄 발행 ｜ 2023년 5월 24일

지 은 이   이진희

발 행 인   한정희
발 행 처   경인문화사
편   집   이다빈 김지선 유지혜 한주연 김윤진
마 케 팅   전병관 하재일 유인순
출판번호   제406-1973-000003호
주   소   경기도 파주시 회동길 445-1 경인빌딩 B동 4층
전   화   031-955-9300   팩   스   031-955-9310
홈페이지   www.kyunginp.co.kr
이 메 일   kyungin@kyunginp.co.kr

ISBN   978-89-499-6704-2 93360
값 28,000원

서울대학교 법학연구소 법학 연구총서

● 학술원 우수학술 도서

▲ 문화체육관광부 우수학술 도서